edition suhrkamp 2374

W0057266

Die Anschläge des 11. September 2001 bedeuten eine Zäsur in der Geschichte des Terrorismus. Sie sind der dramatische Ausdruck eines
»neuen«, transnationalen Terrorismus, der sich im Laufe der neunziger
Jahre entwickelt hat. Erst dieser transnationale Terrorismus, paradigmatisch verkörpert durch das pan-islamistische Netzwerk Al-Qaida, erreicht
ein globales Gefährdungspotential, während der Terrorismus »alten« Typs
im wesentlichen lokale oder regionale Probleme aufwirft. Das Buch geht
folgenden Fragen nach: Wie läßt sich dieser »neue« Terrorismus beschrei-
ben und verstehen? Wie unterscheidet er sich von älteren Formen des Terrorismus und verwandten Strategien politischer Gewalt? Worin bestehen
seine besonderen Charakteristika und Strukturen? Welche Bedingungen
begünstigen die Entstehung und Verbreitung transnationaler Terror-Netz-
werke? Welche Herausforderungen ergeben sich daraus für die Terrorismusbekämpfung?

Ulrich Schneckener, geb. 1968, ist Politikwissenschaftler bei der Stiftung
Wissenschaft und Politik (SWP) in Berlin. Für sein in der edition suhrkamp
erschienenes Buch *Auswege aus dem Bürgerkrieg* (es 2255) erhielt er mehrere Preise.

Ulrich Schneckener
Transnationaler Terrorismus

*Charakter und Hintergründe
des »neuen« Terrorismus*

Suhrkamp

edition suhrkamp 2374
Erste Auflage 2006
© Suhrkamp Verlag Frankfurt am Main 2006
Originalausgabe
Satz: Jung Crossmedia Publishing, Lahnau
Druck: Druckhaus Nomos, Sinzheim
Umschlag gestaltet nach einem Konzept
von Willy Fleckhaus: Rolf Staudt
Printed in Germany
ISBN 3-518-12374-2

2 3 4 5 6 – 11 10 09 08 07

Inhalt

Vorwort

Djerba, Karatschi, Bali, Mombasa, Jakarta, Riad, Casablanca, Kabul, Bagdad, Istanbul, Amman, Madrid und London – so lauten die wichtigsten Orte, die seit dem 11. September 2001 zum Schauplatz von zum Teil verheerenden Anschlägen geworden sind, die dem Terrornetzwerk Al-Qaida oder nahestehenden Gruppierungen zugerechnet werden. Die Attentate sind Manifestationen eines »neuen« transnationalen Terrorismus islamistischer Prägung, in der populären Literatur auch oftmals Dschihad-Terrorismus genannt. In der Tat herrscht an Büchern über das Thema kein Mangel, wobei der Hang zu martialischen – und damit gut zu vermarktenden – Titeln unübersehbar ist. Häufig handelt es sich dabei um Werke von Journalisten und Publizisten, die minuziös und detailliert den Ablauf von Terroranschlägen rekonstruieren, den Biographien und Querverbindungen bestimmter Akteure auf der Spur sind, die Fehler und Versäumnisse von Geheimdiensten und anderen Sicherheitsbehörden recherchieren oder, allgemeiner, mit eindringlichen Schilderungen über den militanten Islamismus Bürger und Politiker aufrütteln wollen.

Das vorliegende Buch bemüht sich, das Phänomen aus einer sozialwissenschaftlichen Perspektive zu analysieren, es will in erster Linie auf die Charakteristika, Strukturen, Hintergründe und Ursachen des transnationalen Terrorismus aufmerksam machen, es bietet entsprechende Typologisierungen und Differenzierungen an – in der Hoffnung, auf diese Weise zu einem besseren Verständnis der terroristischen Herausforderung beizutragen und dem in der Öffentlichkeit verbreiteten und teilweise von Politikern beförderten Alarmismus entgegenzuwirken. Daß dieses Buch von einem Politikwissenschaftler verfaßt wurde, der sich als Vertreter der Friedens- und Konfliktforschung sieht, ist insofern von Bedeutung, als hier grundsätzlich Terrorismus, ob in »alter« oder »neuer« Prägung, als eine Form politischer Gewalt verstanden wird, die eng verbunden ist mit innergesellschaftlichen wie internationalen Konflikt- und Problemlagen und die daher in diesem Kontext analysiert werden muß. Terrorismus ist nach diesem Verständnis kein »Fremdkörper« in einer Gesellschaft, sondern das Resultat von politischen und sozialen Prozessen und Konstellationen, ohne daß es einen wie auch immer gearteten »Automatismus« hin zur Wahl terroristischer Methoden gäbe. Der transnationale Terrorismus vom Typ Al-Qaida verbindet dabei lokale und internationale Aspekte miteinander – wie sich an seiner Operationsweise, seinen Zielsetzungen, seiner Ideologie, seiner Netzwerk- und Mitgliederstruktur sowie an seinem infrastrukturellen Unterbau zeigen läßt.

Die Erforschung dieses relativ neuen Phänomens gestaltet sich allerdings nicht ganz einfach, weshalb einige Anmerkungen zu Methode und Quellenlage notwendig sind. Noch mehr als bei anderen Gewaltakteuren sind bei Terrorgruppen der empirischen Sozialforschung objektive Grenzen gesetzt. Die Probleme fangen mit dem Gegenstand an: Eine etablierte, konsensfähige Definition von Terrorismus gibt es nicht, was in der Sozialwissenschaft allerdings nicht ungewöhnlich ist. Es sind aber durchaus dichte Beschreibungen und typologische Abgrenzungen zu anderen Formen der politisch motivierten Gewalt möglich, die zumindest deutlich machen, was Terrorismus in Relation zu anderen Gewaltformen ist und was nicht – dieser Weg wird auch hier beschritten.

Neben diesen begrifflich-analytischen Unschärfen, die noch einigermaßen handhabbar sind, gibt es eine Reihe von methodischen Schwierigkeiten: Ein Spezifikum von Terrorgruppen und anderen, nichtstaatlichen Gewaltakteuren ist, daß sie verdeckt aus dem Untergrund agieren. Bestimmte Standardmethoden der Sozialwissenschaft sind insofern nur begrenzt anwendbar – wie z. B. Durchführung von Interviews, Einsatz standardisierter Fragebögen, teilnehmende Beobachtung oder andere Formen der Feldforschung. Zwar gibt es Studien, die sich weitgehend auf Interviews mit Beteiligten und Beobachtern stützen. Dabei handelt es sich zumeist um »politische« bzw. »geistliche« Führer, die sich selbst in der Regel nicht als Terroristen bezeichnen, sondern den Habitus des »Politikers« bzw. »Gelehrten« einnehmen. In anderen Fällen war es auch möglich, Interviews mit inhaftierten Terroristen durchzuführen. Doch diese Methode hat ihre Grenzen: Zum einen besteht die Gefahr, daß die Befragten das Interview nutzen, um ihre Weltsicht und Propaganda zu verbreiten; zum anderen ist offenkundig, daß der Forscher keinen Zugang zu den sensiblen Bereichen einer Terrororganisation erhält, schon gar zu ihren operativen Köpfen.

Dies führt im Ergebnis zu einem notorischen Mangel an für Wissenschaftler zugänglichen Primärquellen. Eine mögliche Quelle sind Pamphlete und Erklärungen der Akteure selbst (z. B. in Form von Videobotschaften, Internet-Zeitschriften, Bücher). Abgesehen von der notwendigen quellenkritischen Prüfung (Handelt es sich um ein authentisches Dokument?), stellt sich hier zumeist das Problem der Entschlüsselung. Was richtet sich an ein Publikum, was richtet sich an die eigenen Leute? Welche Botschaften sind glaubwürdig und ernst zu nehmen, welche haben lediglich die Funktion der psychologischen »Kriegsführung« oder der gezielten Irreführung? Eine andere Form der Primärquelle könnten Erkenntnisse von Geheimdiensten und der Ermittlungsbehörden sein (z. B. Berichte von V-Leuten, »Rohdaten«, Verhörprotokolle). Doch selbst wenn man als Sozialwissenschaftler dazu Zugang hätte, wären die methodischen Probleme ebenfalls nicht unerheblich: In Frage stehen die Authentizität und Glaubwürdigkeit der Quelle, die Einordnung der Information, die mangelnde Transparenz etc. Ferner sind solche Quellen nicht zitierfähig und stehen damit im Widerspruch zu den Kriterien wissenschaftlichen Arbeitens; eine wichtige Ausnahme sind Gerichtsprozesse und die entsprechenden, öffentlich zugänglichen Prozeßunterlagen.

Bei den Sekundärquellen, auf die man zumeist angewiesen ist, tauchen ähnliche Fragen auf – allerdings in potenzierter Weise. Es gibt etwa das Phänomen, daß eine Information oder eine Hypothese von mehreren Autoren verbreitet wird, die sich aber letztlich auf die gleiche (Primär-)Quelle zurückführen lassen. Falschmeldungen, unvollständige Informationen oder bloße Behauptungen finden auf diese Weise eine enorme Verbreitung, je mehr Experten sich diese zu eigen machen, desto mehr gewinnen sie an »Gültigkeit« und an politischer Relevanz. Hinzu kommt, daß zahlreiche Sekundärquellen zum Thema Terrorismus nur spärlich auf die zugrundeliegenden Primärquellen verweisen (dies gilt insbesondere für journalistische Produkte). Als zuverlässiger, wenn auch ohne Gewähr auf letztgültige Sicherheit, können etablierte Spezialdienste oder Fachzeitschriften gelten, die sich seit Jahren mit Terrorismus und ähnlich gelagerten Phänomenen befassen – wie etwa *Jane's Intelligence Review, Studies in Conflict & Terrorism, International Crisis Group* oder *Terrorism Monitor*. Mit anderen Worten: Im Bereich der Terrorismusforschung ist der Sozialwissenschaftler bis zu einem gewissen Grad auf Hypothesen und Plausibilisierungen angewiesen, die immer wieder anhand neuer Quellen, Informationen und Erkenntnisse überprüft werden müssen. Diese Vorsicht gilt bereits mit Blick auf seit Jahrzehnten agierende lokale Terrorgruppen, die relativ gut erforscht sind. Sie ist aber um so notwendiger bei einem sich wandelnden Akteur wie dem amorphen Al-Qaida-Netzwerk und seinen Verbündeten.

Der Hinweis auf die Grenzen der Expertise und die Relativierung eigener Erkenntnisse ist jedoch wenig populär, wenig befriedigend und für die Öffentlichkeit wenig beruhigend – er wird daher in der Regel von »Terrorexperten« unterlassen. Statt dessen werden Einschätzungen, bloße Spekulationen oder pointierte Meinungsäußerungen nicht als solche gekennzeichnet, sondern oftmals als Erkenntnisse »verkauft«. Gleichzeitig herrscht unter »Terrorexperten« häufig Einigkeit über bestimmte Thesen und Vermutungen. Im Zweifelsfall haben dann alle danebengelegen. Dies ist jedoch das genaue Gegenteil von dem, was man von Wissenschaft erwarten darf: Sie muß sich – wie in anderen Feldern auch – durch Kontroversen und die kritische Auseinandersetzung mit den »Fakten« auszeichnen. Ferner besteht bei »Terrorexperten« eine Neigung, die Gefährdung durch den Terrorismus eher zu dramatisieren denn zu relativieren. Wer Gefahren betont, wird in der Regel nicht zur Rechenschaft gezogen, wenn diese nicht eintreten. Wer aber Risiken und Bedrohungen unterschätzt oder gar leugnet, dessen Expertise dürfte beim Eintritt des Gegenteils stark in Zweifel stehen. Verbunden wird diese Haltung häufig mit der Konzentration auf *worst-case*-Szenarien – nach dem Motto: Da wir nicht wissen, was kommt, müssen wir auf das Schlimmste gefaßt sein. Diese Mechanismen tragen jedoch eher zu einer aufgeregten denn zu einer aufgeklärten Debatte bei. Sie verstärken bestimmte Wahrnehmungs- und Erklärungsmuster, die in jene Leerstellen rücken, in denen es schlicht an gesicherten Erkenntnissen mangelt. Insofern sagen sie mehr über unsere Vorstellung über »den« Terrorismus als über das Phänomen selbst. Ob und inwieweit es dem Autor gelungen ist, diese Mechanismen zu vermeiden, mögen der Leser und die Leserin selbst beurteilen.

Meine Beschäftigung mit dem Thema begann unmittelbar nach dem 11. September 2001, zunächst im Rahmen eines Seminars an der Universität Bremen im Wintersemester 2001/02 (gemeinsam mit Gregor Walter, Bernhard Zangl und Michael Zürn), ehe ich mich ab 2002 an der Stiftung Wissenschaft und Politik (Berlin) schwerpunktmäßig mit den Formen des Terrorismus im besonderen und der politischen Gewalt im allgemeinen befaßt habe. Der vorliegende Text geht daher zurück auf Arbeiten, die als SWP-Papiere erschienen sind: *Netzwerke des Terrors. Charakter und Strukturen des transnationalen Terrorismus* (S 42, Dezember 2002), *Irak und Terrorismus. Was verbindet »Schurkenstaaten« mit Terroristen?* (SWP-Aktuell 5, Februar 2003), *Selbstmordanschläge als Mittel asymmetrischer Kriegsführung* (SWP-Aktuell 27, Juli 2003) sowie *Transnationale Terroristen als Profiteure fragiler Staatlichkeit* (S 18, Mai 2004).

Mein herzlicher Dank gilt einer Reihe von Kollegen und Kolleginnen in der SWP, die frühere Fassungen kommentiert haben bzw. dem Autor immer wieder mit Hinweisen geholfen haben. Zu nennen sind hier: Muriel Asseburg, Iris Glosemeyer, Stefan Mair, Katja Niethammer, Volker Perthes, Johannes Reissner, Peter Rudolf, Jörg Streiter, Markus Walter, Boris Wilke und Albrecht Zunker. Jürgen Rogalski danke ich besonders für die Durchsicht arabischer Namen und Begriffe. Ferner möchte ich mich herzlich bei Christoph Bertram und Friedemann Müller für ihre Ermutigung und Unterstützung in den vergangenen Jahren bedanken. Für Hilfen bei der Recherche und der Sichtung der Literatur danke ich zudem Michael Bauer, Nina Florack und Michael Schönstein. Die Verantwortung für sachliche Fehler und andere Unzulänglichkeiten, die bei diesem Thema fast unvermeidlich sind, trägt allein der Autor.

Berlin, im Oktober 2005

Einleitung:
9/11 und die globale Dimension des Terrorismus

In der Geschichte des Terrorismus sind die Anschläge vom 11. September 2001 ein Superlativ ohne Präzedenz. Sie verweisen auf eine neue globale Dimension des Terrorismus und stehen sinnbildlich für eine weltpolitische Zäsur. Sie provozierten eine Gegenreaktion unter dem Stichwort *Global War on Terror*, die mit erheblichen Folgen für Bedrohungs- und Risikoanalysen, für das ordnungspolitische Gefüge in nahezu allen Weltregionen und für diverse Politikfelder verknüpft ist. Die Anschläge sorgten – insbesondere in den westlichen Gesellschaften – für einen veränderten Blick auf die Welt, der sich in Ansätzen auch in den Sicherheitsstrategien von USA und Europäischer Union niedergeschlagen hat:[1] Bis dato eher vernachlässigte Phänomene wie die wachsende Bedeutung nichtstaatlicher Gewaltakteure, die Auswirkungen von Bürgerkriegen und Staatszerfall, die Risiken der Proliferation von nuklearen, chemischen und biologischen Waffen, die Prozesse der »Schattenglobalisierung«, inklusive der transnational organisierten Kriminalität, gewannen an Aufmerksamkeit, wenn auch mit unterschiedlicher Akzentsetzung.

Es sind vor allem vier Aspekte, die die simultanen Anschläge auf das World Trade Center in New York und auf das Pentagon in Washington zu einem singulären Ereignis machen:

Die destruktive Dimension: Nie zuvor hat ein Terroranschlag mehr Tote gefordert und größere ökonomische Schäden angerichtet:[2] Bei den vier Attentaten mit gekaperten Passagiermaschi-

---

1 Vgl. US National Security Strategy (September 2002) und Europäische Sicherheitsstrategie (Dezember 2003).
2 Die Anschläge mit den bis zum 11. September höchsten Opferzahlen waren der Bombenanschlag auf die US-Marinekaserne in Beirut (1983, 241 Tote), die Sprengung eines Air-India-Fluges über der irischen Küste (1985, 329 Tote), das Attentat auf den Pan-Am-Flug 103 über dem schottischen Lokkerbie (1988, 270 Tote), die fast zeitgleich detonierten Auto- und LKW-Bomben im indischen Mumbai/Bombay (1993, rund 300 Tote und über 1000 Verletzte) sowie die simultanen Anschläge auf die US-Botschaften in Kenia und Tansania (1998, 257 Tote und über 5000 Verletzte), vgl. Quillen (2002: 293-302).

nen kamen nach offiziellen Angaben 3066 Menschen ums Leben, mehrere zehntausend wurden verletzt. Allein der materielle Verlust des World Trade Center wird auf 40 Milliarden US-Dollar geschätzt. Hinzu kommen nach Angaben der Weltbank über 80 Milliarden US-Dollar an Kosten durch direkte und indirekte Effekte wie die Einstellung des Flugverkehrs, der weltweite Einbruch der Börsenkurse, die Krisen bei Fluglinien und Versicherungsunternehmen, die mit staatlichen Geldern gestützt werden mußten, sowie die Einführung neuer, kostenträchtiger Sicherheitsvorkehrungen bei Verkehrssystemen und bei kritischer Infrastruktur (z. B. Industrieanlagen). 9/11 machte schlagartig deutlich, über welches ungeheure, kriegsähnliche Zerstörungspotential Terroristen heute verfügen können. Entgegen dem über Jahre gültigen Diktum von Brian Jenkins, einem Begründer der sozialwissenschaftlichen Terrorismusforschung, ging es den Terroristen vom 11. September nicht allein um ein Maximum an Aufmerksamkeit, sondern offenbar auch um ein Maximum an Opfern und Zerstörung.[3]

Die mediale Dimension: Ein weiteres Novum war die Tatsache, daß es erstmals in der Geschichte von einem Anschlag Live-Bilder gab. Während man in der Regel bei Terrorakten die Folgen, aber nicht den Anschlag selbst sieht, konnte am 11. September die Weltöffentlichkeit in Echtzeit am Bildschirm verfolgen, wie das zweite Passagierflugzeug in den Südturm des World Trade Center raste und damit die zunächst verbreitete Annahme widerlegte, es habe sich beim Sturz des ersten Flugzeugs in den Nordturm um ein Unglück gehandelt. Hinzu kommt die Live-Übertragung der einstürzenden Twin Tower und der verzweifelten Rettungsaktionen, die sich in den Köpfen der Zuschauer festgesetzt und weitere Schockwellen ausgelöst hat.

Die operative Dimension: Umfang und Ausführung der Operation waren insofern ungewöhnlich, als sie eine jahrelange Planung und umfassende Koordination erforderten, um die notwendigen Fähigkeiten zu erwerben (z. B. Besuch von Flugschulen) und um die Anschläge in dieser Weise simultan durchzuführen. Insbesondere letzteres galt aus der Sicht von Terrorismusexperten als ein logistisch überaus schwieriges Unterfangen, das, wenn

---

3 Das Zitat lautet wörtlich: »Terrorists want a lot of people watching and a lot of people listening and not a lot of people dead« (Jenkins 1975: 15).

überhaupt, nur sehr wenigen Terrorgruppen zuzutrauen sei. Denn: Je komplexer eine Aktion, desto umfangreicher auch die Vorbereitungen, desto größer in der Regel auch die Zahl der Mitwisser und desto höher das Risiko von »Pannen« und Enttarnung durch die Sicherheitsbehörden.

Die weltpolitische Dimension: Bei 9/11 handelte es sich erstmals um einen erfolgreichen, von außen geplanten Anschlag auf dem Territorium der Vereinigten Staaten und damit um einen Angriff auf die Weltmacht Nummer eins. Während in anderen Weltregionen, vor allem im Nahen Osten, in Süd- und Südostasien, terroristische Aktivitäten an der Tagesordnung sind und auch westeuropäische Länder (vor allem Frankreich, Großbritannien, Italien und Deutschland) über Jahrzehnte mit importierten Terrorproblemen zu kämpfen hatten, war das Staatsgebiet der USA von Anschlägen international agierender Terroristen bis zu diesem Zeitpunkt im wesentlichen verschont geblieben. Die einzige signifikante Ausnahme war der erste Anschlag auf das World Trade Center (26. 2. 1993), bei dem islamistische Terroristen allerdings ihr angestrebtes Ziel verfehlten (vgl. Schröm 2003: 14-52). Mit ihrer Operation setzten die 19 Attentäter ein weltpolitisches Ausrufezeichen, indem sie die globale Vormachtstellung der USA attackierten und entsprechende Reaktionen provozierten.

Trotz dieser Besonderheiten müssen die Anschläge vom 11. September im Kontext von bestimmten Entwicklungen auf dem Gebiet des Terrorismus gesehen werden. Sie sind daher die dramatische Zuspitzung und der vorläufige Höhepunkt von Trends, die sich seit Anfang der neunziger Jahre abgezeichnet haben.

Erstens: Die RAND-St. Andrews-Datenbank internationaler Terroranschläge weist zwar von 1968 bis zum 11. September 2001 bei über 10 000 registrierten Ereignissen nur 14 Fälle auf, bei denen mehr als 100 Tote zu beklagen waren (Jenkins 2002: 13).[4] Dennoch haben Terroristen auch vor 9/11 ihr Potential und ihre Entschlossenheit zur massiven Zerstörung und zu hohen Opferzahlen mehrfach unter Beweis gestellt, weshalb in der internatio-

---

4 Die RAND-St. Andrews-Chronik – zunächst angesiedelt bei RAND in Santa Monica, Kalifornien, später beim *Centre for the Study of Terrorism and Political Violence* an der schottischen St. Andrews-Universität – registriert alle Akte des internationalen Terrorismus seit 1968.

nalen Forschung auch von »warlike terrorism« oder »catastrophic terrorism« die Rede ist (vgl. Carter/Deutch/Zelikow 1998: 80-94, Hills 2002: 245-261). Quantitativ betrachtet sind in den neunziger Jahren – im Vergleich zu vorangegangenen Dekade – zwar weniger international verübte Anschläge zu verbuchen, aber dafür eine weitaus höhere Zahl von Opfern (vgl. Hofmann 1999: 10-28, Stern 1999: 5-8). Mit anderen Worten: Terroristen erzielen mit weniger Anschlägen mehr Tote und Verletzte, was sowohl technologische als auch intentionale Gründe haben dürfte. Qualitativ läßt sich der Trend anhand von einigen geplanten oder realisierten Terrorakten nachweisen, die auf eine möglichst hohe Zahl an Toten abzielten. Darunter fallen zum Beispiel der bereits erwähnte Bombenanschlag auf das World Trade Center, der zu einem Einsturz beider Türme hätte führen sollen, das vereitelte Vorhaben algerischer Terroristen, ein entführtes Flugzeug der Air France über Paris zum Absturz zu bringen (Dezember 1994), der gescheiterte Plan islamistischer Terroristen, unter Führung von *Ramzi Yusef* und *Scheich Khalid Muhammad*, elf in Ostasien entführte Passagiermaschinen von US Airlines über dem Pazifik in die Luft zu sprengen (*Operation Bojinka*, Januar 1995), der Giftgasanschlag der japanischen Sekte *Aum Shinrikyo* auf die Tokioter U-Bahn (März 1995), das Bombenattentat amerikanischer Rechtsextremisten in Oklahoma City (April 1995, 168 Tote) oder der verheerende Al-Qaida-Anschlag auf die beiden US-Botschaften in Tansania und Kenia (August 1998). Diese Entwicklung zu mehr und mehr Opfern läßt sich wie folgt zusammenfassen: »Tens died in the worst incidents of terrorism in the 1970s, hundreds in the 1980s and 1990s, but thousands died on September 11« (Jenkins 2002: 6).

Zweitens: Terroristen setzen grundsätzlich auf Schockeffekte, um ihre politischen Botschaften zu vermitteln. Dabei ist ein anhaltender Trend zu immer dramatischeren Anschlägen und medialen Inszenierungen festzustellen, was sich sowohl in der Wahl der Mittel (z.B. Zunahme von Selbstmordattentaten, Hinrichtungen vor laufender Kamera) als auch in der Wahl der Anschlagsziele (z.B. öffentliche Orte mit großen Menschenansammlungen) niederschlägt. Es gilt: Je größer die zur Schau gestellte Gewaltenthemmung, desto größer die medialen Effekte. Dabei muß es sich nicht zwingend um höhere Opferzahlen handeln, aber es müssen die »richtigen« Opfer sein, um die gewünschten Schocks auszulösen, weshalb je nach Kontext vermehrt westliche Touristen und Geschäftsleute, wehrlose Zivilisten oder gar Kinder in das Visier von Terroristen geraten. Diese Brutalisierung, verbunden mit professionalisierter medialer Begleitung, läßt sich auch bei Terrorgruppen – etwa im Nahen Osten, in Indien, in Sri Lanka oder in Rußland – feststellen, die primär lokale Zielsetzungen verfolgen. Sie gilt aber um so mehr für jene Akteure, die global agieren und internationale Ziele im Blick haben. Um die Welt zu erschüttern, bedarf es entsprechend spektakulärer Anschläge mit hohem Symbolwert, auch wenn das enorme zerstörerische Ausmaß von 9/11 möglicherweise die Planer selbst überrascht hat.

Drittens: Die genannten Anschläge bzw. Vorhaben sind ein Beleg für die wachsende Fähigkeit von Terroristen, komplexere Operationen zu planen und durchzuführen. Dieser Umstand läßt auf eine verbesserte Logistik, finanzielle Ausstattung und Kommunikation sowie auf einen hohen Grad an Spezialisierung und Professionalisierung bei den Tätern schließen. Spätestens die parallelen Bombenanschläge auf die US-Botschaften in Nairobi und Dar-es-Salaam 1998 zeigten deutlich, wozu terroristische Akteure heute in der Lage sind: Zwei Anschläge zur gleichen Zeit in zwei Staaten – dies war ein Novum in der Geschichte des internationalen Terrorismus. Für simultane Anschläge sind einerseits unabhängig voneinander agierende Terrorzellen notwendig, um das Risiko der Enttarnung zu minimieren, andererseits bedarf es einer übergeordneten Koordination. Beides verweist auf eine veränderte Organisationsform terroristischer Akteure. Seit dem 11. September hat weltweit die Zahl simultaner Anschläge, oftmals durchgeführt von Selbstmordattentätern, deutlich zugenommen und ist zu einem »Markenzeichen« des »neuen« Terrorismus geworden.

Viertens: Die westlichen Gesellschaften im allgemeinen und die USA im besonderen befinden sich schon seit längerem im Fadenkreuz des internationalen Terrorismus. Obgleich Terroranschläge auf amerikanischem Boden – vom »hausgemachten« Terrorismus abgesehen – eher selten sind, sind weltweit amerikanische Bürger und Einrichtungen die am meisten attackierten Ziele von grenzüberschreitend operierenden Terroristen, und dies mit steigender Tendenz. Nach den offiziellen Berichten des Außenministeriums nahm von 1996 bis 2001 die Zahl der antiamerikanischen Anschläge von 73 auf 219 zu, ihr Anteil stieg damit von 25 auf über 50 Prozent aller registrierten international verübten Terrorakte.[5] Ziele waren neben diplomatischen und militärischen Einrichtungen vor allem Privatpersonen (z. B. Touristen) oder amerikanische Unternehmen. Die Attentate wurden von sehr unterschiedlichen Gruppierungen – von der FARC in Kolumbien bis hin zur Hizbollah im Libanon – begangen, seit Mitte der neunziger Jahre gewann jedoch insbesondere die Auseinandersetzung zwischen den USA und dem Netzwerk Al-Qaida unter der Führung von *Osama Bin Laden* an Bedeutung. Bin Laden hatte 1996 und 1998 den USA (und seinen Verbündeten) den »Krieg erklärt« hat und wurde bis 9/11 bereits mit einer Reihe von Anschlägen in Verbindung gebracht. Dazu werden u. a. die Anschläge auf US-Einrichtungen im Jemen (Dezember 1992), in Saudi-Arabien (November 1995), auf die US-Botschaften in Kenia und Tansania (August 1998) sowie auf den US-Zerstörer *U. S. S. Cole* im Golf von Aden (Oktober 2000, 17 Tote und 39 Verletzte) gezählt. Daneben wurden diverse Attentate vereitelt, die mit dem Al-Qaida-Netzwerk in Verbindung gebracht werden, darunter ein geplanter Anschlag auf den internationalen Flughafen von Los Angeles (Dezember 1999) bzw. ein mißlungener Anschlag auf das US-Kriegsschiff *U. S. S. The Sullivans* vor der jemenitischen Küste (Januar 2000) (vgl. Katzman 2001: 10–11, The 9/11 Commission Report 2004: 176–180). Jeder Anschlag wird dabei als »Verteidigung« gegen die US-Hegemonie und als »Vergeltung« für die angebliche jahrzehntelange Unterdrückung der muslimischen Welt gesehen. In entsprechender Weise rechtfertigte Bin Laden die Anschläge vom 11. September: »What the United States tastes today is a very small thing compared to what we have tasted for tens of years. [...] America and its allies are massacring us in Palestine, Chechnya, Kashmir, and Iraq. The Muslims have the right to attack America in reprisal [...] The September 11 attacks were not targeted at women and children.

---

5 Laut den jährlichen Berichten des U. S. State Departments (*Patterns of Global Terrorism*) wurden 1996 73, 1997 123, 1998 111, 1999 169, 2000 200 und 2001 219 antiamerikanische Anschläge gezählt. Die Aussagekraft dieser Statistik muß man allerdings relativieren, da beispielsweise jeder Anschlag auf Ölpipelines von US-Firmen in Kolumbien erfaßt wird, was dazu führt, daß rein statistisch betrachtet in den Jahren von 1996 bis 2001 die Sicherheit von US-Bürgern in Lateinamerika am meisten gefährdet war.

The real targets were America's icons of military and economic power« (zitiert nach Esposito 2002: 22).

Die vier skizzierten Trends – das wachsende Zerstörungspotential, die medial gesteigerten Schockeffekte, die zunehmende Fähigkeit zur Planung komplexer Operationen und der Westen bzw. die USA als primäres Feindbild – hängen mit der Entwicklung des *transnationalen, islamistischen Terrorismus* zusammen. Diese »neue« Form des Terrorismus unterscheidet sich signifikant von herkömmlichen Varianten in einer Reihe von Aspekten – in seiner Zielsetzung und Ideologie, in der Zusammensetzung seiner Mitglieder und Anhänger, in seinen Netzwerkstrukturen, in seinem Zerstörungspotential sowie im Umfang und der Reichweite seiner Infrastruktur. Diese Unterschiede und ihre Konsequenzen für die Terrorismusbekämpfung herauszuarbeiten und zu analysieren steht im Zentrum dieses Buches.

Das *erste Kapitel* befaßt sich mit allgemeinen Grundlagen des Terrorismus als einer Form politischer Gewalt. Zum einen werden Kalkül und Mechanismen terroristischer Gewalt beschrieben, zum anderen sollen Terrorgruppen von anderen Gewaltakteuren unterschieden werden. Zudem gilt es, die Entwicklung vom nationalen zum transnationalen Terrorismus nachzuzeichnen. Das *zweite Kapitel* widmet sich den Charakteristika des transnationalen Terrorismus, wobei Al-Qaida als paradigmatischer Fall fungiert: Untersucht werden die internationale/regionale Agenda, die transnationale Ideologie, die multinationale Mitgliederstruktur sowie die transnationalen Netzwerkstrukturen Al-Qaidas. Auf dieser Grundlage wird gefragt, ob und inwieweit andere Gruppierungen als transnationale Akteure zu bezeichnen sind. Das *dritte Kapitel* analysiert das Zerstörungspotential und die taktische Vorgehensweise des transnationalen Terrorismus. Das *vierte Kapitel* untersucht die verschiedenen Aspekte der Infrastruktur, die transnationale Netzwerke über Staaten und Regionen hinweg aufbauen und erhalten müssen, um aktions- und operationsfähig zu sein. Dazu zählen Methoden zur Anwerbung und Rekrutierung neuer Mitstreiter, Einrichtungen zu Trainings- und Schulungszwecken, Transitwege, Flucht- und Rückzugsräume, Möglichkeiten zur Kommunikation und zur Verbreitung von Propaganda sowie der Zugang zu Ressourcen und zu Formen der Finanzierung. Das *fünfte Kapitel* skizziert das begünstigende Umfeld, von dem insbesondere transnationale Terroristen profitieren. Sie sind direkte oder indirekte Nutznießer von der Unterstützung durch andere nichtstaatliche Akteure, von Bürgerkriegen und Gewaltökonomien, von Effekten der »Schattenglobalisierung«, von blockierten Modernisierungsprozessen und von autoritären Herrschaftsstrukturen in islamischen Staaten sowie von fragilen Staatsstrukturen in weiten Teilen der Welt. Das *sechste Kapitel* schließlich beschäftigt sich mit den Herausforderungen für die Terrorismusbekämpfung, wobei zwischen operativen und strukturellen Antiterrormaßnahmen unterschieden wird. Abschließend wird eine kritische Bilanz des von der Regierung Bush ausgerufenen *Global War on Terror* gezogen, der sich – bisher – als wenig geeignet erwiesen hat, den transnationalen Terrorismus wirksam zu bekämpfen.

I. Grundlagen

1. Kalkül und Mechanismen des Terrorismus

Unabhängig von den genannten Trends bleiben jedoch das Kalkül und die Mechanismen terroristischer Aktivitäten im Kern unverändert.[1] Terrorismus wird hier verstanden als eine *Gewaltstrategie nichtstaatlicher Akteure, die aus dem Untergrund agieren und systematisch versuchen, eine Gesellschaft oder bestimmte Gruppen in Panik und Schrecken zu versetzen, um nach eigener Aussage politische Ziele durchzusetzen.* Als Terroristen oder Terrorgruppen werden jene bezeichnet, die sich beim Einsatz von Gewalt in signifikanter Weise terroristischer Mittel und Taktiken bedienen, was nicht ausschließt, daß sie im Laufe der Zeit zu anderen Gewaltstrategien übergehen und insofern ihren Charakter sukzessive verändern. Diese Definition läßt sich nach zwei Seiten abgrenzen. Zum einen sind Terroristen von Tätern zu unterscheiden, die entweder mit ihren Aktionen kein politisches Ziel verfolgen (z. B. Amokläufer, Serienmörder, Auftragskiller) oder aber mit Hilfe einer einzigen Tat versuchen, politische Verhältnisse zu verändern, ohne gleichzeitig die Gesellschaft in Panik versetzen zu wollen (z. B. »Tyrannenmord«). Zum anderen ist Terrorismus abzugrenzen von staatlich organisierten oder zu verantwortenden Verbrechen an der Zivilbevölkerung insgesamt oder an einzelnen Personen, die in der politikwissenschaftlichen, völker- bzw. strafrechtlichen Terminologie üblicherweise unter Begriffen wie Kriegsverbrechen, Verbrechen gegen die Menschlichkeit, Genozid, Folter, extralegale Tötungen oder politischer Mord firmieren. Auch staatlich gedeckte Geheimoperationen, um beispielsweise Regimekritiker und Oppositionelle im Exil zu ermorden, gehören in diese Kategorie.[2] Im Extremfall kann es sich um eine staatliche Schreckensherrschaft handeln, bei der das Regime Terror unter der Bevölkerung verbreitet oder gezielt ge-

---

1 Siehe dazu: Münkler (1992: 142-175), Waldmann (1998: 7-39), Hoffman (2001: 13-56), Daase (2001: 55-79), Townshend (2002: 8-16), Hoffman/McCormick (2004).
2 Beispiele wären die Attentate des iranischen Geheimdienstes auf kurdische Exilpolitiker in Wien (1989) und in Berlin (»Mykonos-Attentat«, 1992).

gen Personen einsetzt, um seine Macht zu erhalten oder zu festigen.[3]

Staatsterror ist an der Absicherung des Status quo orientiert, während der Terrorismus nichtstaatlicher Gruppen zumindest rhetorisch auf die Veränderung der bestehenden politischen Verhältnisse setzt. Eine weitere Differenz liegt darin, daß staatliche (z. B. Armee, Geheimdienst, Sonderpolizei, Staatssicherheit) oder im staatlichen Auftrag agierende Akteure (z. B. Milizen, Paramilitärs) typischerweise nicht verdeckt aus dem Untergrund, sondern nach Möglichkeit offen und sichtbar agieren, um die Bevölkerung insgesamt oder bestimmte Gruppen (etwa Oppositionelle oder Minderheiten) einzuschüchtern. Jeder und jede soll um die Methoden des staatlichen Zwangsapparates wissen und diese fürchten. Darüber hinaus sind terroristische Anschläge das Mittel von im militärischen Sinne »schwachen« Akteuren, während Staatsterror einen relativ mächtigen Staat voraussetzt, der über entsprechende Gewaltmittel verfügt. In einer Grauzone bewegt sich jedoch der *staatlich geduldete*, *beauftragte* oder *unterstützte Terrorismus*: Staatliche Akteure, zumeist aus Kreisen der Geheimdienste und des Sicherheitsapparates, fördern danach gezielt Terrorgruppen für eigene Zwecke. In manchen Fällen tragen sie auch aktiv zu ihrer Gründung bei (z. B. Iran/Hizbullah) oder sind selbst direkt in Terroranschläge verwickelt (z. B. Beteiligung des libyschen Regimes am internationalen Terrorismus).

Wie in der Definition angedeutet, setzt die terroristische Gewaltstrategie primär auf *psychische Effekte*. Das Ziel von Terroristen ist es, eine Bevölkerung insgesamt oder bestimmte Gruppen zu schockieren und einzuschüchtern. Aufgrund ihrer strukturellen Unterlegenheit sind sie nicht in der Lage, ihren Gegner physisch zu besiegen oder auch Territorien zu erobern und über längere Zeit zu kontrollieren, zumeist wird dies auch gar nicht beabsichtigt. Deshalb richtet sich die Gewalt gegen Ziele mit hohem Symbolgehalt (z. B. religiöse Orte, Denkmäler, Handels- und Bankenzentren, Polizeistationen und Militäreinrichtungen, Regierungs- und Parlamentsgebäude), die einerseits ein entsprechendes Medienecho hervorrufen und andererseits den »Gegner« provozieren oder demütigen. Gleichwohl geraten immer wieder

---

3 Begriffsprägend war hierbei die »Terrorherrschaft« von Robespierre (*Les Terreurs*) während der französischen Revolution (1793-94).

– wie zahlreiche Beispiele von Nordirland über den Nahen Osten bis hin zu Sri Lanka belegen – auch öffentliche Verkehrsmittel, Restaurants, Cafés, Diskotheken oder Marktplätze in das Fadenkreuz von Terroristen, die damit signalisieren, daß es im Prinzip jeden/jede treffen kann. Die Opfer unter der Zivilbevölkerung sind daher oftmals willkürlich und anders als die Anschlagsorte nicht gezielt ausgewählt. Zudem greifen Terroristen nicht selten zu Geiselnahmen und Entführungen, um Inhaftierte freizupressen oder den Staat zu bestimmten politischen Maßnahmen zu zwingen.

Panik und Schockeffekte sind das eine, die Mobilisierung von Sympathisanten und Unterstützern sowie die Radikalisierung von politisch nahestehenden Bewegungen sind das andere strategische Motiv terroristischer Aktivitäten. Terroristen handeln daher zumeist im Namen von »als interessiert unterstellten Dritten« (vgl. Münkler 1992: 167-170). Sie verstehen sich dabei als Avantgarde, die sich für die »Unterdrückten« einsetzt, unabhängig davon, ob sie nun ethnonationale/separatistische, sozialrevolutionäre oder religiös inspirierte Ziele verfolgen. Daraus speist sich das Bewußtsein moralischer Überlegenheit, mit der Terroristen ihre eigentlich unmoralischen Taten vor sich selbst und vor anderen rechtfertigen. In diesem Sinne stellt Terrorismus eine *Kommunikationsstrategie* dar, mit der politische Botschaften gleichermaßen an Freund und Feind übermittelt werden sollen (Waldmann 1998: 13). Dazu nutzen Terroristen neben der operativen Ebene auch die Ebene der Propaganda, die sie in Form von Bekennerschreiben, Drohungen und politischen Erklärungen verbreiten, heute zumeist über das Internet und per Videoaufnahmen. Beide Ebenen stehen nicht notwendigerweise in einem Zusammenhang, nicht jeder angedrohte Anschlag ist tatsächlich geplant und umgekehrt. Die Ebene der Propaganda dient nicht nur der Übermittlung von Signalen, sondern auch der gezielten Irreführung und Desinformation. Sie bietet den Terroristen gleichzeitig eine mediale Bühne, die sie »größer« und »mächtiger« erscheinen läßt, als es einzelne Anschläge vermögen. Kurz: Ohne Publizität würde Terrorismus nicht »funktionieren«.[4]

4 Die frühere britische Premierministerin Margaret Thatcher sprach in diesem Zusammenhang etwas plakativ davon, daß die Medien den »Sauerstoff der Publizität« lieferten, von dem die Terroristen abhängen; vgl. Hoffman (2001: 189).

Allerdings erreichen Terroristen die gewünschte Mobilisierung von Sympathisanten in der Regel weniger durch ihre Anschläge oder ihre Propaganda, als vielmehr durch die Gegenreaktionen, die sie beim Adressaten des Anschlags hervorrufen. Die Attentate sollen den Gegner zu möglichst brutalen und unverhältnismäßigen Maßnahmen provozieren, die ihn, so das Kalkül der Terroristen, »entlegitimieren« und »demaskieren«. Ulrike Meinhof hat diese Strategie in der typischen Diktion der *Roten Armee Fraktion* (RAF) so beschrieben: »[...] daß durch die defensive, die reaktion des systems, die eskalation der konterrevolution, die umwandlung des politischen ausnahmezustandes in den militärischen ausnahmezustand der feind sich kenntlich macht, sichtbar – und so, durch seinen eigenen terror, die massen gegen sich aufbringt, die widersprüche verschärft, den revolutionären kampf zwingend macht« (zitiert nach Münkler 1992: 155). Mit anderen Worten: Der Angegriffene soll als der »eigentliche Aggressor« entlarvt werden, während die eigenen Aktionen als Form der Selbstverteidigung und Selbstbehauptung verkauft werden. Terroristen setzen insofern auf eine *Aktion-Reaktion-Spirale*, bei der sie von der Rolle des Angreifers in die des Angegriffenen, des »Opfers«, wechseln können.

Terrorismus ist in der Regel der zugespitzte Ausdruck von innergesellschaftlichen oder internationalen Konflikt- und Problemlagen. Dennoch unterscheidet sich der Gründungskontext der Gruppen erheblich, was nicht ohne Folgen für das jeweilige terroristische Kalkül ist. Idealtypisch kann man, wenn man den Konfliktzyklus zugrunde legt, drei Situationen unterscheiden, in denen sich typischerweise Terrorgruppen bilden: (a) Es handelt sich um einen latenten und virulenten Konflikt, der sich beispielsweise in Demonstrationen und Protesten, mitunter auch in Krawallen mit den Sicherheitsorganen niederschlägt, aber noch nicht offen gewaltsam ausgetragen wird. Unter diesen Vorzeichen dienen terroristische Aktionen dazu, den Konflikt zuzuspitzen und Teile der Bevölkerung zu mobilisieren, um eine »Massenbewegung« auszulösen, die letztlich die gewünschten politischen Veränderungen durchsetzt. Die Terroristen verstehen sich hier als »Katalysatoren« einer gesellschaftlichen Entwicklung oder, im Falle ethnonationaler Gruppen, einer separatistischen Bewegung. Dieses Kalkül geht jedoch oftmals nicht auf, die Terroristen bleiben weitgehend isoliert und müssen wesentlich länger im Untergrund agieren als geplant, was nicht selten zu einer Radikalisierung der Gruppe führt (z. B. RAF). (b) Es handelt sich um einen hochgradig eskalierten Konflikt. Die Konfliktparteien haben bereits, möglicherweise über Jahre, kräftig an der Spirale der Gewalt gedreht. Terrorismus entsteht dann zumeist auf seiten des militärisch Schwächeren, der sich mehr und mehr in die Enge gedrängt sieht. Terrorakte werden als »notwendige« Ergänzung zu bis dato praktizierten Gewaltstrategien verstanden. Je nach Lage treten sie sogar gänzlich an deren Stelle, womit sich der Charakter des Gewaltakteurs verändert und terroristische Strukturen manifest werden. Dieses Szenario läßt sich in einer Reihe von Bürgerkriegen und Regionalkonflikten beobachten. (c) Es handelt sich um einen Konflikt, bei dem sich die Konfliktparteien um eine politische Lösung bemühen oder bereits eine solche vereinbart haben (etwa durch ein Friedensabkommen). Bestimmte Gruppen, häufig radikale Abspaltungen von bisherigen Gewaltakteuren, wollen jedoch dieses Ergebnis verhindern oder sabotieren; sie setzen den »Kampf« unbeirrt mit terroristischen Mitteln fort, um den Konflikt erneut zu eskalieren.[5]

Bei allen drei Varianten existiert eine *asymmetrische Konstellation* zwischen den Terrorgruppen und staatlichen Sicherheitsapparaten. Dabei besteht eine Asymmetrie in beide Richtungen: Einerseits sind Gruppen, die sich hauptsächlich terroristischer Mittel und Strategien bedienen, üblicherweise dem staatlichen Polizei- und Militärpotential in logistischer und personeller Hinsicht unterlegen. Andererseits operieren sie aus dem Untergrund und haben das Überraschungsmoment auf ihrer Seite. Nach ihrem Anschlag auf den Parteitag der britischen Konservativen in Brighton (1984) brachte die nordirische IRA das Dilemma für die staatlichen Behörden auf den Punkt: »[V]ergessen Sie nie, daß wir nur einmal Glück zu haben brauchen – und Sie werden immer Glück haben müssen« (zitiert nach Hoffman 2001: 244). Während staatliche Stellen permanent auf der Hut sein müssen, genügt es Terroristen, hin und wieder »erfolgreich« zu sein, um zu demonstrieren, daß auch umfangreiche und kostenintensive Sicherheitsvorkehrungen keinen lückenlosen Schutz bieten. Dieser Ef-

---

5 Ein geradezu paradigmatischer Fall ist die Bildung der Real IRA in Nordirland, die sich nach dem Abkommen von 1998 von der IRA abgespalten hat und seither für diverse Terroranschläge verantwortlich war.

fekt, den Terroristen mit wenigen Anschlägen erzielen können, wird ironischerweise um so größer, je massiver eine Regierung den Sicherheitsapparat ausbaut bzw. auf den »starken« Staat setzt. Jeder neue Anschlag wird dann in der Öffentlichkeit als »Niederlage« für den Staat bzw. das jeweilige Regime begriffen und unterminiert die Autorität des Staatsapparates, insbesondere von Geheimdienst, Justiz und Polizei.

Der strategische Vorteil von Untergrund und Überraschungsmoment ist jedoch für die Terroristen ebenfalls nicht ohne Kosten: Sie sind gezwungen, innovativ zu sein – zum einen, weil sie sich in der Regel einem ständigen Verfolgungsdruck ausgesetzt sehen, zum anderen müssen sie das Unerwartete tun, um »erfolgreich« zu bleiben. Sie dürfen nicht berechenbar sein, sie dürfen nach Möglichkeit kein Profil oder Muster erkennen lassen und müssen daher von Zeit zu Zeit ihre Methoden wechseln (z. B. Einsatz von weiblichen statt männlichen Selbstmordattentätern). Dies setzt jedoch die Fähigkeit zum organisatorischen Lernen voraus, d. h. dem systematischen Auswerten, Interpretieren und Aufbereiten von Erfahrungen, Informationen und Wissensbeständen sowie dessen Verbreitung innerhalb der eigenen Organisation (vgl. Jackson et. al. 2005 a: 9-26). Geschieht dies nicht oder nur unzureichend, sind die Überlebenschancen für die Gruppen sehr gering. Mit Blick auf konkrete Operationen bedeutet dies, daß sich der Planungs- und Schulungsaufwand erhöht. Zugleich wächst die Gefahr von Pannen und Fehlschlägen, da möglicherweise innovative, taktische Mittel angewandt werden, in denen die Terroristen aber nicht geübt sind. Gleichzeitig ist nicht jede Terrorgruppe – ungeachtet ihrer Lernfähigkeit – über längere Zeit zu solchen Innovationen in der Lage, weil es an technologischen Voraussetzungen, den notwendigen Ressourcen oder dem begünstigenden Umfeld fehlt. Terrorgruppen befinden sich hier in einem grundsätzlichen Dilemma (Hoffman/McCormick 2004: 245): Einerseits sind sie gezwungen, nicht unerhebliche Sicherheitsvorkehrungen treffen, um nicht enttarnt zu werden, diese schränken aber zumeist die Bewegungs- und Operationsfähigkeit ein. Andererseits sind sie darauf angewiesen, möglichst überraschende Anschläge durchzuführen, um überhaupt als politischer Faktor wahrgenommen zu werden. Jeder Anschlag beinhaltet jedoch neue Risiken, da stets Spuren hinterlassen werden, die wiederum zur Entdeckung von Plänen oder Tätern führen können.

Eine weitere Schwierigkeit für Terroristen besteht darin, ihre ökonomische und logistische Basis über längere Zeiträume zu sichern. Bei zahlreichen terroristischen Gruppierungen läßt sich daher beobachten, wie die eingesetzten Mittel mehr und mehr zum Selbstzweck werden bzw. vorrangig zur Sicherung der ökonomischen Grundlagen dienen. Terroristen entfalten zumeist eine Reihe von kriminellen Aktivitäten, die keine primär politischen Ziele haben, sondern schlicht der Beschaffung von Finanzen dienen. Dazu gehören typischerweise Banküberfälle, Geiselnahmen, Entführungen und Erpressungen, aber auch verstärkt die Beteiligung am Waffen-, Menschen- oder Drogenschmuggel sowie am illegalen Handel mit Rohstoffen oder Edelsteinen. Terroristen weisen daher zwangsläufig eine enge Verbindung zur organisierten Kriminalität auf, ohne sich aber selbst als kriminell zu begreifen. Die deutsche RAF bezeichnete beispielsweise die Banküberfälle zur Finanzierung ihrer Anschläge als »Enteignungsaktionen« und damit als »politisch«. Dennoch beeinträchtigen solche illegalen Geschäfte in dem Maße, wie sie das eigentliche politische Anliegen der Terroristen überlagern, die gewünschte Mobilisierung von Sympathie und ideeller Unterstützung. Terrorgruppen geraten auf diese Weise häufig in eine »strategische Sackgasse« (Münkler 1992: 172).

Die Eigendynamik terroristischer Gewalt nimmt jedoch noch weitere Formen an, was nicht zuletzt mit dem konspirativen Charakter der Gruppen zu tun hat, wie Jenkins (2002: 8) feststellt: »Terrorists understand when they suffer setbacks, but they operate in a clandestine world, a close universe cut off from normal discourse and competing views.« Terroristen neigen dazu, sich ihre eigene Wirklichkeit zu schaffen, bei der sämtliche Ereignisse und Informationen im Sinne des eigenen Weltbildes interpretiert und eingeordnet werden. Aus dieser Perspektive mag es zwar Rückschläge geben, die sich aber, so die Überzeugung der Terroristen, letztlich als unbedeutende Etappen auf einem »siegreichen« Weg erweisen werden. Widersprüchliche Entwicklungen oder gar alternative Strategien werden auf diese Weise ausgeblendet. Der Extrempunkt ist erreicht, wenn sich Terroristen in ihrer Haltung bestätigt fühlen, unabhängig davon, was um sie herum passiert. Dieser fortschreitende Realitätsverlust ist nicht selten verbunden mit einer zunehmenden Radikalisierung und Brutalisierung. Das Infragestellen der eigenen Position wird zum Tabu.

Zweifel, Abweichungen oder gar Kompromisse mit der Gegenseite werden nicht geduldet, da diese die innere Kohärenz der Zelle oder Gruppe gefährden und damit unter Umständen das Überleben der Gruppe. Diese Entwicklung geht einher mit »Säuberungen« nach innen und mit einer weiteren Enthemmung bei der Gewaltanwendung nach außen.

Das skizzierte terroristische Kalkül und seine Folgen gelten im Prinzip für sämtliche Spielarten des Terrorismus, unabhängig davon, ob es sich eher um *säkular* oder *religiös motivierte* Gruppen handelt. Gleichwohl gibt es zwischen beiden Varianten durchaus Unterschiede, die Konsequenzen für die Legitimation von Anschlägen, für die Auswahl terroristischer Ziele und möglicherweise auch für das Schadensausmaß von Terrorakten haben (vgl. Hoffman 2001: 121-123). Säkular motivierte Terroristen, die etwa sozialrevolutionäre, antiimperialistische, faschistische oder ethnonationalistische Absichten (z.B. Separatismus, Autonomie) verfolgen, beziehen ihre Legitimation im wesentlichen aus ihren weltlichen Zielen. Religiös motivierte Terroristen, die entweder eine stark religiös ausgerichtete Agenda (z.B. Errichtung eines Gottesstaates, Einführung bestimmter Gebote) verfolgen oder aber einen deutlichen Jenseitsbezug aufweisen (z.B. Erlösung durch Gewalttaten, Eingang ins »Paradies«) verweisen mit ihren Erklärungen und Handlungen auf eine außerweltliche Legitimationsbasis, die sich letztlich jeder Überprüfung durch Dritte entzieht.[6] Sie allein sind von Gott berufen, bestimmte Dinge zu tun. Sie tun damit das »Richtige« und das »Gottgefällige«, sie erfüllen eine ihnen auferlegte Pflicht oder Mission. Die Taten werden entsprechend mit Zitaten aus den heiligen Schriften oder mit Erlassen von Gelehrten religiös legitimiert. Bei religiös motivierten Gruppen spielen daher geistliche, zumeist charismatische Führer eine zentrale Rolle. Sie sind für die Ideologieproduktion, für die Einhaltung von Regeln und für die persönliche Bindung von Mitgliedern von wesentlicher Bedeutung. Zahlreiche Terrorgruppen verfügen daher auch über entsprechende »theologische Abteilungen« oder »Beiräte«, die sich um die religiöse Rechtfertigung der Taten bemühen. Sie greifen dabei nicht selten auf die Schriften

6 Zum religiös motivierten Terrorismus siehe Rapoport (1984), Hoffman (1995), Waldmann (1998: 98-119), Juergensmeyer (2001).

oder Überlieferungen früherer, längst verstorbener Gelehrter zurück, mit deren Autorität und Bekanntheit für die eigene Sache geworben wird. Prominente Beispiele religiöser Führer sind *Rabbi Meir Kahane* (israelische KACH), *Shoko Asahara* (japanische Aum Shinrikyo-Sekte), *Scheich Ahmad Yassin* (palästinensische Hamas), *Abd al-Rahman* (ägyptische Jama'a Islamyya), *Abdullah Singkar* und *Abu Bakr Bashir* (südostasiatische Jem'a Islamyya) oder *Abdullah Azzam* (Al-Qaida). Die Festlegung, wer als recht- bzw. ungläubig gilt, trifft die Gruppe bzw. ihre Führung weitgehend autonom und gemäß ihren eigenen Regeln und religiösen Auslegungen, die von einer geistlichen Autorität inspiriert und abgesegnet werden. Wer als »Ungläubiger« gilt oder als solcher »enttarnt« wird, kann zu einem Gegner und damit legitimen Anschlagsziel werden. Dies trifft nicht nur Andersgläubige, sondern oftmals auch und vor allem Angehörige der eigenen Religion, denen vorgeworfen wird, vom »rechten Glauben« abgekommen zu sein, sich korrumpiert zu haben und letztlich dem »Gegner« zu dienen. Dieses Verdikt beschränkt sich keinesfalls nur auf wenige Weggefährten, die als »Verräter« entlarvt werden, sondern kann für breitere Schichten einer Gesellschaft, unter Umständen sogar für die Mehrheit der »Glaubensbrüder« gelten, die vermeintlich nur mit dem Einsatz von Gewalt wieder auf den »rechten Weg« zurückgeführt werden können. Radikale islamistische Gruppierungen halten beispielsweise einer Reihe von arabischen und islamischen Gesellschaften Tendenzen zu Dekadenz und Verwestlichung vor. Diese Gesellschaften, vor allem die herrschenden Oberschichten, geraten damit genauso in das Fadenkreuz religiös motivierter Terroristen wie jene »Ungläubigen«, die den Islam unterdrücken oder demütigen wollen. In einem zugespitzten Konflikt gibt es aus dieser Perspektive keine »Unschuldigen« mehr, die geschont werden könnten.

Diese Entgrenzung der Gewalt ist allerdings bei religiös motivierten Akteuren keineswegs zwangsläufig. Zwar kann man feststellen, daß bei säkularen Terroristen eine engere Bindung an einen »als interessiert unterstellten Dritten« existiert, der dem Einsatz von Gewalt gewisse Grenzen setzt. Da religiös motivierte Terroristen ihrer Rhetorik nach lediglich »Gottes Willen« und nicht einem wie auch immer gearteten Publikum verpflichtet sind, mag hier in der Tendenz die Hemmschwelle zur Gewaltanwendung sinken. Dies gilt in besonderer Weise für religiöse Gruppen mit apokalyptischen oder millennaristischen Vorstellungen wie etwa im Fall der Aum-Sekte in Japan. Andererseits können gerade die genannten religiösen Autoritäten zu einer Einhegung von Gewalt beitragen, indem sie bestimmte Tabus aufstellen, z. B. keine Gewalt gegen Frauen, Kinder oder Wehrlose, keine Gewalt an bestimmten Feiertagen, keine Gewalt gegen religiöse Einrichtungen, etc. Die Behauptung, daß jeder religiös motivierte Terrorist zur enthemmten Gewalt neigt, ist daher schwer aufrechtzuerhalten. Naheliegend ist eher der umgekehrte Schluß: Wenn Gewalt hemmungslos angewandt wird, dann eher von religiös als von säkular motivierten Tätern. In der Tat läßt sich statistisch nachweisen, daß die Opferzahlen bei den Anschlägen religiös motivierter Terroristen höher sind. Schon in den achtziger Jahren zeigte sich dies am Beispiel islamistischer, schiitischer Gruppen (vor allem Hizbullah): »Obwohl diese nur acht Prozent aller internationalen Terrorakte zwischen 1982 und 1989 begangen haben, waren sie gleichwohl verantwortlich für 30 Prozent aller durch Terrorakte verursachten Todesfälle« (Hoffman 2001: 121). In den neunziger Jahren setzte sich dieser Trend fort, wobei allerdings die Zahl der religiös motivierten Gruppen rapide angestiegen ist.[7]

Diese Unterschiede zwischen säkular und religiös motivierten Terroristen sind jedoch eher gradueller denn systematischer Natur. In der Realität gibt es eine Reihe von Gruppen, bei denen sich Elemente beider Typen mischen. Beispiele sind die libanesische Hizbullah, die Hamas oder der Palästinensische Dschihad: Sie agieren zwar auf der Basis einer außerweltlichen Legitimation, sie sehen sich als »Partei Gottes«. Gleichzeitig verfolgen sie aber relativ klar umrissene weltliche, primär nationalistische Projekte wie die »Befreiung« des Libanons bzw. Palästinas. Umgekehrt gibt es durchaus säkulare Gruppen, die einen quasireligiösen Führer- und Opferkult pflegen, um die Kampf- und Gewaltbereitschaft der Mitgliederschaft zu fördern und den eigenen Tod als »Erlösung« zu betrachten. Dies gilt beispielsweise für die kurdische PKK in der Türkei oder für die *Tamil Tigers* (LTTE) in Sri Lanka mit ihren charismatischen Führern *Abduallah Ocalan* bzw. *Velupillai Prabhakaran*. Insgesamt muß man daher feststellen, daß die Gemeinsamkeiten in Organisation und Vorgehens-

7 Galten 1980 laut der RAND-St. Andrews-Datenbank nur zwei der 64 international operierenden Terrorgruppen als primär religiös motiviert, waren es 1995 bereits 26 von 56 aktiven Gruppen; vgl. Hoffman (1999: 15-17).

weise zwischen säkularen und religiösen Gruppen größer sein dürften als die Unterschiede bei den ideologischen Quellen.

2. Terroristen und andere nichtstaatliche Gewaltakteure

Das Wort Terrorismus ist ein politischer Kampfbegriff und wird je nach Interessenlage eingesetzt, wie das häufig kolportierte Diktum »des einen Terroristen, des anderen Freiheitskämpfer« zeigt. Dieses ergibt analytisch wenig Sinn, sondern dient allein dem politischen Zweck, benennbare Unterschiede zu vernebeln, entweder um Rebellen oder andere Oppositionelle in die Nähe von Terroristen zu rücken und damit bestimmte Maßnahmen zu rechtfertigen oder aber um umgekehrt die Bekämpfung des Terrorismus moralisch zu diskreditieren. Soziologisch weist jedoch das terroristische Kalkül eine Reihe von signifikanten Unterschieden zu den Strategien anderer nichtstaatlicher Gewaltakteure auf. Zu diesen zählen vor allem Rebellen- bzw. Guerillabewegungen, aber auch Milizen, Warlords, Kriminelle, Söldner oder Marodeure.[8]

– *Rebellen bzw. Guerillakämpfer*, zum Teil auch als *Partisanen* oder *Freischärler* bezeichnet, streben die »Befreiung« einer sozialen Schicht oder einer »Nation« an, indem sie für den Sturz einer Regierung (Revolution), für die Loslösung einer Region (Sezession) oder für das Ende eines Besatzungsregimes kämpfen. Sie verfolgen insofern eine politische Programmatik, zumeist sozialrevolutionärer und/oder nationalistischer Prägung, und verstehen sich als »künftige Armeen« einer befreiten Bevölkerung, nicht selten tragen sie daher auch Uniformen und Abzeichen, um den völkerrechtlich geschützten Kombattantenstatus zu erreichen. Bei ihrem militärischen Vorgehen vermeiden sie allerdings die direkte Konfrontation mit dem Gegner, sondern versuchen, diesen durch indirekte Angriffe in einen Hinterhalt zu locken. Eine andere Methode folgt dem »hit and run«-Prinzip, wonach die Kämpfer mit gezielten Operationen zuschlagen, um dann möglichst rasch wieder in ihren Unterschlupf zurückzukehren. Typischerweise beginnt daher der Guerillakrieg auf dem Land, in

8 Zur Charakterisierung nichtstaatlicher Gewaltakteure, siehe auch Mair (2002), Schneckener (2003c), Azzellini/Kanzleiter (2003).

den Bergen oder in abgelegenen, schwer vom Staat zu kontrollierenden Gegenden.[9] Daneben propagierten andere auch das Konzept einer städtischen Guerilla, die als Vorhut für die Landguerilla agieren sollte.[10] Nach der reinen Lehre, wie sie von *Mao Tse Tung*, *Ernesto Che Guevara*, *Frantz Fanon* oder *Carlos Marighela* vertreten wurde, setzt der Befreiungskämpfer dabei auf die logistische und moralische Unterstützung durch die Bevölkerung. In der Realität erfolgt jedoch zumeist die wesentlich wichtigere Unterstützung durch Drittstaaten oder durch andere Akteure, die Waffen, Ausrüstung und Know-how liefern. Historische und aktuelle Beispiele für diesen Typ sind die Partisanenverbände im Zweiten Weltkrieg, die antikolonialen Befreiungsbewegungen nach 1945, der VietCong oder die »Roten Khmer« in den sechziger und siebziger Jahren, die SWAPO im von Südafrika kontrollierten Namibia (bis 1989), die zapatistische Guerilla (EZLN) in Mexiko, die RENAMO in Mozambique, die von Südafrika unterstützte UNITA in Angola, die von den USA finanzierten Contras in Nicaragua oder heute die diversen, von Ruanda oder Uganda geförderten Rebellenverbände in der DR Kongo. Aber auch separatistische Bewegungen wie die SPLA (Süd-Sudan), die POLISARIO (West-Sahara), die GAM (Aceh/Indonesien), die PULA (Süd-Thailand) oder die UÇK (Kosovo) sind hier zu nennen.

– Als *Milizen* bzw. *Paramilitärs* können irreguläre Kampfverbände gelten, die im Auftrag oder unter Billigung eines Regimes agieren, um Rebellen oder (vermeintliche) Oppositionelle zu bekämpfen. Sie werden von staatlichen Stellen gegründet, finanziert, ausgerüstet und in Anti-Guerilla-Taktiken geschult; oftmals erledigen sie für den Staat das »dreckige« Geschäft von gezielten Entführungen und Tötungen, Massakern oder ethnischen Vertreibungen. Gleichwohl entziehen sie sich nicht selten im Zuge eines Konflikts staatlicher Kontrolle und werden zu einem eigenständigen Akteur. In manchen Fällen handelt es sich

9 Zur Strategie des Guerillakrieges siehe Münkler (1992: 152-62), Daase (1999).
10 Einer der prominentesten Vertreter dieser Richtung war der Brasilianer *Carlos Marighela*, der mit seinem *Handbook of Urban Guerilla Warfare* (1969) zahlreiche, vor allem linksgerichtete Guerilla- und Terrorgruppen inspirierte. Marighela selbst gründete die ALN (*Acao Libertadora Nacional*), die jedoch vornehmlich mit Terroranschlägen auf sich aufmerksam machte; vgl. Guelke (1995: 56-61).

auch um selbsternannte Verteidiger eines bestehenden Systems (z. B. Freikorps, Schutzbünde, Bürgerwehren), sie schützen jedoch zumeist die Interessen von Gruppen, die vom Status quo profitieren (z. B. Großgrundbesitzer, Offiziere, Dominanz einer ethnonationalen Gruppe). Zu dieser Kategorie gehören so unterschiedliche Gruppierungen wie die Organisation *Weiße Hand* in Guatemala, die argentinische *Triple A* (*Alianza Anticommunista Argentina*), die antikurdische *Türkische Rachebrigade* (TIT) in der Türkei, die protestantische *Ulster Defence Association* (UDA) in Nordirland, die *Autodefensas Unidas de Colombia* (AUC), die proserbischen *Arkan Tiger* in Bosnien und Kosovo, die proindonesischen Gruppen *Aitarak* (Dorn) und *Besi Merah Putih* (Rotweißes Eisen) in Ost-Timor oder die Reitermilizen *Jandjawid* im West-Sudan (Darfur).

– Als *Warlords* (*Kriegsherren* oder *Kriegsfürsten*) können jene lokalen Machthaber gelten, die während oder nach Gewaltkonflikten bestimmte Territorien kontrollieren. Sie sichern ihre Macht mit privaten Armeen und profitieren von Kriegsökonomien, indem sie vorhandene Ressourcen (z. B. Edelmetalle, Tropenhölzer, Anbau von Drogen, Rohstoffe) und/oder die lokale Bevölkerung (z. B. durch Plünderungen oder »Steuern«) ausbeuten. Dabei nutzen sie zumeist internationale Kontakte und die Anbindung an globale Absatzmärkte.[11] Warlords sind das typische Produkt von langjährigen Bürgerkriegen; häufig gelingt es ihnen, ihre Herrschaft auch nach dem Ende der Kampfhandlungen fortzusetzen. Nicht selten versuchen sie dann ihre erworbenen Pfründe zu legalisieren, indem sie öffentliche, politische Ämter anstreben. Prominente Beispiele solcher Warlords, die später hochrangige Posten im Staat übernahmen, sind *Charles Taylor* (Liberia), *Walid Jumblatt* (Libanon), *Laurent-Désiré Kabila* (Zaire/DR Kongo) oder *Abdul Raschid Dostum* (Afghanistan).

– Zu den *Kriminellen* zählen sowohl Mitglieder von Mafia-Strukturen, Syndikaten und Banden als auch Fälscher, Schleuser, Schmuggler oder Piraten. Ihr Kerngeschäft ist der Raub, der Betrug, die Erpressung, der Auftragsmord oder der illegale Handel (z. B. Waffen, Kunstgüter, Drogen, Rohstoffe, Kinder und Frauen), zumeist über staatliche Grenzen hinweg. Um ihre öko-

---

11 Zum *Warlord*-Phänomen siehe Reno (1998), Nissen/Radtke (2002); zum Problem der Kriegsökonomien siehe insbesondere Jean/Rufin (1999), Berdal/ Malone (2000), Pugh/Cooper (2004).

nomischen Interessen abzusichern, bemüht sich insbesondere die organisierte Kriminalität auch um politischen Einfluß, den sie nicht zuletzt durch Bestechung, gezielte Einschüchterungen oder Morde geltend macht. Prominente, auch historische Beispiele für verfestigte kriminelle Strukturen sind die sizilianische *Cosa Nostra*, die neapolitanische *Camorra*, die japanischen *Jakuzas* oder die kolumbianischen Drogenkartelle (z. B. *Medellin*, *Cali*, *Norte del Valle*).

– *Söldner bzw. private Sicherheitsdienstleister* sind angeworbene Freiwillige, zumeist aus Drittstaaten, die gegen eine entsprechende Entlohnung in bestehende Kampfverbände integriert oder in eigener Regie mit Sonderaufgaben betraut werden. Sie können dabei sehr unterschiedlichen Herren dienen, dies reicht von der Armee eines Staates bis hin zu Warlords, die ihnen einen hohen Profit versprechen. In einem Bürgerkrieg finden sich daher nicht selten auf allen Seiten auch Söldnertruppen. Eine besondere Variante des Söldnertums praktizierten jene arabischen Mudschahhedin, die in der Golfregion von staatlichen wie nichtstaatlichen Stellen angeworben wurden, um auf seiten der muslimischen »Glaubensbrüder« in Konflikten wie Afghanistan oder Bosnien zu kämpfen. Das Söldnergewerbe hat eine sehr lange Tradition, berühmte Vorläufer sind beispielsweise die *Condottieri*, jene geschäftstüchtigen Anführer von Söldnerbanden, die ab dem 15. Jahrhundert von italienischen Städten oder Fürsten zum Schutz angeheuert wurden (vgl. Münkler 2002: 91-97). Eine moderne Form vertreten einige Sicherheits- oder Militärfirmen, die die Bereitstellung von Kämpfern, Ausbildern oder Beratern professionalisiert und kommerzialisiert haben und Aufträge von Regierungen oder privaten Akteuren entgegennehmen (vgl. Mandel 2002, Singer 2003). In diese Kategorie gehören auch professionelle »Kopfgeldjäger«, die im staatlichen Auftrag oder auf eigene Rechnung gesuchte Kriminelle, Kriegsverbrecher oder Terroristen jagen.

– Bei *Marodeuren* handelt es sich dagegen um demobilisierte oder versprengte Ex-Kombattanten, die während oder nach Beendigung eines Krieges plündernd und brandschatzend eine wehrlose Zivilbevölkerung terrorisieren. Sie weisen dabei einen relativ geringen Organisationsgrad auf und ziehen zumeist von Ort zu Ort. Eine besondere Variante ist der sogenannte *sobel*, eine Wortschöpfung aus Soldat und Rebell, der einerseits Angehöriger einer unterfinanzierten Armee ist, andererseits aber – quasi nach Feierabend – private Einkünfte durch kriminelle und kommerzielle Aktivitäten erzielt (z. B. Plünderung, Raub, Schutzgelderpressung, Entführungen, Lynchjustiz). Marodeure sind insofern Nutznießer chaotischer Zustände, bei denen das staatliche Gewaltmonopol, zumindest in einzelnen Landesteilen, weitgehend erodiert ist. Teilweise werden sie allerdings auch von regulären Streitkräften, von Paramilitärs oder politischen Bewegungen gezielt als »Hilfstruppen« eingesetzt, um gegen Beute das »schmutzige Geschäft« zu erledigen (z. B. ethnische Vertreibungen, Massaker an der Zivilbevölkerung, Verfolgung von politischen Gegnern).

Gemeinsam ist allen Gewaltakteuren, daß sie in der Praxis auf die Unterscheidung zwischen Kombattanten und Nicht-Kombattanten relativ wenig Wert legen. Am ehesten mag diese Differenz noch bei klassischen Rebellen- oder Guerillagruppen eine Rolle gespielt haben, die zumindest zeitweise über ein gewisses Maß an Unterstützung aus der eigenen Bevölkerung verfügten und diese nicht durch überzogene Gewaltanwendung gefährden wollten. Sie attackierten in erster Linie Angehörige regulärer Streit- und Sicherheitskräfte, allerdings neigten Rebellenbewegungen stets dazu, den Kombattantenbegriff über das völkerrechtlich zulässige Maß hinaus auf alle Repräsentanten des staatlichen Machtapparates auszudehnen (z. B. Politiker, Polizisten oder Richter). In den Konflikten der Gegenwart, vor allem bei Bürgerkriegen, wird diese Unterscheidung schlicht ignoriert. Im Gegenteil: Die Zivilbevölkerung ist aus unterschiedlichen Gründen längst zum primären Ziel der diversen Gewaltakteure geworden, sei es, um politische, sei es um ökonomische Vorteile zu gewinnen (vgl. Kaldor 2000, Münkler 2002). Bei den meisten heute aktiven Terrorgruppen gehört das Töten von Zivilisten ohnehin zur Routine, weil zum einen militärische Ziele in der Regel besser geschützt sind und weil sich zum anderen auf diese Weise die gewünschten psychologischen und medialen Effekte einstellen.[12]

Ein weiterer gemeinsamer Trend ist die seit den neunziger Jahren feststellbare, zunehmende Transnationalisierung der Grup-

---

12 Trotz gegenteiliger Praxis halten manche Gruppen zumindest deklaratorisch an der Unterscheidung von Kombattanten und Nicht-Kombattanten fest. Die nordirische IRA bedauerte beispielsweise in einer Erklärung (2002), daß bei ihren Aktionen auch Zivilisten ums Leben kamen.

pen; sie verfügen mehr und mehr über internationale Kontakte, die ihnen neue Handlungsspielräume verschaffen. Dies gilt nicht nur für wirtschaftliche Zwecke wie etwa die Vernetzung von Bürgerkriegsökonomien mit Schmuggelrouten und internationalen Absatzmärkten, sondern auch für die Übermittlung politischer Absichten und ideologischer Projekte, die über internationale Unterstützer (z. B. Diaspora-Gemeinschaften, Exilgemeinden, Drittstaaten, NGOs) und die Weltmedien rasche Verbreitung finden. Von Typ zu Typ, von Gruppe zu Gruppe ist dieser Trend zur Transnationalisierung unterschiedlich stark ausgeprägt. Er gilt in der Tendenz weniger für Marodeure und für die meisten Milizen, dafür stärker im Falle von Warlords, Söldnern, Rebellen und Kriminellen sowie für zahlreiche terroristische Organisationen.

Die Unterschiede zwischen den Gruppen treten deutlicher zu Tage, wenn man vier Aspekte berücksichtigt (siehe Tab. 1):

1. *Änderung versus Absicherung des Status quo*: Einige Gewaltakteure sind an einer (radikalen) Änderung des politischen Status quo interessiert: Sie fordern eine andere Regierung, ein anderes politisches System, die Abspaltung einer Region, eine neue Weltordnung, etc. Andere Gruppen haben hingegen ein Interesse am Erhalt oder an der Festigung des Status quo, teilweise aus eigenem Antrieb, teilweise weil sie als Instrument der Machthaber dienen. Zur ersten Kategorie gehören Terroristen ebenso wie Rebellen oder Guerillakämpfer, zur zweiten zählen Warlords und Kriminelle, die ihre einmal etablierte Macht- bzw. Geschäftsposition nicht räumen, sondern möglichst dauerhaft absichern wollen. Der Prototyp einer am Status quo orientierten Bewegung sind jedoch Milizen bzw. paramilitärische Verbände, die zur Machtsicherung des Regimes oder bestimmter Gruppen eingesetzt werden. Eher indifferent verhalten sich hier Söldner oder Marodeure, sie orientieren sich allein an für sie günstigen Opportunitäten, dabei mal als Handlanger, mal als Gegner eines Regimes auftretend.

2. *Territoriale versus nichtterritoriale Orientierung.* Guerillabewegungen und Warlords verbindet miteinander, daß sie beide grundsätzlich die Eroberung und nach Möglichkeit die dauerhafte Kontrolle von Territorien anstreben. Zu einem ähnlichen Zweck werden in der Regel auch Söldnertruppen eingesetzt. Terroristen hingegen mögen zwar territoriale Ambitionen haben (z. B. eigener Staat), sind aber weder willens noch in der Lage, Territorien

Tab. 1: Typen nichtstaatlicher Gewalt

	Änderung vs. Absicherung des Status quo	Territorial vs. nicht-territorial	Physische vs. psychische Gewalt	Politische vs. ökono-mische Motivation
Terroristen	Änderung	Nicht-territorial	Psychisch	Politisch
Rebellen	Änderung	Territorial	Physisch	Politisch
Milizen	Absicherung	Territorial/ Nicht-territorial	Physisch/ Psychisch	Politisch
Warlords	Absicherung	Territorial	Physisch/ Psychisch	Ökonomisch
Kriminelle	Absicherung	Nicht-territorial	Psychisch	Ökonomisch
Söldner	Indifferent	Territorial	Physisch	Ökonomisch
Marodeure	Indifferent	Nicht-territorial	Psychisch	Ökonomisch

zu erobern und militärisch zu verteidigen. Ähnliches gilt für Kriminelle oder Marodeure, sieht man von der Kontrolle kleinräumiger Gebiete (z. B. Stadtviertel, Dörfer) ab. Bei Milizen finden sich beide Varianten: Es gibt einerseits größere Verbände, die in der Lage sind, Territorien zu sichern oder von Rebellen zurückzuerobern, andererseits dienen manche Organisationen eher besonderen Spezialaufgaben (z. B. Verfolgung von Oppositionellen).

3. *Physische versus psychische Gewaltausübung.* Rebellen- und Guerillabewegungen wollen ihr Ziel durch den Einsatz physischer Gewalt erreichen. Es gilt, die militärische Schlagkraft des Gegners zu schwächen, ihn zu besiegen oder zur Aufgabe zu zwingen, um dann seinen Platz einzunehmen. Der Guerillakampf ist insofern eine, wenn auch unkonventionelle und aus dem Untergrund heraus operierende, Kriegsführungsstrategie. Terroristen setzen hingegen, wie geschildert, auf psychische Gewalt, indem sie Panik und Schrecken verbreiten; angesichts ihrer nume-

rischen Unterlegenheit streben sie nicht nach einem militärischen Sieg. Zwischen diesen beiden Extremen ordnen sich die übrigen Gewaltakteure ein: Söldner betreiben in erster Linie ebenfalls physische Gewaltanwendung mit dem Ziel, einen Gegner zu bezwingen, während Marodeure und Kriminelle kein genuin militärisches Interesse verfolgen, sondern die Androhung oder der Einsatz von Gewalt zur Einschüchterung dient. Milizen und Warlords verhalten sich hier eher ambivalent, je nach Gruppe und je nach Lage nutzen sie beide Formen der Gewaltanwendung. Nach außen müssen Warlords beispielsweise auf militärische Erfolge setzen, nach innen mag es genügen, einzelne brutale Exempel zu statuieren, um die entsprechende Wirkung bei der betroffenen Bevölkerung zu erzielen.

4. *Politische versus ökonomische Motivation.* Während Guerillabewegungen, Milizen und Terrorgruppen – zumindest in ihrer Rhetorik – einer gesellschaftspolitischen Programmatik folgen und dazu ökonomische Ressourcen benötigen, ist es bei Warlords und Kriminellen in der Tendenz umgekehrt: Ihnen geht es primär um den eigenen Status und Profit, um wirtschaftliche und kommerzielle Interessen. Politische Macht und Ämter sowie die Anwendung von Gewalt dienen der Durch- und Absicherung ökonomischer Interessen. Warlords und Kriminelle sind insofern keine »unpolitischen« Akteure, ihre Motivation, in den politischen Machtkampf einzutreten, ist jedoch eine andere. Als primär ökonomisch motiviert können auch Söldner und Marodeure gelten.

Bei dieser Charakterisierung handelt es sich bewußt um eine idealtypische Zuspitzung. In der Realität gibt es eine Reihe von Grauzonen, da Gruppen im Zuge eines Konflikts ihren Charakter wandeln können. Aus Rebellen oder Marodeuren werden beispielsweise Warlords; aus Milizen oder Terroristen werden gewöhnliche Kriminelle; aus Kriminellen werden Söldner und umgekehrt; Milizen und Warlords bedienen sich mehr und mehr terroristischer Methoden etc. Besonders schwierig ist die Abgrenzung im Einzelfall zwischen Terrorgruppen auf der einen und Rebellen- bzw. Guerillakämpfer auf der anderen Seite: Aus einer Organisation, die zunächst allein mit terroristischen Anschlägen auf sich aufmerksam macht, wird mit der Zeit eine Guerillabewegung, der es gelingt, größere Teile der Bevölkerung zu mobilisieren (z. B. Entwicklung der UÇK im Kosovo 1996-

1998). Oder umgekehrt: Was – zumindest deklaratorisch – als Befreiungsbewegung begann, endet im Terror gegen Zivilisten (z. B. nordirischer, palästinensischer, kurdischer oder baskischer Terrorismus). In zahlreichen Fällen handelt es sich um Mischformen, bei denen die Akteure Charakteristika verschiedener Typen gleichermaßen auf sich vereinigen, wie etwa die Tamil Tigers in Sri Lanka, die FARC in Kolumbien oder die maoistischen Rebellen in Nepal. Diese Gruppen kontrollieren einerseits signifikante Teile des Staatsgebietes und verüben andererseits Terroranschläge im gesamten Land, sie bedienen sich sowohl der physischen als auch der psychischen Gewaltanwendung und verfolgen zudem weitreichende ökonomische Interessen.

Gleichwohl sind die Unterscheidungen sinnvoll, da man nur auf diese Weise Aussagen darüber treffen kann, inwieweit Gruppen oder Individuen eher dem Typ Terrorist, Guerillakämpfer, Warlord etc. entsprechen. Auch die Transformation einer Gruppe von einem Zustand in einen anderen läßt sich nur wahrnehmen, wenn man einigermaßen trennscharfe Unterscheidungsmerkmale zur Hand hat. Diese Übung ist nicht nur völkerrechtlich oder soziologisch relevant, sondern auch aus handfesten politischen Gründen von Bedeutung. Als Faustformel für Strategien zur Konfliktbearbeitung läßt sich beispielsweise formulieren: Je eher eine Gruppe als Guerillabewegung auftritt, desto größer sind die Chancen, zu einer politischen Verhandlungslösung zu kommen. Je mehr sich die Gruppe hingegen in Richtung einer reinen Terrororganisation entwickelt, desto schwerer werden ihre Mitglieder für politische Kompromisse und Lösungsangebote erreichbar sein. Die Transformation vom Kämpfer zum Politiker ist einfacher zu vollziehen als die vom Terroristen zum Politiker, wenngleich auch letzteres nicht ausgeschlossen ist. Je stärker allerdings Rebellen bzw. Terroristen zu profitorientierten Warlords bzw. Kriminellen werden, desto manifester werden Kriegs- und Gewaltstrukturen. Der Bürgerkrieg oder eine Serie von Terrorakten werden dann funktional für die Sicherung von privaten Einkommensquellen. Das gilt sowohl für die Kommandoebene als auch für die Kämpfer/Attentäter. Im Extremfall führt dies zu einer Entpolitisierung und einer Eigendynamik von Krieg und Terror, die Anwendung oder Androhung von Gewalt dient dann in erster Linie dem Broterwerb und ist Teil eines Lebensstils.

3. Vom nationalen zum transnationalen Terrorismus

Der »neue«, transnationale Terrorismus stellt im wesentlichen eine Weiterentwicklung und Perfektionierung des Terrorismus »alten Typs« dar. Bei dieser Form des Terrorismus, die bis heute virulent und nach wie vor weltweit für die meisten Anschläge verantwortlich ist, sind zwei Varianten zu unterscheiden: zum ersten der *nationale* oder *interne Terrorismus* und zum zweiten der *international operierende Terrorismus*. Die beiden Typen sind notwendige Vorstufen für den transnationalen Terrorismus. Auch wenn in der Realität die Grenzen zwischen beiden Varianten mitunter fließend sind, ist die folgende Charakterisierung bewußt auf einige Aspekte zugespitzt, um signifikante Unterschiede herauszuarbeiten.

Vom *nationalen* oder *internen Terrorismus* spricht man, wenn Terroristen innerhalb ihres Heimatstaates Gewalt gegen andere Bewohner ausüben, das heißt Täter und Opfer besitzen nicht selten die gleiche Staatsangehörigkeit oder leben zumindest auf dem gleichen Staatsgebiet. Diese klassische Form des Terrorismus, die fast so alt ist wie die moderne Staatlichkeit, kennzeichnet vor allem die politische Gewalt im 19. und 20. Jahrhundert. Zumeist stand und steht sie in Zusammenhang mit antikolonialen Befreiungsbewegungen, ethnonationalem Separatismus, links- und rechtsradikalen Ideologien oder religiösem Fundamentalismus, wobei sich in der Regel die Terroristen selbst als Guerillakämpfer oder Revolutionäre betrachten. Typische Beispiele für die Zeit nach 1945 sind die baskische ETA, die nordirische IRA, die kurdische PKK, der *Front de Libération du Québec* (FLQ) in Kanada, die tamilische LTTE in Sri Lanka, die jüdische *Kach* (»Dennoch«) in Israel, die linksradikalen *Tupamaros* in Uruguay, die neofaschistischen Gruppen ON (*Ordine Nuovo*) und AN (*Avanguardia Nazionale*) sowie die linksradikalen *Brigate Rosse* in Italien, die französische *Action Directe*, die griechische Gruppe *19. November*, die *Rote Armee Fraktion* und die *Bewegung 2. Juni* in Westdeutschland sowie rechtsextremistische Verbände in den USA. Diesen Gruppierungen geht bzw. ging es um die Veränderung einer nationalen Ordnung – sei es die Schaffung eines eigenen Staates, sei es das Ende von Fremdherrschaft, sei es eine veränderte Staats- und Regierungsform (Anarchismus, Sozialismus, Rechtsdiktatur, Gottesstaat etc.). Sie verüben bzw. verübten fast alle ihre Attentate im Inland. Unter ihren Opfern finden sich in erster Linie »Repräsentanten« des Staates oder einer bestimmten Gruppierung, wobei die Terroristen selbst festlegen, wer als »Repräsentant« des Systems gilt. Typischerweise zählen dazu Politiker, hohe Beamte, Diplomaten, Militärs, Polizisten, Richter, Unternehmer oder auch führende Wissenschaftler. Dabei wird allerdings stets der Tod von »Unbeteiligten« billigend in Kauf genommen. Unter extremen Bedingungen kann es durchaus zu einer Ausweitung von potentiellen Opfern kommen – dies gilt insbesondere für radikale ethnonationale Gruppierungen, die letztlich alle Angehörigen der gegnerischen Gruppe, unabhängig von ihrer gesellschaftlichen Stellung, zum legitimen Ziel erklären. Ausländer sind jedoch nicht das bewußte Ziel der Anschläge, sondern eher zufällige, unbeabsichtigte Opfer. Typischerweise unterhalten diese Gruppen im wesentlichen konspirative Strukturen innerhalb des eigenen Landes, wenngleich ihnen in manchen Fällen auch in Grenzregionen Rückzugs- und Fluchträume offenstehen. Davon profitieren nicht selten ethnonationale Gruppierungen, die jenseits der Grenze über *co-nationals* verfügen, die sie materiell oder ideell unterstützen (z. B. ETA/französisches Baskenland, IRA/Irland, PKK/Nordirak, LTTE/Südindien). Die internationale Zusammenarbeit mit anderen, »befreundeten« Terrorgruppen beschränkt sich in der Regel auf Ausbildung, Waffentransfer, Finanzierung oder die Gewährung von Unterschlupf, kurz: primär auf logistische Unterstützung, wie etwa im Falle der RAF und palästinensischen Terroristen oder im Falle der IRA und der kolumbianischen FARC. Die gemeinsame Planung und Durchführung von Anschlägen bleibt hingegen eine Ausnahme. Es handelt sich eher um punktuelle, taktische Zweckbündnisse und weniger um strategische Allianzen.[13]

Gleichwohl wird an dieser Darstellung deutlich, daß manche Terrorgruppen im Laufe der Zeit in einigen Aspekten schleichend den Übergang zum *internationalen* – oder präziser *international*

---

13 Die sogenannte dritte Generation der RAF bemühte sich durchaus, wenngleich weitgehend erfolglos, um strategische Bündnisse mit gleichgesinnten Gruppierungen. Belege dafür sind die gemeinsamen Erklärungen von RAF und Action Directe (*Für die Einheit der Revolutionäre in Westeuropa*, Januar 1985) bzw. von RAF und Brigate Rosse (*Die Einheit der kämpfenden revolutionären Kräfte im Angriff aufbauen: Die Front organisieren. Zusammen kämpfen*, September 1988).

operierenden – Terrorismus vollziehen oder schon vollzogen haben. Insbesondere linksradikale Gruppen wie die RAF, die *Brigate Rosse* oder lateinamerikanische Terroristen machten schon in den siebziger Jahren im eigenen Land mit Anschlägen auf US-Soldaten, ausländische Diplomaten oder Niederlassungen multinationaler Konzerne auf sich aufmerksam und überschritten damit im Einzelfall die Grenze zum internationalen Terrorismus.[14] Denn: Als internationaler Terrorismus gelten nach einer Definition des US-Außenministeriums Anschläge, bei denen Terroristen entweder Bürger oder das Territorium eines anderen Staates attackieren.[15] Ähnlich gelagert, aber etwas spezifischer ist die Definition der *RAND-St. Andrews Chronology of International Terrorism*: »incidents in which terrorists go abroad to strike their targets, select victims or targets that have connections with a foreign state (e. g. diplomats, foreign businessmen, offices of foreign corporations), or create international incidents by attacking airline passengers, personnel, or equipment« (zitiert nach Hoffman 1999: 11). Entscheidend ist der internationale Charakter der Anschläge, d. h., die Terroristen müssen entweder grenzüberschreitend agieren oder aber gezielt im eigenen Land Ausländer bzw. ausländische Einrichtungen attackieren, um damit eine ausländische Regierung zu treffen. Täter und Opfer sind bei dieser Form des Terrorismus nicht Angehörige des gleichen Staates.

Was beim nationalen Terrorismus eher Zufall ist, bekommt nun einen strategischen Stellenwert. Die Terroristen wollen bewußt die internationale (und zumeist insbesondere die westliche) Aufmerksamkeit erregen. Dabei unterscheidet sich im Grundsatz ihre Zielsetzung nicht von jener des nationalen Terrorismus. Auch ihnen geht es um die Änderung einer nationalen Ordnung,

---

14 Spektakuläre Fälle waren beispielsweise die Entführung und Ermordung des deutschen Botschafters in Guatemala, Graf Karl von Spreti, durch die lokale FAR, die damit inhaftierte Genossen freipressen wollte (1970), die Entführung des britischen Botschafters in Uruguay durch die Tupamaros (1971), die Ermordung des örtlichen FIAT-Repräsentanten in Argentinien durch die ERP (1972), die Anschläge auf Einrichtungen bzw. Repräsentanten der US-Armee in Frankfurt (1972, 1985), Heidelberg (1972, 1981) und Ramstein (1981) durch die RAF, die Entführung eines US-Generals durch die Roten Brigaden (1981); vgl. Guelke (1995: 56-66).

15 Diese Definition legt das US-Außenministerium für seine Auswertung von Anschlägen im jährlichen Terrorismusbericht (*Patterns of Global Terrorism*) zugrunde.

allerdings nutzen sie dazu eine Strategie der Internationalisierung und bemühen sich darum, ihre partikularen Forderungen auf die internationale Tagesordnung zu bringen. Sie verschaffen sich ein größeres Publikum, um auf von ihnen beklagte Mißstände hinzuweisen. Sie hoffen möglicherweise, eine internationale Solidarisierung zu bewirken, oder sie sind schlicht an medial vermittelten, weltweiten Schockeffekten interessiert, die nachdrücklich zu Bewußtsein bringen sollen, daß der Rest der Welt den jeweiligen lokalen Konflikt nicht länger ignorieren kann. Dies geht notwendigerweise einher mit einer Ausweitung von Anschlagszielen, der Kreis potentieller Opfer wird damit größer: Ins Visier geraten ausländische Geschäftsleute und Diplomaten, Touristen, Passagiere von Flugzeugen oder Schiffen.

Paradigmatisch für diese Art des Terrorismus war der palästinensische Terrorismus seit Ende der sechziger Jahre. Bewußt entschieden sich damals Terrorgruppen wie beispielsweise die »Volksfront für die Befreiung Palästinas« (PFLP), die Gruppe Abu Nidal oder die Organisation »Schwarzer September« für eine Ausweitung ihrer Anschläge auf internationale Ziele. Dazu zählten vor allem Entführungen von Passagierflugzeugen israelischer und westlicher Luftlinien (erstmals 1968), darunter auch die Entführung der Lufthansa-Maschine *Landshut* 1977, um palästinensische Häftlinge sowie inhaftierte »Genossen« befreundeter Gruppen (RAF) freizupressen, aber auch spektakuläre Attentate wie etwa auf israelische Sportler und Funktionäre bei den Olympischen Spielen in München (1972), auf dem Pariser Flughafen Orly (1975), auf die OPEC-Konferenz in Wien (1975), auf die Wiener Synagoge (1982), den Flughafen Wien-Schwechat (1985) sowie die Entführung des Kreuzfahrtschiffes »Achille Lauro« (1985), die für ein breites, internationales Medienecho sorgten. Explizit erläuterte *Wadi Haddad*, einer der PFLP-Führer und Begründer des »Spezialkommandos« (PFLP-SC), auf einer PFLP-Tagung Ende 1967 seine Strategie: »Wir müssen die israelische Armee mit Qualität, nicht Quantität schlagen. [...] Ich meine spektakuläre Einzeloperationen. Diese werden die Aufmerksamkeit der Welt auf die Palästinafrage lenken. Die Welt wird fragen: Was ist das Problem in Palästina? Wer sind diese Palästinenser? Warum tun sie so etwas? [...] Am Ende wird die Welt das Problem satt haben. Sie wird zu dem Schluß kommen, daß mit Palästina etwas geschehen muß. Sie wird uns Gerechtigkeit geben müssen« (zitiert nach Schröm 2002: 17). In der Tat: Nach den ersten Aktionen stellte PFLP-Gründer *Georges Habasch* bereits 1970 mit Zufriedenheit fest: »Jahrzehntelang war die Weltmeinung weder für noch gegen die Palästinenser. Man hat uns einfach ignoriert. Jetzt wenigstens redet die Welt über uns« (zitiert nach Hoffman 2001: 90). Die palästinensischen Terrorgruppen waren auf diese Weise für die meisten internationalen Terrorakte verantwortlich, die zwischen 1968 und 1980 verübt wurden (Hoffman 2001: 87). Sie waren damit auch Vorbilder für andere Gruppen, die ihre Aktionen internationalisierten – wie etwa die japanische *Rote Armee*, die in den siebziger Jahren ihre spektakulärsten Anschläge im Ausland durchführte, darunter Entführungen von Passagiermaschinen der Japan Air Lines (1972, 1977), die Beteiligung an einem Attentat auf dem Lod Flughafen in Israel (1972) sowie Geiselnahmen in der französischen Botschaft in Den Haag (1974) und in einem US-Konsulat in Malaysia (1975). Andere, jüngere Beispiele sind die Aktivitäten und Anschläge von türkischen, kurdischen oder algerischen Extremisten in Deutschland bzw. Frankreich in den neunziger Jahren.

Eine solche Strategie der Internationalisierung führt jedoch auch zu einer Veränderung der personellen Zusammensetzung, der Arbeitsweise und Strukturen der jeweiligen Terrororganisation. Denn um international agieren zu können, sind diese Terrorgruppen in stärkerem Maße auf finanzielle Ressourcen, logistische Unterstützung und internationale Kontaktnetze angewiesen, als dies bei »internen Terroristen« der Fall ist. Typisch sind vor allem drei Entwicklungen, die sich seit den siebziger Jahren beobachten lassen:

Erstens führte die Durchführung grenzüberschreitender Operationen organisatorisch zu einer stärkeren Arbeitsteilung zwischen Kommandostrukturen und den Attentätern. Planung und Ausführung fielen auseinander. Zudem wurden durch die verstärkten internationalen Aktivitäten die Bindungen an eine lokale politische Partei in der Tendenz eher geschwächt. Während prominente nationale Terrorgruppen typischerweise über einen politischen Arm verfügen, der zum Teil auch parlamentarisch aktiv ist (z. B. ETA/Herri Batasuna, IRA/Sinn Fein), setzen sich international operierende Terrorgruppen oftmals von solchen politischen Bewegungen ab. Im Extremfall lassen sie sich keiner politischen Kraft mehr eindeutig zurechnen. Dies führt im eigenen

Lager nicht selten zu erheblichen Auseinandersetzungen über die geeignete Strategie, wie sich anhand des innerpalästinensischen Konflikts zwischen international aktiven Terrorkommandos und Arafats PLO zeigen läßt.

Zweitens intensivierte sich typischerweise die Zusammenarbeit zwischen verschiedenen Terrorgruppen. Bereits in den siebziger Jahren reichte die Kooperation von der gemeinsamen Ausbildung bis hin zur Planung und Bildung gemischter und multinationaler Kommandos zur Durchführung von Anschlägen (z. B. Beziehungen der RAF zum Schwarzen September). Besonders deutlich wurde dies etwa beim OPEC-Attentat (1975), bei dem das sechsköpfige Terrorkommando unter der Führung des Venezolaners *Carlos* aus einem Libanesen, zwei Palästinensern und zwei Deutschen bestand. Diese Aktivitäten förderten die Bildung von ersten, allerdings sehr lose verbundenen terroristischen Netzwerken, bei denen Einzelpersonen wie beispielsweise der Topterrorist Carlos als zentrales Scharnier zwischen verschiedenen Gruppen fungierten. Im Laufe seiner »Karriere« unterhielt Carlos, der zunächst im Auftrag der PFLP-SC und später vermehrt auf eigene Rechnung (»Organisation Internationaler Revolutionäre«) agierte, unter anderem Kontakte zu den linksextremen Terrorgruppen in Deutschland (»Revolutionäre Zellen«), zur japanischen Roten Armee, zu den italienischen Roten Brigaden, zur baskischen ETA oder zur griechischen ELA. Daran wird zugleich die Heterogenität dieser frühen transnationalen Netzwerke deutlich, dessen Gruppen sich nur mit Mühe auf einen Nenner bringen ließen und die schon gar nicht durch ein und dieselbe Zielsetzung miteinander verbunden waren. Die Ausweitung der Kooperation hatte nicht selten zur Folge, daß die unterschiedlichen Interessen und Ziele in Konflikt miteinander gerieten bzw. einzelne Operationen mehreren Zwecken dienen mußten.

Drittens weiteten Terrorgruppen, die bis dahin primär national agierten, ihre Aktivitäten auf andere Regionen aus. Sie etablierten »Filialen« oder »Auslandsorganisationen«, ohne jedoch ihren »Stammsitz« aufzugeben. Insbesondere Diaspora-Gemeinschaften, Exilgruppen oder Flüchtlinge dienten dabei häufig als Anknüpfungspunkte. Diese Außenstellen sollten in erster Linie neue Aktivisten rekrutieren, Propaganda im Sinne des »nationalen Kampfes« betreiben oder Finanzquellen erschließen (Eintreibung von Spenden oder sogenannter »Revolutionssteuern«).

Gleichwohl wurden sie immer wieder auch als Basis genutzt, um Anschläge im Ausland zu verüben – oftmals durch eigens entsandte Kommandos aus der »Zentrale«. Solche Entwicklungen, die mit der PFLP und anderen begannen, setzen sich bis heute fort: Beispiele sind die Verbindungen von kurdischen, algerischen oder albanischen Extremisten nach Westeuropa. Noch einen Schritt weiter gehen die palästinensische Hamas und die libanesische Hizbullah, deren weltweite Verbindungen bis nach Lateinamerika oder Westafrika reichen.

Der Terrorismus »alter« Prägung zeichnet sich aber insbesondere dadurch aus, daß er nicht selten von staatlichen Akteuren gefördert wird, insbesondere durch Geheim- und Sicherheitsdienste. Unter *state-sponsored terrorism* lassen sich verschiedene Varianten subsumieren: (a) Terroristen, die im staatlichen Auftrag handeln (z. B. Gruppe Carlos); (b) Terroristen, die von aktiver staatlicher Unterstützung (z. B. Finanzen, Logistik, Training) profitieren; (c) Terroristen, deren Aktivitäten oder Aufenthalt von Staaten geduldet wird, obgleich die Regierung die Möglichkeit hätte, dagegen vorzugehen. *State-sponsoring* in der einen oder anderen Weise erfolgt bei nationalen Terrorgruppen zumeist dann, wenn sich Nachbarstaaten oder Regionalmächte ideologischen oder nationalistischen Zielen der Terroristen verbunden fühlen (siehe z. B. Pakistan/Kaschmir, Indien/Tamilen) oder ein »verfeindetes« Regime destabilisieren wollen (z. B. Förderung der *Mujahedin-e-Khalq* (MEK) im Iran durch das irakische Regime). Noch stärker als der nationale Terrorismus geriet jedoch in den siebziger und achtziger Jahren der international operierende Terrorismus in das Blickfeld von Regierungen und wurde damit, verstärkt durch den Ost-West-Konflikt, zu einem Faktor der internationalen Politik, den sich verschiedene Akteure zunutze machten.[16] Im Extremfall entwickelten sich Terrorgruppen zu regelrechten »Handlangern« oder Auftragsmördern von staatlichen Finanziers – wie etwa die Gruppe Carlos. Das OPEC-At-

---

16 Ostblockländer wie die DDR oder Rumänien gewährten beispielsweise international operierenden Terroristen Unterschlupf oder Transit und versorgten sie mit gefälschten Papieren. Davon profitierten nicht zuletzt westdeutsche RAF-Mitglieder oder Angehörige der Gruppe Carlos (vgl. Schröm 2002). Die USA und andere westliche Staaten wiederum konzentrierten sich im Zuge sogenannter »counter insurgencies« auf die Unterstützung (vermeintlich) antikommunistischer Kräfte.

tentat sollte beispielsweise nicht nur die weltweite Aufmerksamkeit für den Kampf der Palästinenser erhöhen, sondern diente auch den Machtinteressen eines wichtigen Finanziers, Libyens Staatschef Gaddafi (vgl. Schröm 2002: 54-55). Die Bereitschaft einiger Staaten, Terrorgruppen aktiv zu fördern oder ihre Aktivitäten zu dulden, korrespondierte umgekehrt mit den Notwendigkeiten der Internationalisierungsstrategie. Diese erforderte Ausbildungslager an unterschiedlichen Orten, sichere Transit- und Fluchtrouten, Reisedokumente und Pässe sowie größere, finanzielle Mittel – die Hilfe oder Duldung durch staatliche Stellen war hier willkommen, in manchen Fällen auch notwendig.

Auf der Liste des US-Außenministeriums, die 1980 auf Grundlage des *Export Administration Act* (1979) erstmals erstellt wurde, werden Kuba, Nordkorea, Libyen, Syrien, Iran und Irak als *state sponsors of terrorism* genannt, 1995 kam der Sudan hinzu. Die politische Motivation dieser Aufstellung zeigt sich allerdings nicht zuletzt an der Tatsache, daß das irakische Regime Saddam Husseins von der Liste genommen wurde, als die USA das Land im Krieg gegen den Iran unterstützte. Erst 1990, nach der Invasion in Kuwait, tauchte der Irak wieder auf der Liste auf (Guelke 1995: 149). Darüber hinaus ließen sich als weitere Kandidaten Pakistan oder Saudi-Arabien anführen, wo zumindest Teile des Sicherheitsapparates immer wieder mit militanten Gruppierungen in Kontakt standen oder stehen. Beide Länder galten jedoch aus unterschiedlichen Gründen stets als wichtiger Partner Washingtons.

Der jeweilige Beitrag zur Förderung des Terrorismus fällt sehr unterschiedlich aus: Während Ländern wie Kuba und Nordkorea lediglich vorgeworfen wird, einzelne, international gesuchte Terroristen zu beherbergen, galt Libyen über Jahrzehnte als Hauptsponsor für eine Reihe von Gruppen vom Nahen Osten bis nach Südostasien. Teilweise war das Regime auch aktiv an internationalen Anschlägen bzw. Anschlagsplanungen beteiligt. Höhepunkte waren dabei die Verwicklung des libyschen Geheimdienstes in das Lockerbie-Attentat (1988) sowie in die Anschläge auf einen UTA-Flug (1989) und auf die Berliner Diskothek »La Belle« (1986). In den vergangenen Jahren hat sich Libyens Staatschef Gaddafi, nicht zuletzt unter dem Druck internationaler Sanktionen, vom Terrorismus losgesagt, die Mittäterschaft in einigen Fällen implizit anerkannt und Entschädigungen für die Opfer gezahlt bzw. in Aussicht gestellt. In einigen Fällen nutzte das Regime seine alten Verbindungen sogar zur Vermittlung in lokalen Konflikten (z. B. Mindanao/Philippinen) oder bei Entführungen westlicher Touristen durch lokale Extremisten. Die wichtigsten Fälle von staatlich gefördertem Terrorismus finden sich bis heute im Nahen Osten, wo über Jahrzehnte die diversen palästinensischen Gruppierungen (Abu Nidal, PFLP, Hamas, Islamischer Dschihad) auf die mehr oder minder offene Unterstützung durch den Irak (bis zum Sturz Saddam Husseins), Iran, Syrien oder Sudan bauen konnten, die damit den aus ihrer Sicht legitimen »palästinensischen Befreiungskampf« gegen die israelische Besatzung unterstützen. Darüber hinaus half der iranische Geheimdienst aktiv bei der Gründung, der Finanzierung und Ausbildung der schiitischen Hizbullah im Libanon; bis heute bestehen hier Beziehungen, auch wenn die Hizbullah längst ein eigenständiger Akteur geworden ist.

Zusammengefaßt kann man feststellen, daß sich nationaler und international operierender Terrorismus nicht in ihrer Zielsetzung unterscheiden, sondern in ihrer operativen Reichweite, ihren Strategien, Taktiken und Methoden. Die Strategie der Internationalisierung vergrößert den operativen Aktionsradius von Terroristen und führt zur Erschließung neuer Finanzquellen durch das Anzapfen von nichtstaatlichen und staatlichen Quellen. Gerade die staatliche Unterstützung erweist sich dabei jedoch häufig als ambivalent, da sie nicht nur neue Handlungsspielräume schafft, sondern unter Umständen auch die »Autonomie« von Terrorgruppen einschränkt, wenn bestimmte Operationen nicht oder nicht mehr im Interesse der Mentoren stehen. Dem »neuen«, transnationalen Terrorismus gelingt es auch und gerade, diese Zwänge und Abhängigkeiten, die typisch für den international operierenden Terrorismus der siebziger und achtziger Jahre des 20. Jahrhunderts waren, zu reduzieren. Darüber hinaus unterscheidet sich dieser Typ in einer Reihe von anderen Merkmalen signifikant von den beiden Vorläufern, da es ihm nicht mehr um eine bestimmte »nationale Sache« geht, sondern um eine Änderung der Weltpolitik bzw. der politischen Verhältnisse in einer Weltregion.

II. Charakteristika

4. Al-Qaida als Prototyp des transnationalen Terrorismus

Das Attribut »transnational« bezieht sich grundsätzlich auf *grenzüberschreitende Aktivitäten nichtstaatlicher Akteure*, der Begriff »transnationale Beziehungen« beschreibt danach dauerhafte Interaktionen über Grenzen hinweg, an denen zumindest ein nichtstaatlicher Akteur beteiligt ist. Bei einer »transnationalen Organisation« handelt es sich um einen nichtstaatlichen Akteur, der in mehreren Staaten aktiv ist.[1] Beispiele für diesen Typ sind so unterschiedliche Akteure wie multinationale Konzerne, die katholische Kirche oder Greenpeace. In diesem Sinne weist bereits der international operierende Terrorist eine Reihe transnationaler Merkmale auf, vor allem dann, wenn er die Zusammenarbeit mit anderen Gruppierungen sucht. Allerdings – und das ist der entscheidende Punkt – geht es bei diesem Typ von Terrorismus nicht allein um Aktivitäten und Kontakte über staatliche Grenzen hinweg, sondern vielmehr um die Etablierung von *transnationalen sozialen Räumen*, in denen sich der transnationale Terrorist bewegt. Dieses Konzept wurde in der Sozialwissenschaft bislang vor allem für die Untersuchung von Migrationsprozessen, Diaspora-Gemeinschaften, sozialen Bewegungen oder *business communities* genutzt. Danach bestehen transnationale soziale Räume aus sozialen und symbolischen Bindungen im Kontext von Netzwerken und Organisationen bzw. von miteinander vernetzten Organisationen, die sich über mehrere Staaten erstrecken (vgl. Faist 2000).

Übertragen auf den Terrorismus heißt dies: Während der internationale Terrorismus herkömmlicher Prägung noch einen lokalen Bezugspunkt hat, ist der transnationale Terrorist seinem lokalen Milieu »entwachsen«, er ist letztlich heimatlos und ein moderner Nomade. Er besitzt zwar eine Herkunft und eine Staatsbürgerschaft, die aber für seine Aktivitäten relativ bedeutungslos sind. Die Ansiedlung der »Hauptquartiere«, Ausbildungslager oder Ruheräume ist vielmehr ideologischen, strate-

---

1 Siehe dazu grundlegend: Kaiser (1969: 80-109), Keohane/Nye (1971: 329-349), Risse-Kappen (1995).

gischen oder ökonomischen Erwägungen geschuldet und hängt nicht zuletzt im wesentlichen davon ab, welches Land bzw. welche Gebiete eines Staates sich »anbieten«. Der transnationale Terrorist ist eben nicht darauf angewiesen, in einem bestimmten Staat X seine Kommandozentrale zu haben oder aber in einem Land Y Anschläge zu verüben, da er keinen »nationalen Kampf« im engeren Sinne führt. An die Stelle von Lokalität und nationaler Mitgliedschaft treten transnationale Netzwerke und Beziehungen, das heißt soziale und symbolische Bindungen an »Gleichgesinnte«, die in anderen Teilen der Welt aktiv sind. In solchen transnationalen sozialen Räumen wird – ähnlich wie in staatlich verfaßten Gesellschaften – Kapital gebildet (Faist 2000: 200): ökonomisches Kapital (Finanzen), Humankapital (Bildung, Knowhow) und soziales Kapital (Vertrauen, symbolische Bezüge, gemeinsame Werte). Damit entziehen sich diese Akteure mehr und mehr der Kontrolle der betroffenen Staaten – eine Entwicklung, auf die schon in den siebziger Jahren im Zusammenhang mit transnationalen Unternehmen hingewiesen wurde. Dies gilt heute um so mehr für illegale, transnationale Netzwerke, für die Arquilla/Ronfeldt (2001: 42) den Begriff *netwar* (»networkbased conflict and crime«) einführten.

Paradigmatisch für den transnationalen Terrorismus ist das Netzwerk *Al-Qaida* (*die Basis*). Es bildet einen Prototyp, an dem sich in Zukunft möglicherweise andere Akteure orientieren werden. Al-Qaida entstand 1988/89 in Afghanistan und Pakistan (Peschawar).[2] Ausgangspunkt war das Rekrutierungsbüro MAK (*Maktab al-Khidamat*), das 1984 vom jordanischen Palästinenser, Gelehrten und Führer der Muslimbruderschaft *Abdullah Azzam* (1941-1989) und dem saudischen Millionärssohn *Osama Bin Laden* (geb. 1957), von Gesinnungsgenossen auch Abu Abdullah genannt, gegründet worden war. Es diente dazu, vor allem in der arabischen Welt, aber auch in Asien, den USA oder Westeuropa, Muslime anzuwerben, zu registrieren und militärisch auszubilden und sie dann im Krieg gegen die sowjetische Armee in Afghanistan einzusetzen (daher auch vielfach »afghanische Araber« oder »arabische Afghanen« genannt). Das Gros dieser Freiwil-

---

2 Zu Al-Qaida und seinem Anführer Bin Laden siehe Reeve (1999), Alexander/Swetnam (2001), Bergen (2001), Pohly/Durán (2001), Corbin (2002), Gunaratna (2002), Schröm (2003), The 9/11 Commission Report (2004: 55-70).

ligen kam aus Saudi-Arabien, Ägypten, Jemen und Algerien. Die Ausbildung war zumeist verbunden mit einer religiösen und ideologischen Schulung, teilweise auch mit karitativen Tätigkeiten und Hilfsmaßnahmen für Flüchtlinge im Grenzgebiet. Die Rekrutierung wurde vorwiegend durch saudische und kuwaitische Quellen finanziert, ab 1982 half auch der pakistanische Geheimdienst ISI mit Waffenlieferungen und Training. Andere Geheimdienste (ab 1986 verstärkt die amerikanische CIA) und Regierungen steuerten auf indirekte oder direkte Weise politische und materielle Unterstützung bei (vgl. Rashid 2001: 220-223).[3] Auch nach dem Abzug der Sowjetarmee (1989) wurde die Rekrutierung fortgesetzt, nicht zuletzt um im afghanischen Bürgerkrieg Partei zu ergreifen, zunächst für Gulbuddin Hekmatyar, schließlich für die Taliban, die auf diese Weise an die Macht kamen (1994-1996). Dieses über Jahre entstandene Reservoir an Kämpfern, verbunden durch die gemeinsame Erfahrung in Afghanistan, war eine wesentliche Ressource für die spätere Netzwerkbildung. Nach Schätzungen sollen insgesamt 50000 bis 70000 Kämpfer aus über 50 Ländern in den Lagern ausgebildet worden sein, andere Quellen sprechen von 35000 aus über 40 Ländern allein zwischen 1982 und 1992. Hinzu kommen noch Zehntausende, die in dieser Zeit nach Pakistan gingen, um sich von radikalen Fundamentalisten religiös unterweisen zu lassen (Byman et. al. 2001: 93, Raschid 2001: 223). Zwar ist nicht jeder ehemalige Afghanistankämpfer Mitglied in der Terrororganisation geworden, aber umgekehrt stimmt die Rechnung: Die meisten der festgenommenen Mitglieder von Al-Qaida oder von Al-Qaida-nahestehenden Gruppierungen haben eine direkte oder indirekte Verbindung nach Afghanistan oder Pakistan.

Die Entwicklung von Al-Qaida läßt sich in mehrere Phasen unterteilen, die eng mit dem Lebensweg von Bin Laden verknüpft sind. In der *Frühphase* (1988-1990) konzentrierte sich Al-Qaida primär auf den Krieg in Afghanistan. Nachdem Azzam im November 1989 durch eine Autobombe ums Leben gekommen war, übernahm sein Stellvertreter Bin Laden die Führung und baute die Infrastruktur an »Gästehäusern«, Schulungseinrichtungen und Trainingslagern aus. Dabei betrieb Bin Laden die Transfor-

---

3 Die CIA nutzte dabei für Finanzhilfen und Waffenlieferungen den pakistanischen Geheimdienst ISI, der diese u. a. an die »arabischen Afghanen« weitergab, vgl. Bergen (2001: 83-97).

mation von einer eher am Guerillakampf orientierten Organisation hin zu einer international tätigen Terrorgruppe. Nicht zuletzt für diesen Zweck scharte er eine Reihe von ägyptischen Extremisten um sich, die bereits seit Ende der siebziger Jahre das terroristische Know-how in ihrer Heimat erworben hatten. Man darf vermuten, daß sie für Bin Laden eine Art Avantgarde darstellten, da es ihnen 1981 gelungen war, mit dem ägyptischen Präsidenten Anwar Sadat einen jener in islamistischen Kreisen verhaßten arabischen Führer zu ermorden, die mit Israel und dem Westen kooperierten. Unter den zahlreichen Ägyptern im engeren Führungszirkel von Al-Qaida befindet sich mit *Ayman al-Zawahiri* (geb. 1951) auch einer der Führer der ägyptischen Gruppe *Islamischer Dschihad*, der sich ebenfalls seit Mitte der achtziger Jahre im pakistanischen Peschawar aufhielt und heute als Bin Ladens Stellvertreter gilt.[4]

In einer *zweiten Phase* (1990-1996) weitete Al-Qaida seine Aktivitäten erheblich aus. Dies wurde nicht zuletzt dadurch erleichtert, daß zahlreiche Afghanistankämpfer in ihre Heimatländer zurückkehrten und dort für Aktionen zur Verfügung standen. Bin Laden gelangte 1990 zunächst nach Saudi-Arabien, reiste erneut nach Pakistan und Afghanistan (1991) und hielt sich bis 1996 mit mehreren hundert Getreuen auf Einladung von *Hassan al-Turabi*, in dieser Zeit der geistige Führer der National-Islamischen Front,[5] im Sudan auf, um den islamisch geprägten Norden des Landes im Krieg gegen den Süden zu unterstützen. Gleichzeitig wurde Bin Laden wirtschaftlich aktiv, er investierte in sudanesische Infrastrukturprojekte (z. B. Straßenbau) und baute ein Netz an Firmen bzw. weltweiten Geschäftsbeziehungen auf. Al-Qaida widmete sich in dieser Zeit vor allem zwei Aufgaben: Zum einen verschärfte Bin Laden seine Agitation gegen die »korrupten« und »unislamischen« Eliten in muslimisch geprägten Ländern. Seine Kritik, die sich in erster Linie gegen das saudische Königshaus richtete, hatte sich vor allem an der Tatsache entzündet,

---

4 Der Arzt Al-Zawahiri gilt als Mitbegründer von Al-Qaida und als einer der engsten Berater Bin Ladens. Er gehört dem Obersten Rat der Terrororganisation an und leitet das Religionskomitee; vgl. Gunaratna (2002: 25-27). Siehe auch: »The Saga of Dr. Zawahri Helps Illuminate Roots of al Qaeda's Terrorism«, *The Asian Wall Street Journal*, 3.7.2002, 1.
5 Al-Turabi fiel später bei der sudanesischen Regierung in Ungnade und verbrachte einige Jahre im Gefängnis, ehe er 2003 entlassen wurde, ohne sich allerdings von Bin Laden distanziert zu haben.

daß das Regime während des Golfkrieges (1991) und danach die Stationierung von US-Soldaten in Saudi-Arabien erlaubt hatte – anstatt im Krieg gegen den Irak auf islamische Kämpfer zurückzugreifen. Bin Laden hatte zuvor erfolglos dem saudischen Regime angeboten, zu diesem Zweck eine Streitmacht mit mehreren tausend Afghanistankämpfern aufzustellen (Gunaratna 2002: 27-28). Bin Laden förderte seither Kampagnen und terroristische Operationen gleichgesinnter Gruppen, die ebenfalls gegen »unislamische« Regime kämpften (vor allem Ägypten, Algerien, Jemen, Pakistan, Usbekistan, Tadschikistan). Er half beim Aufbau entsprechender Terrorzellen und unterstützte Anschlagspläne, weshalb ihm in dieser Zeit zumindest eine indirekte Beteiligung an Attentaten vorgeworfen wurde. In Reaktion auf seine subversiven Aktivitäten wurde Bin Laden schließlich 1994 die saudische Staatsbürgerschaft entzogen (Gunaratna 2002: 34). Zum anderen engagierte sich das Al-Qaida-Netzwerk bei einer Reihe von lokalen Konflikten, in denen sich muslimische Gruppen von nichtmuslimischen Regimen bedroht sahen (z. B. Mindanao, Bosnien, Kosovo, Tschetschenien, Kaschmir, Somalia, Nord-Irak). Dabei wurden muslimische Kämpfer von erfahrenen Afghanistanveteranen ausgebildet, teilweise beteiligten sich diese auch als Söldner aktiv am Kriegsgeschehen (z. B. Bosnien, Tschetschenien). Nicht selten trugen sie damit zu einer Radikalisierung lokaler Gruppen bei, indem sie Elemente der Al-Qaida-Ideologie verbreiteten und moderatere Formen des Islam verdrängten (vgl. Wiktorowicz 2001: 24-26). In dieser Phase knüpfte die Führung von Al-Qaida enge Kontakte zu anderen islamistischen Führern, Terror- und Guerillagruppen – von Nordafrika über den Nahen und Mittleren Osten sowie den Kaukasus bis nach Zentralasien und Südostasien. Auf der Basis dieser Verbindungen bemühte sich Bin Laden, erstmals unter dem Namen *Shura* [Rat] *der Islamischen Armee* einen Dachverband verschiedener islamistischer Dschihad-Gruppen aufzubauen.

In der *dritten Phase* (1996-2001) geriet die westliche Welt, vor allem die USA, noch stärker in das Blickfeld von Bin Laden und Al-Qaida, deren Terrorzellen und regionale Ableger mittlerweile in zahlreichen Ländern aktiv waren. Dennoch gab es zunächst einen Rückschlag: Die sudanesische Regierung war wegen des Aufenthalts Bin Ladens unter erheblichen internationalen Druck geraten und sah sich seit 1996 wegen der Förderung des Terrorismus

UN-Sanktionen ausgesetzt. Das Regime brachte schließlich Bin Laden dazu, das Land zu verlassen.[6] Der Al-Qaida-Führer kehrte im Mai 1996 mit einigen Familienmitgliedern und zahlreichen Gefolgsleuten nach Afghanistan zurück. Er fand zunächst bei *Younis Khalis*, einem afghanischen Warlord, in Jalalabad Unterschlupf, ehe er sich ab September 1996 den siegreichen Taliban-Kämpfern anschloß. Seither galt er als offizieller Gast vom *Mullah Omar*, dem Führer der Taliban, der sich trotz entsprechender UN-Resolutionen und -Sanktionen seit 1999 gegen die Auslieferung Bin Ladens sperrte. Bin Laden und das Regime gingen eine symbiotische Beziehung ein: Einerseits waren Bin Laden und seine Gefolgsleute aufgrund ihrer militärischen und materiellen Unterstützung eine wichtige Machtressource für die Taliban. Bin Laden stellte beispielsweise seine eigene Guerillatruppe im Kampf gegen die Nordallianz zur Verfügung (genannt Brigade 055). Andererseits stand die Al-Qaida-Führung unter dem Schutz des Regimes und konnte ungestört die bestehende Infrastruktur an Lagern und Gästehäusern ausbauen, weiterhin Rekruten anderswo anwerben und in Afghanistan ausbilden, umfangreiche Höhlensysteme in abgelegenen Bergregionen anlegen, sich mit Geld, Waffen und technischem Know-how versorgen. Sie konnte dabei auf die Unterstützung afghanischer Stellen zurückgreifen – etwa bei der Beschaffung von Visa, dem Import von Fahrzeugen und Waffen oder beim Transfer von Geldern durch die staatliche Fluglinie Ariana Airlines. Allein zwischen 1996 und 2001 sollen nach Schätzungen von US-Behörden 10 000 bis 20 000 Kämpfer in den Lagern ausgebildet worden sein, wovon vermutlich einige hundert in den engeren Kreis der Al-Qaida aufgenommen wurden (The 9/11 Commission Report 2004: 67).

Bin Laden wurde, zumindest als Sponsor, schon vor dieser Phase mit Anschlägen gegen US-Einrichtungen im Jemen und in Saudi-Arabien in Verbindung gebracht.[7] Doch nun verschob sich

6 Zuvor hatte das sudanesische Regime Kontakt mit saudischen Offiziellen aufgenommen, um Bin Laden nach Saudi-Arabien abzuschieben, sofern er dort nicht gerichtlich belangt werde. Dieser Vorschlag wurde von den saudischen Offiziellen jedoch offenbar abgelehnt; vgl. The 9/11 Commission Report (2004: 63).

7 Dazu zählen u. a. Anschläge auf zwei Hotels in Aden/Jemen (Dezember 1992) sowie auf Einrichtungen der von US-Beratern ausgebildeten, saudischen Nationalgarde in Riad/Saudi-Arabien (November 1995); vgl. The 9/11 Commission Report (2004: 59-60).

die Zielsetzung seiner Aktivitäten deutlicher: Der Kampf sollte nicht mehr allein gegen die »korrupten« Regime der arabischen Welt, sondern primär gegen jene geführt werden, die diese Regime von außen stützen. Diesen Strategiewechsel deklarierte Bin Laden in mehreren religiös untermauerten Rechtsgutachten (*fatwa*), darunter die »Kriegserklärung an die Amerikaner, die das Land der zwei Heiligen Stätten besetzt halten« (*Declaration of War Against the Americans Occupying the Land of the Two Holy Places*, 23. 8. 1996) und die »Erklärung des Heiligen Krieges gegen Juden und Kreuzfahrer« (*Jihad Against Jews and Crusaders*, 23. 2. 1998). In beiden Dokumenten werden den USA und ihren Verbündeten, der sogenannten »Allianz aus Zionisten und Kreuzfahrern«, nicht nur die Besatzung der heiligen Orte Medina und Mekka vorgeworfen, sie werden auch zum Hauptfeind erklärt, der letztlich für die weltweite Unterdrückung der Muslime verantwortlich sei. Deren Befreiung sei deshalb nur möglich, wenn dieser Hauptfeind besiegt und aus der Region vertrieben sei. In der Erklärung von 1998 wird die antiamerikanische Stoßrichtung auf den Punkt gebracht: »The ruling to kill the Americans and their allies – civilians and military – is an individual duty for every Muslim who can do it in any country in which it is possible to do it [...].«[8] Die Unterscheidung zwischen Zivilisten und Militärs, an der herkömmliche Guerillagruppen zumindest rhetorisch festhalten, wurde explizit aufgehoben, obgleich auch nach islamischem Verständnis ein »Heiliger Krieg« nicht gegen Unbeteiligte geführt werden darf (Gunaratna 2002: 85). In einem Interview mit dem US-Fernsehsender ABC (28. 5. 1998) rechtfertigte Bin Laden seine Position mit Verweis auf US-Militäroperationen, bei denen auch nicht zwischen Zivilisten und Militärs unterschieden werde: »We believe that the worst thieves in the world today and the worst terrorists are the Americans. [...] We do not have to differentiate between military or civilian. As far as we are concerned, they are all targets.«[9]

In seiner Erklärung von 1998 gab Bin Laden zudem bekannt, daß der Kampf gegen die USA nunmehr von einer *Internationalen Islamischen Front* (*World Islamic Front*) geführt werde, der sich neben Al-Qaida verschiedene islamistische Gruppierungen

8 Zitiert nach Alexander/Swetnam (2001: Appendix 1 B, 2).
9 Zitiert nach The 9/11 Commission Report (2004: 47).

offen oder verdeckt angeschlossen hätten und mit der sich einflußreiche Gelehrte solidarisierten.[10] Wenige Monate nach der Erklärung ereigneten sich die nahezu zeitgleichen Bombenanschläge auf die US-Botschaften in Tansania und Kenia (7. 8. 1998),
die die neue Qualität der Auseinandersetzung verdeutlichten.
Erstmals trat Bin Laden nicht mehr nur als Sponsor in Erscheinung, sondern war direkt für die Planung und die operative
Durchführung von Anschlägen verantwortlich. Mit der dritten
Phase wurde die Transformation von einem lokalen Akteur zu einem global tätigen Unternehmen abgeschlossen. Al-Qaida hatte
nunmehr einen Grad an Transnationalisierung und globaler Ausrichtung erreicht, der das Netzwerk signifikant vom skizzierten
nationalen/internationalen Terrorismus unterscheidet.

Die *vierte Phase* (seit Oktober 2001) begann unmittelbar nach
dem 11. September: Die US-geführte Intervention in Afghanistan
im Herbst 2001 zerstörte die Al-Qaida-Zentrale sowie Trainings-
und Ausbildungskomplexe, sie vertrieb das Taliban-Regime von
der Macht und die führenden Al-Qaida-Kader aus ihrem Unterschlupf. Das Netzwerk nutzte dabei Fluchtrouten nach Pakistan,
in den Iran sowie in die Golfregion. Die Führungsebene dürfte
sich in Pakistan aufhalten: Es wird vermutet, daß sie sich im af-
ghanistisch-pakistanischen Grenzgebiet befindet; einzelne Kader
dürften auch in schwer kontrollierbaren Großstädten unterge-
taucht sein. Die Al-Qaida-Führung profitierte dabei von den
weltweiten Kontakten des Netzwerkes und der Unterstützung
zahlreicher lokaler Ableger und Zellen, die nun stärker operativ
im Sinne Bin Ladens auf den Plan traten, vor allem in Nordafrika,
in der Golfregion, im Irak und in Südostasien. Ein Beispiel dafür
sind die Aktivitäten von Zellen in Saudi-Arabien, die 2003 und
2004 unter dem Namen »al-Qaida-Organisation auf der Arabischen Halbinsel« für eine Reihe von Attentaten, insbesondere ge-

10 Die Erklärung wurde außer von Bin Laden auch von *Ayman al-Zawahiri*
(Ägyptischer Islamischer Dschihad), *Abu-Yasir Rifa'i Ahmed Taha*
(Ägyptische Islamische Gruppe), *Shaykh Mir Hamzah* (pakistanische
Jamiat-ul-Ulema) und *Fazlul Rahman* (Dschihad-Bewegung in Bangla-
desch) unterzeichnet. Allerdings muß man davon ausgehen, daß diese
Allianz noch mehr Gruppierungen umfaßt. Außerdem wurden in der Fol-
gezeit weitere antiamerikanische *fatwas* von geistlichen Führern aus
Afghanistan und Pakistan veröffentlicht (März und April 1998), die das
Vorhaben mit der nötigen religiösen Autorität absichern sollten; vgl. Gu-
naratna (2002: 46-47).

gen Ausländer, verantwortlich waren (vgl. Cordesman/Obaid 2005). Weltweit folgten zahlreiche Anschläge gegen zumeist westliche Ziele, die Al-Qaida bzw. nahestehenden Gruppen zugerechnet werden (siehe Anhang 2). Darüber hinaus bietet seit 2003 der Irak ein neues Betätigungsfeld für transnationale Terroristen – sowohl für Operationen als auch für die Rekrutierung neuer Kämpfer, für propagandistische Zwecke und die Mobilisierung finanzieller Ressourcen. Während Al-Qaida vor 2001 nur relativ selten Anschläge verübt hatte (etwa einen pro Jahr), stieg die Zahl der Attentate drastisch an, was für die wachsende Aktivität befreundeter Gruppen spricht, für die der 11. September so etwas wie ein »Weckruf« darstellte. Beobachter werten dies als Indiz für eine Transformation hinzu einer breiter angelegten sozialen Bewegung. Al-Qaida entwickelt sich dabei mehr und mehr zu einer Quelle ideologischer Inspiration und zu einem »Pool« von Ressourcen bzw. Know-how, der von anderen Gruppen und Zellen genutzt wird, die bisher nicht oder nur am Rande mit Al-Qaida-Führungspersonen in Verbindung standen. Sie setzen den Kampf im Namen Bin Ladens und Al-Qaidas fort und tragen damit zur Verbreitung der Al-Qaida-Ideologie bei, was letztlich zu einer Perpetuierung und Ausweitung des Netzwerkes führt, weitgehend unabhängig davon, ob wesentliche Al-Qaida-Führer getötet oder verhaftet werden.

Anhand von Al-Qaida lassen sich nun vier zentrale Charakteristika formulieren, die den »neuen« Terrorismus von konventionellen Terrorgruppen unterscheidet: (a) internationale bzw. regionale Agenda, (b) transnationale Ideologie, (c) multi-nationale Mitgliederschaft und (d) transnationale Netzwerkstrukturen. Diese Kriterien können auch genutzt werden, um den Grad an Transnationalisierung bei anderen Gruppierungen festzustellen (siehe Kap. II.9).

5. Internationale bzw. regionale Agenda

Den transnationalen Terroristen geht es nicht mehr allein um die *Änderung einer nationalen Ordnung*, sondern um die *Änderung der internationalen bzw. regionalen Ordnung*. Während der internationale Terrorismus sich darauf beschränkt, mit Anschlägen die (westliche) Öffentlichkeit aufzuschrecken, um auf einen lokalen Konflikt hinzuweisen, erklärt der transnationale Terror den »Westen« und andere selbst zum Gegner. Attackiert wird die (tatsächliche oder vermeintliche) Vormachtstellung eines Staates oder eines Gesellschaftsmodells – auf globaler Ebene geraten vor allem die USA bzw. das »westliche Modell«, auf regionaler Ebene je nach Kontext Rußland, Israel, Indien oder Australien in das Visier von islamistischen Terrorgruppen. Diese Akteure, allen voran die US-Hegemonie, müßten bezwungen werden, um die Unterdrückung und Demütigung der arabischen und islamischen Welt zu beenden.

Der westliche, von den USA dominierte Einfluß äußerte sich in den neunziger Jahren, wie aus Bin Ladens und anderen Erklärungen hervorgeht, nicht allein in der Präsenz von US-Truppen in Saudi-Arabien, Kuwait und Katar, sondern auch in den UN-Sanktionen gegen den Sudan und den Irak, der westlichen Unterstützung Israels, der Nutzung »islamischer« Ölquellen, in militärischen Interventionen in islamische Staaten (z. B. Somalia, Irak) sowie in der Patronage für »verhaßte« Regime – von Ägypten bis zu den Philippinen. Das oberste Ziel ist kein geringeres, als die weltpolitische Vormachtstellung der USA und ihrer Verbündeten zu stören und letztlich zu brechen, um die islamische Welt neu zu ordnen. In der Erklärung von 1996 brachte Bin Laden diese Vorstellung klar zum Ausdruck: »[E]fforts should be concentrated on destroying, fighting and killing the enemy until, by the Grace of Allah, it is completely defeated.« An anderer Stelle heißt es weiter: »Terrorizing you, while you are carrying arms on our land, is a legitimate and morally demanded duty.«[11]

Dabei konstruieren Bin Laden und Al-Qaida eine *globale Konfliktlinie* zwischen den »Ungläubigen« und den »Rechtgläubigen«. Zu ersteren gehören neben den USA, Israel, Europa, Indien oder Rußland auch die meisten Regime in den arabischen Staaten, zu letzteren die islamistischen Bewegungen mit Al-Qaida als einem »Dachverband« und einer Art international tätigen Avantgarde. Lokale Konflikte wie Tschetschenien, Mindanao, Kaschmir, Palästina oder Bosnien, auf die sich Al-Qaida in seiner ersten und zweiten Phase konzentriert hatte, werden im Horizont dieser übergreifenden Konfliktlinie analysiert.[12] Diese Konflikte kön-

---

11 Zitiert nach Alexander/Swetnam (2001, Appendix 1 A, 11, 18).
12 In einer Erklärung von Al-Qaida vom Dezember 1999 werden neben Amerikanern auch Inder und Russen wegen der Konflikte in Kaschmir

nen, so die Überzeugung der Al-Qaida-Führung, nur dann in ihrem Sinne gelöst werden, wenn die Auseinandersetzung auf der Makroebene gewonnen werde.

In der Erklärung von 1996 machte Bin Laden unmißverständlich deutlich, wo er die Wurzel allen Übels sieht: »It should not be hidden from you that the people of Islam had suffered from aggression, iniquity and injustice imposed on them by the Zionist-Crusaders alliance and their collaborators; to the extent that the Muslims blood became the cheapest and their wealth as loot in the hands of the enemies. [...] The people of Islam awakened and realized they are the main target for the aggression of the Zionist-Crusaders alliance.«[13] Daraus folgerte Bin Laden, daß sich an den Zuständen in den Ländern und an der politischen Zersplitterung der muslimischen Welt nichts ändern werde, solange dieser Feind nicht besiegt sei: »Therefore every one agreed that the situation can not be rectified [...] unless the root of the problem is tackled. Hence it is essential to hit the main enemy who divided the Ummah into small and little countries and pushed it, for the last few decades, into a state of confusion.«[14] Bin Laden attackiert damit die Existenz verschiedener arabischer bzw. islamischer Staaten als Produkt des westlichen Imperialismus, die diesem seine hegemoniale Stellung erleichterten, da die Staaten bewußt gegeneinander ausgespielt würden. Dagegen setzen er und andere, unter Rückgriff auf die islamische Geschichte, auf die einigende Kraft eines »Kalifats«. Bin Laden bezieht sich auf die politischen Gebilde unter arabischer bzw. türkisch-ottomanischer Herrschaft, die immerhin bis 1924 Bestand hatte. Die Kalifatsidee findet auch auf regionaler Ebene Anhänger, wie die Beispiele in Südostasien oder im Nordkaukasus zeigen, wo von Al-Qaida inspirierte Extremisten, unabhängig von den bestehenden Staatsgrenzen, die Vereinigung aller Muslime der Region fordern.

Als Vorbilder für den Kampf gegen die USA verwies Bin Laden vor allem auf den Bombenanschlag auf die US-Marinekaserne in Beirut (Oktober 1983), auf Anschläge im Jemen (Dezember 1992) sowie auf die gescheiterte US-Intervention in Somalia (Oktober 1993), die allesamt auch die »Schwächen« der Supermacht offen-

und Tschetschenien als »leading terrorists« bezeichnet; vgl. Gunaratna (2002: 218).
13 Zitiert nach Alexander/Swetnam (2001, Appendix 1 A, 1-2).
14 Zitiert nach Alexander/Swetnam (2001, Appendix 1 A, 6).

gelegt hätten. Direkt an den damaligen US-Verteidigungsminister adressiert, triumphierte Bin Laden: »It was a pleasure for the heart of every Muslim [...] to see you defeated in the three Islamic cities of Beirut, Aden and Mogadishu.«[15] An diese »Erfolge«, die belegen sollen, daß selbst die Supermacht USA zu besiegen sei, wollen Bin Laden und Al-Qaida anknüpfen. Einem US-Fernsehsender prophezeite Bin Laden 1998: »Unser nächster Sieg wird die Amerikaner die Schrecken von Vietnam und Beirut vergessen lassen.«[16]

6. Transnationale Ideologie

Diese internationale Zielrichtung wird getragen und inspiriert durch eine transnationale Ideologie, die möglichst viele Personen und Gruppen erreichen und miteinander verbinden soll. Die Ideologie muß daher nationale, kulturelle, sprachliche oder geographische Unterschiede überbrücken können, um für ihre Anhänger einen transnationalen sozialen Raum entstehen zu lassen. Hier liegt ein wesentlicher Unterschied zum internationalen Terrorismus der siebziger und achtziger Jahre: Dieser war typischerweise durch Ad-hoc-Koalitionen zwischen relativ heterogenen Gruppen gekennzeichnet, die sich zwar politisch durchaus nahestanden, aber primär aus pragmatischen Erwägungen zusammenarbeiteten. Dagegen bemüht sich der transnationale Terrorismus um eine möglichst homogene Anhängerschaft mit einheitlicher ideologischer Ausrichtung. Religiöse Vorstellungen bieten sich hier insbesondere deshalb an, weil es sich zumindest bei den Weltreligionen per se um transnationale Konzepte handelt. Andere typische Varianten für transnationale Ideologien sind zudem diverse Pan-Bewegungen (Pan-Arabismus, Pan-Slawismus, etc.) oder weltrevolutionäre Vorstellungen (z. B. Kommunistische Internationale). Ideologien üben dabei eine doppelte Funktion aus: Sie dienen gleichermaßen als Handlungsanleitung für den einzelnen und als verbindendes Element für die Mitglieder der transnationalen Gruppe, da sie Symbole, Rituale und Wertvorstellungen bereithalten, die von allen anerkannt und geteilt werden. Ideolo-

15 Zitiert nach Alexander/Swetnam (2001, Appendix 1 A, 13).
16 Interview mit dem Fernsehsender ABC, zitiert nach *Der Spiegel*, 24. 8. 1998, 120.

gien sorgen insofern sowohl für die Identifikation des einzelnen mit der Gemeinschaft als Ganzes als auch für die Identifizierung der Mitglieder untereinander (Wer gehört dazu?). Um diesen Zweck einigermaßen erfolgreich zu erfüllen, darf es sich bei der Ideologie nicht allein um intellektuelle Konstrukte handeln, sondern sie bzw. wesentliche Elemente der Ideologie müssen sich als anschlußfähig an breitere, gesellschaftspolitische Strömungen erweisen und eine soziokulturelle Verankerung aufweisen, die über Generationen gewachsen ist. Eine wesentliche Rolle spielt der Verweis auf vergangene Autoritäten, »Helden« oder Intellektuelle, die jedoch nach wie vor im kollektiven Gedächtnis der Bevölkerung präsent sind. Ihre Schriften und Überlieferungen, die zu eigenen Zwecken rezipiert und interpretiert werden, dienen als Rechtfertigung für das eigene Handeln; sie werden zu »Kronzeugen« für gegenwärtige Mißstände, die es zu bekämpfen gelte. Eine wichtige, suggestive Funktion übernehmen zudem mythisch überhöhte historische Ereignisse, die für Analogien zur Gegenwart genutzt werden, um deutlich zu machen, daß die heutige Lage jener der geistigen Vordenker oder aktiven Vorkämpfer ähnelt.

Diese Aspekte lassen sich bei der Al-Qaida-Ideologie exemplarisch studieren. Al-Qaida vertritt eine *sunnitisch-islamistische Ideologie*, die sich nicht nur an die arabische Welt, sondern an alle gläubigen Muslime wendet, inklusive derjenigen, die zum Islam konvertiert sind. Das ideologische Weltbild Bin Ladens ist dabei stark von salafistischen Quellen aus Ägypten, Saudi-Arabien und Pakistan beeinflußt, die sich wiederum, wenn auch in selektiver Rezeption, auf Gelehrte wie *Taqi al-Din Ahmad Ibn Taymiyya* (1263-1328) oder *Muhammad Ibn Abd al-Wahhab* (1703-1791) berufen; letzterer begründete eine eigene salafistische Richtung, die als saudischer Wahhabismus bekannt wurde. Zu verschiedenen Zeiten verstanden sich fundamentalistische, salafistische Strömungen als Kritik an den bestehenden, politischen Verhältnissen und als Antwort auf gesellschaftliche Krisen in der arabischen Welt (vgl. Dekmenjian 1995: 8-22). Sie warfen den Autoritäten ihrer Zeit eine Fehlinterpretation der religiösen Quellen vor und forderten eine Rückbesinnung auf den »wahren Islam«, eine Rückkehr zum vermeintlich goldenen Zeitalter des »Urislam«. Sie treten daher für eine strikte, möglichst wortgetreue Anwendung islamischer Gesetze und Gebote ein, basierend auf einer engen Auslegung der Worte des Propheten Mohammed bzw. seiner unmittelbaren Schüler, da nur sie als authentische Interpreten des Islam gelten könnten. Von dieser Lehre abweichende islamische Praktiken und Richtungen (z. B. Sufismus, liberale Reformer) werden daher kritisiert bzw. bekämpft. Gleichzeitig wird auf dieser Basis die Einheit Gottes und der islamischen Gemeinde beschworen (vgl. Wiktorowicz 2001: 20-21), die Anhänger nennen sich daher auch »Bekenner der Einheit« (*tawhidun*).

Im 20. Jahrhundert wurde diese Richtung maßgeblich von islamischen Gelehrten geprägt und politisiert, die in erbitterter Opposition zu ihren jeweiligen Regierungen standen und vom Staat verfolgt wurden.[17] Dazu zählten an erster Stelle *Abul Ala al-Maududi* (1903-1979), der Begründer der pakistanischen Bewegung *Jama'at-e Islam* (Islamische Gemeinschaft, gegründet 1941), und *Hassan al-Banna* (1906-1949), der Begründer der ägyptischen Muslimbruderschaft (gegründet 1928). Ihre Organisationen dienten später als Vorbilder für diverse militante Gruppierungen, zunächst in Ägypten, Syrien, Libanon und den Golfstaaten, später auch in der West Bank, in Nordafrika oder im Sudan.[18] Insbesondere die Muslimbruderschaften galten in den siebziger Jahren als »Keimzelle des modernen Islamismus« (Kepel 2001: 44); sie sind heute allerdings eher den moderaten Kräften im Spektrum salafistischer Richtungen zuzurechnen und zumeist in das politische System integriert (z. B. Teilnahme an Wahlen, Abgeordnete in Parlamenten).

Nach der Ermordung von al-Banna durch die ägyptische Geheimpolizei übernahm sein Landsmann *Sayyid Qutb* (1906-1966) die führende intellektuelle Rolle bei der Muslimbruderschaft. Er gilt als einer der einflußreichsten Ideologen des radikalen Islamismus, dessen Grundlagen er in über 40 Büchern darlegte. Seine Werke wurden zum Teil ins Persische und Englische übersetzt und fanden somit auch jenseits des arabischen Kulturkreises eine Leserschaft. Qutb hatte, wie al-Banna, eine vergleichsweise mo-

---

17 Zu den ideologischen Quellen, siehe Kepel (2001: 39-55), Wiktorowicz (2001), Esposito (2002: 49-61), Benjamin/Simon (2002: 38-94), Sageman (2004: 1-24).
18 Dekmejian (1995: 223-247) zählt allein 142 ehemals oder noch aktive militante sunnitische Gruppierungen in der arabischen Welt, die allerdings nicht alle salafistischen Strömungen zuzuordnen sind. Davon stuft er 93 mit »hoher Militanz« ein.

derne Ausbildung genossen, er war zunächst ein Anhänger westlicher Ideen und trat in den ägyptischen Staatsdienst ein. Ende der
vierziger Jahre wandte er sich jedoch sowohl vom Westen (insbesondere den USA) als auch vom ägyptischen Staat ab. Während er
den USA eine »dekadente Lebensweise« und die Unterstützung
des Staates Israel vorwarf, geriet er mehr und mehr in Widerspruch zum säkularen Nationalismus sozialistischer Prägung von
Gamal Abdel Nasser. Die teilweise drakonischen Maßnahmen
des Regimes gegen Anhänger der Muslimbruderschaft erfuhr er
bald am eigenen Leib: Er verbrachte zehn Jahre im Gefängnis
(wegen angeblicher Beteiligung an einem geplanten Attentat gegen Nasser), er wurde dort gefoltert, seine Werke wurden verboten, der Besitz seiner Bücher stand unter Strafe. Schließlich wurde
er zum Tode verurteilt und gehängt (29. 8. 1966), weshalb er –
ähnlich wie al-Banna – in islamistischen Kreisen bis heute als
Märtyrer verehrt wird.[19]

Die genannten Intellektuellen standen den »muslimischen Na-
tionalisten« und deren nationalstaatlichen Projekten ablehnend
gegenüber und forderten statt dessen die Errichtung einer islamischen Ordnung in der Tradition der »Kalifen« (Nachfolger und
Stellvertreter Mohammeds). Ein zentraler Bestandteil ihrer Weltsicht ist die Unterteilung in *Dar al-Harb* (»Haus des Krieges«)
und *Dar al-Islam* (»Haus des Islam«), letzteres sei nur in einem islamischen Staat, der sich nach den Geboten von Koran und Scharia richte, zu verwirklichen. Dazu bedürfe es jedoch der Bereitschaft zum Dschihad – ein Begriff (wörtlich: »sich bemühen«),
der im Islam eine doppelte Bedeutung hat (vgl. Reissner 2002:
19-21): Einerseits bezieht er sich auf individuelle, spirituelle Auseinandersetzung mit dem Glauben und dem Bemühen um ein
gottgefälliges Leben (*großer Dschihad*). Andererseits bezeichnet
er die – auch gewaltsam geführte – Auseinandersetzung mit den
»Ungläubigen«, wobei sowohl defensive (Verteidigung) als auch
offensive Varianten (Missionierung, Eroberung) vertreten werden (*kleiner Dschihad*). Al-Maududi machte allerdings deutlich,
daß beim Kampf um den wahren Islam zwischen beiden Varianten letztlich kein Unterschied bestehe (Esposito 2002: 55). Für die
genannten Islamisten richtete sich dieser Dschihad in erster Linie

---

19 Auch al-Maududi wurde wegen seiner Aktivitäten in Pakistan zum Tode
verurteilt, später wurde dieses Urteil jedoch revidiert und aufgehoben; vgl.
Esposito (2002: 56).

gegen die »Ungläubigen« in den eigenen Reihen, vor allem gegen die Machthaber und ihre Anhänger in den arabischen Staaten. Sie vertraten in ihren Augen den »gottlosen, ignoranten Staat«, auch als »Ordnung der Unwissenheit« bezeichnet, der sie eine »islamische Ordnung« gegenüberstellten. Besonders notorisch ist in diesem Zusammenhang die Bezugnahme auf die historischen *fatwas* des Gelehrten Ibn Taymiyya, der zu Beginn des 14. Jahrhunderts den Kampf der Muslime gegen die mongolischen Eroberer rechtfertigte, obgleich diese zum Islam konvertiert waren. Seine Begründung war, daß diese eben nicht der Scharia folgten, sondern weiterhin ihren mongolischen Sitten und Gebräuchen (vgl. Sageman 2004: 8-9, Benjamin/Simon 2002: 50-51).

Während al-Maududi und al-Banna in ihrer politischen Praxis eher auf einen gesellschaftlichen Reformprozeß von unten setzten,[20] radikalisierte Sayyid Qutb ihre Ideen, indem er davon ausging, daß es zunächst einer kleinen Avantgarde von rechtsgläubigen Muslimen bedürfe, bevor die islamische Bewegung an Mobilisierung gewinnt. Sie müsse den Kampf gegen un- bzw. antiislamische Tendenzen aufnehmen, die von Qutb (unter Rückgriff auf al-Maududi) in Anlehnung an die vorislamische Zeit mit dem Begriff *jahiliyya* (»Periode der Ignoranz«) belegt wurden (Esposito 2002: 59). Dabei dürfe es keine Kompromisse oder Versöhnung mit dem Gegner geben, um den Prozeß der »Reinigung« und »Befreiung« vom »falschen Weg« erfolgreich bewältigen zu können. Qutb schrieb dazu in seinem, 1964 veröffentlichten und in islamischen Ländern weitverbreiteten Leitfaden *Wegmarken* [*Milestones*]: »We must free ourselves from the clutches of jahili society, jahili concepts, jahili traditions and jahili leadership. Our mission is not to compromise (...) We will not change our own values and concepts (...) to make a bargain with this jahili society. Never! We and it are on different roads, and if we take even one step in its company, we will lose our goal entirely and lose our way as well« (zitiert nach Esposito 2002: 60).

Diese unversöhnliche Position fand in den siebziger und achtziger Jahren über diverse randständige Gruppen salafistischer Prägung eine transnationale Verbreitung und wurde von militan-

20 Al-Maududis *Jama'at-e Islam* trat beispielsweise bei Wahlen in Pakistan an. Die ägyptische Muslimbrüderschaft entschied sich in den siebziger Jahren – im Unterschied zu anderen Gruppen – schließlich für einen gewaltfreien Weg; vgl. Esposito (2002: 54, 62).

ten Extremisten weiter radikalisiert. Wichtige Figuren waren dabei Scheich *Umar Abd al-Rahman* (geb. 1943), der 1993 im Zusammenhang mit dem Anschlag auf das World Trade Center in den USA zu lebenslanger Haft verurteilt wurde, und der erwähnte Organisator des afghanischen Dschihad, *Abdullah Azzam*. Beide standen in engem persönlichem Kontakt, beide waren Absolventen der Kairoer Al-Azhar Universität und trafen sich in den achtziger Jahren im pakistanischen Peschawar. Ihre Schriften und Taten hatten unmittelbaren Einfluß auf Bin Laden und damit auf die Ideologie Al-Qaidas (vgl. Pohly/Durán 2001: 20-24, Kepel 2001: 184). Beide werden von Bin Laden zur religiösen Untermauerung seiner Kriegserklärung von 1996 als islamische Rechtsgelehrte (*Ulema*) namentlich genannt.[21]

Al-Rahman, geistiger Führer der ägyptischen *Al-Jam'a al-Islamiyya* (Islamische Gruppe), die nicht zuletzt mit Anschlägen auf Touristen international auf sich aufmerksam machte, spitzte in seiner Doktorarbeit den Dschihad auf eine radikale Version zu, wonach die Ungläubigen entweder bekehrt oder aber mit Waffengewalt bekämpft werden müssen. Die gängige Unterscheidung von »großem« und »kleinem Dschihad« lehnte er ab. Ersterer sei eine Fehlinterpretation des »wahren« Islam, die primär aus Furcht vor den Kolonialmächten zustande gekommen sei (Pohly/ Durán 2001: 21). Azzam begründete in Pakistan die Zeitschrift *Al-Jihad* und erklärte den bewaffneten Kampf gegen jene, die den Islam bedrohen, zur wichtigsten Pflicht eines jeden Muslims, wobei er sowohl offensive als auch defensive Varianten rechtfertigte.[22] Der Dschihad war für ihn eine individuelle Aufgabe, die nicht an die Gemeinschaft der Gläubigen oder an bestimmte Repräsentanten delegiert werden könne. Zwar sei es zunächst Aufgabe der betroffenen Muslime, sich zu verteidigen, seien diese

---

21 Daneben berief sich Bin Laden auf *Ahmad Yassin*, den Führer der palästinensischen Hamas, sowie auf die beiden oppositionellen saudischen Islamisten *Salman al-Auda* und *Safar al-Hawali*, die als scharfe Kritiker der US-Militärpräsenz in Saudi-Arabien gelten; vgl. Kepel (2001: 378), Wiktorowicz (2001: 22).

22 Zu Azzams wichtigsten Schriften, in denen er sein Konzept begründet und zum Dschihad aufruft, zählen (vgl. Kepel 2001: 183-185, 475): »Das Land der Muslime zu verteidigen ist die wichtigste Pflicht eines jeden« (Peschawar 1984/85), »Schließe dich der Karawane an« (Neuauflage 1992), »Der Dschihad des muslimischen Volkes« (Beirut 1992). Zur Ideologie Azzams vgl. auch Wiktorowicz (2001: 23-24, 2005: 84-85).

aber dazu nicht in der Lage, sei die muslimische Welt insgesamt aufgerufen, zu Hilfe zu eilen – wie im Falle Afghanistans. Jeder, der sich dazu imstande sehe, sei dann verpflichtet, selbst zur Waffe zu greifen, ohne daß es einer besonderen Erlaubnis durch Autoritäten bedürfe. Der Gläubige könne dieser »Pflicht« aber auch moralisch und finanziell nachkommen. Wer sich weigere, mache sich schuldig. Diese individualisierte Dschihad-Vorstellung fand unmittelbar Eingang in die Ideologie von Al-Qaida. In einem Dokument zur Rekrutierung von Kämpfern wurden acht Gründe genannt, sich dem so verstandenen Dschihad anzuschließen (Gunaratna 2002: 88): Erstens, um zu verhindern, daß die »Ungläubigen« dominieren, zweitens, wenn ein Mangel an Kämpfern besteht, drittens aus Furcht vor göttlicher Bestrafung, viertens, um seine Pflicht zu erfüllen und dem Ruf Gottes Folge zu leisten, fünftens, um in die Fußstapfen bestimmter Vorfahren zu treten, sechstens, um eine solide Basis für den Islam zu schaffen, siebtens, um jene zu schützen, die im Land unterdrückt werden, und achtens, um das Märtyrertum zu erreichen.

Bereits Azzam machte in seinen Schriften und Predigten deutlich, daß der Dschihad keinesfalls auf Afghanistan beschränkt sei: »Diese Pflicht erlischt nicht mit dem Sieg in Afghanistan, und der Dschihad bleibt eine individuelle Verpflichtung, bis jedes andere Land, das muslimisch war, an uns zurückfällt, damit dort wieder der Islam regiert: Vor uns liegen Palästina, Buchara, der Libanon, der Tschad, Eritrea, Somalia, die Philippinen, Birma, der Südjemen und andere, Taschkent, Andalusien [...].«[23] Darüber hinaus gab Bin Laden der Dschihad-Ideologie eine gezielt gegen den Westen und die USA gerichtete Wendung, die sich an ihrer Unterstützung etwa des saudischen Regimes entzündete: »Clearly after Belief there is no more important duty than pushing the American enemy out of the holy land.«[24] In der Erklärung von 1998 wurde explizit das Töten von US-Amerikanern, Zivilisten wie Soldaten, sowie die Plünderung ihres Eigentums zur muslimischen Pflicht erhoben: »We – with God's help – call on every Muslim who believes in God and wishes to be rewarded to comply with God's order to kill the Americans and plunder their money wherever and

---

23 «Die Vorzeichen des Sieges«, veröffentlichte Predigt von Azzam (1988), zitiert nach Kepel (2001: 184).
24 Zitiert nach Alexander/Swetnam (2001: Appendix 1 A, 6).

whenever they find it.«[25] Bin Laden betonte dabei im Einklang mit der von Islamisten vertretenen Dschihad-Lehre, daß es sich bei den Anschlägen stets um »Verteidigung« gegen Aggressionen und »Vergeltung« für erlittenes Unrecht handele. In der für Terroristen typischen Weise erklärte er die Muslime zu Opfern, die sich lediglich mit ihren Mitteln zur Wehr setzten: »We ourselves are target of killings, destruction, and atrocities. We are only defending ourselves. This is defensive jihad. We want do defend our people and our land. [...] The terrorism we practice is of the commendable kind for it is derected at the tyrants, [...] terrorizing those and punishing them are necessary measures to straighten things and make them right.«[26]

Im Ergebnis vertreten Bin Laden und Al-Qaida eine globalisierte und besonders militante Version der Dschihad-Ideologie, die zunächst im Diskurs salafistisch geprägter Islamisten vor dem Hintergrund lokaler, innergesellschaftlicher Problemlagen entstanden war. Diese Ideologie läßt praktisch keinen Raum für Verständigung, Verhandlungen oder Kompromisse, da diese als Abweichung von der reinen Lehre und damit als Pflichtverletzung betrachtet werden. Nach dieser Lesart hat der Dschihad-Kämpfer die »heilige Pflicht«, die bestehende »Ordnung der Unwissenheit«, die durch die Hegemonie der USA gekennzeichnet ist, zu zerstören und durch eine neue »islamische Ordnung« zu ersetzen – unabhängig davon, wie lange der dazu nötige Kampf dauert und welche Kosten er verursacht.

7. Multinationale Mitgliederschaft

Der transnationale Terrorismus beschränkt sich bei der Rekrutierung von Kämpfern, Operateuren, Attentätern und Helfern nicht auf eine ethnische Gruppe, eine Nationalität, eine Sprachgemeinschaft oder eine Weltregion. Zwar mag es regionale Schwerpunkte bei der Rekrutierung geben, dennoch ist das Netzwerk grundsätzlich für alle offen, die sich der Ideologie und dem bewaffneten Kampf verschreiben. In der Tat handelt es sich bei Al-Qaida im Unterschied zu den meisten herkömmlichen Terror-

---

25 Zitiert nach Alexander/Swetnam (2001: Appendix 1B, 2).
26 Interview mit Bin Laden (Mai 1998), »Hunting the Enemy«, *Frontline*, zitiert nach Esposito (2002: 24).

gruppen um ein multi-nationales Unternehmen – und zwar seit seiner Gründung. Aufgrund des Afghanistankrieges setzte sich Al-Qaida von Beginn an aus verschiedenen Nationalitäten zusammen, wenngleich Kämpfer von der arabischen Halbinsel und aus Nordafrika dominierten. Im Laufe der neunziger Jahre weitete sich der Kreis von Angeworbenen jedoch auf andere Regionen wie Zentral-, Süd- und Südostasien aus. Darüber hinaus wurden immer wieder gezielt Personen in der muslimischen Diaspora in Ostafrika (Kenia), in Westeuropa oder in Nordamerika angeworben, darunter auch Europäer, Kanadier oder US-Bürger, die zum Islam übergetreten sind.[27] Dabei geht es fast ausschließlich um (in der Mehrzahl jüngere) Männer. Frauen sind bisher bei Al-Qaida – im Unterschied zu anderen Guerilla- oder Terrorgruppen – nicht prominent in Erscheinung getreten.

Zu Al-Qaida führen unterschiedliche Wege: Erstens werden in erheblichem Maße familiäre und persönliche Beziehungen genutzt. Nicht selten handelt es sich bei den engsten Vertrauten der Führungskader um direkte Verwandte: So soll *Sa'd Bin Laden*, einer der Söhne Bin Ladens, wichtige Funktionen im Terrornetzwerk innehaben. Ähnliches gilt für enge Verwandte des 2003 in Pakistan verhafteten Scheich Khalid Muhammad, einem der Drahtzieher des 11. September. Einer seiner Neffen ist Ramzi Yusef, der das Attentat auf das World Trade Center 1993 und weitere antiamerikanische Anschläge plante. Zwei weitere Neffen, *Abd al-Munim Yusef* und *Abd al-Karim Yusef*, sollen ebenfalls für Al-Qaida tätig sein (vgl. Fielding/Fouda 2003: 99-117, 212). Auf unterer Ebene haben Angehörige des Netzwerks ebenfalls Brüder, Vettern oder Schwäger für bestimmte Aufgaben angeworben. Dies spiegelt sich nicht zuletzt in der Zusammensetzung von operativen Kommandos wider: Unter den 19 Attentätern des 11. September waren zum Beispiel zwei saudische Brüderpaare; bei den Tätern und Hintermännern des Anschlages von Madrid wurden verwandtschaftliche Bindungen (Cousins, Brüder) festgestellt (vgl. Jasparro 2004). Darüber hinaus nutzten Al-Qaida-Mitglieder für verschiedene Zwecke Beziehungen zu vertrauenswürdigen Bekannten und Freunden aus ihrer Heimat oder zu Weggefährten aus gemeinsamen Studientagen. Zweitens greift

27 Prominente Beispiele für zum Islam konvertierte Al-Qaida-Mitglieder sind die US-Amerikaner John Walker Lindh und José Padilla sowie der Brite Richard Reid (»Schuhbomber«).

Al-Qaida auf das große Reservoir an radikalisierten, im Einsatz von Gewalt erprobten Muslimen zurück. Dabei kann es sich um Kämpfer aus lokalen Konflikten handeln, die zumeist einer muslimischen Bevölkerung angehören, die sich bedroht sieht (z. B. Bosnien, Tschetschenien, Mindanao, Molukken, Südthailand, Palästina). Hinzu kommen nicht zuletzt islamistische »Söldner«, die sich bereits in mehreren Konflikten als Mujahidin verdingt haben und von ihrer Heimat entwurzelt sind. Sie stellen eine besonders wertvolle Ressource dar, nicht nur weil sie über Erfahrung, sondern auch über zahlreiche internationale Kontakte verfügen. Für Al-Qaida bilden sie damit nicht selten nützliche Bindeglieder zu lokalen Terror- oder Guerillagruppen. Eine weitere wichtige Personengruppe sind erfahrene Mitglieder anderer Terrorgruppen, die sich mit ihren Aktionen gegen die eigene, »unislamische« Regierung wenden – wie etwa militante Islamisten in Marokko, Algerien, Ägypten, Jordanien, Kuwait, Saudi-Arabien, Jemen, Pakistan, Indonesien, Usbekistan oder der Türkei. Bin Laden und Al-Qaida suchten in der Vergangenheit gezielt Kontakt zu diesen Organisationen und Splittergruppen, vor allem dann, wenn diese in Schwierigkeiten geraten waren und Hilfe benötigten. Al-Qaida bot dabei nicht zuletzt Training und Schulung in Guerillakampf und terroristischen Methoden an, insbesondere in den Jahren zwischen 1996 und 2001 im Osten Afghanistans. Über diesen Mechanismus konnten neue Rekruten gewonnen werden, die sich von ihrer lokalen Gruppe lösten und teilweise innerhalb der Al-Qaida-Hierarchie aufstiegen (dies galt vor allem für Ägypter, Algerier, Tunesier, Saudis oder Jemeniten). Andere blieben als Kontaktpersonen nützlich und sorgten für die Verbreitung der Al-Qaida-Ideologie (z. B. innerhalb südostasiatischer Gruppierungen).

Drittens werden immer wieder Personen aus dem kleinkriminellen Milieu rekrutiert, die eine Karriere als Drogenhändler, Schmuggler, Dieb, Betrüger oder Fälscher hinter sich haben und nicht selten bereits Gefängnisstrafen verbüßen mußten. Sie sind zumeist über illegale Geschäfte mit Al-Qaida-Leuten in Kontakt getreten, ehe sie innerhalb des Netzwerkes zu »festen« Mitarbeitern mit bestimmten Aufgaben wurden. In erster Linie sind sie im Bereich Logistik für die Beschaffung von Autos, Waffen oder Sprengstoff, für den Transport von Material oder für Paß- und Dokumentenfälschung zuständig. In einigen Fällen werden sie jedoch auch – nach entsprechender technischer und ideologischer Schulung – bei Attentaten eingesetzt, wie die Beispiele Casablanca oder Madrid zeigen, wo Täter beteiligt waren, die durch kleinkriminelle Delikte aufgefallen waren.

Viertens gab und gibt es die systematische Anwerbung über islamistische Einrichtungen. Oftmals fungieren Religions- und Koranschulen, Kulturzentren oder Moscheen als Treffpunkte und Vorfeldorganisationen, bei denen sich Geistliche bzw. Prediger sowie erfahrene Dschihad-Veteranen als »Anwerber« betätigen. Sie weisen vor allem auf das Schicksal unterdrückter Glaubensbrüder in aller Welt hin, zumeist illustriert durch Bilder und Videoaufnahmen von Massakern an Muslimen, und sorgen damit für Mobilisierung und ideologische Aufrüstung. Diese Methode wird von einem »Anwerber« wie folgt beschrieben: »We find young men in university campuses or mosques, invite them for a meal and discuss the situation for on-going attacks being suffered by Muslims in Chechnya, Palestine or Kashmir. We [...] make them understand their duty to support the jihad struggle verbally, financially and, if they can, physically in order to liberate their homeland.«[28] Dieser – vermutlich wichtigste – Rekrutierungsweg wird nicht nur seit Jahren in Nordafrika, der Golfregion oder in Pakistan angewandt, sondern auch in Europa und in Nordamerika. Adressaten sind hier muslimische Einwanderer, zumeist religiös motivierte junge Männer der zweiten oder dritten Generation, eingereiste Studenten aus arabischen oder islamischen Staaten sowie zum Islam konvertierte Europäer oder US-Amerikaner.[29]

Der Prozeß der Radikalisierung verläuft in der Regel schrittweise, nach und nach werden die potentiellen Rekruten mit Elementen der Dschihad-Ideologie vertraut gemacht. Sie werden in ihrer Bereitschaft zum aktiven Kampf bestärkt, ehe schließlich über Mittelsmänner ein Kontakt zu Al-Qaida hergestellt wird. Bis zum 11. September war dieser oftmals verbunden mit einem

---

28 Das Zitat stammt von *Scheich Umar Bakri Muhammad*, geistiger Führer der Al-Muhajirun-Gruppe in London, zitiert nach *Daily Telegraph*, 29. 12. 2000.

29 Ein Beispiel: Der britische Geheimdienst MI5 schätzt, daß bis 2001 fünf- bis sechshundert in Großbritannien wohnhafte Muslime in Al-Qaida-Lager waren, siehe: »Threat to UK from al-Qaida at High Level«, *The Guardian*, 19. 12. 2002.

Aufenthalt in den afghanischen Trainingscamps oder pakistanischen »Gästehäusern«. Diesen Weg nahmen auch die in Hamburg lebenden Attentäter des 11. September, die sich vermutlich erst in Deutschland radikalisierten und denen dann über Mittelsmänner Aufenthalte in Afghanistan (November 1999 bis Februar 2000) vermittelt wurden.[30] In den Ausbildungslagern wurden die Rekruten zumeist nach nationaler/regionaler Herkunft getrennt und von Landsleuten unterrichtet, was den Einstieg in das Netzwerk erleichterte und gleichzeitig zur Vertiefung bestehender Kontakte führte (vgl. Gunaratna 2002: 70-76). Ferner entwickelte Al-Qaida einheitliche Standards in der Ausbildung und ideologischen Schulung, um trotz einer disparaten multi-nationalen Mitglieder- und Anhängerschaft eine gewisse interne Kohärenz zu erreichen und aufrechtzuerhalten.

Unabhängig davon, über welchen Pfad der einzelne letztlich zu Al-Qaida gelangt, werden stets bestimmte Schlüsselqualifikationen abgeprüft, ehe er als vollwertiges Mitglied der Organisation gilt, darunter Kenntnis des Islam, ideologische Festigkeit, Wille zur Selbstaufopferung und Disziplin, Verschwiegenheit, Vorsicht und Geduld, Nervenstärke, Ehrlichkeit, gute Gesundheit und Analysefähigkeiten (Gunaratna 2002: 73). Anders formuliert, nicht jeder, der sich aus ideologischen oder anderen Gründen für geeignet hält, ist auch gleichermaßen willkommen. Insbesondere der Mechanismus, Verwandte und Bekannte zu aktivieren, verweist auf ein zentrales Element der Rekrutierungspolitik, die typisch für klandestine Organisationen aller Art ist (z. B. Mafia, Geheimbünde, Sekten) und bei der Al-Qaida keine Ausnahme darstellt. Persönliche, zum Teil über Jahre und Jahrzehnte gewachsene Beziehungen und Kontakte (»Kenn-Verhältnisse«) spielen beim Auswahlprozeß eine entscheidende Rolle: Man muß von bestimmten Personen »empfohlen« worden sein, um nach entsprechender Prüfung in die engeren Zirkel vorzudringen. Auf diese Weise soll die Gefahr von Verrat, Enttarnung oder Unterwanderung minimiert werden. Vertrauen und Treue sind wesentliche Voraussetzungen für die Existenz und das Funktionieren solcher Gruppierungen. Wichtige Unterstützer, Rekruten und potentielle Attentäter wurden Bin Laden nicht selten direkt vorgestellt, um die persönliche Verbundenheit mit dem Al-Qaida-

---

30 Siehe dazu: »Attas Armee«, *Der Spiegel*, (2002) 36, 110-123.

Führer zu verstärken, zumeist gekoppelt an einen Treueeid. Das Charisma des Führers und der Führerkult werden insofern gezielt genutzt, um die verschworene Gemeinschaft Gleichgesinnter zu festigen.

8. Transnationale Netzwerkstrukturen

Der transnationale Charakter einer Terrororganisation zeigt sich besonders deutlich an den Strukturen. Als Organisationsform werden Netzwerkstrukturen bevorzugt, die sich über mehrere Staaten und Weltregionen erstrecken und die offen für persönliche oder institutionalisierte Kontakte zu anderen Gruppen und Netzwerken sind. Die Mitglieder, die Kommandos und Terrorzellen sind in einer Weise miteinander verknüpft, daß über Grenzen hinweg die Kontaktaufnahme, die Kommunikation untereinander, der Austausch von Informationen und Know-how, der Transfer von Geld, Material und Waffen, die Bewegung von Personen, das Senden und Empfangen von Befehlen sowie die Planung und Durchführung von Operationen gewährleistet werden. Einerseits müssen die Netzwerkstrukturen relativ stabil und robust sein, um diese Funktionen auf Dauer und mit einer gewissen Verläßlichkeit erfüllen zu können; andererseits müssen sie flexibel genug sein, um auf Gegenmaßnahmen reagieren zu können. Das Netzwerk muß zum einen über bestimmte Knotenpunkte oder Schaltstellen verfügen, die die interne Stabilität aufrechterhalten und für ein Mindestmaß an Hierarchisierung sorgen. Zum anderen muß es aber möglichst dezentral organisiert sein, um auch bei einem Ausfall von Knotenpunkten weiterexistieren zu können.

Der Netzwerkbegriff ist allerdings ohne nähere Qualifizierung zu vage. Er wird in der sozialwissenschaftlichen Literatur im wesentlichen zur Abgrenzung von hierarchischen, formalisierten Organisationsformen genutzt. Netzwerke sind dagegen durch informelle Beziehungen, die horizontale Koordinierung von Aktivitäten und eine dezentrale Struktur gekennzeichnet (Raab/Milward 2003: 417). Mit diesem Ansatz wurden in der Vergangenheit sowohl die sozialen Strukturen eines Akteurs (z.B. NGO-Netzwerke) als auch die Art und Weise der Steuerung in einem Politikfeld analysiert. Beide Aspekte sind auch mit Blick auf Netzwerke wie Al-Qaida von Bedeutung, da die Struktur Auskunft über die Form des Managements und der Entscheidungsfindung geben dürfte und umgekehrt. Im Unterschied zu legalen Netzwerken bleibt allerdings die Untersuchung von »verdeckten Netzwerken« oder »dark networks« (Raab/Milward 2003) bis zu einem gewissen Grad hypothetisch. Die üblichen quantitativen oder qualitativen Methoden der Netzwerkanalyse können hier nur selten angewandt werden, um herauszufinden, wer mit wem in welcher Intensität verbunden ist und welche Interaktionen zu welchem Ziel unternommen werden (vgl. Rothenberg 2002). Dennoch lassen bestimmte Aktivitäten von Al-Qaida Rückschlüsse auf die Netzwerkstrukturen zu, insbesondere dann, wenn man sich zunächst die möglichen Modelle vergegenwärtigt. Unter Bezugnahme auf die Theorien sozialer Netzwerke unterscheiden Arquilla/Ronfeldt (2001: 7-10) drei Grundformen:

1. *Ketten- oder Reihennetzwerk* (*chain* oder *line network*), bei dem jeder Akteur nur mit einem weiteren Akteur verbunden ist, so daß Informationen (oder Güter) immer nur von einer Station zur anderen weitergegeben werden können (z. B. Schmugglernetzwerke);

2. *Netzwerk mit zentraler Schnittstelle* (*hub*, *star* oder *wheel network*), bei dem die Akteure nicht direkt miteinander, sondern nur über einen zentralen Knotenpunkt in Kontakt treten können; dieser kann lediglich als »Bote« oder Transmitter dienen (nichthierarchisch) oder aber eine Kommando- oder Kontrollfunktion ausüben (hierarchisch) (z. B. kriminelle Netzwerke);

3. *dezentrales Netzwerk* (*all-channel* oder *full-matrix network*), bei dem im Idealfall alle Akteure mit allen anderen verbunden sind und kommunizieren können (z. B. NGO- oder Kampagnennetzwerke).

In der Realität existiert eine Reihe von hybriden Formen: Dazu zählen *Zentrum-Peripherie-*, *Spinnen-* oder *Cliquennetzwerke*, bei denen es mehrere, gleichrangige Knotenpunkte oder gar Myriaden von Knotenpunkten (*multi-hub*) gibt, die in unterschiedlicher Weise miteinander verbunden sind und gleichzeitig zu anderen, eher untergeordneten, schwach vernetzten Akteuren exklusive Beziehungen unterhalten. Sie stellen insofern eine Mischung aus zentralen und dezentralen, hierarchischen und nichthierarchischen Elementen dar. Die Struktur gewinnt noch an Komplexität, wenn man sich Netzwerke vorstellt, die wiederum in andere Netzwerke eingebettet sind. So kann beispielsweise ein Kettennetzwerk als Knotenpunkt innerhalb eines ansonsten dezentralen Netzwerks fungieren. Oder umgekehrt: Im Rahmen eines Netzwerks mit zentraler Schnittstelle gibt es eine Reihe von eigenständigen Netzwerken, die entweder dezentral oder als Kettennetzwerk operieren. Ferner gibt es Fälle, in denen Netzwerke autonom nebeneinander bestehen und nur über einzelne »Brükken« oder Schnittstellen miteinander verbunden sind.

Allgemein läßt sich feststellen: Verdeckte kriminelle und terroristische Netzwerke gleichen eher solchen Mischformen. Einige wenige Schaltstellen sind hochgradig miteinander vernetzt und stehen gleichzeitig mit weniger stark vernetzten Akteuren in Kontakt. Diese Anordnung erweist sich als überaus »resilient to systematic shocks, unless a key hub is disrupted or destroyed« (Arquilla/Ronfeldt 2001: 323). Im Unterschied zu legalen Netzwerken, wie international operierenden NGOs oder transnationalen sozialen Bewegungen, sind Strukturen illegaler *netwar*-Akteure stärker hierarchisch angelegt und naturgemäß weniger transparent. Die Vernetzung darf nicht dazu führen, daß bei konkreten Aktivitäten die Zahl der Mitwisser zu groß wird und damit die Gefahr der Enttarnung zunimmt. Dies werde erreicht durch »horizontal coordination among semi-autonomous groups« (Arquilla/Ronfeldt 2001: 327). Diese Organisationsform könne jedoch auf Dauer nur Bestand haben, wenn andere Faktoren hinzukämen, darunter eine von allen geteilte Ideologie, eine klare Doktrin, die ungeachtet des verzweigten Netzwerks ein kohärentes und zielgerichtetes Vorgehen ermöglicht, die notwendigen technischen Kommunikationsmittel sowie persönliche Verbindungen zwischen den Knotenpunkten, die ein hohes Maß an Vertrauen und Loyalität garantieren (vgl. Arquilla/Ronfeldt 2001: 325-343). Das Erfolgsrezept laute daher: »The strongest networks will be those in which the organizational design is sustained by a winning story and a well-defined doctrine, and in which all this is layered atop advanced communications systems and rests on strong personal and social ties at the base« (Arquilla/Ronfeldt 2001: 324). Eine weitere wesentliche Voraussetzung für die Funktionsfähigkeit von Terrornetzwerken sind – wie bei herkömmlichen Terrorgruppen auch – Lern- und Innovationskapazitäten (vgl. Jackson et. al. 2005a, 2005b). Transnationale Netzwerkstrukturen bieten hier jedoch den Vorteil, grundsätzlich über mehr Quellen zur Innovation zu verfügen als rein lokal agierende Akteure, da potentiell verschiedene Wissensbestände und Erfahrungen erschlossen und ausgewertet werden können. Diese Erkenntnisse müssen allerdings über längere Wege innerhalb des Netzwerkes zirkulieren.

Das Al-Qaida-Netzwerk kommt diesen idealtypischen Bedingungen vermutlich relativ nahe. Korrekterweise muß man allerdings von mehreren, parallel existierenden und sich überlappenden Netzwerken sprechen: Sageman (2004: 137-139) unterscheidet beispielsweise neben der Führungselite (*Central Staff*), ein arabisches (*Core Arabs*), ein nordafrikanisches (*Maghreb Arabs*) und ein südostasiatisches Netzwerk (*Southeast Asians*), die über einzelne zentrale Personen (*hubs*) miteinander verbunden sind; zumeist waren diese Personen auch für den Aufbau des jeweiligen Netzwerkes oder Teile davon verantwortlich. Diese Netzwerke dürften jedoch nicht in der gleichen Art und Weise organisiert sein, sondern über mehr oder weniger hierarchische Elemente verfügen. Dies gilt vor allem mit Blick auf eigenständige, aber Al-Qaida-nahestehende salafistische Dschihad-Gruppen, die ihre eigene interne Struktur in das weiter gefaßte Netzwerk einbringen. Insgesamt vereint Al-Qaida mehrere Funktionen und nutzt unterschiedliche Organisationsprinzipen, basierend auf diversen Einflüssen und Erfahrungen. Konstitutiv waren hier sicherlich das ökonomische Know-how Bin Ladens, der Einfluß ägyptischer und anderer Terrorgruppen sowie die Guerillaerfahrung in Afghanistan. Das Al-Qaida-Netzwerk dürfte sich daher durch folgende Merkmale auszeichnen: hochgradig flexible, dezentrale Strukturen; geringer Grad an Hierarchisierung und Formalisierung; ideologische und strategische »Richtlinienkompetenz« der Führung; hohes Maß an sozialer Mobilität innerhalb des Netzwerks sowie latente, aktivierbare Kontakte zu anderen Akteuren.

Vor diesem Hintergrund kann man analytisch zwischen folgenden, gleichwohl miteinander verzahnten Bereichen differenzieren, die in der Öffentlichkeit unter dem Namen Al-Qaida firmieren:

(1) der innere Führungszirkel, der die ideologische, strategische und taktische Richtung vorgibt;

(2) die Organisation von Guerillakämpfern, die – vor der US-Intervention in Afghanistan – als Bin Ladens Privatarmee fungierte und auf seiten der Taliban kämpfte;

(3) das weltweit aktive Terrornetzwerk, bestehend aus Zellen von in Afghanistan oder Pakistan ausgebildeten Terroristen (Al-Qaida im engeren Sinne);

(4) das Netzwerk aus mit Al-Qaida assoziierten bzw. verbündeten Personen und Terrorgruppen (Al-Qaida als »Dachverband«) sowie Beziehungen zu anderen Terror- oder Guerillagruppen (Al-Qaida als »Ausbilder«, »Finanzier« oder »Inspirationsquelle«);

(5) die Unterhaltung eigener Unterstützer- und Logistik-Netzwerke;

(6) die Beziehungen zu anderen »dark networks« (z. B. illegaler Waffenhandel).

ad 1) Die Führungs- und Kommandoebene, die bis zum Oktober 2001 Bestand hatte, ähnelte formal eher einem Kollegium, in dem allerdings Bin Laden und einige seiner engsten Getreuen eine herausgehobene Rolle spielen. Diese Gruppe entscheidet auch darüber, wer in den engeren Zirkel aufrückt. An der Spitze steht ein *Konsultativrat* (*shura majlis*), dem die wichtigsten Gefolgsleute Bin Ladens angehören und in dem die wesentlichen strategischen Entscheidungen fallen. Dem Konsultativrat sollen je nach Quelle zwischen vier und sechs Komitees oder Ausschüsse untergeordnet sein – für militärische Fragen, Sicherheit, Finanzen, Fragen des Islam, Medien/Propaganda und Logistik/Beschaffung.[31] Jeder Ausschuß wird von einem Emir geleitet, der wiederum Mitglied des Konsultativrates ist. Das *Militärkomitee* ist zuständig für die Rekrutierung und die Ausbildung von Kämpfern bzw. Terroristen, für die Planung und Durchführung von Operationen sowie für taktische Fragen.[32] Vor ihrer Zerstörung im Zuge der US-Intervention unterstanden auch die afghanischen Trainingscamps dem Militärausschuß. Mit Blick auf terroristische Anschläge besteht seine wichtigste Funktion darin, jene Verbindungsleute auszuwählen, die den Kontakt zu den weltweit

---

31 Siehe dazu: Alexander/Swetnam (2001: 3-10); Gunaratna (2002: 57-58), National Commission on Terrorist Attacks Upon the United States, Staff Statement No. 15, »Overview of the Enemy« (June 2004), 2-3.

32 Bis zu seinem Tod 1996 leitete der Ägypter *Abu Ubaida al-Banshiri* dieses Komitee, anschließend übernahm der Ägypter *Muhammed Atif* die militärische Führung, der bei einem US-Luftangriff auf Kabul (14. 11. 2001) getötet worden sein soll.

verstreuten Terrorzellen von Al-Qaida halten bzw. solche Zellen für bestimmte Operationen zusammenstellen. Beim *Sicherheitskomitee* handelt es sich um den eigenen Sicherheitsdienst, der für den Schutz von Einrichtungen, für die Beschaffung von Informationen und für »Gegenspionage« zuständig ist. Das *Finanzkomitee* kontrolliert die weitverzweigten finanziellen und wirtschaftlichen Ressourcen des Netzwerks, es managt Fonds und Bankkonten, koordiniert legale und illegale wirtschaftliche Aktivitäten, akquiriert Spenden über Stiftungen und »wohltätige« Organisationen und sorgt für einen diskreten Geldtransfer. Das *Islamkomitee*, in einigen Quellen auch *fatwa-* oder *Scharia-Komitee* genannt, hat in erster Linie die Aufgabe, die Aktionen von Al-Qaida religiös zu untermauern und moralisch zu rechtfertigen. Das Komitee verfaßt auch religiöse Dekrete und Regeln und sorgt für die ideologische Unterweisung der Mitglieder der Organisation. Geleitet wurde dieser Ausschuß von Bin Ladens Vertrautem al-Zawahiri. Das *Medienkomitee*, die Public-Relations-Abteilung der Organisation, unterhält Kontakte zu mehr oder minder nahestehenden islamischen Medien, es lanciert Meldungen oder Videobänder an die internationale Presse, es betreibt Propaganda in islamistischen Kreisen, nicht zuletzt durch die Nutzung des Internets. Das *Komitee für Logistik/Beschaffung* kümmert sich vor allem um den Erwerb von Waffen und Sprengstoff sowie um die technische Ausstattung. Obwohl sich wesentliche Akteure nicht mehr an einem Ort aufhalten bzw. liquidiert wurden, dürften Teile dieser Führungsstruktur auch nach dem Oktober 2001 in veränderter Form existieren – ein Beleg dafür sind nicht zuletzt die medialen Auftritte von Bin Laden und anderen.

ad 2) Die Organisation der Guerillakämpfer, in der Literatur auch als *055 Brigade* bezeichnet, umfaßte zwischen 2000 und 5000 Kämpfer (vgl. Gunaratna 2002: 58-60). Während des Taliban-Regimes (1997-2001) wurden sie weitgehend in die Regierungstruppen integriert, wenngleich sie in eigenen Lagern und Ausbildungsstätten untergebracht waren. Die meisten dieser Kämpfer stammten aus arabischen Ländern, ein kleinerer Teil aus Zentralasien bzw. Süd- und Südostasien. Zum einen handelte es sich um Veteranen des Afghanistankrieges, zum anderen um in anderen Regionalkonflikten (Kaschmir, Tadschikistan etc.) erprobte Söldner, die vormals in Afghanistan oder Pakistan ausgebildet worden waren und nunmehr das Taliban-Regime als Zufluchtsort nutzten. Man kann davon ausgehen, daß das Gros der Al-Qaida-Mitglieder, die bei der US-Intervention getötet oder inhaftiert wurden, diesem Teil des Netzwerks zuzurechnen ist.[33] Bin Ladens Privatarmee dürfte durch die Invasion weitgehend aufgerieben worden sein, möglicherweise mit Ausnahme von einigen Dutzend Kämpfern, die dem persönlichen Schutz der Al-Qaida-Führung dienten. Allerdings waren die Übergänge von der armeeähnlichen Guerillaorganisation zu den terroristischen Zellen fließend: Jedem Kämpfer blieb es unbenommen, sich als »Märtyrer« und damit als potentieller Selbstmordattentäter zur Verfügung zu stellen.

ad 3) Die global agierenden terroristischen Zellen und Kommandos, die sich oftmals unter Bezug auf »Märtyrer« der Bewegung eigene Namen geben, dürften nach dem Prinzip eines dezentralen *multi-hub*-Netzwerkes funktionieren. Das heißt: Wenige Eingeweihte, in der Literatur auch »agent-handler«, »controller« oder »Operateure« genannt, fungieren als Knotenpunkte. Sie stehen direkt oder indirekt in Verbindung mit potentiellen Attentätern und ihren Helfern, die in der Regel über die geplante Operation nicht mehr wissen als nötig. Die Zellen agieren weitgehend unabhängig voneinander, wenngleich, wie Fahndungserfolge in Westeuropa, Asien und Nordamerika zeigen, immer wieder personelle Querverbindungen existieren.[34] Die einzelnen »agent-handler«, ebenfalls nicht notwendigerweise miteinander verbunden, berichten zumeist einem übergeordneten »principal agent-handler«, der somit mehrere Terrorzellen koordiniert und über deren Anschlagspläne informiert ist (vgl. Gunaratna 2002: 97-98). Als einer der wichtigsten »principal agent-handler« gilt beispielsweise *Abu Zubayda*, Palästinenser mit saudischem Paß, der im März 2002 in Pakistan festgenommen wurde. Während sich die

33 Diese Vermutung stützt sich nicht zuletzt auf Berichte, wonach sich unter den etwa 600 Gefangenen in Guantànamo Bay keine Taliban- oder Al-Qaida-Führungskader befinden, sondern lediglich Kämpfer der unteren und mittleren Ebene. Siehe »U. S. Has Found No Qaeda Leaders among Captives at Guantanamo«, *International Herald Tribune*, 19. 8. 2002, 3.
34 Zu den westeuropäischen Terrorzellen siehe Gunaratna (2002: 101-131), Vermaat (2002).

»einfachen« Mittelsmänner häufig in der Nähe des geplanten An-
schlagszieles aufhalten, verlassen die »principal agent-handler«
nur selten ihren sicheren Aufenthaltsort. Zweck dieser Struktur
ist es, die Zahl der Mitwisser zu beschränken, ohne daß aber die
Leitungsebene von Al-Qaida gänzlich die Kontrolle verliert.
Gleichzeitig ist diese Struktur überaus flexibel und mobil. Die
prinzipielle Ortsungebundenheit der Terrorzellen und ihrer
»agent-handler« wird nicht zuletzt daran deutlich, daß offenbar
mehrfach »Regionalbüros« von Al-Qaida, die als wesentliche
Knotenpunkte fungieren, relativ rasch von einem Land in ein anderes verlegt werden konnten (vgl. Gunaratna 2002: 95-96).

Dieses Netzwerk an Terrorzellen entstand im wesentlichen in
der zweiten Phase der Al-Qaida-Entwicklung, als sich Bin Laden
vor allem im Sudan aufhielt. Als Blaupausen dienten die ägyptischen Terrororganisationen (Islamische Gruppe bzw. Islamischer
Dschihad), die ebenfalls in relativ autonome, konspirative Zellen
gegliedert waren, so daß die Enttarnung einer Zelle kaum Auswirkungen auf die Arbeit der anderen hatte.[35] Vermutlich hat Bin
Ladens Stellvertreter al-Zawahiri dieses Prinzip bei Al-Qaida
eingeführt. Die Zellen dürften relativ klein sein (bis zu 15 Mitgliedern), um ein hohes Maß an Geheimhaltung zu gewährleisten.
Ihre Zusammensetzung folgt sowohl funktionalen Erfordernis-
sen, um das notwendige Know-how zur Verfügung zu haben, als
auch einer regionalen Zuordnung. Bis 9/11 soll das Netzwerk
nach »Groß-Familien« mit jeweils eigenem Wirkungskreis organisiert gewesen sein: Organisationsintern werde daher, so Gunaratna (2002: 96-97), von der »nordafrikanischen Familie«, der
»südostasiatischen Familie«, der »zentralasiatischen Familie« etc.
gesprochen. Bin Laden hatte beispielsweise *Muhammad Atta*,
den Kopf der Attentäter vom 11. September, als Mitglied der
»ägyptischen Familie« bezeichnet. Mit dieser Methode können
kulturelle und sprachliche Barrieren relativ einfach überwunden
werden, zudem lassen sich Kontaktnetze leichter knüpfen und
pflegen. Auch bei den Kommandos und Zellen wird offenbar auf

---

35 Cooley (1999: 40) beschreibt das Organisationsprinzip der Islamischen
Gruppe wie folgt: »Different geographical branches were divided into
cells, called ›anquds‹, Arabic for a bunch of grapes [...] each anqud was
self-contained. If it were plucked, as from a grapevine, its disappearance
would not affect the others«. Zur Struktur und Arbeitsweise der ägyptischen Terroristen siehe auch Serauky (2000).

gewisse Homogenität geachtet. Um ein paar Beispiele zu nennen: Bei der Ende 2000 enttarnten »Frankfurter Zelle«, die Anschläge in Straßburg geplant hatte, handelte es sich ausschließlich um Algerier. Unter den 19 Attentätern vom 11. September 2001 stammten 15 aus Saudi-Arabien. Beim Anschlag in Madrid (11. 3. 2004) waren primär Marokkaner beteiligt, die zumeist seit Jahren in Spanien lebten und teilweise auch einen spanischen Paß besaßen. Beim ersten Anschlag in London (7. 7. 2005) bildeten britische Pakistanis, beim zweiten, gescheiterten Versuch (21. 7. 2005) Briten ostafrikanischer Herkunft den Kern der Attentäter. Gleichwohl waren stets weitere Personen mit anderer nationaler Herkunft involviert, sei es als Planer, als Attentäter oder als Logistiker: Bei den Anschlägen von 1998 auf die US-Botschaften stammten die Täter aus Jordanien, Kenia, Saudi-Arabien, Ägypten und Tansania (vgl. Bergen 2001: 133-158). Bei der Planung und Durchführung des 11. September waren u. a. Ägypter, Saudis, Libanesen, Jemeniten, Marokkaner und Araber aus den Vereinigten Arabischen Emiraten beteiligt. Nach dem Anschlag von Madrid konzentrierten sich die Ermittlungen zudem auf algerische, syrische, tunesische und ägyptische Helfer, Drahtzieher und Hintermänner.[36] Zumindest die genannten Anschläge legen die Vermutung nahe, daß bei der Durchführung der Operationen nicht selten eine relativ homogene Kerngruppe mit Angehörigen gleicher Nationalität kombiniert wird mit »Spezialisten« bzw. »Planern« anderer Nationalitäten.

Zum Al-Qaida-Netzwerk im engeren Sinne gehören auch lokale Ableger wie etwa die *Al-Qaida-Organisation auf der arabischen Halbinsel*, die mit mehreren Anschlägen auf sich aufmerksam machte, darunter auch diverse Selbstmordattentate in Riad. Diese Organisation, untergliedert in mehrere Zellen und bestehend hauptsächlich aus Saudis und Jemeniten, agiert relativ autonom, empfängt aber generelle Weisungen von der Al-Qaida-Führungsebene. Beispielsweise soll die Grundsatzentscheidung, ab

---

36 Neben den Marokkanern *Jamal Zougam* und *Jamal Ahmidan* gelten als Schlüsselfiguren der Algerier *Allekama Lamari*, Mitglied der algerischen GIA und bis 2002 inhaftiert, der Tunesier *Serhane Ben Abdelmajid*, der als geistiger Kopf fungierte, sowie der später in Italien verhaftete Ägypter *Rabei Osman* als Sprengstoffexperte. Einige von ihnen standen offenbar in Verbindung zu syrischen und marokkanischen Al-Qaida-Kontaktleuten. Siehe dazu: »Die Attentate vom 11. März als Spitze eines Eisbergs«, *Neue Zürcher Zeitung*, 10. 3. 2005, 6.

2003 in Saudi-Arabien Anschläge gegen Ausländer zu verüben, nicht vor Ort, sondern im Umfeld Bin Ladens getroffen worden sein – teilweise trotz Warnungen lokaler Mitglieder, die die Organisation noch im Aufbau sahen und den Zeitpunkt für Anschläge offenbar für verfrüht hielten (vgl. Cordesman/Obaid 2005: 4-5). In der Tat: Den saudischen Sicherheitskräften gelang es, relativ rasch die wichtigsten Figuren ausfindig zu machen, festzunehmen oder zu töten, weshalb der lokale Al-Qaida-Ableger mehrfach gezwungen war, seine Führungsleute zu ersetzen.[37]

ad 4) Die Zusammenarbeit – oder gar Verschmelzung – mit anderen, lokal oder regional operierenden Terror- oder Guerillaorganisationen, die spätestens seit 1998 signifikant zugenommen hatte, erlaubte es Al-Qaida, den eigenen Aktionsradius erheblich auszuweiten. Der transnationale Terrorismus nutzt auf diese Weise parasitär lokale Strukturen und Milieus für seine Zwecke. Nach Schätzungen soll das Al-Qaida-Netzwerk Kontakte zu Gruppen in rund 55 Staaten unterhalten.[38] Die Verbindungen werden über persönliche, zumeist sehr lange bestehende Kontakte zwischen einzelnen Führungsleuten, »Planern« oder »Operateuren« hergestellt und gepflegt. Die Zusammenarbeit mit den Gruppen und Netzwerken kann strategischer oder taktischer Natur sein; sie reicht von logistischer und finanzieller Unterstützung über die Gewährung von Unterschlupf und die gemeinsame Ausbildung bis hin zur Planung und zur Arbeitsteilung bei Terroranschlägen. Insofern lassen sich unterschiedliche Grade an Nähe zu Al-Qaida feststellen, die sich über Zeit, je nach Stand der persönlichen Kontakte und je nach lokalen Konfliktgeschehen verändern.

Zum einen versteht sich Al-Qaida explizit als lose organisierter *Dachverband*, dem mehrere Gruppierungen angehören, die entweder als lokale Al-Qaida-Ableger gelten können oder ihre vormalige Eigenständigkeit weitgehend aufgegeben und sich Bin

---

37 Bis Ende 2004 hatten die saudischen Behörden nach eigenen Angaben 20 der 26 meistgesuchten al-Qaida-Mitglieder ausgeschaltet, die meisten von ihnen wurden bei Schußwechseln getötet. Insgesamt wurden 400 bis 500 Militante festgenommen oder getötet; vgl. Cordesman/Obaid (2005: 20-23).

38 Zum weltweiten Kontaktnetz siehe Alexander/Swetnam (2001: 243-272), Gunaratna (2002: 95-221), Clarke et. al. (2005).

Laden angeschlossen haben. Zu ersteren zählen vor allem jene Kleinst- und Splittergruppen, die Anfang der neunziger Jahre von Afghanistanveteranen nach ihrer Rückkehr in ihren Heimatländern gegründet wurden – etwa im Jemen, in Libyen, Marokko, Saudi-Arabien, Tunesien oder Algerien. Zu letzteren gehören beispielsweise die beiden ägyptischen Organisationen Islamischer Dschihad (*Al-Jihad*) und Islamische Gruppe (*Al-Jam'a al-Islamiyya*); sie hatten 1998 den Aufruf Bin Ladens zur Gründung einer *World Islamic Front* mitunterzeichnet und sind organisatorisch und personell weitgehend mit Al-Qaida verschmolzen (Pohly/Durán (2001: 45-49).

Zum anderen erfüllen Bin Laden und Al-Qaida bis heute gegenüber einer Reihe von Gruppen die Rolle als *Ausbilder, Geldgeber* und vor allem als *ideologische Inspirationsquelle*, ohne daß diese ihre Autonomie, interne Organisationsweise und eigenen, lokal begrenzteren Ziele aufgegeben hätten. Von Fall zu Fall können die Übergänge zum Dachverband fließend sein, wobei sich in der Regel eher einzelne Personen stärker bei Al-Qaida engagieren und sich nicht die Gruppe als Ganzes dem Dachverband anschließt. Beispiele sind dafür die seit Ende der achtziger Jahre bestehenden, zeitweise sehr intensiven Kontakte zu in Pakistan bzw. in Kaschmir operierenden Organisationen, die zum Teil auch in afghanischen Trainingscamps ausgebildet wurden, etwa in Khost und Kandahar (vgl. Gunaratna 2002: 205-219, Fair 2004: 497). Nicht selten werden solche Gruppen von erfahrenen Al-Qaida-Kadern gezielt infiltriert und indoktriniert und über bestimmte Dienstleistungen (Know-how-Transfer) an Al-Qaida herangeführt. Entsprechende Belege dafür finden sich aus den späten neunziger Jahren insbesondere in Tschetschenien, in Algerien, in Indonesien oder auf den Philippinien.

Folgende Gruppen werden immer wieder als Al-Qaida-nahestehend oder Al-Qaida-inspiriert bezeichnet, wobei ihr Status innerhalb des Netzwerkes je nach Beobachtungszeitpunkt variiert (vgl. Gunaratna 2002; Clarke et. al. 2005: 34-91):

– Nordafrika: *Tunisian Combatant Group* (Tunesien), *Libyan Islamic Fighting Group/Al-Jama'a al-Islamiyya al-Muqatila bi-Libya* (LIFG, Libyen, Sudan, Naher Osten), *Salafist Group for Call and Combat/Groupe Salafiste pour la Prédication et le Combat* (GSPC, Algerien), *Armed Islamic Group/Groupement Islamique Armé* (GIA, Algerien), *al-Salafiyya al-Jihadiyya* (Marokko), *Marokkanische Islamische Kampfgruppe* (GICM, Marokko, Spanien);

– Golfregion: *Ansar al-Islam* (Nord-Irak), *Asbat al-Ansar* (palästinensische Gruppe im Libanon); *Islamic Army of Aden-Abyan* (Jemen);

– Südasien: *Harkat-ul-Jihad-al-Islam* (Bangladesch), *Lashkar-e-Tajjiba* (LeT, Pakistan); *Lashkar-e-Jhangvi* (LeJ, Pakistan); *Harakat ul-Mujahidin* (HuM), *Harakat ul-Jihad-I-Islami* (HUJI), *Jamiat-Ulema-e-Islam* (JUI), *Jaish-e-Mohamme*d (JeM) (alle Pakistan/Kaschmir);

– Südostasien: *Kumpulan Mujahidin Malaysia* (primär in bestimmten Regionen Malaysias aktiv), *Abu Sayyaf* (Philippinen), *Moro Islamic Liberation Front* (Philippinen), *Laskar Jihad* (Indonesien), *Jama'a Islamiyya* (u. a. Indonesien, Malaysia, Philippinen, Singapur);

– Zentralasien: *Islamic Movement of Uzbekistan* (Afghanistan, Usbekistan, Tadschikistan); *Hizb-i Islami Gulbuddin* (HIG, Afghanistan);

– Kaukasus: *Islamic International Brigade* (IIB, Tschetschenien); *Special Purpose Islamic Regiment* (SPIR, Tschetschenien);

– Horn von Afrika/Ostafrika: *Eritrean Islamic Jihad Movement*, auch *Jamal Jihad* genannt (Eritrea), *Al-Ittihad al-Islami* (Somalia).

Nachgesagt werden der Al-Qaida-Führung in Presseberichten zudem Kontakte zu den palästinensischen Organisationen Hamas und Islamischer Dschihad sowie sogar zur schiitischen Hizbullah (Libanon).[39] Diese Kontakte soll, so der Befund der 9/11 Commission (2004: 61), nicht zuletzt al-Turabi im Sudan für Bin Laden hergestellt haben, teilweise über iranische Stellen. Für eine wirkliche Zusammenarbeit der Organisationen finden sich jedoch bisher keine stichhaltigen Belege, sie gilt auch eher als unwahrscheinlich, da – abgesehen von ideologischen und politischen Differenzen – weder die Hizbullah noch die palästinensischen Gruppen auf Hilfe durch al-Qaida angewiesen sind und sie ihrem Anliegen eher schaden als nützen würden.

39 Siehe »USA: Berichte über Kontakt von Hamas und Al Qaeda«, *Frankfurter Rundschau*, 22. 5. 2002, 2; »Qaeda and Hezbollah Seen in Alliance of Terror«, *International Herald Tribune*, 1. 7. 2002, 1. Siehe auch Gunaratna (2002: 146-151).

Die Vernetzung von lokal und global operierenden Terrorgruppen ist nicht frei von Ambivalenzen, was nicht zuletzt für die Terrorismusbekämpfung von Bedeutung ist. Einerseits profitieren beide Seiten von der Zusammenarbeit: Al-Qaida erhält vor Ort die gewünschte logistische Unterstützung für Anschläge (konspirative Quartiere, Rekrutierung von Attentätern, Waffen, falsche Papiere etc.), für Tarnung und für Unterschlupf. Im Gegenzug greifen lokale Gruppen nicht selten auf die Finanzen, das technische Know-how und die Ausbildung von Al-Qaida zurück. Andererseits bestehen zwischen beiden Ebenen im Einzelfall erhebliche Zielkonflikte, denn nicht jede Aktion von Al-Qaida-Zellen dient den Interessen der lokalen Akteure und umgekehrt. Hinzu kommt, daß die Al-Qaida-Führung in der Vergangenheit mehrfach auf die Entwicklung lokaler Gruppen Einfluß genommen hat. In Algerien beispielsweise unterstützte Bin Ladens Netzwerk zunächst die GIA, ehe es Mitte 1996 zum Bruch mit der GIA-Führungsebene kam. Angehörige von Al-Qaida betrieben daraufhin aktiv die Spaltung der Organisation und trugen 1998 zur Gründung der nunmehr geförderten *Salafist Group for Call and Combat* bei (Gunaratna 2002: 137-139). In einem anderen Fall intervenierte Bin Laden ebenfalls in eine lokale Auseinandersetzung: Mitte der neunziger Jahre operierten libysche Afghanistanveteranen (*Libyan Islamic Fighting Group*) vom Sudan aus gegen das Ghaddafi-Regime. Dieses übte schließlich erheblichen Druck auf die sudanesische Regierung aus, was dazu führte, daß Bin Laden seinen libyschen Gesinnungsgenossen die Unterstützung entzog und sie auch von seinen Stützpunkten verbannte.[40] Einige Gruppen sehen vor diesem Hintergrund ihre Autonomie gefährdet, wenn sie sich zu stark mit Al-Qaida verbünden. Das gilt sicherlich für palästinensische, aber auch für südostasiatische Gruppierungen, die fürchten müssen, daß ihr partikulares Anliegen (z. B. eigener Staat) erheblichen Schaden nimmt, wenn sich eine enge und systematische Verbindung zu Al-Qaida nachweisen läßt. Insbesondere die Entwicklung der ägyptischen Terrorgruppen, die mehr oder minder von Bin Laden absorbiert wurden, dürfte für sie ein abschreckendes Beispiel sein. Sie versuchen daher Al-Qaida auf Distanz zu hal-

---

40 Siehe dazu: Gary Gambill »The Libyan Islamic Fighting Group«, *Terrorism Monitor* (Jamestown Foundation), 3, 6, 24. 3. 2005.

ten, wobei persönliche Kontakte in Einzelfällen nicht auszuschließen sind.

ad 5) Al-Qaida verfügt ferner über eigene Unterstützer- und Logistiknetzwerke. Als Unterstützerkreise können in erster Linie einzelne islamische Wohlfahrtsorganisationen und karitative Einrichtungen gelten, die Spendenmittel einwerben, Gelder parken und verteilen. Diese Organisationen wie beispielsweise *International Islamic Relief Organization* (IIRO) oder die *Al Haramain Charitable Foundation* (beide mit Sitz in Jeddah/Saudi-Arabien), die nach dem 11. September wegen der Unterstützung des Terrorismus in den Fokus saudischer Behörden gerieten und Büros schließen mußten, verfügen wiederum über ein weitverzweigtes Netz an Sub-Organisationen und Filialen in anderen Teilen der Welt (siehe Kap. IV). Im Bereich Logistik geht es um Pools von »Experten«, die für das Netzwerk insgesamt oder Teile des Netzwerks bestimmte Funktionen erfüllen: Gewährleistung von Kommunikation nach innen und außen; Beschaffung und Verwaltung von Geldern; Beschaffung und Fälschung von Dokumenten; Schleusung von Personen; Anmietung von Wohnungen, Nutzung von Transportmitteln, Schmuggel, Kauf und Deponieren von Waffen und Sprengstoff, etc. Teilweise dienen die Aufgaben dazu, die Funktions- und Operationsfähigkeit der Netzwerke aufrechtzuerhalten, teilweise betreffen sie die logistische Vorbereitung konkreter Anschläge. Für ersteres spielen die bereits erwähnten »Familienstrukturen« eine gewisse Rolle. Bestimmte Nationalitäten waren in der Vergangenheit auf bestimmte Tätigkeiten spezialisiert; so lag bis Herbst 2001 die Fälschung von Pässen und Dokumenten hauptsächlich in den Händen von Libyern, während sich ägyptische Mitglieder primär um neue Trainingscamps kümmerten (Gunaratna 2002: 97). Ein Beispiel für Experten in Sachen Anschlagslogistik ist der ägyptische Sprengstoffexperte Al-Qaidas, der 1998 vermutlich beide Bomben für die Anschläge auf die US-Botschaften in Kenia und Tansania konstruiert hatte (vgl. Bergen 2002: 137, 141). Sie agieren im Umfeld der eigentlichen Attentäter, sind aber zum Zeitpunkt des Anschlags längst abgetaucht und stehen für neue Anschläge zu Verfügung. Auch im Logistikbereich muß man zwischen jenen unterscheiden, die aufgrund ihres spezifischen Know-hows an der konkreten Anschlagsplanung beteiligt sind, und jenen, die nur bestimmte Handlangerdienste leisten (z. B. Beschaffung von Transportmitteln), ohne aber letztlich über das gesamte Vorhaben im Bilde zu sein.

ad 6) Al-Qaida unterhält darüber hinaus geschäftliche Beziehungen zu anderen »dark networks«, die wiederum ihren eigenen Strukturprinzipien folgen und sich vermutlich eher in Form von Kettennetzwerken bzw. stärker hierarchisierten Vereinigungen organisieren. Dabei geht es in erster Linie um Netzwerke der organisierten Kriminalität wie illegaler Rohstoff- und Waffenhandel, Geldwäsche, Menschen- und Drogenhandel, Paß- und Dokumentenfälscher oder Kreditkartenbetrug, aber auch um Beziehungen zu anderen nichtstaatlichen Gewaltakteuren, die bestimmte Schmuggelrouten, Schwarzmärkte oder Rohstoffvorkommen kontrollieren (z. B. Warlords). Die Kontakte werden zumeist über die eigenen Finanzexperten oder Logistiker hergestellt, deren Verbindung zu Al-Qaida den »Geschäftspartnern« nicht zwingend bekannt sein muß. Teilweise handelt es sich auch um ältere Geschäftskontakte, die Bin Laden und andere in den frühen neunziger Jahren aufbauen konnten, als sie selbst noch legal in verschiedenen Branchen tätig waren. Zum einen dienen die Beziehungen dazu, neue Ressourcen und Einnahmequellen zu erschließen; zum anderen sind sie notwendig, um das Netzwerk mit entsprechenden Fähigkeiten auszustatten (z. B. Versorgung mit Leicht- und Kleinwaffen, Sprengstoff oder Dokumenten).

9. Terrorgruppen mit transnationalem Potential

Die vier Charakteristika – Agenda, Ideologie, Mitgliedschaft und Netzwerkstruktur – können dazu genutzt werden, den Grad an Transnationalisierung anderer Terrorgruppen zu ermitteln. Dabei durchlaufen diese stets einen evolutionären Prozeß, bei dem eine zunächst lokal begrenzt operierende Gruppe zunehmend international agiert und sich transnational organisiert. Wie gezeigt, entwickelte sich auch Al-Qaida sukzessive vom lokalen zum globalen Akteur, die transnationalen Netzwerkstrukturen wurden allmählich aufgebaut, die internationale Zielsetzung wurde in einer späteren Phase explizit formuliert.

Vor diesem Hintergrund können vor allem folgende Gruppen mit transnationalem Potential gelten: die südostasiatische *Jama'a Islamiyya*, das sunnitische Netzwerk *Jama'at al-Tawhid wa al-Jihad*, sunnitische Gruppen in Pakistan bzw. Jammu/Kaschmir sowie, mit deutlichen Abstrichen, die libanesisch-schiitische *Hizbullah* (»Partei Gottes«). Ihre Reichweite ist zwar begrenzter als jene von Al-Qaida, dennoch sind sie, wenn auch in unterschiedlicher Intensität, über den jeweiligen regionalen Konfliktrahmen hinaus aktiv, sie knüpfen vermehrt internationale Kontakte und weisen sowohl in ihrer Organisationsstruktur als auch in ihren Aktivitäten Elemente von Transnationalisierung auf. Gemeinsam ist den genannten Gruppierungen, daß es sich um militante, radikalislamische Bewegungen handelt. Auch wenn nicht auszuschließen ist, daß künftig auch Netzwerke mit einer anderen ideologischen Prägung auf den Plan treten, ist die Dominanz islamistischer Gruppen gleichwohl kein Zufall. Sie ist vielmehr das Ergebnis krisenhafter Entwicklungen in der arabischen Welt seit den späten siebziger Jahren, die zur Verbreitung des religiösen Extremismus und einer Islamisierung lokaler Konfliktlagen vom Balkan über den Kaukasus bis nach Südostasien geführt haben.

Jama'a Islamiyya (JI) kommt dem Prototyp Al-Qaida am nächsten.[41] Die Gruppe wurde Mitte der neunziger Jahre in Malaysia von Exil-Indonesiern gegründet, darunter die Prediger *Abdullah Sungkar* (gestorben 1999) und *Abu Bakr Ba'asyir*. Beide mußten 1985 gemeinsam mit einigen Mitstreitern ihre Heimat verlassen, um drohenden Haftstrafen zu entgehen. Seinen Ursprung hatte das islamistische Netzwerk im Umfeld einer Religionsschule (*Pondok Ngruki*) in Solo/Zentraljava, wo die Gelehrten schon in den siebziger Jahren für einen islamischen Staat Indonesien eintraten. Im Exil hatten sie gezielt den Aufbau eines transnationalen Netzwerks betrieben, indem sie auch Nicht-Indonesier rekrutierten und ihre Kontakte in Südostasien, aber auch nach Pakistan, Saudi-Arabien und Ägypten ausbauten. Dabei wurden offenbar gezielt familiäre Bindungen geknüpft, indem Kämpfer mit den Töchtern von Mitstreitern verheiratet wurden; auf diesem Wege wurde eine Reihe von Ehen zwischen Indonesiern und Ma-

---

41 Zur Jama'a Islamiyya siehe Bolte/Möller/Rzyttka (2003: 39-43), Abuza (2002: 450-459), Davis (2003) sowie diverse Berichte der International Crisis Group, ICG (2003c, 2002b, 2002c).

layen gestiftet (vgl. ICG 2003 c: 27-29). Nach dem Sturz des Suharto-Regimes kehrten die JI-Gründer 1998 nach Indonesien zurück, Anschläge wurden jedoch nach wie vor auch von Malaysia aus geplant.

In der Organisationsstruktur weist Jama'a Islamiyya Ähnlichkeiten mit Al-Qaida auf, wenngleich die Gruppierung hierarchischer aufgebaut sein dürfte: An ihrer Spitze steht der Führer (*amir*), eine Funktion, die Sungkar bis zu seinem Tode ausübte.[42] Dem Führer sind vier Gremien untergeordnet: ein Führungsrat (*Majlis al-qiyada*), ein Religionsrat (*Majlis syuro*), ein Rat für religiöse Erlasse (*Majlis fatwa*) und ein Komitee für Disziplinarfragen (*Majlis hisbah*). Der Regierungsrat wird vom Zentralkommando (*qiyadah markaziyah*) geführt, das wiederum den vier territorialen Einheiten (*mantiqis*) sowie den »Bezirken« (*wakalahs*) vorsteht (vgl. ICG 2003 c: 11-13). Die regionale Untergliederung des Netzwerks soll dabei wie folgt aussehen: (1) West-Malaysia und Singapur; (2) Java; (3) Mindanao, Ost-Malaysia und Sulawesi; (4) Australien und West-Papua. Das Netzwerk verfügt über aktive Mitglieder und Unterstützer im Raum von Singapur bis nach Australien, unterhält Kontakte zu muslimischen Gruppen in Mindanao, Thailand[43] und Burma und ist seit mehreren Jahren eng verbunden mit lokalen Terror- und Guerillagruppen in Indonesien, die vor allem auf den Molukken (*Laskar Mujahidin*) und in Süd- und Zentralsulawesi (*Wahdah Islamiyah*, *Laskar Jundullah*) in die Konflikte zwischen Muslimen und Christen involviert sind. Um die diversen indonesischen Gruppen enger zusammenzuführen, hatte Abu Bakr im August 2000 den Dachverband *Majelis Mujahidin Indonesia* (MMI) gegründet, dem sowohl militante als auch gemäßigtere islamistische Kräfte angehören.

Darüber hinaus bestehen über Personen, die in Trainingslagern in Afghanistan oder Pakistan ausgebildet wurden, auch Kontakte zur Al-Qaida-Führung, weshalb JI in den Medien oftmals verkürzt als südostasiatischer Ableger von Al-Qaida bezeichnet wird. Der prominenteste Verbindungsmann war der Indonesier

---

42 Abu Bakr soll die Nachfolge angetreten haben, allerdings wurde er vermutlich 2002 durch Abu Rasdan (seit April 2003 in Haft) abgelöst, vgl. ICG (2003 c: 11).

43 Vermutet werden Kontakte zu den im Süden Thailands agierenden muslimischen Separatistengruppen *Gerakan Mujahideen Islam Pattani* (GMIP) und *Barisan Revolusi Nasional* (BRN), vgl. Davis (2003: 19).

Riduan Isamuddin (genannt Hambali), der als Drahtzieher für eine Reihe von Terroranschlägen und -planungen in Südostasien verantwortlich gemacht wird, darunter die »Weihnachtsattentate« auf insgesamt 38 christliche Kirchen in Indonesien (Dezember 2000) sowie die Bombenanschläge auf Bali (Oktober 2002). Hambali wurde schließlich im August 2003 in Thailand verhaftet. Daneben gelten weitere inhaftierte JI-Mitglieder als Verbindungsleute zur Al-Qaida, darunter der Malaysier *Yazid Sufaat* (verhaftet im Dezember 2001), der Indonesier *Fathur Rahman al-Gozi* (verhaftet im Januar 2002, geflüchtet im Juli 2003), der Indonesier *Abu Jibril* (verhaftet im Januar 2002), der Indonesier *Agus Dwikarna* (verhaftet im März 2002) oder der Kuwaiti *Umar al-Faruq* (verhaftet im Juni 2002).[44]

JI operiert grenzüberschreitend und hat Anschläge in Indonesien, Singapur oder auf den Philippinen durchgeführt oder zumindest geplant. Spätestens seit 1995 verfolgt JI zudem eine Agenda, die eine Änderung der staatlichen Ordnung in der Region herbeiführen soll: Die Gruppierung tritt für die Schaffung eines Islamischen Kalifats ein, das die Staaten Indonesien, Malaysia und Singapur sowie die muslimisch dominierten Provinzen im Süden der Philippinen bzw. Thailands umfassen soll. Die lokalen Konflikte, insbesondere in Mindanao und in Indonesien, werden als Schritte in diese Richtung interpretiert und entsprechend geschürt. JI stützt sich dabei – ähnlich wie Al-Qaida – auf eine transnationale, islamistische Ideologie, die neben anti-westlichen Tendenzen stark durch eine anti-christliche Stoßrichtung geprägt ist.

Das sunnitische Netzwerk *Jamaat al-Tawhid wa-al-Jihad* (JTJ) ist eng verbunden mit dem Jordanier *Abu Mus'ab al-Zarqawi* (geb. 1966), der nach Ende der US-Invasion mit zahlreichen Anschlägen, Entführungen und Enthauptungen von Ausländern im Irak auf sich aufmerksam gemacht hat und auf dessen Ergreifung die US-Regierung 25 Millionen US-Dollar ausgesetzt hat.[45] Im Oktober 2004 schlossen sich er und sein Netzwerk per Erklärung

---

44 Siehe Bolte/Möller/Rzyttka (2002: 42-43), ICG (2002b: 2; 2003c: 29-30).
45 Über den Lebensweg al-Zarqawis gibt es nur wenig gesicherte Informationen. Anders als beispielsweise von der US-Regierung behauptet, ist al-Zarqawi nicht palästinensischer Herkunft, sondern gehört nach eigener Aussage dem Beduinenstamm der Bani Hassan an. Unter den Namen Ahmed Fadil Nazal al-Khalaila wurde er in Zarqa im Osten Jordaniens geboren

im Internet demonstrativ Al-Qaida an und leisteten gegenüber Bin Laden einen Treueid, die Gruppe bezeichnete sich seither selbst als »Al-Qaida im Zweistromland« (*Qa'idat al-Jihad fi Bilad al-Rafidain*). Ob und inwieweit sein Netzwerk damit seine Unabhängigkeit aufgegeben hat, ist allerdings umstritten (vgl. Steinberg 2005). Bereits zuvor war stets über die Verbindung zwischen al-Zarqawi und Bin Laden spekuliert worden, so hielt beispielsweise die US-Regierung al-Zarqawis Gruppe stets für einen Bestandteil von Al-Qaida.[46] Al-Zarqawi hatte sich schon zwischen 1988/9 und 1992 in Afghanistan bzw. Pakistan aufgehalten und dort vorwiegend publizistisch für extremistische Zeitschriften gearbeitet. Gemeinsam mit *Abu Muhammad al-Maqdisi* (geb. 1959), einem islamistischen Gelehrten palästinensischer Herkunft, organisierte er ein Netzwerk jordanischer Afghanistanveteranen, ehe beide nach Jordanien zurückkehrten, um dort ihren Kampf gegen »unislamische« Regime fortzusetzen. 1994 wurde al-Zarqawi – ebenso wie al-Maqdisi – von den Sicherheitsbehörden gefaßt und wegen Umsturzplänen, der Mitgliedschaft in einer illegalen Organisation und Waffenbesitz zu 15 Jahren Haft und Zwangsarbeit verurteilt. Im Gefängnis setzte sich jedoch der Radikalisierungsprozeß fort, gleichzeitig knüpfte al-Zarqawi enge Kontakte zu Mithäftlingen, vor allem zu Palästinensern, die er später für sein Netzwerk nutzte.

Im Mai 1999 wurde er im Rahmen einer Amnestie des neuen Königs, Abdullah II., entlassen, geriet jedoch wegen angeblich geplanter Anschläge rasch wieder in das Visier der Sicherheitsbehörden.[47] Er kehrte zurück nach Pakistan und Afghanistan und soll Ende 2000 – vermutlich mit Unterstützung Bin Ladens – ein eigenes Trainingslager für militante Islamisten nahe Herat im Westen Afghanistans betrieben haben. In diesem Lager scharte er vor

und verweist mit seinem »Kampfnamen« auf seine Geburtsstadt. Zur Biographie al-Zarqawis siehe Steinberg (2005), Levitt (2004) sowie »Special Issue on Zarqawi«, *Terrorism Monitor* (Jamestown Foundation), 2, 24 (16.12.2004); »The devil America knows«, *Financial Times*, 25.9.2004, S. 9; »Zarqawi's Journey: From Dropout to Prisoner to Insurgent Leader«, *New York Times*, 13.7.2004.

46 Diese These vertrat zum Beispiel US-Außenminister Powell vor dem UN-Sicherheitsrat (Februar 2003).

47 Im Jahr 2000 wurde er in Abwesenheit von einem jordanischen Gericht zu 15 Jahren Haft verurteilt, da er zum Jahreswechsel 1999/2000 Anschläge gegen westliche Ziele im Lande geplant haben soll; vgl. Levitt (2004: 27).

allem Jordanier, Palästinenser und Syrer um sich, die oder deren Eltern nach Europa emigriert waren. Auf diese Weise baute al-Zarqawi auch Kontakte nach Europa auf, die sowohl operativen als auch logistischen Zwecken (z. B. Fundraising) dienten. Ein Indikator für die transnationale Netzwerkbildung ist die Tatsache, daß bis zum Frühjahr 2004 über 110 Personen verhaftet wurden, die mit al-Zarqawi in Verbindung gebracht werden; Festnahmen gab es vor allem in Spanien, Frankreich, Italien, Großbritannien, in der Türkei, Jordanien und Saudi-Arabien (Levitt 2004: 27). In Deutschland wurden ebenfalls seit 2002 mehrere Personen, zumeist Palästinenser und Iraker, verhaftet, die dem Netzwerk angehören sollen.[48]

Parallel zum Ausbau der Organisation weitete sich auch die politische Agenda aus: Al-Zarqawis Aktivitäten richteten sich nicht mehr allein gegen das jordanische Königshaus, sondern mehr und mehr gegen Israel und die USA; dazu dienten auch Anschlagspläne gegen jüdische Einrichtungen in Europa.

Im Herbst 2001 flüchtete al-Zarqawi mit seinen Leuten aus Afghanistan in den Iran und von dort aus weiter in jene Gebiete des Nordiraks, die zu dieser Zeit von der kurdisch-islamistischen Gruppe *Ansar al-Islam* (später umbenannt in *Ansar al-Sunna*) kontrolliert wurden. Von dort aus plante und organisierte er diverse Anschläge außerhalb des Iraks.[49] Gleichzeitig baute er noch vor Beginn des Krieges seine Kontakte im Land aus, ehe er ab Sommer 2003 als Drahtzieher einer Serie von Anschlägen gegen Besatzungstruppen, internationale Organisationen (z. B. Anschlag auf die UN-Mission in Bagdad, August 2003), zivile Helfer, irakische Polizeistationen oder irakische Politiker in Erscheinung trat. Hinzu kamen Entführungen und Hinrichtungen, die medienwirksam mittels Videoaufnahmen im Internet oder über

48 Im April 2002 wurden elf mutmaßliche al-Tawhid-Mitglieder verhaftet, die offenbar Anschläge gegen jüdische Einrichtungen planten. Im Dezember 2003 nahm die Polizei diverse Mitglieder von Ansar al-Islam fest; im Dezember 2004 wurden weitere Personen festgenommen, die im Verdacht stehen, einen Anschlag auf den irakischen Übergangspremier Allawi bei seinem Besuch in Berlin geplant zu haben.

49 Al-Zarqawi soll zum Beispiel nach Aussagen eines inhaftierten Mittäters für den Mord am US-Amerikaner Lawrence Foley, Mitarbeiter von USAID, in Amman (Oktober 2002) verantwortlich sein, er soll persönlich elf Attentäter rekrutiert haben. Al-Zarqawi wurde daher in Abwesenheit von einem jordanischen Gericht zum Tode verurteilt; vgl. Levitt (2004: 27).

Fernsehsender vertrieben wurden.[50] Al-Zarqawi zeigte sich auch verantwortlich für blutige Anschläge gegen die schiitische Bevölkerung, wie etwa das Selbstmordattentat auf die Imam-Ali Moschee in Nadschaf (August 2003, 83 Tote) oder die simultanen Anschläge in Kerbala und Bagdad nahe schiitischer Heiligtümer (März 2004, rund 150 Tote). Er verfolgte dabei explizit das Ziel, einen Bürgerkrieg zwischen irakischen Sunniten und Schiiten auszulösen, um damit das Chaos im Irak zu vergrößern und die US-Besatzung noch weiter in Schwierigkeiten zu bringen.[51] Seinem Netzwerk gelang es wiederholt, bereitwillige Kämpfer und Rekruten aus Jordanien, Kuwait, Syrien, Jemen und Saudi-Arabien in den Irak – in erster Linie über die syrisch-irakische Grenze – zu schleusen.[52] Darüber hinaus unterhält al-Zarqawi mehr oder minder enge Kontakte zu anderen militanten Gruppen, vor allem im Irak, in Jordanien und im Libanon, vermutlich auch in der Türkei (vgl. Steinberg 2005: 85). Der »Kampf« ist für al-Zarqawi allerdings keinesfalls auf den Irak oder die Golfstaaten beschränkt. In unterschiedlichen Botschaften verweist er etwa auf die »Befreiung Jerusalems« und den israelisch-palästinensischen Konflikt. In der Erklärung (17. 10. 2004), in der er sich Bin Laden anschließt, wird eine noch umfassendere, globale Zielrichtung deutlich: »Let us cleanse all Muslim lands of every infidel and wicked apostate until Islam enters the home of every city-dweller and nomad«.[53]

Bei den militanten *pakistanischen Gruppen* sind transnationale Elemente zumindest in Ansätzen erkennbar. Dabei kann man zwischen den Dschihad-Gruppen, die primär im Kaschmirkonflikt aktiv sind, und den sogenannten *sectarian outfits* unterscheiden, die im wesentlichen Anschläge innerhalb Pakistans verüben,

---

50 Der erste Fall dieser Art war die Enthauptung des US-Amerikaners Nicolas Berg (April 2004).
51 Diese Strategie findet sich in einem Schreiben, das von US-Besatzungstruppen gefunden wurde und das al-Zarqawi zugeordnet wird. Siehe dazu: http://www.cpa-iraq.org/transcripts/20040212_zarqawi_full.html.
52 Nach Aussagen von Zeugen bzw. inhaftierten Mitstreitern sollen insbesondere saudische und jemenitische Freiwillige als Selbstmordattentäter eingesetzt worden sein. Siehe »Der Blick ins Böse«, *Der Tagesspiegel*, 13. 12. 2004, 3.
53 Zitiert nach *Terrorism Monitor* (Jamestown Foundation), 2, 24 (16. 12. 2004), 6.

zumeist gegen die schiitische Minderheit. Zu ersteren zählen *Harkat ul-Mujahedin* (HuM, gegründet 1995), *Jaish-e-Mohammed* (JeM, gegründet 2000 als Abspaltung von der HuM), sowie *Lashkar-e-Toiba* (LeT, gegründet 1990), zu letzteren vor allem die 1996 gebildete radikale *Lashkar-e-Jhangvi* (LeJ).[54] In jüngerer Zeit scheint jedoch deren unterschiedliche Ausrichtung mehr und mehr an Gewicht zu verlieren. Gleichzeitig haben diese Gruppen, möglicherweise unter dem Einfluß der Ideologie Al-Qaidas, ihr Zielspektrum deutlich ausgeweitet: Die LeJ wird beispielsweise für verschiedene Anschläge gegen westliche Einrichtungen in Pakistan verantwortlich gemacht. Die übrigen Organisationen beschränken sich längst nicht mehr auf den indischen Teil von Jammu und Kaschmir, sondern gehen vermehrt zu Anschlägen im gesamten Land über. Seit 1999 werden dabei verstärkt Selbstmordkommandos eingesetzt, die sich sowohl gegen Einrichtungen der indischen Armee als auch gegen die Zivilbevölkerung richten. Die meisten Anschläge dieser Art dürften auf das Konto der »Armee des Propheten Mohammed« (JeM) bzw. der »Armee der Reinen« (LeT) gehen.[55] Ihnen geht es nicht allein um die »Befreiung« Kaschmirs, ihre Angriffe richten sich explizit auch gegen die regionale Vormachtstellung Indiens (und seiner westlichen Verbündeten). Sowohl die JeM als auch die LeT kämpfen explizit für eine Islamisierung von Teilen Indiens bzw. Südasiens, für eine politische Einheit der muslimisch besiedelten Gebiete und verfolgen damit eine ähnlich gelagerte Zielsetzung wie Jama'a Islamiyya in Südostasien (vgl. Wagner 2004: 13-14). Trotz der räumlichen Ausweitung der Operationen ist fraglich, ob sich diese Gruppen in absehbarer Zeit tatsächlich einer internationalen Agenda verschreiben, die Ziele jenseits des pakistanisch-indischen Konflikts umfaßt. Die Gruppen unterhalten – in unterschiedlicher Intensität – Kontakte nach Saudi-Arabien, Afghanistan, Indien, Nepal,

---

54 Mit Ausnahme der LeJ werden diese Gruppen vom *Institute for Conflict Management* (Indien) als transnationale Organisationen bezeichnet. Auf der Homepage des Instituts finden sich auch Kurzprofile der einzelnen Gruppen, <www.satp.org/satporgtp/countries/Pakistan/terroristoutfits/group_list.htm>. Siehe auch ICG (2002a), Cohen (2003), Gunaratna (2002: 205-219), Fair (2004), Rana (2004: 203-208, 214-257, 328-339).

55 Die LeT war 1999 für mindestens elf und 2000 für 48 Selbstmordanschläge gegen indische, primär militärische, Ziele verantwortlich; vgl. Rana (2004: 330).

Zentralasien und Südostasien. Gleichzeitig nutzten arabische und andere Kämpfer die diversen Trainingscamps der pakistanischen Gruppen, so daß sich im Ergebnis auch zahlreiche Nicht-Pakistanis der JeM, LeT oder LeJ angeschlossen haben.[56] Genutzt werden auch die Beziehungen zur pakistanischen bzw. kaschmirischen Diaspora in Nordamerika, in Westeuropa oder in der Golfregion. Darüber hinaus bedienen sich diese Gruppen dem weit verzweigten Netz heimischer Koranschulen, um gezielt Ausländer anzuwerben, darunter auch Personen pakistanischer Herkunft. Das prominenteste Beispiel dafür ist *Omar Saeed Sheikh* der als Kind pakistanischer Einwanderer im britischen Birmingham geboren wurde und an der London School of Economics studiert hatte. In Pakistan schloß er sich zunächst der HuM an und wurde 1994 von indischen Behörden verhaftet. Durch die spektakuläre Entführung einer Passagiermaschine der Indian Airline wurden er und andere Inhaftierte im Dezember 1999 freigepreßt. Omar Sheikh gründete daraufhin mit Kampfgefährten die JeM und knüpfte auch Kontakte zur Al-Qaida-Führung. Als Drahtzieher der Entführung und Ermordung des US-Journalisten Daniel Pearl (Januar 2002) wurde er schließlich in Lahore verhaftet und von einem pakistanischen Gericht zum Tode verurteilt (vgl. Fielding/Fouda 2003: 56-79, Gunaratna 2002: 210-213).

Trotz dieser Entwicklungen, die in erster Linie die Ausweitung der Rekrutierung und der internationalen Kontakte betreffen, bleibt offen, inwieweit diese Gruppen einer transnationalen Ideologie im Stile Al-Qaidas folgen, zumal zwischen den Organisationen bzw. ihrem Führungspersonal stets eine gewisse Rivalität herrscht, die auch mit den unterschiedlichen islamistischen Traditionen in Pakistan zu tun hat und in der Vergangenheit immer wieder zu Abspaltungen und Neugründungen führte.

Die *Hizbullah* weist ebenfalls in Ansätzen transnationale Aspekte auf, obgleich die Organisation bisher weitgehend als lokaler Akteur agiert. Es ist vielmehr eine offene und sowohl intern als auch unter Beobachtern umstrittene Frage, ob die Hizbullah

---

56 Insbesondere die LeT hat ihre Mitgliederzahl durch die Anwerbung von Ausländern deutlich erhöht. In den von ihnen unterhaltenen Koranschulen wird der Ausländeranteil auf 15 Prozent geschätzt; vgl. Cohen (2003: 10).

langfristig zu einer Partei im Libanon mutiert, die sich vom gewaltsamen Kampf lossagt, oder aber ob sie sich zu einem transnationalen Akteur weiterentwickelt, der beispielsweise Schiiten in anderen Teilen der Welt aktiv unterstützt und miteinander vernetzt – insbesondere in Ländern, in denen sie als Minderheit diskriminiert bzw. systematisch von der Macht ferngehalten werden (z. B. Saudi-Arabien, Jemen, Pakistan). Ein weiteres mögliches Szenario ist ein aktives Eingreifen der Hizbullah im Irak auf seiten der Schiiten, falls die Situation dort entsprechend eskalieren sollte (vgl. Karmon 2003: 44-46, Blanford 2003). Anschuldigungen von US-amerikanischer oder israelischer Seite, welche der Hizbullah Verbindungen zu Al-Qaida unterstellen, lassen sich indes nicht eindeutig verifizieren.[57] Sie werden nicht nur von Hizbullah-Führern bestritten, sondern auch von libanesischen Politikern, die in der Organisation eher einen Verbündeten im Kampf gegen das Ausbreiten sunnitischer Extremisten im Süden Libanons sehen (Shatz 2004: 44).

Die Organisation wurde 1982 im Zuge des iranischen »Revolutionsexports« gegründet, sie beteiligte sich aktiv am libanesischen Bürgerkrieg und machte insbesondere mit spektakulären Anschlägen gegen die israelischen Besatzer, aber auch gegen westliche Einrichtungen bzw. die internationalen Friedenstruppen auf sich aufmerksam. Frühzeitig wurde die Hizbullah zudem grenzüberschreitend aktiv, nicht selten in Kooperation mit dem iranischen Geheimdienst: In den achtziger Jahren planten und verübten Hizbullah-Zellen zahlreiche Anschläge, die sich gegen Saudi-Arabien, Kuwait und andere Golfstaaten richteten, die dem iranischen Regime ablehnend gegenüberstanden.[58] Darüber hinaus

---

57 Die Verdächtigungen, die sich auf Aussagen eines inhaftierten Al-Qaida-Mitglieds stützen, beziehen sich in erster Linie auf Kontakte, die in den frühen neunziger Jahren im Sudan stattgefunden haben sollen, darunter ein mögliches Treffen zwischen Bin Laden und Imad Mughniyeh, einem der wichtigsten Hizbullah-Operateure; vgl. Karmon (2003: 25-26), Gunaratna (2002: 102).

58 Zu nennen sind hier u. a. Anschläge mit Autobomben in Kuwait gegen diverse Ziele (Dezember 1983), die Entführung des saudischen Kulturattachés in Beirut (Januar 1987), der Anschlag auf das Büro einer saudischen Fluggesellschaft in Kuwait City (April 1988), die Entführung einer Kuwait Airlines-Maschine in den Iran (April 1988) sowie die Pläne, saudische Diplomaten in Kuwait und im Irak zu attackieren (1987); vgl. Karmon (2003: 4-6).

beteiligten sich Hizbullah-Mitglieder an Aktionen gegen westliche bzw. israelische Ziele außerhalb des Libanon (vgl. Karmon 2003: 7-11): Dazu gehören die Entführung einer Air France-Maschine (Juli 1984), um in Frankreich inhaftierte Mitstreiter freizupressen, ein Anschlag nahe einer US-Luftwaffenbasis im spanischen Torrejon (April 1985, 18 Tote), mehrere Anschläge in Paris gegen Einkaufszentren und Bahnstationen (1986, insgesamt 13 Tote), Bombenattentate gegen die israelische Botschaft in Argentinien (März 1992, 29 Tote) sowie gegen das jüdische Kulturzentrum in Buenos Aires (Juli 1994, rund 100 Tote), ein letztlich gescheiterter Anschlag auf die israelische Botschaft in Bangkok (März 1994) sowie ein Attentat auf die vom US-Militär genutzten Khobar Towers in Saudi-Arabien (Juni 1996, 19 Tote).[59]

Ein weiteres wesentliches Aktionsfeld war und ist bis heute der israelisch-palästinensische Konflikt. Konsequent baute die Organisation Kontakte zu den palästinensischen Gruppen auf. Dabei spezialisierte sich die Hizbullah, unterstützt von Iran und Syrien, auf Finanzierung, Training und Ausbildung sowie das Beschaffen von Waffen. Davon profitierten vor allem Hamas, Islamischer Dschihad, die PFLP sowie radikale Fatah-Elemente. Sie erlernten und übernahmen nicht zuletzt die Methode der Selbstmordattentate von der Hizbullah.[60] Die Organisation bemühte sich zudem wiederholt um den Aufbau einer eigenen Infrastruktur in der West Bank bzw. in Israel (Karmon 2003: 16-17). Daneben unterhält die Hizbullah ein umfangreiches Netz von Unterstützern und Geldbeschaffern und nutzt dafür in der Regel Verbindungen in die schiitisch-libanesische Diaspora. Nicht zuletzt aufgrund von Festnahmen sind Kontakte in die USA, nach Europa, Lateinamerika (vor allem im Drei-Länder-Eck Brasilien-Argentinien-Paraguay), Sudan, Westafrika, Singapur sowie auf den Philippinen relativ gut dokumentiert.[61]

59 Die Urheberschaft des 1996er Anschlags in Saudi-Arabien ist jedoch umstritten. Genannt wird auch die saudische Hizbullah, eine ebenfalls vom Iran unterstützte Gruppierung, bei der offen ist, inwieweit sie mit der libanesischen Hizbullah kooperiert; vgl. Shatz (2004: 43).
60 Die verstärkte Zusammenarbeit zwischen Hizbullah und palästinensischen Gruppen begann 1992, nachdem Israel über 400 Mitglieder von Hamas und Islamischer Dschihad in den Libanon ausgewiesen hatte.
61 Siehe Gunaratna (2002: 149), Karmon (2002, 2003), Jones/Smith/Weeding (2003: 447-449). Zu den Kontakten zu libanesischen Geschäftsleuten in Westafrika (Liberia, Sierra Leone) siehe auch United Nations (2001).

Die Hizbullah verfügt zwar über ein transnationales Netzwerk, ist aber deutlich weniger dezentral und stärker hierarchisch strukturiert als Al-Qaida oder Jama'a Islamiyya. An der Spitze steht ein siebenköpfiger Rat (*Majlis Shura al-Qarar*), geleitet vom Generalsekretär *Hassan Nasrallah*, der alle wesentlichen strategischen Entscheidungen trifft. Wer Mitglied im Rat wird, bestimmt die Allgemeine Versammlung (*al-Mu'tamar al-Am*), die wiederum von einem zwölfköpfigen Exekutivrat geleitet wird, der sich primär um politische und soziale Aufgaben im Libanon kümmert. Daneben existieren noch ein elfköpfiges Politbüro mit eher beratenden Funktionen, ein Dokumentations- und Studienzentrum sowie diverse Sicherheits- und Geheimdienste (vgl. ICG 2003: 2-4). Seit 1992 ist die Hizbullah als legale politische Partei auch im libanesischen Parlament vertreten, bis zu den Wahlen 2005 hielt sie neun der 27 für Schiiten reservierten Sitze. Die Zahl der Parteimitglieder wird auf 50 000 geschätzt (Shatz 2004: 41).

Die genannten Aktivitäten und Kontakte belegen, daß sich die Organisation nicht allein als lokaler Akteur begreift, der ausschließlich die israelische Besatzung des Südlibanon bekämpft hat. Sie versteht sich vielmehr als regionaler Akteur im Rahmen des arabisch-israelischen Konflikts. Seit dem Abzug der israelischen Truppen aus dem Libanon im Mai 2000 sucht die Organisation ihre Rolle neu zu bestimmen. Einerseits wurde der Abzug als Erfolg der eigenen Strategie gefeiert,[62] andererseits fiel damit die wesentliche *raison d'être* der Hizbullah in sich zusammen, auch wenn die Organisation nach wie vor (eher symbolische) Raketenangriffe gegen israelische Stellungen übernimmt, um gegen die fortdauernde Kontrolle Israels über die sogenannten Shebaa Farms im Grenzgebiet zu protestieren. Während moderate Stimmen für eine Integration der Bewegung in das politische System des Libanon plädieren, setzen radikalere Kräfte, zumindest in ihrer Rhetorik, auf eine Ausweitung der Agenda. Sie betonen verstärkt eine antiwestliche Zielsetzung und schließen eine direkte Konfrontation mit den USA nicht aus.[63] Die Unterstützung der

---

62 Hassan Nasrallah kommentierte den Abzug mit den Worten: »[Hizbullah] achieved what no other Arab country or army had been able to do: oust Israel from Arab territory without the Arab side committing to any concession« (Interview in Al-Jazeera, 27. 5. 2000, zitiert nach Karmon (2003: 15)).

63 An seiner antiwestlichen und antiamerikanischen Ausrichtung läßt Generalsekretär Nasrallah wenig Zweifel: »The main source of evil in this

Palästinenser wird dabei auch als Teil des weltweiten Kampfes gegen die US-Dominanz gesehen. Diese Position wird von *Scheich Muhammad Husain Fadlallah* unterstützt, ein einflußreicher schiitischer Geistlicher, der der Hizbullah nahesteht und auch von anderen schiitischen Gruppen (z. B. im Irak) als Autorität akzeptiert wird. Im April 2002 erklärte er beispielsweise: »[T]he best answer to the American stances is the heightening of the resistance operations in both Palestine and Lebanon.« Und weiter: »If America demands a crack down on the Palestinian militant organizations, as well as the resistance in Lebanon, as a part of a plan that threatens also Syria, Lebanon and Iran [...] we, as free peoples, ought to stand against all this and move to confront the American policies and its interests everywhere« (zitiert nach Karmon (2002: 4)). Generalsekretär Nasrallah unterstreicht ebenfalls in Interviews die globalen Ambitionen seiner Organisation. O-Ton Nasrallah: »To earn victory we have to fight on all fronts. We have to be global and integral«.[64]

Dabei können sich diese Kräfte auf die Hizbullah-Ideologie beziehen, die im Grundsatz transnational angelegt ist: Sie fußt auf pan-islamistischem Gedankengut, das sich im Sinne der iranischen Revolution in erster Linie an alle Schiiten wendet, aber auch an die sunnitisch-arabische Welt, die von ihren Unterdrückern befreit werden müsse. Insofern versteht sich die Hizbullah durchaus als Teil des gesamten »islamischen Widerstandes« (vgl. Saad-Ghorayeb 2002: 69-78). In einem Spannungsverhältnis zu dieser potentiell transnationalen Orientierung steht gleichwohl der innerhalb der Organisation weitverbreitete libanesische Nationalismus (vgl. Saad-Ghorayeb 2002: 82-87). Dieser läßt sich nicht zuletzt an der Tatsache ablesen, daß das Gros der Mitglieder nach wie vor aus Libanesen bzw. Personen schiitisch-libanesischer Herkunft besteht. Ungeachtet der Rekrutierungsbemühungen unter Schiiten in anderen Ländern – etwa in Südostasien – kann man daher bisher nicht von einer multinationalen Mitgliederstruktur sprechen.

world, the main source of terrorism in this world [...] the main source of [...] killing and turmoil, and civil wars and regional wars in the world is the United States of America« (Rede von Hassan Nasrallah, gesendet vom Hizbullah-eigenen Sender Al-Manar, 21.3.2002, zitiert nach Karmon (2003: 8).

64 Interview in *El Mundo*, 18. 12. 2001, zitiert nach Karmon (2002: 5).

Tab. 2: Grad an Transnationalisierung

	Al-Qaida	Jama'a Islamiyya	Jama'at al-Taw-hid wa al-Jihad	Paki-stanische Gruppen	Hiz-bullah
Internatio-nale/regio-nale Ziel-setzung	++	++	++	+	+
Trans-nationale Ideologie	++	++	++	+	+
Multina-tionale Mitglied-schaft	++	++	++	+	−
Trans-nationale Netzwerk-strukturen	++	++	+	+	+

Anmerkung: ++ = Kriterium erfüllt; + = Kriterium ansatzweise erfüllt;
  − = Kriterium kaum bzw. nicht erfüllt.

Im Ergebnis läßt sich feststellen, daß neben Al-Qaida vor allem Jama'a Islamiyya und JTJ als nahezu vollständig ausgeprägte transnationale Terrornetzwerke gelten können (siehe Tabelle 2). Bei den pakistanischen Gruppierungen ist ein Trend zur Transnationalisierung erkennbar, bei der Hizbullah sind ebenfalls transnationale Elemente gegeben. Doch im Vergleich zu den übrigen Netzwerken sind die zugrunde gelegten Kriterien erst im Ansatz erfüllt. Lokale Zielsetzungen und Ideologien haben hier nach wie vor ein stärkeres Gewicht, weshalb auch bestimmten Bemühungen wie etwa Ausweitung der Rekrutierung auf Nicht-Pakistanis bzw. Nicht-Libanesen oder der Aufbau transnationaler, operativer Strukturen objektive Grenzen gesetzt sind.

Darüber hinaus zeichnen sich transnationale Terrornetzwerke – verglichen mit traditionellen Terrorgruppen – durch ein deutlich höheres Zerstörungspotential aus. Dies ist jedoch kein systematischer, sondern ein gradueller Unterschied, der eng mit den genannten Charakteristika zusammenhängt: Transnationale Terrornetzwerke verfolgen, wie gezeigt, eine internationale/regionale Agenda, was die Auswahl potentieller Anschlagsorte deutlich vergrößert; sie sind multinational zusammengesetzt und transnational vernetzt, was die Gelegenheiten zu Anschlägen in mehreren Ländern erhöht; sie verfügen damit auch über Ressourcen, die das Potential der meisten herkömmlichen Gruppen um ein Vielfaches übersteigen. Und schließlich: Sie stützen sich auf eine Ideologie, die letztlich ein weitaus diffuseres Feindbild zur Folge hat, als dies in der Regel bei herkömmlichen Terrorgruppen der Fall ist, was wiederum die Zahl möglicher Anschlagsziele erhöht. Insofern besitzt der transnationale Terrorismus nicht nur andere taktische Möglichkeiten, sondern unterliegt in der Tendenz auch einer geringeren Gewalthemmung.

III. Zerstörungspotential

10. Bereitschaft und Fähigkeit zur Zerstörung

Das Zerstörungspotential eines Akteurs setzt sich grundsätzlich zusammen aus der *Bereitschaft* und der operativen *Fähigkeit* zur Zerstörung, d. h. in diesem Fall zur Durchführung von *mass casualty attacks*, die auf einen maximalen materiellen Schaden und eine möglichst hohe Opferzahl abzielen. Ersteres läßt sich bei Al-Qaida – aber auch bei Jama'a Islamiyya und bei al-Zarqawis Netzwerk – sowohl an der rhetorischen wie tatsächlichen Ausweitung von Anschlagszielen erkennen, letzteres hängt mit den Strukturen, dem verfügbaren Personal sowie den logistischen, finanziellen und taktischen Möglichkeiten des Netzwerkes bzw. der jeweiligen Zellen zusammen.

Aus ihrer Absicht, mit Anschlägen maximalen Schaden anzurichten, hat die Al-Qaida-Führung nie einen Hehl gemacht. Für Bin Laden gilt beispielsweise der verheerende Doppel-Anschlag der Hizbullah auf das US-Hauptquartier und auf eine französische Kaserne in Beirut (23. 10. 1983), bei dem über 300 Soldaten getötet wurden, als Vorbild für eigene Operationen. Dieser Angriff imponierte Bin Laden nicht nur wegen seiner antiwestlichen Zielsetzung und seiner unmittelbaren Wirkung (Abzug der internationalen Sicherheitstruppen aus dem Libanon), sondern auch aufgrund der ungewöhnlich hohen Zahl von Todesopfern und der logistischen Machart der simultanen Selbstmordanschläge.[1] In deutlichen Worten begründet Bin Ladens Vertrauter, Ayman al-Zawahiri, den Willen zu größtmöglicher Zerstörung:[2] Es sei notwendig, ein Maximum an Toten zu erzielen, da dies die einzige Sprache sei, die der Westen verstehe. Dazu sei die »Methode des Märtyrertums« am geeignetsten, da sie bei geringen Kosten auf seiten der »heiligen Krieger« der Gegenseite hohe Opfer abfordere. Die Anschlagsziele und die Wahl der Waffen müßten sich

---

1 Dies geht aus Bin Ladens 1996er-Erklärung hervor; vgl. Alexander/Swetnam (2001: Appendix 1 A, 14).
2 Die Aussagen finden sich in einem Buch von al-Zawahiri, das im Dezember 2001 auf Arabisch in London erschien (engl. Titel: Knights under the Prophet's Banner – Meditations on the Jihadist Movement), vgl. Gunaratna (2002: 224-225).

danach richten, inwieweit sie die Strukturen des Feindes zerstören und inwieweit sie abschreckend genug sind, um dessen »Brutalität, Arroganz und Mißachtung von Tabus und Sitten« Einhalt zu gebieten. Als mögliche Zielobjekte nennt al-Zawahiri sämtliche Einrichtungen und Akteure, die als »Instrumente« dienen, um den »Islam zu bekämpfen«, darunter pro-westlich orientierte muslimische Regime, die UNO, multinationale Konzerne, internationale Kommunikations- und Datenaustauschsysteme, internationale Nachrichtenagenturen und satellitengestützte Fernsehkanäle sowie internationale Hilfsorganisationen. Die Auflistung belegt, daß es der Al-Qaida-Führung nicht allein um die Zahl an Todesopfern geht, sondern daß sie auch soziale und ökonomische Kosten bewußt einkalkuliert. Dies wird durch Äußerungen Bin Ladens nach den Anschlägen des 11. September unterstrichen, in denen er ausführlich den ökonomischen Schaden vorrechnet, den die US-Wirtschaft angeblich erlitten habe. Dabei bezieht er sich neben der zerstörten zivilen Infrastruktur konkret auf den Kursverfall an den Weltbörsen, die Entlassungen bei Fluggesellschaften und anderen Unternehmen sowie die Einbußen für die US-Wirtschaft in den ersten Tagen nach den Anschlägen.[3]

In den Blick geraten damit primär die zivile Infrastruktur (z. B. Wohnkomplexe, Geschäftszentren, Restaurants, Energie- und Verkehrssysteme) und die Zivilbevölkerung, da auf diese Weise in der Regel relativ hohe Opferzahlen mit einfachen Mitteln erreichbar sind. Andere potentielle Ziele wie Botschaften, Parlamente, Regierungsgebäude, Geheimdienstzentralen oder militärische Anlagen sind zumeist besser geschützt und stellen Terroristen vor größere logistische Herausforderungen. Allerdings kann genau dies auch einen besonderen Anreiz für Terroristen darstellen, um zu zeigen, daß der Gegner nicht einmal in der Lage ist, seine sensibelsten Bereiche effektiv zu schützen. Auch Al-Qaida hat sich nicht allein auf zivile Ziele konzentriert, sondern sowohl vor als auch nach dem 11. September immer wieder Anschläge gegen militärische oder staatliche Einrichtungen geplant oder durchgeführt; ähnliches gilt für al-Zarqawis Netzwerk und dessen Aktivitäten im Irak und in Jordanien.

3 Interview mit dem Kabuler Korrespondenten des Fernsehsenders Al-Jazeera, 21. 10. 2001, zitiert nach Gunaratna (2002: 225-226).

Diese Ausweitung von Anschlagszielen hängt eng mit der Al-Qaida-Ideologie zusammen. Zwar muß sich auch der transnationale Terrorismus – wie jede andere Form von Terrorismus – bei seiner taktischen Vorgehensweise an dem unterstellten »Publikum« bzw. dem Kreis potentieller Sympathisanten orientieren. Die Anschläge dürfen sich auf die Mobilisierung und Radikalisierung von Anhängern nicht kontraproduktiv auswirken, sie dürfen nicht jene gesellschaftlichen Gruppen oder Schichten abschrecken, für die man sich angeblich einsetzt. Damit sind in der Regel der Wahl der Mittel und der Anschlagsziele bestimmte Grenzen gesetzt. Bei den meisten herkömmlichen und insbesondere bei weltlich motivierten Terrorgruppen läßt sich dies leicht nachvollziehen: Beispielsweise wäre es für linksextreme Gruppierungen wenig zweckdienlich, ein Massaker unter wehrlosen Fabrikarbeitern anzurichten, ebensowenig dürfte es für militante Separatisten opportun sein, wahllos Mitglieder ihrer eigenen ethnonationalen Gruppe zu terrorisieren. Beides wäre hochgradig kontraproduktiv.[4] Diese Gruppen haben in der Regel einen relativ engen Feindbegriff, der sich primär auf Repräsentanten des Staates bzw. einer bestimmten Bevölkerungsgruppe bezieht. Zwar entscheiden in letzter Instanz die Terroristen selbst darüber, wen sie für einen »Repräsentanten« halten, doch sind dieser Entscheidung gewisse Grenzen gesetzt, da sich typischerweise ein Fabrikarbeiter, eine Büroangestellte oder eine Krankenschwester kaum als Repräsentanten eignen und sich ihr Tod ideologisch nur schwer rechtfertigen läßt. Im Unterschied dazu sind beim transnationalen Terrorismus à la Al-Qaida die Grenzen wesentlich unschärfer: Der Adressatenkreis ist diffuser und weniger begrenzt – sowohl was die potentiellen Opfer als auch das Publikum angeht. Zu ersteren gehören relativ pauschal alle »Ungläubigen«, zu letzteren – je nach Tonlage – die »rechtgläubigen«, »unterdrückten« oder »entrechteten« Muslime.

Dennoch ist auch bei Al-Qaida und vergleichbaren Gruppierungen festzustellen, daß taktische Gesichtspunkte eine nicht unerhebliche Rolle spielen bei der Frage, wer wann und wo in welchem Maße angegriffen werden soll. Innerhalb der Netzwerke bzw. der internationalen Dschihad-Szene im allgemeinen gibt es

4 Zur Taktik »klassischer« Terrorgruppen siehe vor allem Hoffman (2001: 209-225).

darüber durchaus Meinungsverschiedenheiten, die relativ offen ausgetragen werden. Zwei Anekdoten aus der jüngeren Zeit mögen dies illustrieren. Erstes Beispiel: Während al-Zarqawi einen Bürgerkrieg zwischen Sunniten und Schiiten im Irak für notwendig erachtet, stehen ehemalige Weggefährten oder verbündete Al-Qaida-Kader diesem Ziel skeptisch bis ablehnend gegenüber (vgl. Steinberg 2005: 83-84). Insbesondere Bin Laden hat sich in der Vergangenheit eher um einen Brückenschlag zu schiitischen Extremisten bemüht und vor einem »Bruderkrieg« gewarnt, der letztlich der muslimischen Sache schaden würde. Zweites Beispiel: Die Aktivitäten von Al-Qaida in Saudi-Arabien (2003/04) wurden intern überaus kontrovers diskutiert. Zum einen wurde, wie bereits erwähnt, offenbar von einzelnen Aktivisten der Zeitpunkt der Anschläge kritisiert, da diese verfrüht erfolgt seien, als sich die Bewegung noch im Aufbau befand. Zum zweiten wurden bestimmte Anschlagsziele als kontraproduktiv bezeichnet; dies gilt insbesondere für das Selbstmordattentat im November 2003 in Riad, bei dem primär arabischstämmige Gastarbeiter ums Leben kamen. Und zum dritten wurden Stimmen laut, die grundsätzlich die Frage stellten, ob angesichts der zentralen Rolle, die saudische Geldquellen für die Netzwerke spielen, Anschläge in Saudi-Arabien opportun wären.[5]

Diese Beispiele zeigen, daß ungeachtet der prinzipiellen Bereitschaft zur massiven Zerstörung weitere Aspekte in die Willensbildung einfließen und damit Zielkonflikte sichtbar werden, die nicht jede Planung zur Umsetzung reifen lassen. Letztlich hängt die Bereitschaft zur Durchführung eines Anschlags von einer Reihe weiterer Faktoren ab: Gibt es eine günstige Gelegenheit (z. B. Mangel an Sicherheitsvorkehrungen)? Paßt das ins Visier genommene Ziel in das verfolgte politische Kalkül? Ist der Plan angesichts der zur Verfügung stehenden Ressourcen realisierbar? Bei diesen Punkten bieten sich für transnationale Netzwerke, al-

5 Ein Beleg dafür waren Debatten im Umfeld des Al-Qaida-Netzwerkes. In der Internetpublikation *Voice of Jihad* äußerte beispielsweise einer der gesuchten Terroristen Verständnis für diese Bedenken: »It is also true that we must use this country [Saudi-Arabien] because it is the primary source of funds for most Jihad movements, and it has some degree of security and freedom of movement.« Gleichwohl verteidigte er aus prinzipiellen, ideologischen Gründen Anschläge gegen westliche Ziele in Saudi-Arabien. Siehe: Special Dispatch – Jihad and Terrorism Studies, No. 601, 31. 10. 2003, <www.memri.org>.

lein aufgrund der größeren geographischen Reichweite, objektiv mehr Möglichkeiten als für lokal begrenzt agierende Gruppierungen. Allerdings gibt es wiederum spezifische, operative Hindernisse, die transnationale Netzwerke überwinden müssen, um erfolgreich zu sein: Zum einen gilt es den Transport von Material, den Transit von Personen sowie die Kommunikation zwischen Planern und Attentätern über Grenzen hinweg sicherzustellen (vgl. Gunaratna 2002: 77-78). Zum anderen müssen sie Gruppen und Milieus vor Ort infiltrieren, sie benötigen ein Team von ortskundigen Helfern, um genauere Erkenntnisse über mögliche Anschlagsziele und über die lokalen Verhältnisse zu erhalten, darunter auch praktische Fragen wie etwa Ein- und Ausreisemodalitäten des jeweiligen Landes. Auf der Basis dieser Informationen werden Attentäter und Operateure geschult und auf ihren Einsatz vorbereitet; dies geschah bis zum Herbst 2001 zumeist in Al-Qaida-Lagern in Afghanistan. Der Planungshorizont für Al-Qaida, insbesondere mit Blick auf Mega-Anschläge, ist daher wesentlich länger (teilweise mehrere Jahre) als bei lokalen Gruppen, die ihr Terrain und ihren Gegner genau kennen und insofern auch Sicherheitslücken leichter ausfindig machen können.

Weitere wesentliche Faktoren für das tatsächliche Ausmaß an Zerstörung sind die taktische Vorgehensweise und die zur Verfügung stehenden Gewaltmittel. Auch hier besitzen transnationale Terrornetzwerke – allen voran Al-Qaida – strukturell mehr Optionen als die meisten traditionellen Gruppierungen, deren Ressourcen und Bewegungsfreiheit stärker beschränkt sind. Gleichwohl machte sich Al-Qaida bei seinen Operationen die Erfahrungen des nationalen bzw. internationalen Terrorismus zunutze. Grundlegend ist das Modell der *asymmetrischen Kriegsführung*, das in ähnlicher Weise seit Jahrzehnten im Guerilla- oder Partisanenkampf praktiziert und propagiert wird. Im Unterschied dazu agiert der Terrorist allerdings in einem »Krieg«, den er militärisch nicht gewinnen kann, sondern wo es um gezielte Nadelstiche in das Nervenzentrum des ansonsten überlegenen Gegners geht. Der Kerngedanke besteht darin, Schwachstellen des Gegners zu analysieren und entsprechende Zielobjekte auszuwählen, verdeckt zu agieren, schnell und präzise zuzuschlagen, um dann abzutauchen und auf die medialen Effekte des Anschlages zu vertrauen.

11. Simultane Anschläge und »swarming«

Al-Qaida perfektionierte die asymmetrische Kriegsführung durch bestimmte Methoden: Eine wesentliche Besonderheit besteht darin, daß das Netzwerk in der Vergangenheit in der Lage war, nicht nur zeitgleich an der Planung und Vorbereitung mehrerer größerer Anschläge zu arbeiten, sondern auch eine Reihe von Terrorzellen und Kommandos – teilweise unabhängig voneinander – zu aktivieren, um koordiniert und synchron verschiedene Ziele anzugreifen. Dies kann am gleichen Ort oder an mehreren Orten gleichzeitig geschehen. Die Planungen werden teils im Zielland, teils in anderen Ländern durchgeführt. Die Gruppe der Attentäter setzt sich in der Regel zusammen aus lokalen Kräften, die entweder Staatsbürger des Ziellandes sind oder dort einen legalen Aufenthaltstatus innehaben, und aus »Spezialisten«, die nur zum Zweck der Vorbereitung oder Durchführung des Anschlages einreisen. Diese taktische Vorgehensweise weist Parallelen zu einem Konzept auf, das in der militärstrategischen Literatur auch als *swarming* bezeichnet wird (vgl. Arquilla/Ronfeldt 2000: 21-23, 2001: 12-13): Von verschiedenen Standorten »schwärmen« einzelne autonome oder halbautonome Einheiten aus, treffen sich am Einsatzort, bilden gemeinsam eine »swarm force« und schlagen dann koordiniert zu. Voraussetzung dafür sind Vernetzung und Kommunikation unter den Einheiten sowie eine Kommandoebene, die zwar den Gesamtüberblick behält, aber nur direkt interveniert, wenn es notwendig ist – etwa im Falle von Korrekturen oder Fehlschlägen.

Das Paradebeispiel sind die nahezu simultan erfolgten Anschläge auf die US-Botschaften in Tansania und Kenia (1998). Aber auch beim 11. September waren mehrere Zellen beteiligt, die an unterschiedlichen Orten (Washington, Boston, Newark) in den USA vier Flugzeuge bestiegen und diese kaperten, ehe sie in kurzen Abständen ihre Ziele attackierten – die Anschläge auf das World Trade Center und das Pentagon erfolgten innerhalb von 58 Minuten. An dieser Aktion waren mindestens drei Zellen beteiligt, die in der Frühphase der Planung (1999/2000) noch keine Kenntnis voneinander gehabt haben dürften (vgl. Gunaratna 2002: 104-110): (a) die Hamburger Gruppe um den mutmaßlichen Anführer Mohammed Atta, zwei weitere spätere Piloten sowie diversen Helfern, (b) eine Gruppe von vier Rekruten, die zunächst in Afghanistan ausgebildet wurde und dann in Kuala Lumpur (Malaysia) auf ihren Einsatz wartete sowie (c) eine weitere Gruppe mit 13 Saudis, die ebenfalls in Afghanistan ein spezielles Training für Flugzeugentführungen erhielten; sie reisten schließlich, zumeist zu zweit, von den Vereinigten Arabischen Emiraten (VAE) aus in die USA (April bis Juni 2001). Erst in den USA wurden schließlich die führenden Köpfe der jeweiligen Gruppen zusammengebracht. Verantwortlich für die Gesamtkoordination waren der Jemenit *Ramzi Bin al-Shibh*, der sich in Hamburg aufhielt, und der Kuwaiti *Scheich Khalid Muhammad*, der im wesentlichen von Afghanistan aus die Operation plante und leitete. Unterstützt wurden sie durch ein Netz von Helfern in Deutschland, Spanien, den USA, Malaysia, Pakistan, Saudi-Arabien und den VAE.

Selbst bei weniger komplexen Anschlägen folgten Al-Qaida-Zellen bzw. Al-Qaida-nahestehende Gruppierungen mehr oder minder diesem Schema: Bei den Anschlägen von Bali (12. 10. 2002), Mombasa (28. 11. 2002), Riad (12. 5. 2003), Casablanca (16. 5. 2003), Istanbul (15. 11. und 20. 11. 2003), Taba/Ras Schitan (7. 10. 2004) und Scharm al-Scheich (23. 7. 2005) handelte es sich ebenfalls um mehrfache, nahezu simultan stattfindende Attacken auf unterschiedliche Ziele (siehe Anhang 1). Im Falle von Mombasa wurden zudem noch zwei unterschiedliche Mittel eingesetzt – zum einen der Selbstmordanschlag auf das Paradise-Hotel, zum anderen der (gescheiterte) Versuch, eine Passagiermaschine nach dem Start auf dem Flug von Mombasa nach Israel mit Boden-Luft-Raketen abzuschießen. Die Anschläge von Madrid (11. 3. 2004) und London (7. 7. 2005) passen ebenfalls in dieses Bild: In Madrid wurden 14 Bomben, versteckt in Rucksäcken und Taschen, auf vier Vorortzüge in mehreren Waggons verteilt, von denen zehn zwischen 7.39 und 7.42 Uhr explodierten – und zwar nicht auf freier Strecke, sondern sie wurden gezündet, als die Züge die Bahnhöfe erreichten, um auf diese Weise größere Schäden und höhere Opferzahlen zu erreichen. In London ließen drei Selbstmordattentäter ihre Bomben zeitgleich (innerhalb von 50 Sekunden) während der Fahrt in drei U-Bahnzügen explodieren, ein weiterer sprengte sich kurze Zeit später in einem Doppeldeckerbus in die Luft.

Die Beispiele zeigen: Die Effekte simultaner Anschläge sind in der Regel ungleich größer als jene einzelner Aktionen. Gleichzeitig erhöhen sich auch die Kosten und Risiken für die Terrornetz-werke: Dies betrifft nicht nur den längeren Planungshorizont, sondern auch die größere Zahl von Attentätern, Helfern und Mit-wissern. Damit wächst wiederum die Gefahr der Enttarnung durch die Sicherheitsbehörden. Um diese zu minimieren, tendier-ten transnationale Terroristen in der Vergangenheit dazu, die Zel-len und Kommandos möglichst lange voneinander isoliert zu hal-ten und die eigentlichen Attentäter erst kurz vor dem geplanten Termin ins Land zu schleusen bzw. an den Ort des späteren An-schlags zu bringen.[6] Darüber hinaus dient eine weitere Methode dazu, Risiken zu minimieren – der Einsatz von Selbstmordatten-tätern.

12. Einsatz von Selbstmordattentätern

In der Tat nutzt Al-Qaida bei seinen Operationen vorrangig Selbstmordattentäter, die entsprechend ideologisch geschult sind und als Märtyrer (arabisch *shahid*) verehrt werden. Zwischen 1995 und 2003 sollen von Al-Qaida mindestens 71 Selbstmordat-tentäter eingesetzt worden sein, die Mehrheit von ihnen stammte aus Saudi-Arabien und anderen Golfstaaten (Pape 2005: 109). Teilweise war der Einsatz von Selbstmordkommandos sogar zwingend, da ansonsten ein bestimmtes Drehbuch – wie etwa beim 11. September – überhaupt nicht realisierbar gewesen wäre. Mit der signifikanten Ausnahme der Anschläge von Bali und Ma-drid (ferngezündete Bomben) wurden alle größeren Operationen mittels Selbstmordattentätern durchgeführt. Die Mehrzahl der Attentate folgt einem ähnlichen Muster: Ein mit Sprengstoff beladenes Fahrzeug wird in unmittelbarer Nähe des Zielobjekts (z. B. Karatschi, Casablanca, Kabul) gezündet, oder aber das Fahrzeug wird vom Attentäter direkt auf das Ziel gesteuert und dabei zur Explosion gebracht (z. B. Djerba, Mombasa, Riad).

Mit diesem relativ einfachen »Rezept« knüpft das Al-Qaida-Netzwerk an das Vorbild der Hizbullah an, die bereits ab 1982 ähnliche Selbstmordkommandos gegen die israelische Besatzung im Südlibanon bzw. gegen internationale Truppen einsetzte. Seit

6 Im Falle des 11. September war jedoch eine Pilotenschulung notwendig, die Al-Qaida selbst nicht durchführen konnte, weshalb sich einige der Atten-täter bereits frühzeitig (seit 2000) im Zielland aufhielten, um Flugschulen in Arizona, Oklahoma und Florida zu besuchen.

1993 greifen auch palästinensisch-sunnitische Gruppierungen, allen voran Hamas und Palästinensischer Islamischer Dschihad, zu dieser Methode. Weitere Nachahmer mit islamistischem Hintergrund gab und gibt es beispielsweise in Indien/Kaschmir (seit 2000), Tschetschenien (seit 2000), in Afghanistan (seit 2001), Usbekistan (2004) und vor allem im Irak seit dem Beginn der US-amerikanischen Besatzung im Mai 2003. Selbstmordanschläge sind jedoch weder historisch neu noch auf religiös motivierte oder fanatisierte Terroristen beschränkt: Zum einen läßt sich die Methode bis ins 19. Jahrhundert (z. B. russische Sozialrevolutionäre, spanische Anarchisten) zurückverfolgen (vgl. Laqueur 2001: 182-185). Zum anderen findet diese Taktik auch Anwendung bei ethnonationalen Gruppierungen wie insbesondere die Beispiele der Tamil Tigers (seit 1987) mit ihrer eigenen Selbstmordeinheit (Black Tigers), der kurdischen PKK (1996-1999) oder die säkularen Palästinensergruppen wie die Al-Aqsa Märtyrerbrigaden oder die PFLP (seit 2001) zeigen.

Auch wenn – global betrachtet – die meisten militanten Organisationen nicht zu dieser Methode greifen, hat die Zahl der Gruppen mit Selbstmordkommandos in den vergangenen zwei Jahrzehnten kontinuierlich zugenommen. Insbesondere seit 2000 ist ein sprunghafter Anstieg von Selbstmordanschlägen zu verzeichnen, vor allem im Nahen Osten und im Irak gehört diese Taktik mittlerweile zur Routine terroristischer Gruppierungen.[7] Allerdings muß man verschiedene Niveaus beim Einsatz dieser Taktik unterscheiden (vgl. Sprinzak 2000): Erstens gibt es Gruppen, bei denen Selbstmordanschläge keine explizite Taktik sind, sondern nur in wenigen Einzelfällen von Zellen oder Kommandos durchgeführt wurden (z. B. GIA/Algerien, Dawa/Kuwait, ägyptische Terrorgruppen). Zweitens gibt es Gruppen, die Selbstmordattentate nur zeitlich begrenzt nutzen und dieses Mittel aus politischen Gründen von Zeit zu Zeit suspendieren oder aussetzen (z. B. Hizbullah, Hamas, Islamischer Dschihad). Drittens gibt es Gruppen, die diese Taktik dauerhaft und ohne zeitliche Unterbrechung über einen langen Zeitraum einsetzen (z. B. Tamil Tiger), zu letzteren zählen auch die transnationalen Terrornetzwerke, allen voran Al-Qaida.

7 Atran (2004: 68-69) zählte von 2000 bis 2003 über 300 Selbstmordanschläge in insgesamt 17 Staaten mit über 5300 Toten (inklusive des 11. September), allein 2003 registrierte er 98 Anschläge dieser Art (davon 33 im Irak).

Als Selbstmordattentate sind grundsätzlich jene Anschläge zu bezeichnen, die nur durch die Selbsttötung des Attentäters erfolgen und bei denen das Ziel besteht, andere Personen mit in den Tod zu reißen. Darunter fallen nicht nur Selbst-Sprengungen mit Autobomben oder Bombengürteln, sondern auch Kamikaze-Aktionen, die nur dann ihre Wirkung entfalten, wenn die Angreifer ihren sicheren Tod bewußt in Kauf nehmen – wie beim 11. September. Selbstmordattentate sind daher zu unterscheiden von Anschlägen, bei denen Terroristen zwar ihr Leben riskieren, der Erfolg des Anschlags jedoch nicht von ihrem Tod abhängt.[8] Ähnliches gilt für Fälle, bei denen sich Terroristen einer unmittelbar bevorstehenden Verhaftung entziehen wollen und sich selbst in die Luft sprengen – zumeist in der vagen Hoffnung, dabei noch Sicherheitskräfte zu töten. Ein jüngeres Beispiel wäre die kollektive Selbsttötung von fünf Verdächtigen im Kontext der Anschläge von Madrid, deren Versteck bereits von der Polizei umstellt worden war (3. 4. 2004). Ebenfalls nicht in diese Kategorie gehören Selbstopferungen (z. B. Hungerstreik oder Selbstverbrennungen), die einen politischen Protest ausdrücken, wo aber nicht die Absicht besteht, Unbeteiligte in Mitleidenschaft zu ziehen. Ein weiterer Sonderfall sind Anschläge, bei denen Täter ohne ihr Zutun, ihr Wissen oder gar gegen ihren Willen von ihrer Gruppe »geopfert« werden – etwa durch ferngezündete Bomben.[9] Der »klassische« Selbstmordanschlag setzt hingegen eine bewußte Haltung und eine gewisse Kontrolle über das eigene Handeln voraus. Mit anderen Worten: Wann und wo genau er sich in die Luft sprengt, entscheidet in letzter Konsequenz der Täter selbst, auch wenn er dabei Instruktionen von anderen folgt.

Aus Sicht der Terrororganisationen bietet der Einsatz von Selbstmordattentätern eine Reihe von operativen Vorteilen: Erstens garantieren Selbstmordanschläge eine hohe Schockwirkung und mediale Effekte, sie signalisieren einer Gesellschaft deutlich,

---

8 Zum Beispiel: Der Anschlag auf den israelischen Flughafen Lod (Mai 1972), bei dem drei Terroristen der Japanischen Rote Armee Fraktion mit Handgranaten und Maschinengewehren ein Massaker unter Zivilisten anrichteten und offenbar ihren eigenen Tod einkalkuliert hatten, ist in diesem Sinne kein Selbstmordanschlag. Im Unterschied dazu siehe Croitoru (2003: 73-80).
9 Solche Fälle werden wiederholt von Zeugen aus dem Irak berichtet, wonach Auto- oder LKW-Bomben ferngesteuert werden, ohne daß der Fahrer eine Chance hat, lebend davonzukommen; teilweise ist auch davon die Rede, daß Attentäter an das Lenkrad festgekettet werden, um nicht fliehen zu können.

daß es im Prinzip jeden erwischen kann, und lassen den staatlichen Sicherheitsapparat besonders ohnmächtig erscheinen. Zweitens sind die Täter zumeist hochgradig motiviert und überzeugt von ihrem Vorhaben; sie sind auch durch die Androhung von Gewalt nicht abzuschrecken; sie kommen in der Regel näher an den Tatort oder an die Zielperson(en) heran, da sie ihr Leben nicht schützen müssen; sie sind damit in der Lage, ihren Angriff zielgenauer durchzuführen und mit größerer Wahrscheinlichkeit für eine hohe Zahl von Todesopfern zu sorgen.[10] Bereits Einzeltäter können somit einen vergleichsweise großen Schaden anrichten. Dies belegen nicht nur die Al-Qaida-Anschläge, sondern auch Statistiken aus dem Nahost-Konflikt, wo laut einer Studie der Universität Haifa (2003) während der sogenannten zweiten Intifada (seit September 2000) die Zahl der Opfer bei Selbstmordanschlägen um den Faktor 2.5 höher liegt als bei Anschlägen mit anderen Mitteln. Drittens müssen keine Vorkehrungen für eine Flucht getroffen werden; gleichzeitig besteht nur eine geringe Gefahr von Festnahmen, bei denen die Gegenseite möglicherweise Informationen über die Organisation erhält, da sich die Täter im Zweifelsfall immer noch rechtzeitig in die Luft sprengen können. Viertens verursachen diese Anschläge relativ geringe materielle Kosten. Die im Nahen Osten, in Tschetschenien oder auf Sri Lanka häufig genutzten Bombengürtel kosten zwischen 1500 und 4500 US-Dollar, auch Autobomben sind vergleichsweise billig; darüber hinaus sind oftmals Zahlungen an die Hinterbliebenen zu leisten. Hinzu kommt die Funktion der Selbstmordattentäter für die Terrorgruppen selbst. Sie sind nach innen ein Signal der Entschlossenheit und der Bereitschaft, den »Kampf« mit allen Mitteln fortzusetzen. Auf diese Weise werden »Helden« produziert, die in der eigenen Anhängerschaft verehrt werden, weil sie sich stellvertretend für andere und für hehre Ziele »geopfert« haben. Sie tragen damit zur Stärkung der kollektiven Identität und der inneren Kohäsion der Gruppe bei (vgl. Larzillière 2003: 132-134). Dieser Märtyrerkult wird bei Al-Qaida ebenso zelebriert wie bei anderen Gruppierungen, der Opfertod gilt innerhalb der Organisation als höchste Stufe im Kampf gegen den Feind.

10 Ein Bericht des Congressional Research Service (CRS) vom August 2003 kommt zu dem Ergebnis, daß Selbstmordattentate – obgleich sie nur rund 3 Prozent aller Anschläge weltweit ausmachen – für fast 50 % aller Toten verantwortlich sind; vgl. Cronin (2003: 12).

Der Märtyrerkult spielt auch eine wesentliche Rolle bei der Rekrutierung und Vorbereitung von Kandidaten (vgl. Hoffman/ McCormick 2004: 251-256). Denn es bedarf nicht nur der individuellen Bereitschaft, sich selbst zu töten, sondern auch eines soziokulturellen Milieus, das solche Aktionen positiv sanktioniert und damit ein Binnenklima schafft, in dem dieses Mittel als legitim, sogar als erstrebenswert angesehen wird. Explizit lehnen daher die meisten Gruppen den Begriff »Selbstmordattentäter« ab, sondern operieren vielmehr mit einem weitgefaßten Märtyrerkonzept, unter das all diejenigen subsumiert werden, die ihr Leben der gemeinsamen Sache gewidmet haben, unabhängig davon, unter welchen Umständen sie ums Leben kamen (Larzillière 2003: 122). Der Selbstmordattentäter wird damit ideologisch eingereiht in die Phalanx anderer »Helden« wie gefallene Kämpfer oder verstorbene politische Führer. Die Selbstmordkommandos werden allerdings nicht selten als eine auserwählte Elite betrachtet, bei der die Zugehörigkeit eine große Ehre und Verpflichtung ist. Dem künftigen Märtyrer (bzw. seiner Familie) wird damit innerhalb der Gemeinschaft ein hoher sozialer Status zuteil. Um diesen Mechanismus zu institutionalisieren, wird der Märtyrerkult mit diversen Methoden inszeniert und ritualisiert. Dies läßt sich besonders anschaulich an Beispielen aus Sri Lanka oder dem Nahen Osten illustrieren:[11] Die LTTE führte in den von ihr kontrollierten Gebieten den »Tag der Black Tiger« ein, der an den ersten Selbstmordanschlag vom 5. Juli 1987 erinnert und mit öffentlichen Umzügen begangen wird. Hinzu kommen sogenannte Märtyrerwochen, Denkmäler für die Black Tiger sowie die Bezeichnung von Waffen nach berühmten Märtyrern. Im Nahen Osten spielen ebenfalls öffentliche Rituale, Märtyrerposter, Filme und Lieder eine wichtige Rolle. Zentral für das kollektive Gedächtnis sind auch die nach der Tat von den Organisationen veröffentlichten Testamente und Videos, in denen die Selbstmordattentäter ihre Operationen ankündigen und rechtfertigen. Im Ergebnis werden die Attentäter wie Ikonen oder »Popstars« verehrt, sie können sicher sein, daß ihre Namen und ihre Taten von der Gemeinschaft nicht vergessen werden. Der Märtyrerkult ist oftmals eng verbunden mit einem Führerkult: Mit ihrem Cha-

11 Zu Sri Lanka siehe Gunaratna (1998), Hoffman/McCormick (2004: 256-262), Bloom (2005: 45-75); zu den palästinensischen Gruppen siehe Khashan (2003), Moghadam (2003), Larziellière (2003), Bloom (2005: 19-44).

risma und ihrer Autorität rufen sie zu Selbstmordanschlägen auf und »entlasten« auf diese Weise den Täter von seiner Verantwortung, der sich ganz in den Dienst des Führers und des Kollektivs stellen kann. Diese Aufgabe der eigenen Person wird zumeist noch durch bestimmte Formeln unterstützt, wonach die Attentäter in spe nunmehr mit dem Führer, der gemeinsamen Sache oder gar mit Gott »verheiratet« seien. Dabei verfehlen – etwa im palästinensischen Kontext – auch die Videoaufnahmen, die vor der Tat gemacht werden, ihre Wirkung auf den Attentäter nicht, da er sich damit öffentlich gegenüber seiner Gemeinschaft – seiner selbst gewählten »Familie« – verpflichtet hat. Eine Umkehr scheint dann kaum noch möglich. Subtile Mechanismen wie soziale Kontrolle und moralischer Druck, den die eigene Gruppe aufbaut, spielen ebenfalls eine gewisse Rolle, um den Rekruten dazu zu bringen, sich in die Luft zu sprengen. Nicht unüblich sind daher im Vorfeld des Anschlages kollektive Rituale, wie gemeinsames Beten oder ein rituelles Abendessen, bei dem sich die Attentäter voneinander verabschieden und gegenseitig versprechen, sich im Jenseits wiederzusehen.[12] Gleichwohl bestätigen eine Reihe von empirischen Studien, daß es sich bei Selbstmordattentätern in der Regel nicht um ungebildete, verzweifelte oder psychisch labile Personen handelt, die aus einem zerrütteten Elternhaus stammen, sondern vielmehr um – wenn auch fehlgeleitete – relativ gefestigte Charaktere, die zutiefst von ihrem Tun überzeugt sind und innerlich mit ihrem Leben abgeschlossen haben; allein dieser Vorgang setzt zumeist eine gewisse intellektuelle Leistung voraus.[13]

Unabdingbar ist in jedem Fall ein hoher Grad an Ideologisierung. Diese Indoktrination ist zentraler Bestandteil der mehrmonatigen, teilweise auch mehrjährigen Schulung, die künftige Selbstmordattentäter im Nahen Osten oder bei anderen Regio-

---

12 Die Attentäter von Casablanca (16. 5. 2003) beispielsweise nahmen zwei Tage vor dem Anschlag ein gemeinsames Mahl ein und bestärkten sich nicht zuletzt durch entsprechende vorbereitende Videos (»The Journey of the Afterlife«, »Death and the Horrors of the Grave«) in ihrer Absicht, sich selbst zu töten; vgl. Kalpakian (2005: 116).

13 Siehe dazu den Überblick bei Atran (2003, 2004). Eine Untersuchung von rund 250 palästinensischen Rekruten und Ausbildern kommt zu dem Schluß: »None were uneducated, desperately poor, simple-minded, or depressed [. . .] They all seemed to be entirely normal members of their families« (zitiert nach Atran 2003: 1537).

nalkonflikten durchlaufen. Teilweise wie etwa bei der LTTE oder der Hamas werden die Rekruten bereits in jungen Jahren ausgewählt und systematisch auf ihre Aufgabe vorbereitet, oftmals indem sie sukzessive ihren Familien und ihrem Umfeld entzogen werden. Für die Indoktrination ist es besonders wichtig, die Unterdrückung und das Leid des eigenen Kollektivs zu thematisieren und zu zeigen, wie brutal der Gegner gegen »Unschuldige« der eigenen Seite vorgegangen ist. Darüber hinaus wird nicht selten auf die militärische Überlegenheit des Gegners hingewiesen, die einem letztlich keine andere Wahl lasse, wenn man als Gruppe überleben wolle, weshalb dem Einsatz von Selbstmordattentätern eine existentielle Bedeutung zukomme.[14] Unterstützt wird dieser Prozeß durch Motive wie Rache und Vergeltung. In ihren Testamenten und Videobotschaften beziehen sich beispielsweise palästinensische Selbstmordattentäter häufig auf konkrete Vorfälle und Personen, die sie mit ihren Aktionen rächen wollen. Nicht selten handelt es sich dabei um persönliche Bekannte oder gar Verwandte. Ähnliches gilt für die zumeist weiblichen Attentäter in Tschetschenien (»schwarze Witwen«), die oftmals ihre Männer bzw. ihre gesamte Familie im Krieg verloren haben. Auf diese Weise werden persönliche Motive und Betroffenheit mit der Ideologie und dem Feindbild der gesamten Gruppe verbunden.

Das Gesagte gilt im wesentlichen auch mit Blick auf Al-Qaida. Allerdings ist ein transnationales Netzwerk weniger Restriktionen ausgesetzt als lokale Gruppen. Al-Qaida ist nicht in dem Maße auf die Unterstützung durch eine spezifische Gesellschaft angewiesen wie etwa die LTTE, die PKK, die Hizbullah oder Hamas und muß insofern weniger Anstrengungen unternehmen, um für ein bestimmtes Milieu zu sorgen, in dem Selbstmordattentate als legitimes Mittel zumindest von Teilen der Bevölkerung akzeptiert werden. Al-Qaida nutzt in seiner Ideologie und seiner Kommunikationsstrategie vielmehr den bestehenden Märtyrermythos, der in islamistischen Kreisen und Milieus in verschiedenen Ländern gepflegt und durch zahlreiche Regionalkonflikte befördert wird. Al-Qaida-Attentäter können sich auf diese Weise verbunden fühlen mit den lokalen Kämpfen, den »unterdrückte«

---

14 Siehe zum Beispiel die Begründung des führenden Hamas-Mitgliedes al-Zahar: »Wir haben leider keine F-16-Flugzeuge und keine Apache-Hubschrauber, um das israelische Militär anzugreifen. Daher kämpfen wir auf unsere Weise« (Interview, *Süddeutsche Zeitung*, 18. 7. 2002).

Glaubensbrüder andernorts führen, während sie gleichzeitig einer »größeren« Sache dienen und insofern Weltgeschichte schreiben. Exemplarisch dafür stehen sicherlich die 19 Attentäter vom 11. September, deren Wirken vermutlich auf nicht wenige Nachahmer eine gewisse Faszination ausgeübt hat. Das Selbstverständnis Al-Qaidas als Avantgarde und Dachorganisation für den gesamten islamistischen »Widerstand« kommt hier zum Tragen, der Selbstmordattentäter stirbt hier stellvertretend für die »Befreiung« der muslimischen Welt. Diese Haltung, die weitgehend von den lokalen Konflikten abstrahiert, aber ähnliche Mechanismen bedient, ist letztlich nicht an die Organisation Al-Qaida, sondern in weitaus stärkerem Maße an die pan-islamistische Ideologie Al-Qaidas gebunden, die letztlich auch von anderen Gruppen kopiert und als Berufungsgrundlage für Selbstmordanschläge genutzt werden kann. Diese Ausweitung ist bei den lokal begrenzten Konflikten nur schwer möglich: Für einen Marokkaner oder Jemeniten dürfte es beispielsweise wenig attraktiv sein, sich im eigenen Land oder im Ausland für die palästinensische, tschetschenische oder gar kaschmirische Sache in die Luft zu sprengen. Dazu bedarf es vielmehr eigener lokaler Anlässe und/oder der Verknüpfung mit größeren, weitreichenderen Zielen, wie sie eben Al-Qaida oder Al-Qaida nahestehende Gruppen anzubieten haben.

Die Kombination aus simultanen Anschlägen, »swarming«-Taktik und dem Einsatz von Selbstmordattentätern verleiht diesen Netzwerken ihre besondere Schlagkraft und versetzt sie in die Lage, größere und komplexere Operationen durchzuführen, wenngleich auch für Al-Qaida der 11. September der absolute Ausnahmefall war, der sich nicht ohne weiteres wiederholen läßt. Es sei denn, Al-Qaida oder Gleichgesinnte wären in der Lage, künftig ihr Spektrum von taktischen Mitteln um nukleare, radiologische, chemische oder biologische Kapazitäten zu erweitern.

13. Terrorismus mit nichtkonventionellen Waffen

Die Fähigkeit, möglichst viele Menschen zu töten und gleichzeitig ökonomische Schocks auszulösen, hat Al-Qaida am 11. September mit relativ schlichten Mitteln unter Beweis gestellt – mit Messern gekaperte Passagierflugzeuge wurden zu Lenkwaffen umfunktioniert. Im militärischen Sinne handelte es sich dabei um einen »konventionellen« Anschlag. Gleichwohl lassen der 11. September und einige andere vorausgegangene Anschläge erahnen, was passieren würde, wenn Terroristen in der Lage wären, mit nichtkonventionellen Methoden zuzuschlagen. Bisher verfügen lediglich eine relativ geringe, wenn auch wachsende Zahl von Staaten auf der Welt über entsprechende A-, B- oder C-Waffenprogramme; insbesondere während des Ost-West-Konflikts unterhielten die USA und die Sowjetunion umfangreiche Programme und Lagerbestände in allen drei Bereichen.

Mit der Bereitschaft zur Zerstörung dürfte jedoch in der Tat bei Terroristen das Interesse gewachsen sein, sich nukleare, biologische, chemische oder radiologische Waffen zu verschaffen. In einem Interview bezeichnete Bin Laden bereits 1999 die Beschaffung solcher Waffen als »muslimische Pflicht« – und sei es nur, um mit solchen Äußerungen den Westen zu schockieren: »Wenn ich tatsächlich diese Waffen erworben hätte, dann würde ich Gott dafür danken, daß er mich dazu in die Lage versetzt hat. Und wenn ich versuche, diese Waffen zu bekommen, erfülle ich eine Pflicht. Es wäre eine Sünde für Muslime, nicht zu versuchen, diese Waffen zu besitzen, die verhindern, daß die Ungläubigen den Muslimen Schaden zufügen.«[15] Ähnliche Äußerungen finden sich bei Bin Ladens Stellvertreter al-Zawahiri oder bei al-Zarqawi. Letzterer soll beispielsweise im April 2003 per Internetbotschaft erklärt haben, daß er, wenn er im Besitz einer solchen Waffe wäre, nicht zögern werde, sofort israelische Städte anzugreifen.[16]

Im Unterschied zu den meisten Terrorgruppen besitzt Al-Qaida zweifellos die notwendigen finanziellen und logistischen Mittel. Bis zur Intervention in Afghanistan verfügte die Gruppe auch über geeignete Rückzugsräume für Labors oder Anlagen, die zur Entwicklung solcher Waffen hätten dienen können. Die bisherigen Funde in Afghanistan, vor allem auf von Al-Qaida-Kadern zurückgelassenen Computern, lassen darauf schließen, daß sich die Organisation für den Umgang mit biologischen und chemischen Substanzen interessiert und möglicherweise in Form

---

15 Siehe Interview in *Time Magazine*, 11. 1. 1999, 36.
16 Das Zitat lautet in englischer Übersetzung: »If we had such a bomb – and we ask God that we have such a bomb soon – we would not hesitate for a moment to strike Israeli towns.« Siehe *Terrorism Monitor*, vol. 2, 24 (16. 12. 2004), 12.

von Tierversuchen auch erste Experimente durchgeführt hat. Vermutlich wurden auch in der Ausbildung Rekruten mit den Möglichkeiten unkonventioneller Mittel vertraut gemacht, zumindest dürfte ihnen das theoretische Wissen vermittelt worden sein, wie sich anhand entsprechender Lehrmaterialen zeigen läßt.[17] Allerdings war Al-Qaida offenbar weit davon entfernt, über waffen- und einsatzfähige Kampfstoffe zu verfügen (vgl. Thränert 2002: 13, Parachini 2003: 39). Vergleichbare, wenn auch wenig gesicherte Berichte gibt es über das Netzwerk von al-Zarqawi: Er soll angeblich bereits seit 2000, zunächst in Afghanistan und später im Nordirak, mit chemischen und biologischen Stoffen experimentiert und das Know-how an andere Gruppen weitergegeben haben (vgl. Levitt 2004).

Schon vor dem 11. September 2001 gab es insbesondere in den USA eine breite Debatte über die Verbindung von Terrorismus und Massenvernichtungswaffen (*Weapons of Mass Destruction*), kurz auch *WMD-Terrorismus* genannt.[18] Im Vordergrund steht dabei der mögliche Einsatz von biologischen, chemischen und radiologischen Waffen. Grundlage biologischer Kampfstoffe sind Krankheitserreger (Bakterien, Viren) und Gifte natürlichen Ursprungs:[19] Zu ersteren gehören Milzbrand (Anthrax), Pocken, Pest, Salmonellen oder das Ebola-Virus, zu letzteren zählen Ricin, Botulinustoxin, Saxitoxin oder Staphylococcus Enterotoxin B. Diese Erreger bzw. Stoffe kommen zumeist in der Natur vor, teilweise finden sie sich im Boden, teilweise bei erkrankten Tieren oder Menschen; darüber hinaus existieren Sammlungen zu wissenschaftlichen Zwecken in diversen Forschungseinrichtungen (z. B. medizinische Forschung). In jedem Fall müssen die Erreger in Laboratorien isoliert, kultiviert, bearbeitet und schließlich

17 Der elfte Band der »Enzyklopädie des Afghanischen Dschihad« enthält eine Anleitung zum Bau chemischer und biologischer Waffen, vgl. Cronin (2004: 315). Im Handbuch »Declaration of Jihad against the Country's Tyrants« finden sich Passagen zur Herstellung von Giften (z. B. Ricin), die offenbar Wort für Wort aus einem anderen Untergrundpamphlet, dem in den USA verlegten »The Poisoner's Handbook« (1988), entnommen und ins Arabische übersetzt wurden; vgl. Bale/Bhattacharjee/Croddy/Pilch (2003).
18 Siehe Falkenrath (1998), Falkenrath/Newman/Bradley (1998), Stern (1999), Roberts (2000), Gurr/Cole (2000), Laqueur (2001: 315-334).
19 Zum Bioterrorismus, siehe insbesondere Tucker (2000), Kelle/Schaper (2001: 2-19), Parachini (2001), Thränert (2002), Cronin (2004), Ackerman/Moran (2004).

waffenfähig gemacht werden. Bereits 1984 wurden solche Methoden von einer religiösen Sekte in Oregon/USA genutzt, die Lebensmittel mit Salmonellen verseuchte und auf diese Weise Erkrankungen bei rund 750 Personen auslöste (vgl. Parachini 2003: 39-40). 1994 und 1995 wurden in den USA vier Mitglieder einer rechtsradikalen Miliz (*Minnesota Patriots Council*) verurteilt, weil sie Mordanschläge mit dem hochgiftigen Ricin auf Justizbeamte geplant hatten. Anfang der neunziger Jahre hatte sich die japanische Sekte *Aum Shinrikyo* ebenfalls mit der Herstellung biologischer Kampfstoffe beschäftigt und mehrfach versucht, Milzbranderreger in Tokio auszubringen. Spektakulärer waren die von bis dato Unbekannten verschickten Briefe mit Milzbrandsporen, die im Herbst 2001 die USA erschütterten und zu einigen Todesopfern führten, wobei die oder der Täter im Umfeld US-amerikanischer Forschungslabors vermutet werden (vgl. Thränert 2002: 12-15). Weitere Fälle sind in Großbritannien (Januar 2003) und in Frankreich (März 2003) bekannt geworden (vgl. Cronin 2004: 315-316): In Großbritannien wurde eine Gruppe von sechs Algeriern, einer davon mit Verbindungen zu einem Al-Qaida-Lager in Afghanistan, festgenommen, die nach Polizeiangaben mit dem tödlichen Gift Ricin experimentiert hatten (vgl. Bale et. al. 2003). In Frankreich wurden am Pariser Bahnhof Gare de Lyon Flaschen mit Ricin-Spuren entdeckt; die Täter sind unbekannt, werden aber im islamistischen Umfeld vermutet.

Bei chemischen Kampfstoffen handelt es sich um Gase oder Flüssigkeiten, darunter fallen vor allem Arsine, Zyanide, Senfgas, Chlorine, Chloride, CX-Gas (Phosgene Oxime) oder Nervengase (z. B. Sarin, VX, Soman, Tabun); auch hier stellen sich Probleme der Produktion und Lagerung größerer Mengen (Thränert 2002: 11). Mögliche Szenarien sind die Verseuchung des Trinkwassers sowie die Versprühung von Chemikalien in öffentlichen Gebäuden bzw. Transportmitteln. Spätestens mit dem Einsatz des Nervengases Sarin 1994 in der japanischen Stadt Matsumoto (sieben Tote) und 1995 in der Tokioter U-Bahn (12 Tote, mehrere tausend Verletzte) durch die Aum-Sekte wurde deutlich, daß es sich um eine sehr reale Gefahr handelt.[20] Im März 2002 wurden ferner in Italien neun Marokkaner unter dem Verdacht verhaftet,

---

20 Siehe dazu: Leitenberg (2000), Stern (1999: 60-65), Kelle/Schaper (2001: 5-7).

sie wollten die Wasserversorgung der US-Botschaft in Rom mit einer chemischen Substanz vergiften.[21]

Radiologische Waffen werden auch als »schmutzige Bomben« bezeichnet, da beigemischte nukleare oder andere strahlungsaktive Materialien durch einen konventionellen Sprengsatz gezündet werden, um mittels des freigesetzten radioaktiven Staubs ganze Regionen oder urbane Zentren zu verstrahlen und damit für Jahre oder Jahrzehnte zu verseuchen, darüber hinaus würde je nach Strahlungsintensität das Krebsrisiko für die Bevölkerung dramatisch ansteigen (vgl. Geiger 2004: 15-18).[22] Die technologischen Anforderungen an solche Bomben werden als relativ niedrig eingeschätzt. Als geeignete Materialien gelten vor allem Radioisotope wie Kobalt-60, Strontium-90, Cäsium-137, Iridium-192 oder Jod-131. Nach Angaben der Internationalen Atomenergiebehörde (IAEO) sind diese radioaktiven Substanzen in fast jedem Land der Welt verfügbar, sie werden nicht zuletzt für zivile Zwecke in der Medizintechnik, in Kliniken, in Forschungslabors und in Industriebetrieben genutzt. Weltweit soll es nach Schätzungen der IAEO über 20000 solcher Anlagen geben, bei denen sich der Verbleib von radioaktivem Material kaum kontrollieren läßt.[23]

Verglichen damit gilt der Nuklearterrorismus im engeren Sinne

21 Dabei soll es sich nach Angaben von Experten um ein schwach toxisches Zyanid gehandelt haben, das zudem durch die Verdünnung im Wasser kaum Schaden hätte anrichten können; vgl. Croddy/Osborne/McCloud (2002).

22 Im Mai 2002 wurde in den USA der zum Islam konvertierte US-Bürger Jose Padilla unter dem Verdacht festgenommen, an Planungen für den Bau einer »schmutzigen Bombe« beteiligt gewesen zu sein, er sollte sich angeblich um die Beschaffung von radiologischem Material bemühen. Bereits 1995 hatten unbekannte Täter – mutmaßlich tschetschenische Terroristen – einen Behälter mit radioaktivem Cäsium-137 am Eingang eines Parks in Moskau plaziert, allerdings war die Strahlung nicht ausreichend. Wäre der Behälter mit Sprengstoff zur Explosion gebracht worden, hätte es sich um eine »schmutzige Bombe« mit entsprechend verseuchender Wirkung gehandelt; vgl. Kelle/Schaper (2001: 1).

23 Im Jahr 2002 listete die IAEO über 100 Staaten auf, die keine oder nur ungenügende gesetzliche Vorkehrungen getroffen haben, um den Verbleib von radioaktivem Material zu kontrollieren. In der Tat gibt es allein in den USA seit 1996 über 1500 bekannte Fälle, in denen radioaktive Substanzen als vermißt gemeldet wurden. Siehe »Stoff für ›schmutzige Bomben‹ leicht zu beschaffen«, *Frankfurter Allgemeine Zeitung*, 28.6.2002, 6; »Tödlicher Aufschwung«, *Süddeutsche Zeitung*, 20.11.2004, 10.

– der Besitz von Nuklearwaffen in den Händen von Terroristen –
als eher unwahrscheinlich, da in diesem Bereich die logistischen
und technologischen Voraussetzungen ungleich größer sind als
bei den anderen Varianten. Gleichwohl kursieren mehr oder minder glaubwürdige Berichte und Zeugenaussagen, wonach Bin Laden und Al-Qaida bereits in den neunziger Jahren Anstrengungen unternommen haben sollen, sich hochangereichertes Uran
über Mittelsmänner aus südafrikanischen oder russischen Quellen zu beschaffen (vgl. Kelle/Schaper 2001: 30-31).

Neben direkten Anschlägen mit radiologischen bzw. ABC-
Waffen werden bei den Sicherheitsbehörden auch Szenarien diskutiert, bei denen es sich um konventionelle Angriffe auf Ziele
handelt, bei denen im Ergebnis Chemikalien, Bakterien, Viren
oder Radioaktivität freigesetzt werden. Dazu zählen Anschläge
auf Anlagen der chemischen Industrie, auf medizinische bzw.
wissenschaftliche Labors oder auf Atomkraftwerke, die insbesondere in Ballungsräumen Zehntausende von Menschen in Mitleidenschaft ziehen können. Solche Überlegungen sind keinesfalls
abwegig: Bei der Planung des 11. September habe die Al-Qaida-
Führung nach Aussagen von Scheich Khalid Muhammad auch
über Attacken auf nukleare Anlagen diskutiert, diese Idee jedoch
relativ rasch verworfen (Fielding/Fouda: 2004: 130).

Was spricht nun aus der Sicht von Terroristen für oder gegen
den Einsatz unkonventioneller Mittel? Zunächst einmal muß
man nüchtern bilanzieren, daß bisher die empirische Basis mit
Blick auf durchgeführte unkonventionelle Terroranschläge überaus schmal ist. Laut Parachini (2003: 39-40) gab es nur vier signifikante, unkonventionelle Anschläge, die allesamt nicht das Ausmaß an Opfern größerer Sprengstoffattentate erreichten: den
oben erwähnten Salmonellenanschlag in den USA (1984), die Aktivitäten der Aum-Sekte (1994/95), die Anthrax-Briefe (2001);
hinzu kommt ein Anschlag der tamilischen LTTE (1990) auf eine
Armeebasis, bei dem Terroristen Chlorgas aus Containern einer
nahegelegenen Papierfabrik freisetzten. Diese Ereignisse – von
Experten eher als *low-technology*-Operationen eingeordnet –
verweisen auf die Schwierigkeiten, welche die meisten terroristischen Gruppen mit der Beschaffung entsprechender Materialien,
der Überwindung technologischer Probleme und dem Einsatz
von nichtkonventionellen Waffen haben dürften. Zwar kann man
davon ausgehen, daß Terroristen heute leichteren Zugang zum

technologischen Know-how und zu den notwendigen Materialien und Substanzen haben, als dies noch in den siebziger oder achtziger Jahren der Fall war. Dies hängt mit der besseren Verfügbarkeit von Informationen (etwa über das Internet), technologischen Fortschritten, die den Bau solcher Waffen (vor allem B- und C-Waffen) vereinfachen, und dem gestiegenen Risiko staatlicher und nichtstaatlicher Proliferation zusammen. Letzteres wurde nicht zuletzt durch den Zusammenbruch der Sowjetunion erhöht, deren umfangreiche ABC-Waffen-Programme erhebliche Sicherheitsmängel aufwiesen und die ein Waffenarsenal hinterließ, das auf mehrere Nachfolgestaaten verteilt wurde (vgl. Stern 1999: 87-106). Neben russischen werden auch immer wieder pakistanische oder indische Wissenschaftler verdächtigt, ihr Wissen an Dritte weitergegeben zu haben.[24] Die Folge ist ein lukrativer Schwarzmarkt für zuvor primär staatlich genutztes Know-how und Material, wobei auf diesem Markt nicht nur Wissenschaftler, Geschäftsleute und Schmuggler aktiv sind, sondern auch staatliche Akteure als Anbieter oder Nachfrager auftauchen und damit die internationalen Nichtverbreitungsregime unterlaufen.

Dennoch bestehen für Terroristen nach wie vor erhebliche Hürden bei der Herstellung, der Lagerung, beim Transport und beim Einsatz solcher Waffen bzw. waffenähnlicher Mittel: Wo sollen die Stoffe produziert und gelagert werden, wobei je nach Typ der Komplex an Produktions- und Lagerstätten stark variiert (z. B. Labors bei Bioterrorismus, größere Anlagen bei Nuklearterrorismus)? Sind die technischen Voraussetzungen für eine möglichst sichere Aufbewahrung der Substanzen und Materialien gegeben? Wie sollen sie transportiert und eingesetzt werden? Bedarf es spezieller Trägersysteme, um die Mittel zum Einsatz zu bringen? Und wenn ja, welche Träger sind notwendig (Raketen, Flugzeuge etc.)? Welche Risiken bestehen für die Attentäter selbst? Wie groß ist das potentielle Ausmaß der Zerstörung und wie sicher kann man sein, daß dieser Effekt mit den zur Verfügung stehenden Mitteln auch erreicht wird? Insbesondere der letztgenannte Punkt ist für die Gruppen nur schwer kalkulierbar,

---

24 Der prominenteste Fall ist der Pakistaner *Abdul Qadeer Khan*, der als »Vater der pakistanischen Atombombe« gilt und der 2004 wegen Nuklearschmuggel und illegalem Know-how-Transfer verhaftet wurde. Er soll insbesondere Libyen und Nordkorea bei ihren nuklearen Ambitionen unterstützt haben. Siehe dazu: Albright/Hinderstein (2005).

wie der Fall der Aum-Sekte illustriert, die offenbar ein weitaus größeres Schadensausmaß geplant hatte. Unter diesen Bedingungen dürften für die meisten Terrorgruppen die aufzuwendenden Kosten und möglichen Risiken nicht im Verhältnis zum potentiellen »Nutzen« stehen, selbst wenn sie in der Lage wären, einige der genannten technischen und logistischen Probleme zu lösen. Denn: In der Regel orientieren sich Terrorgruppen trotz aller Innovationen im Detail an Methoden, die sich als einigermaßen verläßlich und damit als »erfolgreich« erwiesen haben. In der Tat lassen sich mit herkömmlichen Methoden wie etwa Sprengstoffattentaten auf relativ zuverlässige, da tausendfach erprobte Weise die gewünschten medialen Effekte und auch, falls intendiert, eine hohe Zahl an Opfern erreichen. Hinzu kommt, daß die meisten Terrorgruppen auf leidlich »beherrschbare« Risiken setzen – dies gilt beispielsweise für ethnonationale oder sozialrevolutionäre Gruppen, die primär im eigenen Land Anschläge verüben und kaum ein Interesse an einer Verseuchung oder Verstrahlung ganzer Landstriche oder Stadtquartiere haben.

Gleichwohl gibt es Gründe, die aus Sicht von Terroristen für den Besitz und den Einsatz solcher Waffen sprechen, selbst wenn sie nicht zwangsläufig zu einer hohen Zahl von Opfern führen. Sie erweitern das Spektrum an taktischen Möglichkeiten und eröffnen insofern neue Handlungsspielräume. Sie können etwa als Mittel zur politischen Erpressung dienen. Sie können erhebliche ökonomische Schäden verursachen, und sie entfalten eine enorme psychologische Wirkung bis hin zu Panik und Massenhysterie. Letzteres gilt nicht zuletzt für den Bioterrorismus, wo bereits kleinere Dosen genügen dürften, um solche Effekte zu erreichen, wie nicht zuletzt die Anthrax-Briefe im Herbst 2001 zeigten, die weltweit zu einer Verunsicherung im Postverkehr bzw. bei Empfängern führten. Die Ausbreitung von Viren oder Bakterien ist eine schleichende, besonders heimtückische Gefahr, die man weder sehen noch hören kann und die sich damit entsprechend beunruhigend auf die menschliche Psyche auswirkt. Ihr Einsatz, selbst auf niedrigem Niveau, würde eine weitere Stufe der Eskalation und dramatischen Inszenierung von Terroranschlägen bedeuten, was – möglicherweise über Wochen und Monate – ein erhebliches internationales Medienecho garantiert.

Insofern kann die Nutzung von unkonventionellen Mitteln durchaus in das terroristische Kalkül passen – entweder weil Terroristen zu der Ansicht gelangt sind, daß sie ihre Ziele nicht mehr allein mit konventionellen Methoden erreichen können, oder aber weil sie die erwähnten Risiken und Nebenwirkungen solcher Mittel ohnehin kaum in Betracht ziehen, wie dies typischerweise für apokalyptische Sekten bzw. stark religiös motivierte Gruppen gilt. Darüber hinaus dürfte die Wahl dieser Mittel für Terroristen um so attraktiver werden, je mehr diese von der Gegenseite gefürchtet werden. Auf diese Weise könnten sich die in der Öffentlichkeit westlicher Staaten diskutierten *worst-case*-Szenarien zu einer sich selbst erfüllenden Prophezeiung werden. Für Terroristen, insbesondere für transnationale Akteure vom Typ Al-Qaida, ist jedenfalls offenkundig, daß bereits die theoretische Möglichkeit des WMD-Terrorismus zu nicht unerheblichen Kosten in jenen Staaten führt, die sich vor solchen Angriffen schützen wollen. Darunter fallen die Anschaffung und Lagerung von Impfstoffen, Investitionen in Zivil- und Strahlenschutz sowie verstärkte Maßnahmen zur Sicherung von öffentlicher Infrastruktur und Industrieanlagen. Allein die latente Gefahr des »catastrophic terrorism« hat bereits auf diese Weise politische und ökonomische Folgen, ohne daß Terroristen ihr Zerstörungspotential zwingend unter Beweis stellen müssen. Im Zweifelsfall – wie bislang bei Al-Qaida – genügen glaubhafte Drohungen, von Zeit zu Zeit untermauert durch größere konventionelle Anschläge.

Fazit: Ob und inwieweit transnationale Terroristen »mass casualty attacks«, zumal mit unkonventionellen Mitteln, verüben können, hängt von einer Reihe von kontingenten Faktoren ab und ist keinesfalls das Ergebnis einer zwangsläufigen Entwicklung. Die Basis für die operativen Fähigkeiten und damit für das Zerstörungspotential liegt dabei – wie bei jedem Gewaltakteur – in der Qualität der Infrastruktur, auf die sich die Organisationen stützen können. Im Unterschied zu traditionellen Terrorgruppen sind jedoch transnationale Netzwerke, um auf Dauer existieren und handlungsfähig bleiben zu können, darauf angewiesen, daß eine solche Infrastruktur überregional und möglichst global verfügbar ist. Benötigt wird eine Infrastruktur, die mit einer gewissen Verläßlichkeit folgende Bereiche abdeckt: *Anwerbung und Rekrutierung; Training, Schulung und Planung; Transitwege, Flucht- und Rückzugsräume; Kommunikation und Propaganda* sowie *Ressourcen und Finanzierung.*

IV. Infrastruktur

14. Anwerbung und Rekrutierung

Etablierte transnationale Terrornetzwerke werben Mitglieder und Helfer in allen Teilen der Welt an. Mehr oder minder systematisch bemühen sie sich darum, ein Sympathisantenumfeld zu pflegen, aus dem sie aktive Mitstreiter gewinnen können. Die professionalisierte Anwerbung und Rekrutierung geschieht über verschiedene Medien (z.B. Internetforen, Zeitschriften, CD-Rom, DVD, Videobänder) und vor allem durch Vorfeldorganisationen, bei denen sich einzelne als »Anwerber« und Propagandisten für den Dschihad betätigen. Sie stellen die notwendigen Kontakte her, um potentielle Rekruten an entsprechende Spezialisten (»Ausbilder«) der Terrororganisationen weiterzuvermitteln, die letztlich über Eignung und Verwendung der Neuzugänge entscheiden bzw. der jeweiligen Führung entsprechende Vorschläge machen.

Eine entscheidende Rolle spielen hierbei islamistische Einrichtungen, vor allem die bereits erwähnten extremistischen Religions- und Koranschulen, in denen junge Männer mit den geistigen Grundlagen der Dschihad-Ideologie vertraut gemacht werden. Diese Einrichtungen ziehen vor allem »Studenten« oder »Schüler« an, die sich politisch oder wirtschaftlich marginalisiert sehen und/oder das eigene Regime als »unislamisch« bzw. »pro-westlich« ablehnen. Der Besuch solcher Schulen, Begegnungsstätten oder »Gästehäuser« bietet den Jugendlichen oder jungen Männern die Möglichkeit, sich von ihren familiären Bindungen bzw. ihrem soziokulturellen Umfeld zu lösen und sich einer neuen Gemeinschaft anzuschließen. Dies gilt in besonderer Weise für jene, die ohnehin aufgrund von eigenen oder elterlichen Migrationserfahrungen »entwurzelt« sind und in der Hinwendung zum radikalen Islam eine Art »Rückbesinnung« auf ursprüngliche, in der »Fremde« verlorengegangene Werte sehen. Hier mag die Anfälligkeit für islamistische Zerrbilder und die Wirkungen sogenannter »Haßprediger« besonders groß sein. Dabei lassen sich bestimmte Muster erkennen: Mit Blick auf die muslimische Diaspora in Europa und Nordamerika haben sich in der Vergangenheit etwa wiederholt Moscheen oder Kultureinrichtungen in

Mailand, Montreal, Madrid, Hamburg, Brooklyn oder London als Zentren für die Anwerbung erwiesen (vgl. Sageman 2004: 142-143). Insbesondere die britische Hauptstadt gilt als Hochburg islamistischer Strömungen in Europa, nicht zuletzt weil eine Reihe von Oppositionellen und radikalen Imamen, die in ihrer Heimat Verfolgung ausgesetzt waren, hier Zuflucht fanden. 1994 wurde beispielsweise das *Advice and Reformation Committee* gegründet, das sich für ein islamistisches Regime in Saudi-Arabien einsetzte und gleichzeitig von Bin Ladens Netzwerk für Propaganda- und Fundraisingzwecke genutzt wurde. Daneben konnten über längere Zeit »Haßprediger« – unter dem Schutz der Meinungsfreiheit – relativ unbehelligt in einzelnen Moscheen agieren, die drei bekanntesten sind der Syrer *Umar Bakri Muhammad* (geistiger Führer der Gruppe *Al-Muhajirun*), der Ägypter *Abu Hamza al-Masri* (Begründer von *Ansar al-Shari'a*) und der Jordanier *Abu Qatada*, dem Kontakte zu diversen islamistischen Gruppen in Europa nachgesagt werden. Ihre Ansprachen wurden auch auf Videos und DVD vertrieben, sie dienten offenbar auch Al-Qaida-Zellen als ideologische Stütze; so wurden zum Beispiel bei der Hamburger Zelle entsprechende Videobänder von Abu Qatada gefunden.[1] London spielt insofern eine Schlüsselrolle bei der Verbreitung von aggressiver Propaganda, sei es über Predigten, Konferenzen, Flugschriften, Internetseiten oder Verlage. Darüber hinaus bietet sich die Metropole als internationaler Kontakt- und Treffpunkt an, da sich hier verschiedene islamistische Kreise – Araber aus der Golfregion, Nordafrikaner und Pakistanis – überlappen. Gleichzeitig werden durch Anwerber gezielt Versuche unternommen, Freiwillige unter den britischen Muslimen, gerade auch unter Studenten, zu rekrutieren und diesen dann Aufenthalte in Pakistan oder in der Golfregion zur weiteren Radikalisierung zu vermitteln.[2]

Denn: In anderen Weltregionen ist das Potential solcher Ein-

---

1 Siehe dazu: Stephen Ulph: »Londonistan«, *Terrorism Monitor* (Jamestown Foundation), 1, 12 (25. 2. 2004), 1-4.
2 Der Geheimdienst MI 5 schätzt die Zahl der militanten Islamisten in Großbritannien auf rund 16 000. Nach den Anschlägen von London (2005) wurde ein Dossier des Innenministeriums vom Mai 2004 veröffentlicht, in dem auf systematische Versuche zur Rekrutierung an britischen Universitäten und Colleges hingewiesen wurde, genutzt werden dabei offenbar die diversen ethnischen oder religiösen Studentenclubs. Siehe: »Leaked No. 10 dossier reveals Al-Qaeda's British recruits«, *The Times*, 10. 7. 2005.

richtungen noch weitaus größer als in der westeuropäischen Diaspora. Den transnationalen, islamistischen Netzwerken kommt dabei entgegen, daß Religions- und Koranschulen in einigen Schlüsselländern der islamischen Welt seit Jahrzehnten die Lücken des maroden staatlichen Bildungswesens füllen. Sie sind für die Schüler in der Regel kostenlos und über Spenden finanziert, bieten oftmals freie Kost und Logis an und sind daher gerade für mittellose Flüchtlinge oder Söhne aus unteren Bevölkerungsschichten attraktiv. Dies läßt sich an der Entwicklung in Pakistan illustrieren: Nach Schätzungen soll rund ein Drittel aller Kinder sogenannte *Madrassen* besuchen. Existierten bei der Staatsgründung nur knapp über 100 Religionsschulen, stieg deren Zahl bis heute auf über 10 000 an. In ihnen werden 1 bis 1,7 Millionen Schüler (bis 18 Jahre) unterrichtet. Allerdings gehören die Schulen unterschiedlichen, teilweise konkurrierenden und sich bekämpfenden Richtungen des Islam an. Etwa 10 bis 15 Prozent der Schulen werden extremistischen, gewaltbereiten Gruppierungen zugerechnet (ICG 2002a: 2). Der Gründungsboom Ende der siebziger Jahre wurde vor allem durch den Afghanistankrieg befördert. Einerseits fanden afghanische Flüchtlinge Aufnahme in diesen Einrichtungen, andererseits wurden sie gezielt für die Rekrutierung von Kämpfern aus aller Welt genutzt. Die prominentesten Absolventen solcher Schulen waren sicherlich die Taliban um *Mullah Omar*, die von Pakistan aus in den afghanischen Bürgerkrieg eingriffen.[3] Während des Krieges wurden die zumeist in Grenznähe angesiedelten Schulen auch von Geheimdiensten und als Verteilerstelle für pakistanische und US-amerikanische Gelder genutzt.[4] Diese Infrastruktur wurde nach dem Ende der sowjetischen Besatzung in Afghanistan von den radikalen Gruppierun-

---

3 Die Taliban wurden vor allem in den Schulen der militanten pakistanischen Gruppierung Jamiat-e-Ulema Islam (JUI) ausgebildet; vgl. ICG (2002a: 11). Seit Mitte der neunziger Jahre sollen zudem rund 60 000 Pakistaner, drei Viertel davon in Koranschulen ausgebildet, auf seiten der Taliban in Afghanistan gekämpft haben; vgl. Rashid (2001).

4 Mit Hilfe der US-Entwicklungsagentur USAID wurde zwischen 1984 und 1994 unter anderem die Erstellung von Dschihad-Lehrbüchern in Dari und Paschtun finanziert (Kosten: 51 Millionen US-Dollar), die am Zentrum für Afghanistan-Studien an der Universität Nebraska-Omaha entstanden waren. Insgesamt sollen über 13 Millionen Exemplare in afghanischen Flüchtlingslagern und pakistanischen Koranschulen verteilt worden sein (ICG 2002a: 13).

gen und Netzwerken weiter genutzt und ausgebaut. Galten die Einrichtungen bereits damals schon als Anlaufstellen für militante Ausländer, waren nach offiziellen Angaben bis Anfang 2002 noch immer rund 35 000 ausländische Studenten, davon die Hälfte aus arabischen Staaten, in pakistanischen Madrassen oder islamischen wohltätigen Organisationen aktiv (ICG 2002a: 23). Seit mehreren Jahren bemüht sich zwar die pakistanische Regierung, Koranschulen stärker zu regulieren und zu kontrollieren, um die Vermittlung extremistischer und gewaltverherrlichender Lehren einzudämmen; bisher hatte sie damit jedoch nur mäßigen Erfolg.

Ähnliche Strukturen lassen sich im Jemen oder in Indonesien nachzeichnen – zwei wichtige Rekrutierungsländer für Al-Qaida bzw. Jama'a Islamiyya. Im Nordjemen begann der Ausbau salafistischer, von Saudi-Arabien finanzierter Religionsschulen bzw. -institute (*ma'ahid ilmiyya*) ebenfalls Ende der siebziger Jahre, begünstigt durch die faktische Abwesenheit eines staatlichen Schulsystems. Nicht selten dienten die Religionsschulen jedoch in dieser Phase auch als Anlaufstellen und zur Vorbereitung für Afghanistankämpfer, aber auch für jene, die gegen die »Ungläubigen« im eigenen Land kämpften, konkret gegen die Sozialisten des Südjemen. In den neunziger Jahren stieg die Zahl dieser Schulen weiter an, nicht zuletzt aufgrund des Zustroms der Rückkehrer aus Afghanistan. Im Jahr 1990 sollen allein 8000 Jemeniten aus Afghanistan zurückgekehrt sein. Ihre Zahl stieg bis zum Ende der Dekade auf 50 000 an, darunter auch zahlreiche Nicht-Jemeniten (ICG 2003a: 9). Regionale Schwerpunkte sind die dünnbesiedelten, an Saudi-Arabien grenzenden Provinzen Ma'arib und Sa'da. Hier befinden sich eine Reihe von einflußreichen, salafistischen Religionsinstituten, denen Kontakte zu radikal-islamistischen Kreisen nachgesagt werden.[5] Ihre Zahl wird auf 400 geschätzt, die Zahl der Studenten auf 250 000. Ein Beleg für den Einfluß von Extremisten mag die Tatsache sein, daß diese Institute teilweise von

---

5 Nach offiziellen Angaben unterhält allein die vergleichsweise moderate Islah-Partei (Reformpartei), bis 1997 Koalitionspartner des regierenden Allgemeinen Volkskongresses, rund 1400 private Religionsinstitute mit einem Jahresbudget von circa 80 Millionen US-Dollar und rund einer halben Million Schülern. Seit Mai 2001 stehen diese Schulen formal unter staatlicher Aufsicht; siehe dazu: »Schlag gegen die Islamisten im Jemen«, *Neue Zürcher Zeitung*, 17. 5. 2001, 4.

der saudischen Al-Haramain-Stiftung finanziert werden, die seit 2001 im Verdacht steht, Kontakte zum Al-Qaida-Netzwerk zu unterhalten. Nach 9/11 reagierte die Regierung auf diese Situation, indem sie Hunderte von ausländischen Studenten des Landes verwies, allein 70 Studenten eines Instituts in Ma'arib verhaftete und vorübergehend die Al-Iman Universität in Sanaa schloß (vgl. Glosemeyer 2003: 27-29).

In Indonesien wird die Zahl der Koranschulen (*pesantren* oder *pondoks* genannt) auf über 14 000 geschätzt. Davon ist zwar nur ein Bruchteil als radikal einzustufen, doch genau sie bildeten in der Vergangenheit wichtige Keimzellen für das Netzwerk der Jama'a Islamiyya. Ausgangspunkt war die *Pondok Ngruki* (auch als *Pesantren al-Mukmin* bekannt) auf Solo. Daneben gelten Schulen wie *Al-Muttaqien*, *Dar us-Syahadah* (beide in Zentraljava) und *Pesantren al-Islam* (Ost-Java) als zentrale Rekrutierungseinrichtungen für JI. Darüber hinaus bestehen offenbar persönliche Kontakte, oftmals über den Austausch von Lehrern, zu diversen Netzwerken von Schulen, wie etwa dem *Hidayatullah-Netzwerk*, dem über 120 Pesantren angehören und dessen Zentrum sich in Ost-Kalimantan befindet (vgl. ICG 2003c: 26-27).

Die Rekrutierung über Religions- bzw. Koranschulen bietet für transnationale Netzwerke eine Reihe von Vorteilen. Die Schulen übernehmen die Vorauswahl und sorgen für einen relativ regelmäßigen Zustrom von Kandidaten. Die Terrorgruppen können insofern auf ein Reservoir bereits ideologisch gefestigter junger Männer zurückgreifen und sich die für den aktiven Kampf geeigneten Rekruten aussuchen. Dabei sind die persönlichen Kontakte der Schüler untereinander (z. B. Bildung von »Alumni-Netzwerken«) bzw. zwischen Lehrern und Schülern für die weitere Netzwerkbildung von zentraler Bedeutung. Ferner bieten diese Schulen den radikalisierten Absolventen einen gesellschaftlichen Rückhalt und bilden Sympathisantenkreise heran, die vor allem ideologisch und propagandistisch aktiv werden und damit den Kampf der Militanten auf ihre Weise unterstützen. Der wichtigste Punkt ist jedoch: Die Heranziehung und Rekrutierung geeigneter Kandidaten entzieht sich effektiver staatlicher Kontrolle, sondern findet teilweise – wie die Beispiele zeigen – faktisch unter staatlicher Duldung statt, da der Staat selbst im Bildungs- und Erziehungssystem keine oder nur wenig Alternativen zu bieten hat.

15. Training und Schulung

Transnationale Terroristen benötigen Orte und Räumlichkeiten für Trainings- und Schulungszwecke. Ideal sind dafür abgelegene Regionen, die nicht oder nur begrenzt staatlicher Kontrolle unterliegen (*no go areas*): abgelegene Bergregionen, versteckte Täler, Archipele, Wüstengebiete oder gar – wie im Falle Al-Qaidas – Höhlensysteme. In manchen Fällen spielten auch Wohnungen oder Wohnkomplexe in schwer kontrollierbaren Stadtvierteln in Großstädten (z. B. Manila, Karatschi, Rawalpindi, Jakarta, Kairo, Riad, Istanbul) eine Rolle, wo Zellen und Kommandos unterrichtet und auf eine konkrete Aufgabe vorbereitet werden können. Bei den Anschlägen von Casablanca (16. 5. 2003) nutzten die Terroristen beispielsweise das Viertel *Karian Toma* für ihre Vorbereitungen – ein von der Polizei kaum kontrollierter Slum am Rande der Stadt. Für ihre Operation genügte ein Gemüselager als Treffpunkt und Schulungsraum für die ideologische Ausbildung, ein kleines Trainingscamp in der näheren Umgebung sowie einige aus dem Internet heruntergeladene technische Informationen für den Bau von Bomben (Kalpakian 2005: 115).

Um jedoch größere Anlagen und Lager unterhalten zu können, in denen Hunderte und Tausende ausgebildet werden sollen, sind jene Gebiete besonders attraktiv, die weitgehend von lokalen Kriegsherren, kriminellen Banden oder von traditionellen Clans und Stämmen beherrscht werden, die im Austausch gegen Geld oder Waffen bereit sind, entsprechende Trainingslager auf ihrem Terrain zu dulden. Im Laufe der neunziger Jahre fanden sich solche Gebiete vor allem in Ländern wie Afghanistan, Pakistan, Georgien, Jemen, Algerien, Somalia oder Tadschikistan. Ferner unternahm die Al-Qaida-Führung noch in jüngerer Zeit Anstrengungen, neue Stützpunkte im muslimischen Norden Nigerias, in der Sahelzone sowie in Ostafrika (Kenia, Tansania) zu errichten.[6] Darüber hinaus nutzen transnationale Netzwerke immer wieder die Infrastruktur lokaler Terrorgruppen für ihre eigenen Ausbildungszwecke – beispielsweise in Pakistan, auf den Philippinen, in Indonesien, im Kaukasus, in Zentralasien, im Libanon oder, verstärkt seit 2003, im Irak, wie nicht zuletzt die Ak-

---

6 Diese Angaben gehen auf Aussagen des im Juli 2004 verhafteten Terroristen Ahmed Khalfan Ghailani zurück, der an den Botschaftsattentaten von 1998 beteiligt gewesen sein soll; vgl. United Nations (2005: 6).

tivitäten des Zarqawi-Netzwerkes belegen. Im Gegenzug stellen die transnationalen Terroristen zumeist erfahrene Ausbilder zur Verfügung bzw. tragen zur Finanzierung der Einrichtungen bei.

Diese Muster lassen sich mit einer Reihe von Beispielen belegen: Den Ausgangspunkt für das Al-Qaida-Netzwerk bildete die Etablierung und der Ausbau von Trainingscamps und »Gästehäusern« in Afghanistan und Pakistan in den achtziger und neunziger Jahren. Neben Azzam und Bin Laden gab es damals noch weitere, die sich an dem Aufbau dieser Infrastruktur beteiligten, darunter der afghanische Islamist *Abdul Rab Rasul Sayyaf*, einer der wichtigsten Führer und Kriegsherren im Widerstandskampf gegen die sowjetischen Invasoren.[7] Finanziert aus saudischen Quellen, gründete er mehrere Lager zunächst in Pakistan und später auch in Afghanistan, darunter eine eigene »Hochschule« (*Dawal al-Jihad*) in der Nähe von Peshawar. In diesen Einrichtungen wurden Tausende von Rekruten aus Nordafrika, der Golfregion oder aus Südostasien im Guerillakampf bzw. in Techniken des Terrorismus ausgebildet, die entweder bereits diversen Gruppen angehörten oder später eigene bildeten.[8] Auch der Gründer des transnationalen Netzwerkes Jama'a Islamiyya, Abdullah Sungkar, entsandte jedes Jahr Rekruten zur Ausbildung in die Sayyaf-Lager. Insgesamt dürften dort etwa 250 bis 300 JI-Kämpfer trainiert worden sein, darunter 1987 auch einer ihrer prominentesten Köpfe, Riduan Isamuddin (genannt Hambali) (vgl. ICG 2003c).

Was während des Afghanistankrieges begonnen hatte, setzte sich unter der Taliban-Herrschaft (ab 1996) fort: Al-Qaida unterhielt bis zur US-Intervention im Oktober 2001 vor allem im Osten des Landes rund um die Städte Khost, Jalalabad und Kunar zahlreiche Einrichtungen – von »Gästehäusern« bis hin zu großräumigen Übungsplätzen für die Ausbildung an schweren Waf-

---

7 Sayyaf stand seit Anfang der achtziger Jahre in Kontakt mit Bin Laden, der spätere Al-Qaida-Kommandeur Scheich Khalid Muhammad war einer seiner engen Mitarbeiter. 1992 wurde Sayyaf afghanischer Innenminister unter Präsident Rabbani. Ab 1996 kämpfte er gegen die Taliban auf seiten der Nord-Allianz um Ahmed Shah Massud und brach schließlich mit Bin Laden. 2002 übernahm er einen Sitz in der Loya Dschirga; vgl. Fielding/Fouda (2003: 102-105).

8 Auf diese Weise wurde Sayyaf auch zum Namenspatron für die philippinische Terrorgruppe *Abu Sayyaf*, die 1991 vom Sayyaf-Schüler *Abdurajak Janjalani* begründet wurde; vgl. Fielding/Fouda (2003: 103).

fen. Doch auch nach dem Sturz der Taliban sind laut Presseberichten untergetauchte oder geflüchtete Al-Qaida-Leute in
Afghanistan wieder aktiv geworden und bemühen sich um die Errichtung neuer Basen. Eine wesentliche Rolle spielt dabei das
pakistanisch-afghanistanische Grenzgebiet, vor allem die Region
um Peshawar, von wo Al-Qaida seinen Ausgang genommen
hatte. Darüber hinaus bestehen zahlreiche Trainingscamps ent-
lang der pakistanisch-indischen Grenze östlich von Islamabad
rund um die Städte Oghi, Battal, Abbottabad, Jhelum, Lahore
und Shekhupura.[9] Diese Camps werden zwar in erster Linie von
kaschmirischen Gruppen genutzt, in ihnen wurden aber auch
arabische Kämpfer ausgebildet, weshalb seit Jahren Kontakte zu
Al-Qaida bzw. zu nahestehenden Gruppen bestehen. Teilweise
waren auch Al-Qaida-Ausbilder in diesen Lagern tätig.

Ab Mitte der neunziger Jahre fungierten zudem die Trainingslager der *Moro Islamic Liberation Front* (MILF) im muslimisch
geprägten Süden der Philippinen als zentrale Drehscheibe für
Hunderte von Kämpfern aus Afghanistan, Pakistan, Indonesien
und der arabischen Halbinsel, wobei wiederum ein Teil der Ausbilder aus der arabischen Welt stammte. Die philippinische Armee sprach sogar von mehreren hundert ausländischen Ausbildern (Abuza 2002: 438). Insgesamt soll die MILF 46 Trainingseinrichtungen auf Mindanao bzw. dem Sulu-Archipel unterhalten
haben. Insbesondere das aus mehreren Trainingscamps bestehende MILF-Hauptquartier *Abu Bakr*, an der Grenze der Provinzen Maguindanao und Lanao del Sur gelegen, galt als einer der
wichtigsten Trainingsorte für diverse Terrorgruppen. Das Netzwerk Jama'a Islamiyya verfügte über eine eigene Anlage im Abu-
Bakr-Komplex (*Camp Hudaibiyah*), die in kleinere Lager unterteilt war, in denen die Rekruten nach ihrer regionalen Herkunft
getrennt wurden (*Camp Solo, Camp Baten, Camp Sulawesi*). Im
Juli 2000 eroberte die philippinische Armee in einer Offensive die
Lager und zerstörte die meisten Einrichtungen, darunter eine
Moschee (vgl. Davis 2002). Die Aktivitäten von JI-Mitgliedern
verlagerten sich daraufhin verstärkt nach Indonesien, vor allem
auf die südlich von Mindanao gelegenen Inselgruppen Sulawesi
und Molukken, wo örtliche Gruppen wiederum entsprechende

9 Das indische Institute for Conflict Management (www.satp.org) registrierte
in den neunziger Jahren mehr als 70 solcher Trainingslager.

Lager unterhalten (Bolte/Möller/Rzyttka 2003: 41).[10] Daneben nutzte das JI-Netzwerk Trainingscamps in Pandeglang/Banten, das im September 2001 von der Armee gestürmt wurde, in Maliming/Banten oder auf West-Java. Zumeist handelte es sich allerdings nur um einzelne Häuser und sehr kleine Trainingseinrichtungen für 10 bis 20 Rekruten (ICG 2002c: 22).

Zumindest in der Vergangenheit haben sowohl lokale als auch transnationale Terrorgruppen Camps auch im Sudan, in Tadschikistan und in Tschetschenien unterhalten. Der Sudan stellte mit Billigung der Regierung bis 1996, als Bin Laden schließlich das Land verlassen mußte, eine wesentliche Basis für Al-Qaida dar. Im Mai 2003 häuften sich Presseberichte, wonach Al-Qaida angeblich über ein neues Trainingscamp im Westsudan verfüge. Die Regierung nahm daraufhin zahlreiche Ausländer, zumeist aus Saudi-Arabien, fest und verwies sie des Landes.[11] Im Norden Tadschikistans nutzte Ende der neunziger Jahre die Organisation *Islamic Movement of Uzbekistan* (IMU) die Möglichkeiten, die ihnen der durch den Bürgerkrieg zerfallende Staat bot, und etablierte dort ihre Basis, von der auch andere Akteure profitierten. Die IMU gilt als enger Verbündeter von Al-Qaida, zumal sie bis zum Oktober 2001 auch im Norden Afghanistans aktiv war und dort Stützpunkte unterhielt (vgl. Szayna/Oliker 2003: 31-34).

Tschetschenien und benachbarte Gebiete waren insbesondere in der Zeit zwischen den beiden Kriegen von 1996 und 1999 ein Anlaufpunkt für diverse islamistische Dschihad-Gruppen. Am bekanntesten wurde der mehrere Quadratkilometer große Ausbildungskomplex in der Nähe des Ortes Sershen-Jurt östlich von Grosnyi (vgl. Hassel 2003: 40-41, Clarke et. al. 2005: 68-69). Dabei handelte es sich um ein ehemals sowjetisches Kindererholungslager, das zur Lehrstätte für den Guerilla- und Terrorkampf umfunktioniert wurde. Gegründet und geleitet wurde die Einrichtung vom saudischen Afghanistanveteranen *Ibn al-Khattab*, der als Verbindungsmann zu Al-Qaida und Bin Laden galt. Er wurde im März 2002 durch einen Giftanschlag getötet, der auf das

---

10 Bereits im Juni 2000 sollen auch Abgesandte der Al-Qaida-Führung Interesse an den Einrichtungen auf den Molukken gezeigt haben; vgl. Davis (2002: 23).

11 Daneben sollen, teilweise bis heute, die Hizbullah sowie ägyptische oder palästinensische Gruppen Einrichtungen im Sudan unterhalten. Siehe dazu: United States Institute of Peace (2004: 14-15).

Konto des russischen Geheimdienstes FSB ging.[12] In seinen Lagern wurden nach Schätzungen Tausende von Kämpfern aus islamischen Ländern praktisch und ideologisch geschult. Im Gegenzug exportierten arabische Ausbilder die Dschihad-Ideologie und eine strenggläubige Lebensweise sowie das andernorts erworbene Know-how nach Tschetschenien. Sie waren vermutlich beim Aufbau von Selbstmordkommandos behilflich, die erstmals im Jahre 2000 in Erscheinung traten.

Diese Anekdoten machen deutlich, daß transnationale Netzwerke vom Typ Al-Qaida bis Ende der neunziger Jahre – ungeachtet regionaler Schwerpunkte – über ein weitgespanntes Netz an Trainingscamps und ähnlichen Einrichtungen verfügten, das auf ständige Expansion angelegt war. Diese Dezentralisierung der eigenen Infrastruktur, die sich nach der US-Invasion in Afghanistan weiter verstärkt haben dürfte, schuf eine Flexibilität, die es erlaubte, den Wegfall von Lagern rasch durch neue Möglichkeiten andernorts zu kompensieren. Dennoch gelang es, in den Lagern weitgehend einheitliche Standards in der ideologischen Schulung, in der para-militärischen Ausbildung, in taktischen Fragen und beim technischen Know-how zu gewährleisten (vgl. Gunaratna 2002: 70-76). Dazu dienten nicht nur die weitgereisten »Ausbilder«, die zumeist aus dem Zentrum der Bewegung stammen, sondern auch die zunächst in gedruckter Form verbreiteten, später auf CD-Rom und im Internet verfügbaren Pamphlete, Handbücher und Lehrmaterialien, die heute letztlich an jedem Ort der Welt abrufbar sind und potentiell jeder Gruppierung, jeder Zelle oder jedem Kommando des Netzwerkes ein ähnlich gelagertes Wissen zu Verfügung stellen.

Bis heute gilt für Al-Qaida und andere Netzwerke die 7000 Seiten starke *Encyclopaedia of the Afghan Jihad* als grundlegendes Lehrwerk, in dem vor allem ägyptische und saudische Autoren im Laufe mehrerer Jahre die Erfahrungen des Afghanistankrieges zusammengetragen haben, um sie für Guerillakampf und Terro-

---

12 Russische Quellen hatten al-Khattab zunächst für einen Jordanier gehalten und auch einen falschen Geburtsnamen verbreitet. Sein Nachfolger *Abu al-Walid Al-Ghamidi*, ebenfalls ein saudischer Staatsbürger, wurde später bei Gefechten mit der russischen Armee getötet. Seitdem sollen die arabischen Kämpfer in Tschetschenien von *Abu Hafs* geführt werden. Siehe dazu: Murad Al-Shishani, »Abu Hafs and the Future of Arab Fighters in Chechnya«, *Terrorism Monitor* (Jamestown Foundation), 3, 7, 7. 4. 2005.

rismus andernorts zu nutzen. Das Werk erschien in einer gedruckten Version erstmals 1996 auf Arabisch, seit 1999 existiert auch eine CD-Rom; spätestens seit 1997 dürfte sie westlichen Geheimdiensten bekannt sein. In der Enzyklopädie wird folgenden Themen jeweils ein eigener Band gewidmet: Taktische Fragen; Sicherheit und *intelligence*; Handfeuerwaffen; Erste Hilfe; Explosionsmittel und -formen; Granaten und Minen; gepanzerte Fahrzeuge; Herstellung von Waffen und Sprengstoff; Topographie; allgemeine Waffenkunde sowie, in einer späteren Ausgabe hinzugefügt, chemische und biologische Kriegsführung (mit einer separaten CD). Die globale Reichweite wird nicht zuletzt daran deutlich, daß jede Art von Gelände und Umfeld behandelt wird, ob nun Stadt, Land, Dschungel-, Gebirgs- oder Wüstenregionen. Die Bände, die jeweils mit einer Danksagung unter anderem an Abdullah Azzam und Bin Laden versehen sind, dienen primär als Lehrmaterial für die Ausbilder und Trainer.

Speziell für terroristische Operationen nutzte das Al-Qaida-Netzwerk ein weiteres Handbuch mit dem Titel *Declaration of Jihad against the Country's Tyrants (Military Series)*, das 1993/94 von Mitgliedern der ägyptischen Terrororganisationen verfaßt wurde. Es enthält auf 180 Seiten, unterteilt in 18 Lektionen, das Know-how des Terrorismus – von den erforderlichen charakterlichen Eigenschaften der Täter über Bomben- und Giftattentate bis hin zu Geiselnahmen und Foltermethoden.[13] Je nach Einsatzform, für die der einzelne ausgebildet werden soll, differieren in der Regel die »Kursangebote« in den Trainingscamps: Der »Grundkurs« konzentrierte sich vor allem auf die Strategie und Taktik des Guerillakampfes sowie auf paramilitärisches Training; »Kurse für Fortgeschrittene« vermittelten Kenntnisse über den Gebrauch von Sprengstoff, den Umgang mit schweren Waffen oder die Vorbereitung und Planung von Anschlägen; die »Spezialkurse« widmen sich der Fälschung von Papieren, Spionage und Gegenspionage sowie der psychologischen Vorbereitung auf Selbstmordattentate. Hinzu kommen in jedem Fall eine ideologische Schulung und das Studium des Islam, darunter vor allem die

13 Ein Exemplar des Handbuchs wurde im Mai 2000 erstmals von westlichen Diensten in Manchester/Großbritannien sichergestellt und als Beweismaterial im New Yorker Prozeß zu den Anschlägen auf die US-Botschaften in Kenia und Tansania (1998) genutzt; siehe dazu: »Anleitung für den erfolgreichen Terroristen«, *Süddeutsche Zeitung*, 19. 6. 2001, 2.

Lehre des Dschihad, islamisches Recht, islamische Geschichte und Politik sowie der Umgang mit »Ungläubigen«. Neben diesen Standardwerken kursieren im Internet diverse Online-Magazine, Newsletter oder auch Videobeiträge, die sich mit den Methoden und Taktiken des »heiligen Krieges« befassen und gezielt zu Ausbildungs- und Lehrzwecken entwickelt werden.

16. Transitwege, Flucht- und Rückzugsräume

Transnationale Terroristen sind auf zuverlässige Transit- und Versorgungswege angewiesen – dies gilt nicht zuletzt bei der Vorbereitung und Durchführung von Anschlägen. Gleichzeitig benötigen sie auch Möglichkeiten zur Flucht, zum Unterschlupf und zum Rückzug, um für längere Zeit abzutauchen und sich gegebenenfalls neu zu organisieren. Für beide Bereiche bedarf es einer spezifischen Logistik und entsprechender Spezialisten, die die Reise- bzw. Fluchtrouten planen, Fahrzeuge beschaffen, gegebenenfalls Schiffe chartern, vor Ort die Unterbringung von Operateuren und Attentätern organisieren sowie Papiere, vor allem Ein- und Ausreisedokumente (Visa, Pässe, etc.), beschaffen und fälschen. Ob Transit- oder Fluchtwege – in beiden Fällen profitieren die Terrornetzwerke in zahlreichen Ländern von einer Kombination aus krimineller »Schattenökonomie«, weitverbreiteter Korruption bei staatlichen Stellen sowie von kaum oder nicht kontrollierbaren Landesgrenzen (z. B. Gebirgs- oder Küstenregionen), wie dies für das Horn von Afrika, die Sahelzone, das saudisch-jemenitische Grenzgebiet, den Kaukasus und Zentralasien oder Teile Süd- und Südostasiens gilt.

Mit Blick auf Transit- und Versorgungswege müssen vor allem zwei Funktionen sichergestellt werden: Zum ersten ist es notwendig, daß sich die Angehörigen der Netzwerke relativ leicht und ungehindert rund um den Globus bewegen können, um Botschaften und Aufträge zu übermitteln, Erkundigungen einzuholen, Kontakte zu pflegen und konkrete Pläne in die Tat umzusetzen. Dies gilt in besonderem Maße für jene Operateure, die als Bindeglied zwischen der Führungsebene und lokalen Zellen für die Koordination von Anschlägen verantwortlich sind. Zum zweiten muß der sichere Transport von Material (z. B. Sprengstoff, Waffen, Lehrbücher) und von Ressourcen (z. B. Bargeld,

Gold, Diamanten) gewährleistet sein. Beispielsweise wird vermutet, daß die Al-Qaida-Führung noch vor oder während der US-Intervention Vermögenswerte (Gold) aus Afghanistan über Karatschi per Seeweg nach Dubai und, möglicherweise, weiter in den Sudan geschmuggelt hat.[14]

Für Al-Qaida war und ist für diese Zwecke das afghanisch-pakistanische Grenzgebiet von besonderer Bedeutung. Dort existiert schon seit Jahrzehnten keine Zollgrenze mehr, weshalb die Region ein Tummelplatz für Schmuggler und Drogenbarone geworden ist. Um die Lage zu charakterisieren: Dem pakistanischen Staat entgehen jährlich geschätzte 600 Mio. US-Dollar an Einnahmen, da sich der Transithandel nach Afghanistan weitgehend staatlicher Kontrolle entzieht (Wilke 2003: 22). Nicht selten werden auch Verbindungen zu einzelnen Personen innerhalb von Diaspora-Gemeinschaften genutzt, um als lokale Stützpunkte und Drehscheiben für Transit- und Logistikaufgaben zu dienen. Beispiele dafür sind die jemenitische Diaspora in Ostafrika im Falle von Al-Qaida-Aktivitäten oder die libanesische bzw. palästinensische Diaspora in Westafrika bzw. in Lateinamerika im Falle der Hizbullah und anderer, hier vor allem die schwer kontrollierbare Grenzregion zwischen Brasilien, Argentinien und Paraguay (*triborder area*).[15] Ferner bedienen sich transnationale Netzwerke auch bestehender Schmuggel- und Schleuserpfade, unregulierter Häfen und Umschlagplätze (z. B. Batam-Insel vor der Küste Singapurs) oder Routen, die traditionell von Arbeitsmigranten oder von Diaspora-Gemeinschaften genutzt werden, beispielsweise in Südostasien (Malaysia-Philippinen-Indonesien) oder zwischen Pakistan und der arabischen Halbinsel. In Südostasien soll Jama'a Islamiyya vor allem Sumatra als Transitregion nutzen, ebenso wie die Inseln Sangihe-Talaud als Verbindung zwischen dem philippinischen Mindanao und dem indonesischen Sulawesi (ICG 2002c: 6).

Darüber hinaus sind für Al-Qaida wichtige Transitländer vor allem der Jemen als Brücke zwischen Afghanistan/Pakistan und

---

14 Siehe dazu: »Qaeda's Gold: Following the Trail to Dubai, *International Herald Tribune*, 18. 2. 2002, »Qaeda and Taliban Send Gold to Sudan«, *International Herald Tribune*, 4. 9. 2002.

15 Es handelt sich primär um die Grenzstädte Puerto Iguazu (Argentinien), Foz do Iguazu (Brasilien) und Ciudad del Este (Paraguay); vgl. Montoya (2001), Gunaratna (2002: 164-166).

Ostafrika sowie Dschibuti und Somalia als Durchgangsstationen Richtung Sudan, Äthiopien oder Kenia, wobei die somalischen Häfen (Puntland, Mogadischu und Kismaayo) und Flughäfen als zentrale Umschlagplätze vor allem für Waffen aller Art gelten. Diese Versorgungsrouten bewährten sich nicht zuletzt bei den Anschlägen in Mombasa (Kenia) im November 2002: Nach Erkenntnis von UN-Experten schmuggelten die Terroristen Sprengmaterial und Waffen, darunter zwei tragbare Boden-Luft-Raketen vom Typ Strela-2, vom Jemen über Somalia nach Kenia; zur Tarnung nutzten sie Fischerboote und den weitgehend unregulierten Fischhandel in der Region (United Nations 2003c: 29-30). Ein weiteres Transitland für den Schmuggel von Kleinwaffen bis hin zu tragbaren Luftabwehrsystemen ist Thailand: Die Waffen stammen zumeist aus Beständen in Kambodscha und werden über die wenig gesicherte Grenze nach Thailand gebracht, von wo aus sie weiter nach Südostasien gelangen, zumal die thailändische Südgrenze zu Malaysia seit Jahren traditionell als wichtiger Transitpunkt für Personen und Material gilt (Davis 2003: 17).

Das Vorhalten von Zufluchtsorten und Rückzugsräumen ist nicht nur relevant, um Attentätern ein rasches Abtauchen zu ermöglichen, sondern auch, um einer Gruppe als Ganzem oder Teilen von Netzwerken Schutz zu bieten, wenn sie in einem Land oder einer Region unter starken Verfolgungsdruck geraten sind. Wichtig sind hier vor allem Orte, an denen die Führungskader und die zentralen Operateure vor Verrat, Entdeckung und Verfolgung einigermaßen sicher sind, ohne aber gleichzeitig jedweder Handlungsmöglichkeit beraubt zu sein. Attraktiv sind vor allem schwache oder versagende Staaten, in denen die Behörden entweder nicht in der Lage oder nicht willens sind (z. B. aufgrund von Korruption oder aktiver Unterstützung), Verstecke ausfindig zu machen bzw. größere Rückzugsgebiete unter Kontrolle zu bekommen. Akute Bürgerkriegsregionen eignen sich – anders als beim Transit – für diesen Zweck weniger, da sie Terroristen, insbesondere prominenten Führern, auf Dauer kein allzu sicheres Umfeld bieten. Nach den vorliegenden Erfahrungen werden vor allem schwer zugängliche Bergregionen, abgelegene Inseln oder unkontrollierbare Großstädte bevorzugt. Eine weitere Option sind nicht selten Flüchtlingslager, in denen Dschihad-Kämpfer untertauchen und gleichzeitig die zumeist erbarmungswürdigen

Zustände für Agitation und Rekrutierung in eigener Sache nutzen. Typische Beispiele sind die Lager von Palästinensern im Süden des Libanon bzw. in Jordanien, von Afghanen in Pakistan, von Tschetschenen in Georgien oder von Somalis im Norden Kenias, die teilweise seit Jahrzehnten existieren.

Während und nach der US-Invasion in Afghanistan war Pakistan das Hauptrückzugsgebiet für Al-Qaida- bzw. für Taliban-Kämpfer. Bis zum Sommer 2002 nahmen die pakistanischen Behörden über 500 Verdächtige fest – vermutlich nur ein Bruchteil derer, die die Grenzregion als Ruheraum bzw. zur Flucht nutzten.[16] Es ist kein Zufall, daß mehrere wichtige Al-Qaida-Kader in größeren Städten des Landes Unterschlupf suchten und dort schließlich verhaftet wurden: der »Militärchef« *Abu Zubayda* in Faisalabad (März 2002), *Ramzi Bin al-Shibh* in Karatschi (September 2002), *Scheich Khalid Muhammad* in Rawalpindi (März 2003), *Ahmad Khalfan Ghailani*, Hauptverantwortlicher für die Botschaftsanschläge von 1998, in Gujrat (Juli 2004) sowie der Computerexperte *Muhammad Naeem Noor Khan* in Lahore (Juli 2004). Darüber hinaus soll *Abu Faradsch al-Liby*, einer der wichtigsten Operateure, in der Nähe von Peschawar (Mai 2005) dingfest gemacht worden sein. Insbesondere die Metropole Karatschi mit ihren 14 Millionen Einwohnern bietet sich als Rückzugsraum an: Seit Jahrzehnten ist die Stadt, geprägt durch Bandenkriege und sektiererische Gewalt, de facto für die Polizei unkontrollierbar (vgl. Wilke 2000). Ihren Beitrag dazu leisteten seit Mitte der achtziger Jahre die an der Peripherie der Stadt gelegenen Lager afghanischer Flüchtlinge, die sich zu einem Zentrum des Drogen- und Kleinwaffenhandels entwickelt haben und als Ausgangspunkt für extremistische Gruppierungen fungierten. Im Herbst 2001 konnten sich flüchtende Al-Qaida-Kader vermutlich auf die Hilfe und die lokalen Strukturen der im Punjab bzw. im Großraum Karatschi aktiven, anti-schiitischen *Lashkar-e-Jhangvi* (LeJ) und anderer militanter Gruppen stützen, deren Mitglieder zuvor vom Taliban-Regime profitiert hatten.[17] Gleichzeitig liegt Karatschi strategisch günstig, da die Hafenmetropole

16 Siehe dazu: »Al-Qaeda's New Hideouts«, *Time Asia*, 29. 7. 2002, 3.
17 Siehe dazu: Syed Saleem Shadzad: »Karachi: Where Terrorists Hide and Thrive«, *Terrorism Monitor* (Jamestown Foundation), 2, 17 (9. 11. 2004), 5-7. *Abu Zubaydah* wurde z. B. in einem Unterschlupf der Lashkar-e-Toiba (LeT) festgenommen; vgl. Fair (2004: 496).

Pakistan über den Seeweg mit der Golfregion bzw. mit Südostasien verbindet.

Eine weitere Möglichkeit zum Unterschlupf für Al-Qaida-Leute sind die autonomen Gebiete zumeist bewaffneter paschtunischer Stämme im gebirgigen Hochland an der Grenze zu Afghanistan. Diese *Federally Administered Tribal Areas* (FATA) besitzen, gemäß pakistanischer Verfassung, einen besonderen Status und entzogen sich faktisch über Jahrzehnte der Kontrolle durch Polizei oder Grenztruppen. Hinzu kommt, daß bis heute der genaue Verlauf der Grenze zu Afghanistan ungeklärt und praktisch ohne jede Bedeutung ist (vgl. Wilke 2003: 13-14). Erst seit Sommer 2003 bemüht sich die pakistanische Armee verstärkt, die Grenze zu Afghanistan zu markieren, zu befestigen und zu sichern. Im März/April 2004 führte sie schließlich eine umfangreiche Anti-Terroroperation in der Grenzregion Süd-Wasiristan durch, wo hochrangige Al-Qaida-Führer vermutet wurden; eine ähnliche Operation folgte im Juli 2004 im Norden Punjabs. Beide Aktionen führten zur Festnahme zahlreicher Ausländer.[18] Darüber hinaus gelten noch die Nordwestprovinz und Belutschistan, die an die FATA bzw. an Afghanistan grenzen, als mögliche Aufenthaltsorte von Extremisten, die dort auf stillschweigende Duldung und Unterstützung hoffen können, zumal in beiden Regionen die Islamisten ihre Hochburgen haben.[19]

Ferner wurden Fluchtrouten zu Land oder Wasser in Richtung Kaukasus, Zentralasien, Golfregion oder Südostasien genutzt. Als Ziele gerieten dabei so unterschiedliche Länder wie der Iran, Georgien, Libanon, Saudi-Arabien, Jemen oder Thailand in den Blick – dies zeigen nicht zuletzt die Festnahmen von zumeist ausländischen Personen, die von den Behörden dem Al-Qaida-Netzwerk zugerechnet werden. Beim Iran handelt es sich im wesentlichen um die Grenzgebiete zu Afghanistan und zum Irak. Seit Frühjahr 2003 soll der iranische Sicherheitsapparat mehrere hundert mutmaßliche Al-Qaida- oder Taliban-Kämpfer, darunter auch hochrangige Mitglieder, festgenommen und zum Teil in ihre

18 Siehe dazu: Afzal Kahn: »Pakistan: Uncertain Ally in the War on Terror«, *Terrorism Monitor* (Jamestown Foundation), 2, 17 (9. 11. 2004), 1-3.
19 Die Bewegung *Muttahida Majlis-e-Amal* (MMA), ein Bündnis mehrerer islamistischer Parteien, stellt seit den Provinzwahlen vom Oktober 2002 im Nordwesten die Regierung und ist in der Provinz Belutschistan als Koalitionspartner an der Regierung beteiligt.

Heimatländer ausgeliefert haben.[20] In Thailand sind in erster Linie die muslimisch besiedelten Südprovinzen (Pattani, Yala und Narathiwat) betroffen, die vor allem Indonesiern, aber auch in Afghanistan ausgebildeten Thais als Zuflucht dienten (vgl. Davis 2004).[21]

In Georgien wurde das in der Nähe zu Tschetschenien gelegene Pankisi-Tal als Aufenthaltsort für Extremisten vermutet, auch wenn diese These von georgischer Seite stets bestritten wurde.[22] Nach Angaben der israelischen und US-amerikanischen Regierung sollen zudem bis August 2002 mehr als 100 Al-Qaida-Mitglieder im Süden des Libanon Aufnahme und Unterschlupf bei der extremistischen *Asbat al-Ansar* gefunden haben (vgl. Clarke et. al. 2005: 62-63). Saudi-Arabien und Jemen waren bereits nach Ende des Afghanistankrieges eine wichtige Heimstatt für die arabischen Kämpfer. Bis heute gelten im Jemen bestimmte Stammesgebiete als potentielle Rückzugsräume, darunter vor allem die dünn besiedelten Regionen al-Jawf, Ma'arib und Shabwa sowie die Ostprovinz Hadramaut, aus der die Familie Bin Ladens stammt. Dasselbe gilt für Teile der Hauptstadt Sanaa, die nicht oder kaum kontrollierbar sind. Ein besonders unsicheres Terrain ist die Region Ma'arib, in der es häufig zu Stammesfehden, Entführungen oder Anschlägen auf Ölpipelines kommt (ICG 2003a: 19). Obwohl lokale Stammesführer immer wieder Presseberichte über untergetauchte oder versteckt gehaltene Al-Qaida-Flüchtlinge dementierten, sollen die jemenitischen Behörden seit 9/11 rund 250 mutmaßliche Terroristen verhaftet haben. Im November 2003 wurden über 90 Verdächtige jedoch wieder freigelassen, nachdem sie, so die offizielle Version, »Reue« gezeigt hätten.[23] Der prominenteste im Jemen untergetauchte Al-Qaida-Flücht-

---

20 Die Festnahmen wurden offiziell vom iranischen Außenminister bestätigt. Siehe dazu: »Minister says al-Qaeda was active in Iran«, *Financial Times*, 29. 9. 2003, 4.
21 Der prominenteste Fall war bisher der Indonesier *Riduan Isamuddin* (Hambali), der im August 2003 südlich von Bangkok festgenommen wurde.
22 Die georgische Regierung wehrte sich insbesondere gegen die Vorwürfe von seiten Rußlands, im Pankisi-Tal international operierende Terroristen zu dulden. In jedem Fall dürften sich dort immer wieder auch ausländische Islamisten aufgehalten haben. Ob und in welcher Zahl es sich dabei auch um Personen mit Kontakt zu Al-Qaida handelt, ist ungeklärt und bleibt Spekulation; vgl. Hassel (2004: 82-85).
23 Siehe: »Jemen läßt 92 mutmaßliche Qaida-Kämpfer frei«, *Spiegel Online*, 17. 11. 2003 (www.spiegel.de/politik/ausland/0,1518,274271,00.html).

ling wurde jedoch von den Geheimdiensten aufgespürt und getötet: Der Al-Qaida-Kommandant *Qaid Salim Sinan al-Harithi*, der als wichtiger Verbindungsmann auf der arabischen Halbinsel galt, starb im November 2002 in der Ma'arib-Region mit fünf weiteren Insassen eines Autos, das von einer ferngelenkten Drohne des amerikanischen CIA getroffen wurde (ICG 2003 a: 25).

17. Kommunikation und Propaganda

Eine Terrororganisation kann ohne Kommunikationsmöglichkeiten nicht auf Dauer existieren – dies gilt für lokal wie global operierende Terroristen. Sie benötigen den Zugriff auf entsprechende technische Möglichkeiten, um Botschaften sowohl innerhalb des Netzwerkes als auch an potentielle Sympathisanten bzw. an die Weltöffentlichkeit zu übermitteln. Dafür nutzen transnationale Terroristen primär Länder, die zwar über eine halbwegs moderne Infrastruktur (z. B. relativ einfacher Zugang zum Internet) verfügen, deren Behörden aber letztlich nicht oder nur begrenzt in der Lage sind, Kommunikationswege zu regulieren und zu überwachen, geschweige denn zu unterbinden.

In erster Linie gilt es, die Binnenkommunikation einigermaßen zu gewährleisten, da ansonsten die Netzwerke kaum funktionsfähig wären. Sie müssen generell in der Lage sein, den Austausch und die Verbreitung von Know-how und Informationen zu gewährleisten, um insgesamt die Lern- und Innovationsfähigkeit der Netzwerke zu erhalten. Sie müssen zudem konkrete Aufträge und Mitteilungen über verschiedene Stationen weiterleiten können, bis alle Beteiligten mit den notwendigen operativen Details versorgt sind. Wichtig ist vor allem die Verbindung von Führungskadern zu den »Operateuren« und Mittelsmännern, die entweder zu einzelnen Zellen oder zu nahestehenden Gruppen Kontakt halten. Ferner gilt es, die Kommunikation innerhalb von und zwischen Zellen bzw. künftigen Attentätern aufrechtzuerhalten. Kommuniziert wird zumeist über Mobil- und Satellitentelefone, das Internet sowie mit Hilfe traditioneller Formen wie die Entsendung von »Boten«. Die interne Kommunikation ist allerdings mit erheblichen Risiken behaftet, da jeder, der kommuniziert, unweigerlich Spuren hinterläßt. Es besteht nicht nur die Gefahr, daß staatliche Sicherheitsbehörden mithören oder mitlesen, sondern auch, daß man mit dem Einsatz von Satellitensystemen lokalisiert werden kann. Auf diese Weise konnten bereits einige, zum Teil sehr prominente Al-Qaida-Mitglieder festgenommen werden. Das Risiko der Enttarnung dürfte für transnationale Netzwerke, die über erhebliche Entfernungen kommunizieren müssen, größer sein als für lokale, kleinräumig agierende Gruppen. Die Gefahr, daß telefonisch oder elektronisch übermittelte Nachrichten abgehört oder codierte Mitteilungen abgefangen werden, wächst mit der Distanz zwischen Sender und Empfänger und mit der Zahl der benötigen Zwischenstationen oder »Boten«. Der häufige Wechsel von Mobiltelefonen, das Stören von Abhörgeräten, die Nutzung von Verschlüsselungstechniken (Kryptographie), Codes und Erkennungszeichen sind daher von zentraler Bedeutung. Bei der persönlichen Kontaktaufnahme besteht ferner das Problem der Identifizierung. Al-Qaida hat hier entsprechende Vorsichtsmaßnahmen und Verhaltensregeln entwickelt, die ebenfalls Teil der Ausbildung sind – beispielsweise wird unterrichtet, wie man überprüft, ob es sich beim Gesprächspartner auch wirklich um einen Gesinnungsgenossen und Mitkämpfer handelt (vgl. Gunaratna 2002: 80-81).

Die Kommunikation nach außen, insbesondere die Verbreitung von Propaganda, folgt hingegen anderen Regeln, sie vollzieht sich bewußt in einem mehr oder minder öffentlichen Raum. Je nachdem, welcher Adressatenkreis erreicht werden soll, werden unterschiedliche Medien genutzt – von »offenen Briefen« und gedruckten Publikationen über Internet-Foren und Online-Magazinen bis hin zu CD-Roms und Videobändern, die ebenfalls über das Internet vertrieben werden. Darüber hinaus bedarf es diskreter und verläßlicher Zugänge zu Zeitungen und Fernsehsendern, um die breite Öffentlichkeit zu erreichen. Für diese Zwecke unterhalten die meisten militanten Gruppierungen eigene »Medienabteilungen«. In dieser Beziehung kann die libanesische Hizbullah wiederum als Vorreiter gelten: Sie besitzt eine eigene Zeitschrift (*al-Intiqad*), eine offizielle Internetseite sowie eine Homepage für ihren Generalsekretär (www.nasrallah.net). Daneben betreibt ein »Büro für militärische Informationen« im Libanon aktiv Öffentlichkeitsarbeit. Die Organisation unterhält ein eigenes Satellitenprogramm (*al-Manar*) und eigene Kamerateams, deren Aufnahmen von bestimmten Aktionen oder Ereignissen weltweit zu Propagandazwecken ausgestrahlt werden, sowie der Anwerbung von Rekruten bzw. internen Schulungszwecken dienen (Zanini/Edwards 2001: 42). In Pakistan haben nahezu alle militanten Gruppen Zugriff auf eigene, relativ auflagenstarke Publikationen oder auf Radiostationen, die via Internet zu hören sind. Die urdu-sprachige Monatszeitschrift *Majallah al-Dawa* (Auflage rund 400 000 Exemplare) und das zweisprachige Wochenblatt *Jihad Times* (Urdu und Sindhi, 200 000 Exemplare) stehen zum Beispiel in Verbindung mit der *Lashkar-e-Tayaba* (LeT); daneben gibt die Gruppe eigene Zeitschriften heraus, die sich gezielt an Jugendliche bzw. an Frauen wenden (ICG 2002a: 14).

Diesem Trend folgten auch Al-Qaida und nahestehende Gruppierungen: Das Netzwerk setzt dabei vor allem auf Video- und Tonbänder, zumeist werden diese produziert und vertrieben durch das im Untergrund tätige *Sahab Institute for Media Production*, das regelmäßig Fernsehsender wie *al-Jazeera* oder *al-Arabija* mit neuem Material beliefert – insbesondere mit den Botschaften Bin Ladens und seines Stellvertreters al-Zawahiri. Seit dem 11. September soll sich Bin Laden mindestens 18mal per Video oder Tonband zu Wort gemeldet haben.[24] Daneben werden eigene Internetseiten, Chat-Foren, Newsletter oder Magazine genutzt, um die Anhängerschaft zu informieren und ideologisch bei der Stange zu halten. Al-Qaida werden insbesondere zwei Online-Magazine zugerechnet, die beide im Herbst 2003 erstmals erschienen waren, aber offenbar in November 2004 wieder eingestellt wurden. Zum einen handelte sich um *Sawt al-Jihad* (*Voice of Jihad*), das zweimal pro Woche erschien; darin wurde nicht zuletzt wiederholt in allgemeiner Form zu Anschlägen aufgerufen, erfolgte Attentate wurden ideologisch gerechtfertigt, und im Einzelfall berichteten die Drahtzieher über ihre Taten.[25] Zum anderen wandte sich das Online-Magazin *Mu'askar al-Battar* (*Al-Battar Training Camp*), benannt nach einem getöteten Al-Qaida-

24 Siehe: »Die mageren Ergebnisse der Binladologen«, Spiegel Online, 3. 5. 2005 (www.spiegel.de/politik/ausland/0,1518,354431,00.html).
25 Ein Beispiel dafür ist das Interview mit einem saudischen Extremisten nach dem Anschlag in Khobar (Mai 2004), bei dem über 20 Menschen ums Leben kamen. Darin werden detailliert der Ablauf der Aktion und das angeblich geschickte Vorgehen der Attentäter geschildert und entsprechend glorifiziert. Siehe: »Al Qaidas Pressestelle«, Spiegel-Online (8. 6. 2004), (www.spiegel.de/politik/ausland/0,1518,303140,00.html).

Kämpfer, alle 14 Tage primär an saudische Sympathisanten; dieses Magazin verstand sich in erster Linie als praktischer Lehr- und Leitfaden für das Leben als Dschihad-Kämpfer. Auch das Zarqawi-Netzwerk im Irak verfügt seit Anfang 2005 über ein eigenes Online-Produkt, genannt *Dhurwat al-Sanam* (»Der Gipfel«), in dem nicht zuletzt der enge Schulterschluß mit Bin Laden und al-Qaida gepriesen wurde.[26]

Die wichtigsten Propaganda- und Kommunikationsmittel dürften jedoch die zahlreichen, extremistischen Internet-Foren sein, in denen Aktivisten, Veteranen und Sympathisanten des »heiligen Krieges« Informationen, Erfahrungen und Meinungen austauschen, strategische Fragen diskutieren, Bin Laden und anderen huldigen, Fragen der islamisch korrekten Lebensweise erörtern, Haß gegen Juden, Amerikaner, Europäer oder die eigenen Regime schüren sowie für die islamistische »Erneuerung« werben (vgl. Gunaratna 2005: 23 - 25). Relativ rasch stößt man auch auf Bilder und Videoaufnahmen von Kampfhandlungen und Attentaten, auf Informationen über sogenannte Märtyrer und Dschihad-Kämpfer, auf »Belege« für die Unterdrückung der Muslime, auf Bastelanleitungen für Bomben oder auf Tonbandaufnahmen mit den Erklärungen Bin Ladens. Letztere erfreuen sich offenbar eines großen Interesses; im Internet-Forum *Al-Tajdeed* (Erneuerung) führen beispielsweise Bin Ladens Texte die Hitliste der meisten Downloads deutlich an. Militante Organisationen und Dschihad-Gruppen, einschließlich Al-Qaida, nutzen zudem bevorzugt solche Webseiten, um relativ abstrakt gehaltene Drohungen gegen Dritte zu veröffentlichen bzw. ihre ideologischen Vorstellungen zu verbreiten.[27] Die Effekte, die das Internet

26 Siehe: Stephen Ulph: »New Magazine for Al-Qaeda in Iraq«, *Terrorism Focus* (Jamestown Foundation), 3. 3. 2005, 2, 5. Ähnlich gelagerte Magazine sind oder waren *Majallat al-Fath* (*Magazine of the Conquest*) oder *Risalat al-Mujahidin* (*Message of the Mujahidin*), letzteres wendet sich vor allem an islamische Extremisten in Syrien.

27 Beispielsweise fanden sich in der Vergangenheit im Internetforum *Al-Ma'sada* (Jene, die den Mut des Löwen haben) (www.alm2sda.net) häufig Stellungnahmen algerischer Gruppierungen, allen voran der GSPC, aber auch al-Zarqawi und andere nutzten diese Seite. Weitere bekannte extremistische Webseiten sind: *Al-Tajdeed* (Die Erneuerung) (www.tajdeed.net), *Al-Qal'ah* (Die Festung) (www.al-qal3ah.com), *Mufakkirat al-Islam* (www.islammemo.cc), *Minbar Ahl al-Sunna wal-Jama'a* (wörtlich: »Die Kanzel der Traditionsbewußten«, Islam-Plattform) (www.islam-minbar. net), *Al-Ikhlas* (Loyalität) (http://ekhlas. com/forum), *Islamische Platt-*

dabei befördert, sind nicht zu unterschätzen (vgl. Sageman 2004: 160-163): In solchen virtuellen Foren und chat-rooms sind letztlich alle Teilnehmer »gleich«, unabhängig davon, wie nah oder fern sie im wirklichen Leben dem Dschihad stehen. Der Unterschied zwischen den eigentlichen Akteuren und dem (interessierten) Publikum spielt insofern keine Rolle; Aktivisten tauchen vielmehr in einer breiteren Sympathisantenbewegung unter, während umgekehrt der bis dato Außenstehende auf diese Weise (zumeist anonymisiert) Teil des Netzwerkes wird und das Maß an Identifikation wächst.

18. Ressourcen und Finanzierung

Der zentrale Dreh- und Angelpunkt für die Infrastruktur – und letztlich auch für die Existenz – terroristischer Netzwerke ist der Zugang zu Ressourcen und zu Wegen der Finanzierung. Ohne gesicherte Ressourcen lassen sich schlicht keine Strukturen über längere Zeit aufrechterhalten. Terroristen benötigen – ebenso wie andere nichtstaatliche Gewaltakteure – (a) einen Zugriff auf verschiedene Finanzquellen, um über regelmäßige Einnahmen verfügen zu können, (b) den direkten oder mittelbaren Zugang zu Handelswegen und (Schwarz-) Märkten, um dort selbst als »Anbieter« und »Nachfrager« von Ressourcen auftreten zu können (z. B. Handel mit Know-how, mit Klein- und Leichtwaffen, Sprengstoffen, Dokumenten) und (c) Möglichkeiten zum Transfer von Geldern (oder vergleichbaren Werten), um die eigene Infrastruktur und vor allem um Anschläge finanzieren zu können. Diese Bedingungen gelten um so mehr für ein global oder überregional tätiges Netzwerk. Der transnationale Terrorismus vom Typ Al-Qaida unterscheidet sich daher von seinen Vorläufern der siebziger und achtziger Jahre in mehreren Punkten: Zum ersten ist es den Netzwerken gelungen, ihre Finanzquellen erheblich zu diversifizieren, sie sind anders als die meisten lokalen Gruppen nicht von wenigen »Hauptquellen« abhängig. Zum zweiten haben sie potentiell Zugriff auf mehr Märkte, und zum dritten müssen sie in der Lage sein, Gelder innerhalb des Netzwerkes über

form Syriens (www.nnuu.org), www.abu-qatada.com sowie www.azzam.com.

längere Distanzen, komplexere Wege und Zwischenschritte zirkulieren zu lassen. Dies bedeutet aber nicht, daß der transnationale Terrorismus in der Tendenz mehr Kapital benötigt als militante, lokale Gruppen – dies hängt eher von der Größenordnung des Akteurs, dem Umfang der Aktivitäten und der Art der terroristischen bzw. paramilitärischen Operationen ab.

Grundsätzlich muß man feststellen, daß es sich beim Terrorismus – in welcher Form auch immer – verglichen mit anderen Gewaltstrategien um eine *low-budget*-Veranstaltung handelt. Bereits mit wenigen tausend US-Dollar lassen sich erhebliche Wirkungen erzielen, wie die Selbstmordattentate im Nahen Osten oder im Irak zeigen. Experten taxieren beispielsweise die Kosten für die Anschläge auf die Botschaften in Kenia und Tansania (1998) auf rund 50 000 US-Dollar, für den Anschlag auf die U.S.S. Cole (2000) auf weniger als 10 000, für die Anschläge von Bali (2002) auf weniger als 50 000 sowie für den Anschlag auf das Marriott Hotel in Jakarta (2003) auf rund 30 000. Die Anschläge von Casablanca (2003) sollen alles in allem sogar weniger als 5000 US-Dollar gekostet haben (Kalpakian 2005: 120). Auch für den verheerenden Anschlag von Madrid (2004) mußten die Terroristen kaum mehr als 10 000 US-Dollar aufbringen (United Nations 2004a: 12). Selbst Anschläge von der Größenordnung des 11. September sind relativ billig: Die Kosten dafür werden von der 9/11 Commission (2004: 169, 172) auf 400 000 bis 500 000 US-Dollar angesetzt; die Gruppe der Attentäter hatte sogar offenbar mehr Geld zur Verfügung, als letztlich notwendig war. Nach Schätzungen benötigte Al-Qaida bis zum Oktober 2001 ein jährliches Budget von 20 bis 50 Millionen US-Dollar, um die Taliban-Führung für ihre »Gastfreundschaft« zu entlohnen, um die Infrastruktur des Netzwerkes aufrechtzuerhalten und um Operationen durchzuführen (vgl. Gunaratna 2002: 61, Schneider 2002). Seit dem Wegfall der afghanischen Basis dürfte das Netzwerk mit weniger Geld auskommen.

Bei den typischen Finanzquellen handelt es sich keinesfalls um genuin neue Formen zur Finanzierung nichtstaatlicher Gewaltakteure, da sich auch Rebellenbewegungen oder Warlords auf diese Quellen stützen (vgl. Byman et. al. 2001). Sie werden jedoch seit den neunziger Jahren verstärkt angezapft. Terroristen agieren insofern als Trittbrettfahrer verschiedener Praktiken, die primär von anderen Akteuren (z. B. organisierte Kriminalität, Diaspora-

Gemeinschaften, NGOs, Händler und Unternehmen) genutzt werden. Dabei geht es sowohl um legale wie auch um illegale Methoden der Finanzierung, wobei diese Unterscheidung oftmals nur schwer durchzuhalten ist, da es sich nicht selten um Grauzonen handelt – wie etwa die Aktivitäten einzelner Firmen oder islamistischer NGOs zeigen, die zwar in der Regel einen legalen Status innehaben, aber illegale Praktiken (z. B. Geldwäsche) betreiben bzw. legal erwirtschaftete Gelder für kriminelle Zwecke mißbrauchen. Vor diesem Hintergrund lassen sich die typischen Einnahmequellen wie folgt untergliedern:

(a) *Privatvermögen*: Gründer, Anführer, Aktivisten und besonders nahestehende Sympathisanten stellen Teile ihres eigenen Vermögens direkt den Terrornetzwerken zur Verfügung. Das beste Beispiel hierfür ist Osama Bin Laden selbst, der als Sohn eines erfolgreichen saudischen Bauunternehmers mit Hilfe von Eigenkapital das Netzwerk aufbauen konnte. Es ist allerdings umstritten, in welcher Höhe und zu welchem Zeitpunkt Bin Laden vom Erbe seines 1968 tödlich verunglückten Vaters profitieren konnte, um es als Startkapital für eigene ökonomische und politische Zwecke einzusetzen. Experten der 9/11 Commission gehen davon aus, daß er von 1970 bis vermutlich 1994 pro Jahr rund eine Million US-Dollar von seiner Familie erhalten habe; später soll er aufgrund seiner Hinwendung zum Terrorismus vom familiären Reichtum ausgeschlossen worden sein.[28] Diese Zahlen liegen deutlich unterhalb jener Schätzungen, die Bin Ladens Privatvermögen in den neunziger Jahren auf einen dreistelligen Millionenbetrag beziffern (bis zu 300 Millionen US-Dollar).[29] Diese Zahlen scheinen jedoch selbst dann zu hoch gegriffen, wenn man die eigenen wirtschaftlichen Aktivitäten Bin Ladens berücksichtigt, zumal darunter auch einige Fehlinvestitionen waren.[30] Auch bei

---

28 1994 hatte zudem die saudische Regierung Bin Ladens Konten gesperrt. Siehe: »Overview of the Enemy«, Staff Statement No. 15, National Commission on Terrorist Attacks upon the United States, 2004, 3-4.

29 Siehe Gunaratna (2002: 19); Alexander/Swetnam (2001: 29); Katzman (2001: 13); Pohly/Durán (2001: 33). Auf diese Spannbreite von Schätzungen verweisen auch UN-Experten, wonach Angaben über das verfügbare Portfolio Bin Ladens von 30 Millionen bis 300 Millionen US-Dollar reichen; vgl. United Nations (2002b: 11).

30 Siehe: »Overview of the Enemy«, Staff Statement No. 15, National Commission on Terrorist Attacks upon the United States, 2004, 3-6.

anderen Begründern von militanten Gruppierungen oder Netzwerken (z. B. Jama'a Islamiyya) liegt die Vermutung zumindest
nahe, daß das eigene Vermögen als eine Art Anschubfinanzierung
genutzt wurde. Daneben spielen kleinere Beiträge von Aktivisten
sowie großzügige Spenden von engen, wohlhabenden Gefolgsleuten eine Rolle, letzteres gilt nicht zuletzt für einzelne Geschäftsleute, die zumeist auf legalem Wege zu Reichtum gekommen sind und einen Teil ihres Geldes bewußt den Anhängern Bin
Ladens bereitstellen. Teilweise treten diese Geschäftsleute auch
als Mittelsmänner und Finanziers auf, sie übernehmen diskret bestimmte Aufgaben und stellen Kontakte her, ohne aber direkt in
operative Aktivitäten verwickelt zu sein.[31]

(b) *Wirtschaftsaktivitäten*: Transnationale Terrornetzwerke profitieren direkt oder indirekt von der Beteiligung an Unternehmen
bzw. Firmengeflechten – eine Methode, deren sich auch lokale
Terrorgruppen bedienen, wie Beispiele der IRA (z. B. Beteiligung
an Taxiunternehmen) oder der Hamas zeigen (vgl. Napoleoni
2003: 158-163). Bin Laden spielt in diesem Bereich ebenfalls eine
besondere Rolle: Ihm gelang es in den neunziger Jahren, durch
zahlreiche eigene Wirtschaftsaktivitäten ein weitverzweigtes
Konglomerat an Firmen und Geschäftsbeziehungen aufzubauen.
Im Zentrum standen der Import und Export von Gütern, land-
wirtschaftliche Produktion sowie Bau- und Infrastrukturmaß-
nahmen. Die meisten einigermaßen gesicherten Informationen
dazu stammen aus Bin Ladens Zeit im Sudan (1991-1996): Danach gründete er u. a. die Handelsgesellschaften *Wadi al-Aqiq*
und *Ladin International Company*, das Straßenbauunternehmen
Al-Hijra, das Landwirtschaftsunternehmen *al-Themar*, eine In-
vestmentfirma namens *Taba Investment Ltd.* sowie die Leder-
fabrik *Khartoum Tannery*. Darüber hinaus erwarb er zahlreiche
Beteiligungen – oftmals über »Strohmänner« – an anderen Firmen und Sub-Unternehmen; gleichzeitig engagierte er sich bei
verschiedenen Banken und Finanzdienstleistern in arabischen
Staaten. Zwar wickelte er seine Geschäfte hauptsächlich im Sudan, in Saudi-Arabien, im Jemen und, später, in Afghanistan ab,

31 Solche Fälle werden beispielsweise im Umfeld der Hamburger Zelle vom
11. September vermutet: Ein mauretanischer und zwei deutsch-syrische
Geschäftsleute sollen Kontakte vermittelt haben und in die Finanzierung
der Gruppe verwickelt sein.

seine Kontakte reichten jedoch auch nach Westeuropa und Nordamerika.[32]

Bin Ladens Beispiel machte Schule, wie Berichte aus Pakistan oder Südostasien zeigen, wo bis heute etliche Firmen im Verdacht stehen, von Personen gegründet und betrieben zu werden, die Al-Qaida oder Jama'a Islamiyya nahestehen (vgl. Abuza 2002: 444-445). Zu erwähnen sind insbesondere die Aktivitäten von Bin Ladens Schwager, *Muhammad Jamal Khalifa*, der in den neunziger Jahren diverse Firmen auf den Philippinien und in Malaysia gründete, darunter u. a. *Khalifa Trading Industries, ET Dizon Travel, Pyramid Trading* und *Manpower Services*.[33] Über ähnliche Einnahmequellen verfügt die Hizbullah, die Beziehungen zu libanesischstämmigen Geschäftsleuten in der Golfregion, in Westafrika, in Asien und in Lateinamerika unterhält. Die pakistanischen Gruppierungen partizipieren ebenfalls an wirtschaftlichen Aktivitäten; so finanzierten sich beispielsweise in der Vergangenheit die *Jaish-e-Mohammed* (JeM) und die *Harkat ul-Mujahedin* (HuM) auch durch Handel mit Tierhäuten (vgl. Rana 2004: 232, 254). Eine weitere Variante ist die Beteiligung an Gewinnen aus Herstellung und Handel mit gefälschten Markenartikeln (Produktpiraterie). Solche Produkte, zumeist in Ostasien produziert, werden beispielsweise in Lateinamerika, in der Drei-Länderregion Brasilien-Paraguay-Argentinien, vertrieben. Davon soll indirekt auch die Hizbullah profitiert haben, die offenbar von libanesischen Geschäfts- und Verbindungsleuten regelmäßig entsprechende Zahlungen erhalten hat.[34]

32 Siehe dazu: Bergen (2001: 102-103), Alexander/Swetnam (2001: 29), Gunaratna (2002: 32-34).
33 Daneben sollen weitere, zum Teil hochrangige Al-Qaida-Mitglieder Firmen in Malaysia unterhalten haben, um das Netzwerk zu unterstützen; siehe United Nations (2003b: 18-19).
34 Bekannt geworden ist vor allem der Fall des libanesischen Geschäftsmannes *Ahmad Assad Barakat*, der 2001 festgenommen und im April 2004 in Paraguay wegen Steuerhinterziehung und anderer Delikte zu sechs Jahren Haft verurteilt wurde. Er hat über seine Firma u. a. gefälschte Elektronikartikel vertrieben. Bei Durchsuchungen wurden zudem Belege über monatliche Zahlungen in einer Gesamthöhe von 250 000 US-Dollar an die Hizbullah gefunden. Auch Mitarbeiter von Barakat waren offenkundig in die Finanzierung von Hizbullah eingebunden. Für die argentinischen Behörden gilt Barakat daher auch als einer der Finanziers bei den Anschlägen der Hizbullah in Buenos Aires. Siehe dazu: Library of Congress (2003: 28, 71-72).

(c) *Fundraising*: Die vermutlich wichtigste Einnahmequelle terroristischer Netzwerke ist das systematisch betriebene Fundraising, das Einwerben von Spenden und Abgaben. Auch diese Methode ist im Prinzip nicht neu, sondern wurde und wird von herkömmlichen Terrorgruppen genutzt, die zumeist Exilanten bzw. Diaspora-Gemeinschaften anzapfen (z. B. IRA, LTTE, PKK) oder eine regelrechte »Revolutionssteuer« erheben (z. B. ETA). In ähnlicher Weise beziehen sich islamistische Terrornetzwerke auf die Pflicht des *zakat*, einen von fünf Pfeilern des Islam, wonach die Gläubigen mindestens zweieinhalb Prozent ihres Einkommens humanitären Zwecken zukommen lassen sollen – dies erfolgt nicht selten in bar, in kleineren Summen und ohne jeden Nachweis über die Verwendung des Geldes. Insbesondere in den Golfstaaten gehört es seit Jahrzehnten – als Katalysator wirkte hier der Einmarsch der Sowjetunion in Afghanistan – zur Normalität, Geld nicht nur für mildtätige Zwecke, sondern direkt für den Dschihad und für bedrängte Glaubensbrüder in anderen Weltregionen zu spenden. Auch das spätere Taliban-Regime konnte sich auf private Zuwendungen aus Saudi-Arabien, Kuwait oder anderen arabischen Staaten verlassen. Das Einwerben solcher Mittel geschieht über verschiedene Wege: durch Aufrufe und Inserate in nahestehenden Publikationen bzw. im Internet, über religiöse Einrichtungen, Stiftungen, islamische »Wohlfahrtsorganisationen« und NGOs. Das extremistische Internetforum *Al-Tajdeed* bietet beispielsweise jenen, die die »islamische Erneuerung«, inklusive der (Wieder-)Errichtung eines Kalifats, unterstützen wollen, mehrere Optionen an: Man kann seine Spenden auf ein Konto in London (HBSC Bank) direkt per Internet oder per Telefonanruf überweisen.

Die zentrale Rolle beim Einsammeln von Spenden spielen jedoch die genannten religiösen und karitativen Einrichtungen und Organisationen. Sie sind zwar schwerpunktmäßig in den arabischen bzw. islamischen Staaten aktiv, betreiben aber auch in Nordamerika und in Europa Fundraising. Zumeist arbeiten diese Einrichtungen auf legaler Basis und verwenden den Großteil der Gelder für politische, religiöse und wohltätige Projekte (z. B. Förderung von Moscheen und Koranschulen, Verbreitung religiöser Publikationen, Unterhaltung von Kranken- und Sozialstationen, gezielte Hilfen für Flüchtlinge, Familien und Arme); gleichzeitig fließt ein nicht geringer Teil auch in die Kassen von militanten Gruppierungen bzw. transnationalen Netzwerken.

Entsprechend groß ist die Bandbreite potentieller Fundraiser: Sie reicht von lokalen Kulturzentren bis hin zu großen, global tätigen Stiftungen und NGOs, die zahlreiche Auslandsvertretungen und ein dichtes Netzwerk an Beziehungen zu anderen Einrichtungen in der islamischen Welt unterhalten. Prominente Beispiele dafür sind die *Al-Haramain Islamic Foundation* und die *International Islamic Relief Organization* (IIRO, gegründet 1978), beide mit Sitz im saudischen Jeddah: Die *Al-Haramain*-Stiftung war bis 2002 nach eigener Aussage in 49 Staaten vertreten. Das IIRO-Netzwerk bestand aus 36 Büros in Afrika, 24 in Asien und jeweils zehn in Europa sowie in Nord- und Südamerika (vgl. United Nations 2003b: 15-16). Selbst kleinere Stiftungen wie die *Umm al-Qura*-Foundation unterhalten Filialen in verschiedenen Regionen, in diesem Fall in Bosnien, Tschetschenien, Thailand und Kambodscha (United Nations 2003b: 19).

Noch Mitte der neunziger Jahre schätzte die CIA die Zahl islamischer Wohltätigkeitsorganisationen, die entweder terroristische Gruppen unterstützen oder aber Personen, die mit solchen Gruppen in Kontakt stehen, auf über 50 (Gunaratna 2002: 62). Mittlerweile dürfte die Zahl jedoch gewachsen sein, denn das Potential ist enorm: Allein in Pakistan sammeln die Koranschulen pro Jahr rund 1,1 Mrd. US-Dollar – mehr als der Staat an Einkommenssteuern einnimmt. Sie profitierten dabei in der Vergangenheit auch von Zuwendungen der saudischen oder kuwaitischen Regierung, die damit weltweit Religionspolitik betreiben und zumindest mittelbar militante Kräfte finanzieren (vgl. ICG 2002a: 14-16).[35] Die meisten, größeren Stiftungen, Fonds und NGOs setzen im Jahr zweistellige Millionenbeträge um: Das Spendenaufkommen der *Al-Haramain*-Stiftung soll sich nach UN-Angaben beispielsweise jährlich auf rund 30 Millionen US-Dollar belaufen (United Nations 2003b: 16).

35 Dazu wurde 1993 das saudische Ministerium für »Islamische Angelegenheiten« gegründet. Es bezahlt u.a. das Gehalt von fast 4000 wahhabitischen Missionaren und Geistlichen und verfügt nach Presseberichten über ein offizielles Budget von 530 Millionen US-Dollar; nicht eingerechnet sind dabei die regelmäßigen privaten Spenden und Zuwendungen. Siehe dazu: »U.S. Eyes Money Trails of Saudi-Backed Charities«, *Washington Post*, 19.8.2004, A01.

Nach 9/11 geriet eine Reihe dieser Organisationen in das Fadenkreuz von Ermittlern:[36] Der *Al-Haramain*-Stiftung und der IIRO bzw. einzelnen Auslandsbüros wurden die direkte Finanzierung von Terrorgruppen vorgeworfen, darunter Al-Qaida und Jama'a Islamiyya, aber auch lokale Gruppen wie Abu Sayyaf auf den Philippinen oder Al-Ittihad al-Islami in Somalia. Im März 2002 wurden zunächst die *Al-Haramain*-Büros in Bosnien und Somalia wegen vermuteter Terrorkontakte geschlossen. Im Mai 2003 forderte die saudische Regierung die Stiftung auf, alle Auslandsaktivitäten bis auf weiteres einzustellen und ihr Personal einer Sicherheitsüberprüfung zu unterziehen; betroffen davon waren die Büros in Albanien, Kroatien, Kosovo, Äthiopien, Kenia, Indonesien, Pakistan und Tansania (vgl. United Nations 2003a: 14).[37] Vergleichsweise gut dokumentiert ist ferner der Fall der *Benevolence International Foundation*, die über Filialen in zahlreichen Ländern verfügte und auch ein Büro in Chicago unterhielt. Ihren Ausgangspunkt hatte die Stiftung ebenfalls im saudischen Jeddah genommen, sie war 1987 von einem reichen saudischen Geschäftsmann gegründet worden und soll vor allem Dschihad-Kämpfer und Al-Qaida-Angehörige in Afghanistan, Bosnien und Tschetschenien unterstützt haben; bereits Ende der achtziger Jahre bestanden nach Erkenntnissen der US-Behörden Kontakte zwischen dem Exekutivdirektor der Stiftung und Bin Laden, die in den folgenden Jahren noch intensiviert wurden.[38]

Daneben gibt es weitere Dachorganisationen, Stiftungen und NGOs, primär aus der Golfregion, bei denen leitende Personen, einzelne Büros oder lokale Ableger unter dem Verdacht der Fi-

---

36 Allein in Saudi-Arabien sollen nach offiziellen Angaben rund 245 Wohltätigkeitsorganisationen überprüft worden sein; vgl. United Nations (2003b: 15).

37 Im Januar 2004 bekräftigte die saudische Regierung gegenüber der US-Regierung ihre Absicht, insbesondere Finanztransaktionen der Büros in Pakistan, Indonesien, Kenia und Tansania zu unterbinden. Siehe: »Washington and Riyadh Seek UN Action to Rein in Charity«, *Financial Times*, 23. 1. 2004, 4.

38 Im Februar 2003 bekannte sich der in den USA verhaftete Exekutivdirektor und Leiter des Chicagoer Büros, *Enaam Arnaout*, vor einem US-Gericht schuldig, mit Teilen des Spendenaufkommens Kämpfer in Bosnien und Tschetschenien unterstützt zu haben; er wurde zu elf Jahren und vier Monaten Gefängnis verurteilt. Allein in den USA soll die Stiftung von 1993 bis 1999 12,8 Millionen US-Dollar gesammelt haben; vgl. United Nations (2005: 56-57), Epstein/Kohlmann (2003: 16-24).

nanzierung militanter und terroristischer Gruppen stehen. Zum Teil wurden daher nach dem 11. September auch entsprechende Konten von den Ermittlungsbehörden gesperrt. Dazu zählen u. a.: *Muslim World League*, *Sanabil al-Khayr* (gehört zum IIRO-Netzwerk), *Al-Haramain Islamic Foundation*, *Global Relief Foundation* (auch *Fondation Secours Mondial*), *al-Wafa Humanitarian Organization*, *Islamic Relief Agency* (auch *Islamic African Relief Agency*, Sudan), *Umm al-Qura-Foundation*, *Revival of the Islamic Heritage Society* (Kuwait), *Qatar Charitable Society* (Katar).[39] Hinzu kommen Organisationen, die in erster Linie Gruppierungen im Nahen Osten unterstützten, wie die libanesische *Al-Shahid*-Stiftung mit Blick auf die Hizbullah und die *Holy Land Foundation for Relief and Development* (1989 gegründet) mit Blick auf Hamas.[40]

In ähnlicher Weise haben sich islamische Wohltätigkeitsorganisationen in Süd- und Südostasien etabliert, die ebenfalls Verbindungen in andere Regionen unterhalten, wenn auch mit weniger globalem Aktionsradius wie ihre arabischen Vorbilder. Als Beispiel verweisen UN-Experten auf die indonesische Organisation *Komitee Penanggulangan Krisis* (*Kompak*), die diverse militante Gruppen auf den Molukken und auf Sulawesi unterstützt und der Kontakte zur Führung von Jama'a Islamiyya nachgesagt werden (United Nations 2005: 28). In Pakistan profitieren die diversen Dschihad-Gruppen ebenfalls von den Fundraising-Aktivitäten größerer Stiftungen und Fonds. Genannt werden in diesem Zusammenhang vor allem *Al-Rashid Trust International* (gegründet 1996), *Al-Akhtar Trust International* (2000) und *Rabita Trust* (1988). Gegen alle drei haben sowohl die US-Regierung als auch die UN nach dem 11. September 2001 Sanktionen verhängt.[41]

---

39 Siehe dazu: United Nations (2002 b: 12, 2003 b: 13 - 20, 2005: 26 - 27), Greenberg (et. al.) (2002: 13 - 14), ICG (2002 a: 23), Epstein/Kohlmann (2003). Das US-Finanzministerium setzte die *al-Wafa Organization* im September 2001, die *Global Relief Foundation* im Oktober 2002 und das Netzwerk der *Islamic Relief Agency* im Oktober 2004 auf seine Sanktionsliste.

40 Das US-Finanzministerium beschloß im Dezember 2001 Sanktionen gegen die *Holy Land Foundation*, vor allem gegen ihre Ableger in den USA, und blockierte entsprechende Konten. Der Stiftung wird insbesondere vorgeworfen, die Familien und Hinterbliebenen von Selbstmordattentätern der Hamas zu versorgen; vgl. Epstein/Kohlmann (2003: 12).

41 Das US-Finanzministerium setzte den *Al-Rashid Trust* und den *Rabita Trust* im September 2001 und den *Al Akhtar* im Oktober 2003 auf seine

(d) *Schmuggel bzw. illegaler Handel:* Transnationale Terrornetzwerke nutzen direkt oder indirekt den grenzüberschreitenden Schmuggel bzw. illegalen Handel mit Waffen, Drogen, Diamanten, Edelmetallen, Öl, Tropenhölzern oder gefälschten Markenartikeln (Produktpiraterie) als Einnahmequelle. Dies geschieht zumeist über Import-Export-Firmen bzw. verzweigte Handelsgesellschaften, die von nahestehenden Geschäftsleuten in der Golfregion, in Pakistan oder in Südostasien geführt werden und die sich in einer Grauzone zwischen Legalität und Illegalität bewegen. Je nach Region stehen dabei unterschiedliche »Güter« im Vordergrund: Drogen (Opium, Kokain) aus Kolumbien, Afghanistan, Burma und Zentralasien, Diamanten, Edelmetalle, Öl oder Tropenhölzer aus West- und Zentralafrika sowie gefälschte Produkte aus Südost- und Ostasien.

Bei der Beschaffung von Waffen profitieren Terroristen und andere nichtstaatliche Gewaltakteure in erster Linie von den Beständen, die sich in zahlreichen lokalen und regionalen Konflikten angesammelt haben und die bereits während der Kämpfe oder nach Kriegsende gewinnbringend weiterverkauft werden. Infolge des Bürgerkrieges (1994) entwickelte sich beispielsweise im Jemen ein schwunghafter Waffenhandel. Nicht zuletzt aufgrund der kaum kontrollierten 2000 Kilometer langen Küste des Landes besteht eine rege Ein- und Ausfuhr von Waffen, wobei auch Somalia eine wichtige Transferstation ist. Die Angaben über die Zahl der im Jemen verfügbaren Klein- und Leichtwaffen schwanken je nach Berechnungsgrundlage zwischen sechs und 60 Millionen.[42] Bekannt sind insbesondere die Waffenmärkte in Jihana, Suq al-Talh und Ma'arib, die zwar 2003/04 von der Regierung offiziell geschlossen wurden, aber offenbar nur begrenzt unter Kontrolle

Sanktionsliste. Darüber hinaus sollen die *Shuhada-e-Islam Foundation* (1995 gegründet) und die *Ummah Tamir-e-Nau* (Reconstruction of the Muslim Ummah, 2000 gegründet) militante Gruppen in Kaschmir und in Afghanistan unterstützen. Siehe dazu: United Nations (2003: 17-18), Rana (2004: 497-505) sowie entsprechende Informationen auf der Seite des *South Asia Terrorism Portal* (SATP) (www.satp.org/satporgtp/countries/pakistan/terroristoutfits/group_list.htm).

42 Das jemenitische Innenministerium spricht selbst von 60 Millionen Kleinwaffen; vgl. ICG (2003a: 1). Die Organisation *Small Arms Survey* (Genf) dagegen schätzt die Zahl auf sechs bis neun Millionen, wobei lediglich die staatlichen Bestände und jene Waffen in die Berechnung einflossen, die sich unter der Kontrolle von Stammesführern befinden; vgl. Miller (2003).

zu bringen sind. Auf den Märkten werden in der Regel vorwiegend Kleinwaffen gehandelt; sie dienen allerdings auch als Treffpunkt für Käufer und Verkäufer von schwerem Gerät (z. B. Panzerfäuste aus ehemals sowjetischer Produktion), das ebenfalls, wenn auch verdeckter, erhältlich ist.[43] Ein ähnliches, nahezu unerschöpfliches Reservoir an Kriegsgerät findet sich in Regionen wie Westafrika, Balkan, Kaukasus oder Zentralasien bzw. in Ländern wie Algerien, Libanon, Pakistan, Indonesien oder, seit 2003, Irak.

Ein enormes Potential zur illegalen Finanzierung bietet der Drogenanbau und -handel. In diesem Bereich sind die Gewinnspannen und damit die Anreize besonders hoch. Weniger attraktiv sind dabei der Anbau und die Produktion von Drogen als vielmehr die Kontrolle über den Schmuggel und den Handel sowie über den Verkauf (vgl. Labrousse 1999: 381-383). In erster Linie profitieren kriminelle Netzwerke, Schmuggler, Drogenbarone und -syndikate sowie Warlords, die die Anbaugebiete kontrollieren, vom Drogengeschäft. Gleichwohl kann man vermuten, daß Terrornetzwerke und lokale Gruppierungen zumindest indirekt an den Gewinnen partizipieren, indem sie mit diesen Akteuren partiell kooperieren (vgl. Leader/Wiencek 2000). Eine Schlüsselrolle in der Drogenproduktion spielt – neben Kolumbien (Kokain) – Afghanistan, das sich in den neunziger Jahren zum größten Opiumproduzenten der Welt entwickelt hatte (vgl. Dorronsoro 1999: 143-146). Die (vorläufige) Rekordernte an Opium (4500 Tonnen) sowie ein Höchststand bei der Anbaufläche waren bereits 1999 erreicht worden, damit produzierte Afghanistan 80 Prozent des weltweiten Opiums. Lediglich im Jahr 2001 brachen die Erträge massiv ein, nachdem die regierenden Taliban ein religiös begründetes Anbauverbot erlassen hatten. Seit dem Sturz des Regimes weitete sich der Anbau von Schlafmohn jedoch wieder erheblich aus und betrifft heute nahezu alle afghanischen Provinzen, so daß schon ab 2003 wieder das Niveau der späten neunziger Jahre erreicht worden war.[44] Das Opium gelangt vor allem

---

43 Siehe dazu: Shaun Overton, »The Yemeni Arms Trade: Still a Concern for Terrorism and Regional Security«, *Terrorism Monitor* (Jamestown Foundation), 3, 9, 6. 5. 2005, 6-8.

44 Nach Angaben der UN wurden 2002 rund 3500 Tonnen Opium und 2003 mehr als 4600 Tonnen geerntet, für 2004 wird mit mehr als 5000 Tonnen gerechnet; vgl. Halbach (2004: 7).

über zwei Hauptrouten nach Europa und Nordamerika: Im ersten Fall verläuft der Schmuggel über Pakistan, den Iran, die Türkei und den Balkan, im zweiten Fall über Zentralasien, Rußland und die Ukraine; in beiden Fällen wird teilweise auch der Kaukasus als Transitregion genutzt (vgl. Halbach 2004: 11-13). Die letztgenannte Route hat seit Ende der neunziger Jahre an Bedeutung gewonnen, da dieser Weg von den Akteuren als weniger risikoreich eingestuft wurde. Insbesondere die zentralasiatischen Staaten sind, sofern überhaupt der entsprechende politische Wille besteht, kaum in der Lage, dem Handel und der Produktion von Opium Herr zu werden. Von dieser Situation profitierte bis zur US-Invasion in Afghanistan nicht zuletzt die Organisation *Islamic Movement of Uzbekistan* (IMU), die über längere Zeit die Drogenrouten von Afghanistan über Tadschikistan und Kirgisien bis nach Rußland kontrollierte und sich somit direkt über den Drogenhandel finanzierte. Dazu unterhielt sie bis zum Herbst 2001 Stützpunkte im Norden Afghanistans und kämpfte mit den Taliban bzw. Al-Qaida-Einheiten gegen die Nordallianz (vgl. Halbach 2004: 16-17). Ungeachtet dieser eher anekdotischen Evidenzen bleibt offen, ob und inwieweit Profite aus dem Drogenhandel tatsächlich eine wesentliche Rolle bei der Finanzierung von Terrornetzwerken spielen. Entsprechend skeptisch fällt die Bewertung von Experten der 9/11 Commission aus: »[W]e have seen no substantial evidence that al Qaeda played a major role in the drug dealing or relied on it as an important source of revenue either before or after 9/11.«[45]

Ähnliches gilt für die mittelbare oder direkte Beteiligung am Handel mit Diamanten, Gold oder Mineralien aus den Konfliktregionen West- und Zentralafrikas. Diese Ressourcen werden in erster Linie von Rebellenbewegungen bzw. von Warlords zur Finanzierung genutzt. In welchem Umfang sich aber auch Terroristen oder Terrorgruppen nahestehende Personen um diese Quellen bemühen, ist umstritten. Unter Verweis auf Untersuchungen von FBI und CIA sieht beispielsweise die 9/11 Commission keine substantielle Verbindung zwischen Al-Qaida und dem illegalen Handel von Rohdiamanten, wenngleich nicht auszuschließen sei, daß einzelne Al-Qaida-Operateure entsprechende Ver-

---

45 Vgl. National Commission on Terrorist Attacks Upon the United States, Monograph on Terrorist Financing, Staff Report to the Commission, August 2004, 22.

suche unternommen oder Interesse gezeigt hätten, in solche Geschäfte einzusteigen.[46] Dagegen verweist die Nichtregierungsorganisation *Global Witness* auf Belege, die nahelegen, daß sich sowohl die Hizbullah als auch das Al-Qaida-Netzwerk des Diamantenhandels bedienen (vgl. Global Witness 2003). Beide sollen dabei offenbar ähnliche Schmuggelpfade und teilweise sogar dieselben Kontaktleute genutzt haben.[47] Die Hizbullah war auf diesem Gebiet schon in den achtziger Jahren aktiv geworden, sie griff in erster Linie auf die libanesische Diaspora zurück, die vor allem in Sierra Leone und Côte d'Ivoire existiert. Ab 1993 sollen Al-Qaida-Kader – Bin Laden hatte seine Basis in den Sudan verlegt – erste Anstrengungen unternommen haben, um von diesem Geschäft zu profitieren, und etablierten dazu ein weitgespanntes Netz an »Geschäftspartnern« und Firmenbeteiligungen in zahlreichen afrikanischen Staaten.[48] Gold, Diamanten oder andere Edelsteine sind jedoch nicht nur als Einnahmequelle, sondern auch als Zahlungs- bzw. Tauschmittel attraktiv. Dies gilt vor allem dann, wenn Akteure fürchten müssen, daß ihre Bargeldbestände an Wert verlieren bzw. ihre Konten durch Fahnder gesperrt werden könnten. In der Tat soll Al-Qaida vermehrt dazu übergegangen sein, sein Geld in Gold oder Diamanten anzulegen, nachdem

---

46 In dem Expertenbericht heißt es wörtlich: »The FBI conducted an intensive international investigation of the conflict diamonds issue, including interviews of key witnesses with direct knowledge of the relevant facts, and found no evidence of any substantial al Qaeda involvement; the CIA has come to the same judgment. Additionally, detained operatives have since reported that al Qaeda was not involved in legal or illegal trading in diamonds or precious stones during its Afghan years.« Siehe: National Commission on Terrorist Attacks Upon the United States, Monograph on Terrorist Financing, Staff Report to the Commission, August 2004, 23.

47 Eine zentrale Rolle spielte offenbar der in Sierra Leone geborene Libanese *Aziz Nassour*, der ein weitverbreitetes Geflecht an Firmen und Kontakten zu Rebellenarmeen unterhielt, die Minengebiete kontrollierten. Aufgrund seiner Verbindungen zur RUF in Sierra Leone verhängte die UN im Jahr 2000 gegen ihn ein Reiseembargo. Seit 2003 soll er sich in Beirut aufhalten; siehe Global Witness (2003: 45-46). Gegenüber der Presse bestreitet er allerdings, Kontakte zu Al-Qaida gehabt zu haben; siehe: »Report Links al-Qaeda with Diamond Trade«, *Financial Times*, 17. 4. 2003, 6, »US suspects Al Qaeda African Diamond Link«, *Financial Times*, 30. 6. 2004, 7.

48 Handels- oder Schmuggelaktivitäten von Al-Qaida lassen sich laut Global Witness in folgenden Ländern feststellen: Angola, Zentralafrikanische Republik, DR Kongo, Guinea, Sierra Leone, Liberia, Kenia und Tansania; siehe Global Witness (2003: 28-65).

die internationalen Maßnahmen zur Austrocknung der Finanzquellen des Terrorismus verstärkt worden waren.[49] Die Vorteile liegen auf der Hand: Die Herkunft der wertvollen Steine ist nur schwer feststellbar, sie lassen sich relativ einfach verstecken und transportieren, und sie sind ein krisenfestes Zahlungsmittel für illegale Geschäfte aller Art (etwa beim Erwerb von Waffen oder Sprengstoff).

(e) *Entführungen und Erpressungen*: Eine weitere Einnahmequelle sind – ähnlich wie bei gewöhnlichen Kriminellen – Löse- und Schutzgelder aufgrund von Entführungen und Erpressungen. Dabei sind insbesondere Entführungen von westlichen Ausländern – Touristen, Geschäftsleuten oder Mitarbeitern von Hilfsorganisationen – attraktiv, da sie nicht nur eine hohe mediale Aufmerksamkeit versprechen, sondern auch hohe Lösegelder.[50] In den neunziger Jahren führte dies zu einer regelrechten »Entführungsindustrie«, weltweit stieg die Zahl der Entführungen von 1991 bis 1999 um 70% an (Moor 2004: 145). In Kolumbien, in Algerien, im Jemen, auf den Philippinen und in Zentralasien wurden immer wieder Ausländer, primär aus kommerziellen Zwecken, von lokalen Terror- und Guerillaorganisationen entführt, die allerdings zum Teil als Verbündete Al-Qaidas gelten.[51] Seit Mai 2003 findet das große »Geschäft« mit Entführungen allerdings im Irak statt, wo innerhalb von zwei Jahren über 200 Ausländer verschleppt wurden und teilweise gegen hohe Geldbeträge wieder freikamen.[52] Deutlich höher ist allerdings die Zahl von Einheimischen, die in verschiedenen Ländern bzw. Konflikt-

49 Siehe entsprechende Presseberichte, z. B.: »Al Qaeda soll sich mit Gold finanzieren«, *Frankfurter Rundschau*, 24. 5. 2002, 2, »Qaeda Assets Now in Commodities, Not Banks, Officials Say«, *International Herald Tribune*, 19. 6. 2002, 4.

50 Die philippinische Abu Sayyaf erhielt beispielsweise im Jahr 2000 für 21 entführte Touristen rund eine Mio. US-Dollar in bar pro Person, zwei Jahre später konnte sie mit der Entführung amerikanischer Missionare 300 000 US-Dollar erzielen; vgl. Moor (2004: 150).

51 Allein im Jemen wurden seit Anfang der neunziger Jahre rund 200 Ausländer entführt, um Lösegelder zu erpressen. Diese gehen allerdings nicht nur auf das Konto extremistischer Gruppierungen; vgl. ICG (2003a: 16).

52 Der Irak-Index von Brookings Institution registriert von Mai 2003 bis Juni 2 005 203 entführte Ausländer, davon wurden 93 wieder freigelassen. Darüber hinaus sollen nach irakischen Angaben im Zeitraum von Mai 2003 bis April 2005 rund 5000 Iraker entführt worden sein. Siehe dazu: The Brook-

regionen Opfer von Entführungen oder Erpressungen werden, darunter nicht zuletzt Frauen und Kinder, die zum Teil wie Leibeigene »verkauft« werden, wie dies beispielsweise im Nordkaukasus geschieht.[53]

(f) *Sonstige kriminelle Aktivitäten*: In diese Kategorie fallen sämtliche Einnahmen aus anderen kriminellen Geschäften – wie etwa Banküberfalle, Raub, Diebstahl, Kreditkartenbetrug oder Dokumentenfälschung. Letzteres wird von einigen Gruppierungen nicht nur für eigene Zwecke betrieben, sondern geradezu kommerziell anderen »Interessenten« angeboten und damit als Finanzressource genutzt. Beispielsweise sollen in Italien verhaftete Mitglieder von *Ansar al-Islam* gefälschte Pässe und Papiere für illegale Einwanderer hergestellt haben.[54] Grundsätzlich sind gerade kleinkriminelle Aktivitäten für einzelne Terrorzellen innerhalb von Netzwerken besonders attraktiv, auch wenn damit keine großen Beträge erzielt werden können. Sie reichen in der Regel aber aus, um damit die eigenen Operationen zu finanzieren, ohne auf Transfers von außen angewiesen zu sein. Beispiele dafür sind die Aktivitäten von Al-Qaida-Zellen in Spanien oder in Singapur, die sich teilweise mit Autodiebstählen bzw. Banküberfällen finanzierten.

Was auch immer die Einnahmequellen für terroristische Netzwerke sind: Die Mittel müssen häufig von A nach B transferiert werden bzw. innerhalb des Netzwerkes zirkulieren. Je mehr Finanzquellen angezapft werden, desto größer wird der Bedarf an sicheren Transfermethoden, da die Quellen nicht unbedingt dort zu finden sind, wo das Geld operativ gebraucht wird. Bei transnationalen Netzwerken müssen die Gelder über größere Entfernungen transferiert werden, was ein gewisses Risiko birgt, da Überweisungen oder Geldboten bei staatlichen Kontrollen auffallen können. Allerdings agieren nach den bisherigen Erkenntnissen die meisten Al-Qaida-Zellen mit kleineren Summen (ma-

ings Institution, 2005: Iraq Index, www.brookings.edu/fp/saban/iraq/index.pdf (Stand: 30.6.2005).

53 Zum Geschäft mit Entführungen in Tschetschenien vgl. Hassel (2003: 43-46).

54 Siehe: »Terroristen erschließen neue Finanzquellen«, *Handelsblatt*, 15.4.2004, 7.

ximal 10 000 bis 15 000 US-Dollar). Für den Transfer bedient man sich daher einer Reihe von Finanzierungswegen, die typischerweise auch von der organisierten Kriminalität genutzt werden, zumeist zum Zweck der Geldwäsche, um die kriminell erworbenen Mittel zu »legalisieren«.[55] Man darf vermuten, daß Al-Qaida und andere ähnliche Wege nutzen, wobei die Kontakte zu und Beteiligungen an Banken und Finanznetzwerken in islamischen Staaten eine entscheidende Rolle spielen.

Bargeld-Schmuggel: Der einfachste Transferweg ist und bleibt der Schmuggel von Bargeld. Die Vorteile liegen zum einen darin, daß über vertrauenswürdige Boten und Mittelspersonen das Geld an die richtige Stelle gelangt, ohne über Händler oder Konten zu laufen. Zum anderen wird innerhalb des Netzwerkes ein gewisser *cash flow* aufrechterhalten, so daß Gelder nicht versteckt, investiert oder auf Konten geparkt werden müssen. Die Netzwerke und die mit Geld versorgten Zellen bleiben auf diese Weise flexibel und aktionsfähig. Die Versorgung mit Bargeld wird nicht zuletzt dadurch erleichtert, daß die Volkswirtschaften des Nahen Ostens und in anderen Weltregionen ohnehin deutlich bargeldintensiver sind als jene in der OECD-Welt. Die Obergrenzen für die Einfuhr von Bargeld sind daher in vielen Fällen relativ hoch, so daß man kleinere Summen von mehreren tausend Dollar ganz legal und ohne Berichtspflicht einführen kann.[56] Ansonsten nutzen die Geldkuriere auch die mangelhaften Grenz- und Zollkontrollen in bestimmten Weltregionen. Ein besonders prominenter Fall für die Nutzung von Bargeldtransfer ist verbunden mit dem Terroristen Hambali, der im August 2003 in Thailand festgenommen wurde. Er soll aus seinem Versteck heraus wiederholt größere Summen US-Dollar in bar über mehrere Kuriere von Malaysia nach Indonesien geleitet haben, um Zellen und Operationen von Jama'a Islamiyya zu finanzieren (United Nations 2005: 23).

Informelle Transfersysteme: Ein wesentlicher Weg besteht in der Nutzung informeller Netzwerke von Händlern und Finanz-

---

55 Siehe dazu: Wechsler (2001: 133-135), Schneider (2002: 5-11), Gunaratna (2002: 63-67), Weintraub (2002: 54-56).
56 Die *Financial Action Task Force* (FATF) fordert daher in ihren Empfehlungen, daß die Obergrenzen auf unter 15 000 US-Dollar gesenkt werden; vgl. United Nations (2005: 22).

dienstleistern – in der Literatur auch *informal funds transfer, underground banking* oder *alternative remittance systems* genannt. Diese informellen Transfersysteme existieren in nahezu allen Weltregionen und sind zumeist älter als das reguläre Bankensystem; dazu zählen der südamerikanische *Black Market Peso Exchange*, das südasiatische *hundi*-System, das chinesische *fei-ch'ien*, das philippinische *padala*, das thailändische *phei kwan* und vor allem das in arabischen und islamischen Ländern weitverbreitete *hawala-System* (vgl. El Qorchi/Maimbo/Wilson 2003). In mehr als 50 Ländern handelt es sich dabei um legale Geschäftspraktiken. Historisch wurden sie zunächst von Kaufleuten und Händlern genutzt, heute bieten sie vor allem Arbeitsmigranten, beispielsweise in Europa, Nordamerika oder in der Golfregion, eine kostengünstige und bequeme Möglichkeit, Geld in ihre Heimat zu transferieren, um Verwandte zu unterstützen.[57]

Bei diesen Mechanismen werden Gelder auf der Basis von Vertrauen bzw. eines speziellen Ehrenkodex ausgezahlt, ohne daß zuvor eine Überweisung getätigt wurde. Ein Kunde aus dem Land X, der Geld ins Ausland transferieren will, überreicht die Summe in bar einem lokalen Agenten (*hawaladar*) und erhält dafür ein Codewort, das er dem Empfänger im Land Y mitteilt. Dieser wendet sich damit an sein *hawala*-Büro vor Ort, das bereits vom *hawala*-Agenten aus dem Land X informiert wurde, und erhält den entsprechenden Betrag. Die Agenten verrechnen später untereinander diesen beleglosen Geldtransfer über andere Geschäfte (z. B. Import/Export) oder über gemeinsame Konten in Drittstaaten. Das Verfahren hat Vorteile für alle Beteiligten: Der Transfer kann innerhalb weniger Stunden oder Tage abgewickelt werden und die Kosten sind deutlich niedriger als bei regulären Banküberweisungen (in der Regel zwei bis fünf Prozent der angewiesenen Summe). Sie verlaufen zumeist anonym, keiner muß sich ausweisen oder die Herkunft des Geldes deklarieren, das Geschäft wird anders als im Bankensystem kaum dokumentiert. Darüber hinaus sind diese Systeme sehr robust und flexibel, da sie – im Unterschied zu einem staatlich kontrollierten Banken- und

---

57 Dabei werden jährlich weltweit enorme Summen bewegt. Nach Schätzungen sollen 2002 die Transfers von Arbeitsmigranten in ihre Heimat rund 80 Mrd. US-Dollar betragen haben, das entsprach etwa 1,3 % des Bruttoinlandsprodukts der Entwicklungsländer (in Südasien sogar 2,5 % und in der Region Nordafrika/Naher Osten 2,2 %); vgl. United Nations (2005: 24).

Finanzsektor – auch unter Bedingungen von akuten Krisen, Bürgerkriegen oder internationalen Sanktionen funktionieren können. Diese Voraussetzungen machen die Transfersysteme auch für illegale Praktiken wie Steuerhinterziehung, Umgehung von Kapitalkontrollen, Geldwäsche oder Finanzierung von nichtstaatlichen Gewaltakteuren bis hin zu Terrornetzwerken attraktiv.

Nach Schätzungen werden weltweit pro Jahr mehr als 200 Mrd. US-Dollar über solche Wege transferiert (United Nations 2002b: 15). Einen Dreh- und Angelpunkt bildet dabei Pakistan, wo die Zahl der einschlägigen Händler auf über 1000 geschätzt wird, über die jährlich bis zu drei Milliarden US-Dollar ins Land fließen (vgl. Wechsler 2001: 134-135). Weitere Schwerpunktländer, in denen nach Angaben von Experten des Internationalem Währungsfonds zwischen 1981 und 2000 über 50% des gesamten Transaktionsvolumens mittels solcher, nicht dokumentierter Transfers abgewickelt wurde, sind in dieser Reihenfolge: Iran, Bangladesh, Algerien, Tansania und Sudan.[58]

Formelle Transfersysteme: Terroristen nutzen aber auch formelle Transferwege wie die elektronischen Geldüberweisungen zwischen Banken, wobei insbesondere die Kontroll- und Sicherheitsstandards bei Online- und Telefonbanking von Land zu Land stark variieren. Der Schutz vor gefälschten Identitäten ist oftmals nicht gegeben. Zudem können Konten relativ leicht von »Strohmännern« eröffnet werden, die bis dato nicht auffällig geworden sind. Aber auch jenseits solcher Schlupflöcher ist es für Banken, zumal in Ländern mit schwacher Banken- und Finanzaufsicht, schwer, aufgrund des Gesamtvolumens von Finanztransfers verdächtige Überweisungen herauszufiltern, insbesondere dann, wenn es sich in der Regel um kleinere Summen handelt. Die Attentäter des 11. September nutzten etwa das reguläre Bankensystem, um Gelder von der Golfregion bzw. von Europa in die USA zu überweisen und umgekehrt. Darüber hinaus können sich Terroristen ähnlicher Methoden bedienen wie die organisierte Kriminalität, um den Weg des Geldes zu verschleiern (Schneider 2002: 6): Eine Variante ist die *Starbust-Methode*; danach wird das Geld über ein Bankkonto in kleineren Summen und automatisch

58 Siehe: »Die Hydra Hawala«, *Der Spiegel*, 37, 2002, 87.

in unregelmäßigen Abständen auf Hunderte von anderen Bankkonten überwiesen und erreicht von dort seinen eigentlichen Bestimmungsort. Einen ähnlichen Effekt erzielt die *Boomerang-Methode*: Gelder werden über mehrere Stationen und Bankkonten rund um den Globus geschickt, ehe sie wieder ihren Ausgangspunkt erreichen, wo sie dann auch verwendet werden. In beiden Varianten durchlaufen die Gelder in der Regel auch Staaten, in denen das Bankwesen keiner oder nur einer rudimentären Kontrolle unterliegt. Eine weitere Möglichkeit ist in diesem Zusammenhang die Nutzung von *Steueroasen* und *offshore-Finanzplätzen*, um Gelder zu parken oder zu transferieren. In der Regel wird hier die Herkunft des Geldes nicht überprüft, Maßnahmen gegen Geldwäsche unterbleiben, und Steuern auf Kapitalerträge fallen, sofern sie überhaupt erhoben werden, nicht ins Gewicht. Solche diskreten Möglichkeiten eröffneten in der Vergangenheit nicht nur pazifische und karibische Inselstaaten wie die Bahamas, die Cayman Islands oder Nauru, sondern auch so unterschiedliche Staaten wie Ägypten, Guatemala, Ungarn, Nigeria, die Philippinen, Rußland, die Ukraine, Israel, Libanon, Burma oder Indonesien (Weintraub 2002: 55). Die meisten dieser Länder haben allerdings seit 2001 ihre Gesetzeslücken geschlossen und Finanzkontrollen verschärft.[59]

Transfer über Firmen bzw. islamische Einrichtungen: Der Transfer von Geldern kann auch über legal arbeitende Import/Export-Firmen bzw. über Tarn- und Briefkastenfirmen geschehen. Sie dienen ebenso als Park-, Durchgangs- und Verteilerstationen wie einzelne islamische Einrichtungen. Insbesondere die bereits erwähnten Stiftungen und NGOs treten ebenso wie von Extremisten geführten Koranschulen nicht nur als *fundraiser*, sondern auch als Finanzierungsweg in Erscheinung. Genutzt wird dazu das weitverzweigte Netz lokaler Ableger, die zumeist unter anderen Namen firmieren, so daß für Ermittler kaum ersichtlich ist, über welche offiziellen oder inoffiziellen Kanäle die Gelder fließen, ehe sie letztlich ihren eigentlichen Adressaten erreichen.

---

59 Jährlich veröffentlicht die *Financial Action Task Force* im Zuge ihrer Bemühungen zur Bekämpfung der Geldwäsche einen Bericht zu »Non-cooperative countries and territories«. Israel, Libanon und Ungarn wurden 2002, Rußland 2003, Ukraine, Ägypten und Guatemala 2004 von der Liste genommen. Siehe dazu: www1.oecd.org/fatf/NCCT_en.htm.

Sowohl die Einnahmequellen als auch die Transferwege unterstreichen, daß terroristischen Netzwerken, allen voran Al-Qaida, eine erhebliche Diversifizierung bei der Finanzierung ihrer Infrastruktur und ihrer Aktivitäten gelungen ist. Im Unterschied zum internationalen Terrorismus der siebziger und achtziger Jahre verfügen heutige Gruppierungen über eine breitere Palette an Quellen, wobei die Förderung durch staatliche Akteure kaum mehr eine Rolle spielt. Zu den finanziellen Sponsoren des Terrorismus zählen statt dessen die diversen »Spender«, darunter wohlhabende Privatpersonen, Geschäftsleute, Diaspora-Gemeinschaften, Flüchtlinge, Glaubensbrüder etc. Gleichzeitig konnten neue »Geschäftsfelder« mit relativ hohen »Gewinnspannen« erschlossen werden, nicht zuletzt durch die mittelbare Beteiligung an wirtschaftlichen, »karitativen« oder kriminellen Aktivitäten. Diese Ausweitung der Finanzierung geht einher mit einer stärkeren Professionalisierung: Terroristische Gruppierungen und Netzwerke verfügen heute über eigene »Finanzexperten« und entsprechende Strukturen (z. B. Finanzkomitees, Budgetplanung, »Gehaltsplanung« für Operateure und Zellen). Sie benötigen Fachleute, die die Finanzströme koordinieren, die Verteilung der Gelder sicherstellen, die die gesetzlichen Vorschriften und Lücken in verschiedenen Ländern kennen und die Kontakte zu anderen Akteuren im legalen oder illegalen Finanzsektor unterhalten. Dies gilt insbesondere für transnationale Netzwerke, die einerseits stärker als die meisten lokalen Gruppen in der Lage sind, in mehreren Weltregionen Quellen anzuzapfen, andererseits aber den Fluß des Geldes über Staatsgrenzen hinweg sicherstellen müssen.

Die Darstellung der verschiedenen infrastrukturellen Aspekte macht deutlich: Die Terrornetzwerke operieren nicht nur transnational bei der Rekrutierung, der Planung und Durchführung von Anschlägen, der Organisation von Flucht und Transit oder der Verbreitung von Propaganda, sondern sie müssen auch ihren Zugang zu Ressourcen und ihre Strukturen zur Finanzierung transnational sichern. Daß dieses Unterfangen gelingen kann, hängt wiederum von einer Reihe begünstigender Faktoren ab, d. h. von einem entsprechenden gesellschaftlichen, politischen und sozioökonomischen Umfeld, von dem transnationale Terroristen in besonderer Weise profitieren. Dabei handelt es sich um langfristig wirksame, makropolitische Entwicklungen und Faktoren, die kausal miteinander verschränkt sind. Sie sind durchaus charakteristisch für die meisten Weltregionen außerhalb der OECD-Welt, nicht zuletzt für islamische und arabische Staaten: Dazu zählen die wachsende Bedeutung nichtstaatlicher Akteure, die Effekte von Bürgerkriegen und »Gewaltmärkten«, blockierte bzw. abgebrochene Modernisierungsprozesse, Formen von »schlechter Regierungsführung« (*bad governance*), die Folgen von Entgrenzung und »Schattenglobalisierung« sowie – quasi als Klammer der genannten Faktoren – die Problematik fragiler Staatlichkeit.

V. Begünstigendes Umfeld

19. Nichtstaatliche Sponsoren

Die Analyse der Infrastruktur hat in allen Bereichen die enorme Bedeutung nichtstaatlicher Akteure für terroristische Netzwerke gezeigt. Damit liegen transnationale Terroristen im Trend: Seit Beginn der neunziger Jahre greifen mehr und mehr lokal oder auch international operierende Terror- und Guerillagruppen auf nichtstaatliche Unterstützung zurück (vgl. Byman et. al. 2001). Zumeist kompensierten sie damit den Rückgang bzw. Wegfall staatlicher Förderung, letzteres hängt teilweise unmittelbar mit dem Ende des Ost-West-Konflikts zusammen, teilweise aber auch mit der geänderten Strategie einzelner Sponsorenstaaten (z. B. Libyen), die sich sukzessive aus der Förderung solcher Gruppierungen zurückgezogen haben. Eine Vorreiterrolle bei der Nutzung nichtstaatlicher Unterstützungen spielten dabei Gruppen wie die tamilische LTTE, die sich bereits seit Jahrzehnten der tamilischen Diaspora in Nordamerika, Europa und Asien bedient und mittels Organisationen wie der *World Tamil Association* oder dem *World Tamil Movement* Fundraising und Lobbyarbeit für einen eigenen Staat betreibt (vgl. Wayland 2004). Ähnliche Beispiele finden sich seit langem auch mit Blick auf irischstämmige, kaschmirische, kurdische, libanesische, palästinensische oder kosovo-albanische Diaspora-Gemeinschaften, die materiell und ideell extremistische Gruppen in den jeweils lokalen Konflikten unterstützten.

Diese allgemeine Entwicklung von *state sponsored* zu *non-state sponsored terrorism* gilt noch in stärkerem Maße für transnationale Netzwerke, die sich einer Vielzahl nichtstaatlicher Akteure und Einrichtungen bedienen und auch bedienen müssen. Die notwendige überregionale Infrastruktur läßt sich, wie dargestellt, ohne diese Sponsoren kaum aufrechterhalten. Dabei gilt es, unterschiedlich motivierte Unterstützer im Auge zu behalten:

(a) *Sympathisierende Sponsoren*: Hierbei handelt es sich um Sympathisantenkreise im engeren Sinne, die weitgehend die Ideologie und die politischen Ziele des Terrornetzwerkes bzw. seiner lokalen Ableger teilen. Sie beteiligen sich in der Regel an der Verbreitung der Ideologie und der Propaganda sowie an der Einwerbung von Geldern, sie gewähren im Einzelfall auch Unterschlupf, helfen bei der Flucht von Attentätern und Operateuren oder vermitteln Kontakte mit potentiellen Rekruten. Mit Blick auf Al-Qaida zählen zu diesem Bereich vor allem islamistische Milieus und militante Splittergruppen, ehemalige Afghanistan-Veteranen bzw. einstige Dschihad-Kämpfer aus anderen Konflikten, einzelne religiöse Autoritäten, Koranschulen, »karitative« Stiftungen sowie Tarnfirmen.

(b) *Profitorientierte Sponsoren*: Daneben gibt es Kreise, die ihre Unterstützung weniger aus ideologischer denn aus kommerzieller Absicht gewähren. Dazu gehören in erster Linie ökonomisch motivierte, legale, halblegale oder kriminelle Akteure – wie etwa Geschäftsleute, Steuer- und Finanzexperten, Schmuggler, Waffen- und Drogenhändler, Dokumentenfälscher, Schleuser, Kleinkriminelle oder kriminelle Banden. In diese Kategorie fallen aber auch andere, die gegen Bezahlung bestimmte Dienstleistungen für Terroristen erbringen (z. B. Schutz, Unterschlupf, Fluchthilfe, Bereitstellung von Ausbildungslagern). Dies können beispielsweise Stammesführer, Clanchefs, Warlords, Guerillaführer oder korrupte Staatsbeamte sein.

(c) *Sponsoren »wider Willen«*: Ferner profitieren Terrornetzwerke auch von nichtstaatlichen Akteuren, die eher indirekt und unbeabsichtigt als Unterstützer auftreten – entweder weil sie nicht wissen, mit wem sie es in Wirklichkeit zu tun haben, oder weil sie sich in einem Abhängigkeits- oder Zwangsverhältnis zu Al-Qaida bzw. zu nahestehenden Akteuren befinden. Ersteres betrifft Firmen, Banken oder andere Geschäftspartner, die keinerlei Verdacht schöpfen, oder Einrichtungen (z. B. NGOs, Stiftungen) und Milieus (z. B. Diaspora), die von Extremisten gezielt unterwandert und entsprechend instrumentalisiert werden. Letzteres gilt beispielsweise für die sogenannten »Abgaben« oder »Steuern«, die Terroristen bzw. ihre Verbündeten bei vermeintlich »Gleichgesinnten«, Flüchtlingen, Migranten- oder Diaspora-Gemeinschaften eintreiben.

An den Beispielen wird deutlich, daß es sich bei den Unterstützern nicht nur um Akteure handelt, deren Aktionsradius lokal begrenzt ist, sondern oftmals um Akteure, die ihrerseits über transnationale Beziehungen verfügen und diese seit Jahrzehnten sukzessive ausbauen. Dies betrifft in erster Linie die organisierte

Kriminalität, Unternehmen, Diaspora-Gemeinschaften, ethnonationale oder religiöse Gruppen sowie islamische Stiftungen und NGOs. Es gilt auch nicht zuletzt für islamistische Milieus und Organisationen, die bereits seit den siebziger Jahren über ihre jeweiligen Landesgrenzen hinaus aktiv sind und lokale Ableger gegründet haben, wie dies paradigmatisch von den Muslim-Bruderschaften, ausgehend von Ägypten, betrieben worden ist (vgl. Dekmejian 1995: 66-67). Diese angestammten transnationalen Bezüge und Kontakte, die ein erhebliches soziales und symbolisches Kapital darstellen, können sich Al-Qaida und andere durchaus zunutze machen, um ihr eigenes Netzwerk zu erweitern, sofern es ihnen gelingt, das Vertrauen der Akteure zu gewinnen und ihre Spielregeln zu adaptieren.

Die direkte oder indirekte Förderung durch nichtstaatliche Akteure hat für Terrornetzwerke vom Typ Al-Qaida weitere Vorteile. Erstens stehen die Kapazitäten, die Terroristen benötigen, auf einer breiteren Grundlage, d. h., wenn in einem Bereich (z. B. Finanzierung, Trainingscamps, Rekrutierung) bestimmte Unterstützer wegfallen, kann dies durch andere kompensiert werden. Zweitens erschwert diese Vielfalt an Sponsoren die internationale und innerstaatliche Bekämpfung des Terrorismus erheblich, da den meisten nichtstaatlichen Sponsoren nur schwer nachzuweisen ist, daß sie – in voller Kenntnis der Lage – Terroristen unterstützen. Dies gilt selbst für die Sympathisantenkreise im engeren Sinne, da die Zustimmung zu einer extremistischen Ideologie noch keine Mittäterschaft konstituiert. Drittens befördern nichtstaatliche Akteure die Innovationsfähigkeit der Netzwerke, da diese von den Organisationsformen und Arbeitsweisen anderer lernen und sie teilweise kopieren. Al-Qaida ist hier sicherlich ein gutes Beispiel, da Bin Laden und andere Führungskader beim Aufbau des Netzwerkes offenkundig von ihren Erfahrungen mit Firmen und Geschäftsleuten, von den Organisationsformen und der PR-Arbeit islamischer NGOs, Stiftungen und Religionsschulen, von den Taktiken ägyptischer Terrorgruppen sowie von den militärischen Fähigkeiten afghanischer Warlords geprägt wurden. Zudem fungierte für Bin Laden, zumindest in seiner Anfangszeit, die Hizbullah in taktisch-operativer Hinsicht als Vorbild und Lehrbeispiel. Viertens verschafft die nichtstaatliche Unterstützung den transnationalen Netzwerken ein höheres Maß an Unabhängigkeit und Autonomie – im Vergleich zum Terrorismus der siebziger und achtziger Jahre, der stärker auf die Förderung durch einen Staat, genauer dessen Geheimdienst und Sicherheitsapparat, angewiesen war. Al-Qaida entzieht sich auf diesem Wege jedweder Kontrolle oder Disziplinierung, die »Sponsorenstaaten« im Einzelfall ausüben können, falls eine Aktion ihren Interessen zuwiderläuft.

Allerdings gibt es in der Realität durchaus eine Grauzone zwischen staatlicher und nichtstaatlicher Unterstützung. Das gilt insbesondere für die Golfregion oder Pakistan, wo immer wieder politisch einflußreiche Personen und Kreise im Verdacht stehen, Al-Qaida oder andere Dschihad-Netzwerke zu unterstützen. An diesem Punkt fällt es schwer, eine klare Trennlinie zwischen privaten Aktivitäten und staatlich gedecktem Handeln zu ziehen. Zudem soll das objektiv gewachsene Gewicht nichtstaatlicher Sponsoren nicht suggerieren, daß Bin Ladens Netzwerk in der Vergangenheit gänzlich ohne staatliche Unterstützung ausgekommen wäre. Gerade in der Frühphase profitierte die Organisation, wie in Kap. II geschildert, von der Unterstützung durch den pakistanischen und saudischen Geheimdienst. Später genoß die Al-Qaida-Führung die »Gastfreundschaft« der sudanesischen und der afghanischen Regierung. Im Falle des Sudan kann man in der Tat von *state sponsored terrorism* sprechen. Das Regime bzw. einflußreiche Kreise förderten und duldeten Al-Qaida-Aktivitäten. Sie konnten diese Unterstützung jedoch jederzeit widerrufen, was auch geschah, als sich aufgrund des internationalen Drucks die Opportunitätskosten für die sudanesische Regierung änderten. Im Falle Afghanistans handelte es sich hingegen in einem weitaus stärkeren Maße um eine symbiotische Beziehung zwischen dem Taliban-Regime unter Mullah Omar und Al-Qaida, weshalb manche Analysten etwas plakativ von einem *terrorist sponsored state* sprachen, d. h., hier wurde eine Terrororganisation in gewisser Weise Teil des Establishments, so daß das Taliban-Regime weder in der Lage noch willens war, ungeachtet von UN-Sanktionen, Bin Laden auszuliefern oder des Landes zu verweisen. Trotz dieser Einschränkungen ist der Trend in Richtung nichtstaatliche Sponsoren eindeutig: Daß diese Akteure überhaupt in der Lage sind, ein erhebliches politisches und ökonomisches Potential, häufig auch grenzüberschreitend, zu entfalten, hängt mit einer Reihe anderer Faktoren zusammen, auf die in den folgenden Abschnitten eingegangen wird.

20. Bürgerkriege und Gewaltökonomien

Transnationale Terrornetzwerke profitieren in mehrfacher Hinsicht von regionalen und lokalen Konflikten sowie den damit verbundenen Gewaltökonomien. Es handelt sich in der Regel um schwelende Konflikte auf einem, verglichen mit Kriegen zwischen Staaten, relativ niedrigen Gewaltniveau mit gelegentlichen Eskalationen (*low intensity conflicts*), die sich über längere Zeiträume, teilweise über Jahrzehnte, erstrecken (vgl. Van Crefeld 1998). Gleichzeitig nehmen diese primär innerstaatlichen Konflikte, die entweder das gesamte Land oder nur einzelne Landesteile betreffen, zumeist eine internationale Dimension an, da externe Akteure (wie etwa Nachbarstaaten) aktiv am Kriegsgeschehen beteiligt sind oder aber in Mitleidenschaft gezogen werden (z. B. durch Flüchtlingsbewegungen, Zustrom von Waffen). Typische Beispiele sind die Konflikte und Kriege in Afghanistan, Algerien, Angola, Kolumbien, Sudan, Somalia, Sierra Leone, DR Kongo, Liberia, Libanon, Philippinen (Mindanao), Indonesien (Aceh, Molukken), Tschetschenien oder Kaschmir. Sie bilden beileibe keine Ausnahmen. Denn: Seit 1945 sind Bürgerkriege der bei weitem vorherrschende Konflikttyp (vgl. Rabehl/Schreiber 2001: 14-18), darunter fallen vor allem Anti-Regimekriege, bei denen die Konfliktparteien um die Macht im gesamten Staat kämpfen (z. B. Angola, Sierra Leone, Liberia), sowie Sezessionsbzw. Autonomiekonflikte, bei denen es um die Abspaltung bzw. die Herrschaft in einer Region geht (z. B. Tschetschenien, Süd-Sudan).

In den neunziger Jahren hat sich das Verhältnis noch deutlicher zugunsten innerstaatlicher Konflikte verschoben.[1] Neben dieser quantitativen Verschiebung wird auf eine Reihe von qualitativen Veränderungen im Kriegsgeschehen, in der Art und im Verhalten der beteiligten Gewaltakteure hingewiesen. In der Literatur finden sich dafür Begriffe wie »neue Kriege« (Kaldor 2000, Münkler 2002), »wars of the third kind« (Holsti 1996) oder »non-territorial network wars« (Duffield 2001).[2] Ausgangspunkt ist dabei die

---

1 Nach der Statistik des Uppsala Conflict Data Project fanden von 1989 bis 2 003 116 bewaffnete Konflikte statt, davon wurden nur sieben zwischen Staaten ausgetragen; vgl. Eriksson/Wallensteen (2004).
2 Die Terminologie »neuer Krieg« ist allerdings nicht unproblematisch: Zum einen können nicht alle Aspekte, die unter diesem Phänomen subsumiert

Beobachtung, daß sich bei dieser Art von Kriegen früher gültige Unterscheidungen von öffentlich/privat, staatlich/nichtstaatlich oder politisch/ökonomisch sukzessive auflösen; es handele sich daher um Konflikte, die zwischen Krieg, organisiertem Verbrechen und massiven Menschenrechtsverletzungen an der Zivilbevölkerung angesiedelt seien (vgl. Kaldor 2000: 8-11). Darüber hinaus wird ein Trend zur Privatisierung und Kommerzialisierung des Krieges sowie zum enthemmten Einsatz von Gewalt konstatiert, auch und gerade gegen wehrlose Zivilisten, die als primäre Opfer solcher Kriege je nach Lage getötet, bedroht, vertrieben, verschleppt, geplündert oder erpreßt werden. Diese Aktivitäten sind oftmals Teil der Kriegsführung, bei der nicht die direkte Konfrontation mit dem Gegner gesucht wird, sondern verstärkt die örtliche Bevölkerung oder gezielt bestimmte Gruppen (z. B. Minderheiten) als »Geiseln« genommen werden.

Ein weiterer, wesentlicher Aspekt ist die wachsende Zahl und Vielfalt an Kampfverbänden in solchen Konflikten. Es stehen sich nicht allein hierarchisch organisierte, reguläre Armeen oder relativ straff geführte Guerillaverbände gegenüber, sondern in vielen Fällen gewinnen dezentral organisierte, paramilitärische Organisationen (Milizen), Privatarmeen von Warlords, Söldnertruppen oder marodierende Ex-Kombattanten, zumeist ohne klare Kommandostruktur, an Bedeutung. In manchen Fällen gehen Teile des staatlichen Sicherheitsapparates mit anderen Gewaltakteuren symbiotische Beziehungen ein, so daß zwischen staatlicher und nichtstaatlicher Gewalt kaum noch zu unterscheiden ist (z. B. Tschetschenien, Indonesien). Die Gewaltakteure agieren teilweise grenzüberschreitend und versorgen sich von außen mit Waffen, Kämpfern und Kapital. Nicht selten dehnt sich daher das Kampf- und Kriegsgeschehen auf die benachbarte Region aus, destabilisiert Grenzgebiete bzw. den Anrainerstaat, so daß im Ergebnis verschiedene lokale Konflikte miteinander verwoben sind

werden, verglichen mit früheren innerstaatlichen Konflikten (etwa post-kolonialen Kriegen) als »neu« gelten, oftmals schlagen sie lediglich in verstärkter Form zu Buche (wie etwa die Zahl nichtstaatlicher Gewaltakteure, Kommerzialisierung, gezielte Gewalt gegen Zivilisten, Dauer des Konflikts). Zum anderen ist nicht jeder Konflikt, der typischerweise als »neuer Krieg« gilt, in gleicher Weise durch die damit verbundenen Attribute charakterisiert. Zur dieser Debatte vgl. Kalyvas (2001), Heupel/Zangl (2004), Kahl/Teusch (2004).

und sich gegenseitig infizieren (z. B. West- und Zentralafrika, Horn von Afrika, Kaukasus, Balkan).

Das wichtigste Charakteristikum »neuer Kriege« sind jedoch die vielfältigen Formen der Kriegsfinanzierung und der Gewaltökonomie (vgl. Jean/Rubin 1999, Pugh/Cooper 2004). Nichtstaatliche oder privatisierte (ehemals staatliche) Gewaltakteure finanzieren sich über den illegalen Handel, den Abbau von Rohstoffen, die Plünderung der Bevölkerung, Verbindungen zur organisierten Kriminalität oder externe Quellen (z. B. »Besteuerung« der Diaspora-Gemeinschaften, Mißbrauch von humanitärer Hilfe). Auf diese Weise wird der Krieg bzw. der Einsatz von Gewalt zu einer Art Einkommensquelle und Lebensform für seine Protagonisten und ihre Gefolgschaft, womit das Interesse an Friedensverhandlungen und einer Beendigung eines Konflikts sinkt. Unter diesen Voraussetzungen dient politische Macht im wesentlichen zur Absicherung ökonomischer Ressourcen bzw. durch Gewalt erworbener Pfründe. Dies gilt insbesondere für jene Rebellen und Warlords, die in der Lage sind, über längere Zeiträume einzelne Orte, Stadtviertel oder größere Territorien, inklusive der vorhandenen Ressourcen, zu kontrollieren und zu »befrieden«, auch wenn andernorts das Kriegsgeschehen fortgesetzt wird bzw. durch einzelne Scharmützel immer wieder neu aufflammt. In diesen »befriedeten Zonen« etablieren sie parastaatliche Strukturen, indem sie bestimmte »Dienstleistungen« erbringen, die sich die Bevölkerung allerdings mit Loyalität, Wohlverhalten oder Zwangsabgaben erkauft. Aber auch nach dem formellen Ende eines Konflikts existieren solche »Schattenstrukturen« und Gewaltökonomien oftmals in veränderter Form weiter – basierend auf informellen Mechanismen und parallel zu offiziellen staatlichen Stellen, die aber in der betreffenden Region nur über wenig Einfluß verfügen (z. B. »Hizbullah-Land« im Südlibanon, Warlords in Afghanistan).

Für transnationale Terrornetzwerke bieten die genannten Aspekte eine Reihe von Anknüpfungspunkten. Erstens werden, wie sich an Al-Qaida und anderen zeigen läßt, zahlreiche Bürgerkriege und Regionalkonflikte zu Propagandazwecken und zur Mobilisierung genutzt, um die Unterdrückung von Muslimen in mehreren Teilen der Welt zu dokumentieren und in einen vermeintlich größeren Zusammenhang zu stellen. Zweitens entstehen im Laufe solcher Konflikte und der stattfindenden Gewalteskalation nicht selten lokale Terrorgruppen, die als Bündnispartner für transnationale Netzwerke dienen können. Drittens sorgen die Konflikte für ein Reservoir an potentiellen, gewaltbereiten Mitstreitern, dazu zählen vor allem jene, die als Guerillakämpfer oder Mitglieder von Terrorkommandos bereits im Einsatz von Gewalt erfahren und geschult sind. Hinzu kommen jedoch auch radikalisierte und traumatisierte Personen, die selbst oder deren Angehörige Opfer von physischer Gewalt geworden sind, zumeist aufgrund von Unterdrückung, Besatzung oder Vertreibung, und die sich nunmehr dem internationalen Dschihad anschließen, um für »Vergeltung«, »Gerechtigkeit« oder »Befreiung« zu kämpfen. Viertens eröffnen die Kriegs- und Gewaltökonomien transnationalen Netzwerken einen Zugang zu Ressourcen und zu Finanzquellen; dies gilt insbesondere in Gebieten, die von Gruppierungen kontrolliert werden, die entweder an »Geschäften« mit externen Akteuren interessiert sind oder aber als »befreundet« bzw. alliiert gelten können. Ähnliches gilt, fünftens, mit Blick auf andere Bereiche wie Unterschlupf, Transit oder Nutzung von Trainingscamps. Auch hier sind Al-Qaida und andere Nutznießer von lokalen Machtverhältnissen und Strukturen, die im Zuge eines bewaffneten Konflikts entstanden sind und nicht selten auch dessen Ende überdauern.

21. Entgrenzung und Schattenglobalisierung

Transnationale Terrornetzwerke nutzen zudem die Möglichkeiten und Chancen, die ihnen die Entgrenzung politischer Räume und die »Schattenglobalisierung« eröffnen. Sie sind insofern – wie andere nichtstaatliche Akteure auch – Profiteure von Globalisierungsprozessen. Dazu zählen die politisch gewollte Liberalisierung des Welthandels und der Finanzmärkte, die erweiterten Möglichkeiten weltweiter Kommunikation sowie der Abbau von Barrieren im Personen-, Güter- und Kapitalverkehr, die allesamt staatliche Grenzen relativieren oder gar ignorieren. In zahlreichen Ländern Asiens, Afrikas und Lateinamerikas geschah dies nicht zuletzt durch den Druck zur Weltmarktintegration und durch entsprechende Strukturanpassungsprogramme, verordnet von internationalen Geberinstitutionen.

Eine Folge dieser Entwicklungen ist die Ausbreitung grenzüberschreitender Schattenökonomien, auch Schattenglobalisierung genannt, die heute für mehr und mehr Menschen in Entwicklungs- und Transformationsländern eine prekäre Lebensgrundlage bietet.[3] Dabei sind die Grenzen zwischen informeller und krimineller Ökonomie fließend, die Effekte sind jedoch ähnlich: Beide Bereiche verschärfen die Kontrollverluste des Staates und erschweren ihm den Zugriff auf Ressourcen (z. B. Verlust an Steuereinnahmen), gleichzeitig sind beide Bereiche von Korruption durchzogen, da zum Teil auch Angehörige des Staatsapparates in diese Praktiken involviert sind und mitverdienen. Der informelle Sektor beschreibt eine »weitgehend autonome Sphäre, die vom Staat größtenteils abgekoppelt ist und in der keine direkten Steuern entrichtet werden« (Lock 2003: 110). Statt dessen werden Waren und Arbeitskraft auf informelle Weise grenzüberschreitend und unreguliert ausgetauscht bzw. angeboten, teilweise finanziert über nichtmonetäre Tauschgeschäfte, zumeist jedoch durch Bargeld (bevorzugt US-Dollarnoten). Die Betroffenen können sich nicht auf den Schutz des Staates verlassen, sondern sind weitgehend rechtlos und müssen sich auf andere Mechanismen stützen, um ihre Rechte und ihre Existenz zu sichern (z. B. familiäre Strukturen, Diaspora-Netzwerke, Clans, kriminelle Banden). Charakteristisch für den informellen Sektor sind unregulierte Umschlagplätze für Waren und Güter, informelle Geldtransfers, Kapitalflucht, Steuerhinterziehung, Schwarzarbeit und unregulierte Arbeitsmärkte, verbunden mit transnationaler illegaler Migration. Der kriminelle Sektor betrifft den Bereich illegaler Geschäftspraktiken, die auf der Basis von latenten oder manifesten Gewaltverhältnissen stattfinden, sich jeder rechtsstaatlichen Kontrolle entziehen und parasitär von der formellen, »geordneten« wie auch von der informellen Ökonomie leben (vgl. Lock 2003: 111-112). Darunter fallen verschiedene Phänomene wie Geldwäsche, Schmuggel, Produktpiraterie, Drogenökonomie, Kleinkriminalität, internationale Wirtschaftskriminalität sowie andere Formen der transnationalen organisierten Kriminalität (z. B. Waffen- und Rohstoffhandel). Ein weiterer Aspekt ist die Vernetzung der beschriebenen lokalen Kriegs- und Gewaltökonomien mit globalen oder regionalen Absatzmärkten,

---

3 Siehe dazu: Altvater/Mahnkopf (2002), Duffield (2002: 136-160), Lock (2003, 2004).

ohne die eine Finanzierung der Konfliktparteien in den meisten Fällen kaum denkbar wäre. Sie müssen ihre »Kriegsbeute«, die angeeigneten Waren und Bodenschätze, außer Landes bringen und sind somit auf die Logistik und die Netzwerke der Schattenglobalisierung angewiesen.

Auf diese Weise werden nicht nur Waren und Menschen, sondern auch enorme Summen rund um den Globus bewegt: Nach Schätzung von Experten des IWF beläuft sich allein das Gesamtvolumen gewaschener Gelder jährlich auf 2-5 % des globalen Bruttosozialprodukts, das sind etwa 800 Mrd. bis zwei Billionen US-Dollar (Weintraub 2002: 54). Die weltweiten Umsätze durch kriminelle Geschäfte (»Bruttokriminalprodukt«) werden jährlich auf rund 1500 Mrd. US-Dollar geschätzt, wobei fast die Hälfte allein auf den Handel und die Produktion von Drogen entfällt (Lock 2003: 111). Diese halblegalen, illegalen oder kriminellen Aktivitäten entziehen sich nicht nur staatlicher, sondern weitgehend auch internationaler Kontrolle und Regulierung. Die Übergänge zwischen regulärer, internationaler Wirtschaftstätigkeit und unregulierten Schattenökonomien sind zumeist fließend, was die Eindämmung solcher Praktiken und Machenschaften enorm schwierig macht – eine Grauzone, von der auch Akteure in Industrie- und Schwellenländern profitieren. Nutznießer sind insofern ganz unterschiedliche Akteure wie multinationale Konzerne, Händler und Kaufleute, korrupte Staatsbeamte und Politiker, Warlords und andere nichtstaatliche Gewaltakteure, deren transnationale Geschäftsbeziehungen, Transitwege, Kommunikationsstrukturen und Finanzierungsformen von transnationalen Terroristen mitgenutzt, mißbraucht oder schlicht kopiert werden.

22. Blockierte Modernisierung und »bad governance«

Ein weiterer Kontext, der transnationalen Terrornetzwerken zugute kommt, sind strukturell bedingte sozioökonomische und politische Krisen in zahlreichen Entwicklungs- und Transformationsländern – im Falle Al-Qaidas vor allem in der arabischen Welt. Diese Krisen hängen entweder mit einer fehlgeschlagenen bzw. blockierten gesellschaftlichen Modernisierung oder mit Praktiken »schlechter Regierungsführung« (*bad governance*) zusammen, nicht selten treten auch beide Faktoren in Kombination auf, was im Ergebnis zu politischen Protesten und sozialen Unruhen bis hin zur offenen Rebellion und zur Bildung extremistischer Bewegungen führen kann.

Der erstgenannte Bereich betrifft Anstrengungen zur sozioökonomischen Modernisierung, die zwar in Teilbereichen begonnen, aber in der Regel von den herrschenden Eliten nur halbherzig verfolgt, abgebrochen oder gar blockiert wurde. Dabei handelt es sich häufig um sogenannte Rentierstaaten, deren Einnahmen primär auf externen Finanzzuströmen (Renten) basieren, insbesondere aufgrund des Exportes von Rohstoffen (Öl, Gas) oder aufgrund von Transferleistungen (»politische« Renten). Ersteres gilt beispielsweise für Kuwait, Bahrain, Saudi-Arabien, Libyen, Algerien oder Usbekistan, die ihren Staatshaushalt entweder vollständig oder zu einem Großteil über Rohstoffexporte finanzieren, letzteres für Länder wie Ägypten, Jordanien oder Pakistan, die aufgrund ihrer geostrategischen Lage erhebliche Zuflüsse aus der arabischen Welt oder auch aus den USA erhalten. Die Einnahmen werden zumeist von den herrschenden Schichten zur Absicherung ihrer Macht bzw. ihrer ökonomischen Interessen genutzt. Zwar haben in einzelnen Ländern marktwirtschaftliche Reformen begonnen (z. B. Marokko, Tunesien oder Jordanien), dennoch sind es grosso modo gelenkte Ökonomien, in denen Staatsbetriebe und der öffentliche Sektor dominieren; gleichzeitig sind die vorsichtigen Schritte zur Liberalisierung und Privatisierung in manchen Branchen oftmals mit Korruption und Klientelwirtschaft verbunden. In den achtziger Jahren kam es zudem in den arabischen Staaten zu erheblichen ökonomischen Krisen, ehe die Wachstumsraten in den neunziger Jahren wieder moderat anstiegen (3,3 % im Durchschnitt), in der Regel abhängig von den Schwankungen des Ölpreises (UNDP 2003: 85). Dennoch sind die staatlichen Verteilungsspielräume enger geworden, die Disparitäten beim Einkommen und der Verteilung des Wohlstandes haben sich eher verschärft. Das Resultat sind sinkende Staatseinnahmen, niedrige oder rückläufige Investitionen in die öffentliche Infrastruktur, vor allem in das Sozial-, Bildungs- und Gesundheitswesen – eine Lücke, die nicht selten von islamischen Wohlfahrtsorganisationen unterschiedlicher Provenienz gefüllt wird.

Dieses Profil ist typisch für die meisten arabischen Staaten, wie der von UNDP verantwortete *Arab Human Development Re-*

port 2002 gezeigt hat: Seine Autoren bezeichnen die Region, ungeachtet der erheblichen Unterschiede zwischen den Ländern, im Vergleich zu anderen Weltregionen zwar durchaus als »wohlhabend«, aber insgesamt als »schlechter entwickelt« (UNDP 2003: 26) – und zwar mit Blick auf elementare Aspekte menschlicher Entwicklung wie etwa Arbeitslosigkeit, Analphabetenrate, Pro-Kopf-Einkommen, Armut oder Zugang zu elementarer Bildung.[4] Insgesamt wurden in den 19 untersuchten arabischen Staaten 20 Millionen Arbeitslose gezählt (angesichts der Geburtenraten dürfte die Quote weiter steigen). Ein besonders dramatischer Indikator ist die hohe Arbeitslosigkeit unter Jugendlichen, denen zum Teil auch trotz relativ guter Ausbildung kaum Perspektiven bleiben.[5] Nach Umfragen aus dem Jahre 2001 steht daher für die meisten Jugendlichen in der arabischen Welt das Thema »job opportunity« an erster Stelle (45 %), gefolgt von Bildung (23 %). Die Mehrheit der älteren Jugendlichen (51 %) äußerte zudem den Wunsch, ihr Heimatland zu verlassen – ebenfalls ein Indikator für die allgemeine Unzufriedenheit (vgl. UNDP 2003: 29-31). Insgesamt gelten in den arabischen Ländern (Stand: 2002) ein Drittel aller erwachsenen Männer und fast jede zweite Frau als Analphabeten (UNDP 2005: 10). Die regionalen Unterschiede sind dabei durchaus erheblich: Während der Bildungsstand in Bahrain, Jordanien und Libanon im regionalen Vergleich am höchsten ist, fällt er in Saudi-Arabien, Ägypten, Marokko, Jemen und Sudan deutlich ab. Im Jemen liegt die Alphabetisierungsrate bei 48 % (Frauen nur 27 %), in Marokko bei 50 %, in Ägypten bei 56 %, im Sudan bei 59 % und in Algerien bei 68 % (alle Angaben von 2001).[6]

Diese Faktoren und Prozesse verweisen in ihrer Kumulation auf eine gesellschaftliche und sozioökonomische Stagnation, in manchen Fällen gar auf eine schleichende Verschlechterung des

4 Dies deckt sich mit dem Befund des *Bertelsmann Transformation Index 2003*, der in der Region »ein Mißverhältnis zwischen wirtschaftlicher Leistungskraft und menschlicher Entwicklung« ausmacht; vgl. Bertelsmann Stiftung (2004: 201).

5 Der *Bertelsmann Transformation Index 2003* faßt die Lage folgendermaßen zusammen: »Die Bildungssysteme der Region erreichen zwar einen wachsenden Anteil der Bevölkerung, leiden aber unter Qualitätsmangel und bereiten Absolventen nur unzureichend auf den Arbeitsmarkt vor«; vgl. Bertelsmann Stiftung (2004: 203).

6 Die Daten stammen aus dem Human Development Report 2003; siehe Bertelsmann Stiftung (2004: 206).

Status quo. Hinzu kommt, daß die vorherrschenden Mechanismen zur Verteilung von Gütern und Chancen auf traditionalen, klientelistischen Strukturen basieren, zumeist auf familiären bzw. Clan-Beziehungen – dies gilt vom Maghreb über die Golfregion bis hin nach Zentralasien. Diese Strukturen verhindern oder blockieren letztlich Prozesse sozialer Aufwärtsmobilität, das heißt, bestimmte Bevölkerungsschichten haben nur begrenzte oder gar keine Aufstiegsmöglichkeiten. Dies betrifft vor allem jene Mittelschichten, die in der Vergangenheit durchaus in der Lage waren, ihren Lebensstandard und ihr Bildungsniveau moderat zu erhöhen, sich nun aber sozioökonomisch entweder nicht angemessen berücksichtigt, sich marginalisiert oder von sozialem Abstieg bedroht sehen. Die Folgen solcher Entwicklungsblockaden sind oftmals Proteste und Radikalisierungen. Auch wenn es hier keinen Automatismus gibt, muß man doch feststellen, daß damit variierend von Land zu Land Teile der Gesellschaft anfällig sind für die Parolen eines religiösen Fundamentalismus und politischen Extremismus, der das »westliche Modell der Modernisierung« als Irrweg ablehnt und eine Rückbesinnung auf genuin »islamische Werte« fordert.

Ein weiterer Komplex an begünstigenden Faktoren ist verbunden mit Formen von *bad governance*. Darunter fallen sehr unterschiedliche Symptome: Korruption, Vetternwirtschaft und Klientelismus, mangelhafte oder fehlende Rechtsstaatlichkeit, unzureichende Partizipationsmöglichkeiten, eingeschränkte politische Freiheiten, politische Gängelung und Repression, mangelnde Gewaltenteilung und autoritäre Strukturen. Mit anderen Worten: Es geht um mehr oder weniger subtile Mechanismen der Machtausübung und -kontrolle durch die herrschenden Eliten, seien es Präsidenten, Könige oder Militärmachthaber, seien es bestimmte Clans oder Familien, seien es gewählte, entsandte oder ernannte Vertreter, seien es traditionale oder religiöse Autoritäten.[7] Auch dies läßt sich anhand einer Reihe arabischer und islamischer Länder illustrieren. Der *Arab Human Development Report 2004* kommt etwa zu dem Ergebnis, daß zwar heute in fast allen arabischen Staaten, abgesehen von Saudi-Arabien und den Vereinigen Arabischen Emiraten, Parlamente existieren, deren Mitglieder

---

7 Zu den Eliten und den politischen Systemen in der arabischen Welt siehe Perthes (2002).

entweder vollständig oder teilweise gewählt werden. Allerdings sei damit nur wenig über die Möglichkeiten politischer Partizipation oder politischen Wandels ausgesagt: »However, the right to political participation has often been little more than a ritual, representing a purely formal application of a constitutional entitlement. [...] Hence, elections have not played their designated role as a participatory tool for the peaceful alternation of power. These elections have generally reproduced the same ruling elites.« Insgesamt sei, so der Bericht, die politische Freiheit in diesen Ländern durch zwei machtvolle Faktoren bedroht: »that of undemocratic regimes, and that of tradition and tribalism, sometimes under the cover of religion« (UNDP 2005: 8-9). Ein ähnliches Resümee zieht auch der *Bertelsmann Transformation Index 2003*. Danach werden Präsidentschafts- und Parlamentswahlen, vor allem in Ägypten, Jemen, Syrien und Tunesien, »unter der Kontrolle des vom amtierenden Präsidenten kontrollierten Staatsapparates abgehalten, der dem Amtsinhaber und der herrschenden Mehrheitspartei durch die Bereitstellung finanzieller und medialer Ressourcen, Einschüchterung der Opposition und direkte Manipulation der Wahlen den Sieg sichert« (Bertelsmann Stiftung 2004: 197). Der Index verweist ferner auf die Dominanz der von Präsident oder König angeführten Exekutive, auf die schwache Legislative und auf die mangelnde Unabhängigkeit der Justiz. Darüber hinaus prägen Amtsmißbrauch und Korruption, die nur selektiv verfolgt werden, das politische System ebenso wie informelle klientelistische und tribale Netzwerke, die im wesentlichen Partikularinteressen wahrnehmen, während politische Parteien nur selten eine gesellschaftliche Bedeutung haben (vgl. Bertelsmann Stiftung 2004: 198-199). In einem Vergleich mit anderen Weltregionen schneiden die arabischen Staaten – ungeachtet der Varianz der politischen Systeme – bei den Indikatoren zur politischen Freiheit am schlechtesten ab und liegen hinter Sub-Sahara-Afrika und Süd-/Südostasien (vgl. UNDP 2003: 27-28).

Unter solchen Bedingungen gerät die Legitimität der politischen Ordnung um so mehr ins Wanken, je stärker sich eine Gesellschaft politisiert und infolgedessen immer mehr Bevölkerungsschichten Teilhabe an politischen Entscheidungen einfordern. Auf diese Mobilisierung reagieren bestehende Regime allerdings nicht selten mit autoritären oder repressiven Maßnahmen – wie etwa Wahlfälschungen, Verbot von Versammlungen und Parteien, Einschränkungen der Meinungs- und Pressefreiheit, Verfolgung und Einschüchterung von Oppositionellen, systematische Ausgrenzung bestimmter Gruppen, politische Gerichtsprozesse, Folter und Mißhandlungen durch Polizei und Sicherheitsorgane sowie entwürdigende Haftbedingungen. Diese Praktiken tragen jedoch in den meisten Fällen mittelfristig zu einer Verschärfung der Lage bei; sie provozieren gesellschaftlichen Widerstand und verstärken die Gewaltbereitschaft extremistischer Gruppierungen, nicht selten unterstützt von Personen, die sich erst im Gefängnis der Dschihad-Ideologie zugewandt haben. Moderate oder gar liberale Oppositionskräfte werden dagegen geschwächt, da sie zwischen den Sicherheitsorganen und den radikalen Gruppen aufgerieben werden. Diese Konstellation ist nicht allein für autokratische oder feudale Regime (z. B. Ägypten, Saudi-Arabien, Usbekistan) charakteristisch, sondern auch für Staaten, die zumindest ansatzweise demokratische Elemente aufweisen (z. B. Jemen, Algerien) bzw. die sich in einem Demokratisierungsprozeß befinden (z. B. Indonesien, Libanon).

Das skizzierte Muster von Repression und Rebellion läßt sich denn auch an einer Reihe von Beispielen nachzeichnen: Paradigmatisch ist die massive Verfolgung islamistischer Oppositionsbewegungen in Ägypten (achtziger und neunziger Jahre) oder in Algerien (neunziger Jahre), wobei das jeweilige Regime nur selten zwischen moderaten und radikalen Kräften differenzierte (vgl. Hafez 2003: 71-103). Im Zuge der Konflikte schotteten sich die militanten Gruppen mehr und mehr ideologisch ab. Es bildeten sich immer radikalere Splittergruppen, die den Kampf gegen das »korrupte System« zu ihrer *raison d'être* erklärten. Diese Mobilisierung und Radikalisierung mündete schließlich in Terrorismus bzw. in den Bürgerkrieg.[8] Vor ähnlichen Problemlagen stehen heute Saudi-Arabien, Syrien, Kuwait, Jemen, Jordanien, Tunesien, Marokko, Pakistan, Usbekistan, Tadschikistan oder Indonesien. Auch dort stellt sich – wenngleich in unterschiedlicher In-

8 Auf der Basis verschiedener Fallstudien kommt Hafez (2003: 199-200) zu dem Schluß: »Muslims rebel because they encounter an ill-fated combination of political and institutional exclusion, on the one hand, and reactive and indiscriminate repression on the other. When states do not provide their Islamist opposition movements opportunities for institutional participation, and employ repression indiscriminately against these movements after a period of prior mobilization, Islamists will most probably rebel.«

tensität – die Frage, wie mit der jeweiligen radikal-islamistischen Opposition umgegangen werden soll. Die Strategien reichen von Unterdrückung, Verfolgung und Verboten (z. B. Tunesien, Ägypten, Syrien, Usbekistan) bis hin zu Versuchen der Kooptierung und Integration in das politische System (z. B. Jemen, Marokko, Tadschikistan). Die Propaganda und die Aktivitäten dieser Gruppen richten sich nicht nur gegen die eigene Regierung, sondern auch gegen den »Westen«, allen voran gegen die USA, die als Unterstützer der Regimes gelten. Diese durchaus populäre Stimmung bot und bietet bis heute einen ideologischen Anknüpfungspunkt für transnationale, islamistische Netzwerke und einen Nährboden für Dschihad-Gruppen.

23. Fragile Staatlichkeit als Kernproblem

Nimmt man die skizzierten Kontextbedingungen in ihrer Summe, zeigt sich, daß transnationale Terrornetzwerke im Kern von Formen fragiler Staatlichkeit profitieren. Sie nutzen jene Spielräume, die entstehen, wenn der Staat erhebliche Steuerungs-, Kontroll- und Legitimitätsdefizite aufweist – entweder weil Kriege und Gewaltökonomien Staatlichkeit vollständig oder in Teilen zerstört haben, weil Entgrenzung und Schattenglobalisierung staatliche Kapazitäten unterminieren, weil sozioökonomische Modernisierungskrisen intern nicht angemessen verarbeitet wurden, weil über Jahre hinweg Praktiken von *bad governance* staatliche Strukturen mehr und mehr »von oben« erodierten und/oder weil nichtstaatliche Akteure unterschiedlichster Provenienz jene Lücken füllen, die der Staat hinterläßt. Die genannten Faktoren sind sowohl Ausdruck als auch Ursache für fragile Staatlichkeit.

Im Ergebnis sind staatliche Strukturen und Institutionen nicht oder nicht mehr in der Lage, elementare Leistungen gegenüber ihrer Bevölkerung zu erbringen.[9] Was das konkret bedeutet, wird deutlicher, wenn man drei zentrale Staatsfunktionen unterscheidet, die den Kernbereich moderner Staatlichkeit ausmachen.

---

9 Ausführlicher zum Konzept fragiler Staatlichkeit vgl. Schneckener (2004a, 2004b). Zur Problematik zerfallender und versagender Staaten siehe auch Erdmann (2003), Rotberg (2003, 2004), Milliken (2003).

(a) *Sicherheitsfunktion*: Eine elementare Funktion des Staates ist die Gewährleistung von Sicherheit nach innen und außen, insbesondere von physischer Sicherheit für die Bürger. Im Zentrum steht daher die Kontrolle des Staatsterritoriums mittels des staatlichen Gewaltmonopols, das sich in der Durchsetzung einer staatlichen Verwaltung zur Kontrolle von Ressourcen und eines Sicherheitsapparates zur Befriedung lokaler Konflikte bzw. zur Entwaffnung privater Gewaltakteure ausdrückt. Staaten, die diese Funktion nicht oder nicht mehr erfüllen können, sind oftmals außerstande, das Staatsgebiet und die Außengrenzen effektiv zu kontrollieren; sie sind zudem meist durch anhaltende lokale oder regionale Unruhen (z. B. Separatismus), durch eine hohe Zahl nichtstaatlicher Gewaltakteure und durch hohe und wachsende Kriminalitätsraten gekennzeichnet; gleichzeitig droht vielerorts die Auflösung oder der Zerfall des staatlichen Sicherheitsapparates, der mehr und mehr eine Bedrohung der physischen Sicherheit der eigenen Bürger darstellt.

(b) *Wohlfahrtsfunktion*: Im Zentrum stehen hier staatliche Dienst- und Transferleistungen sowie Mechanismen der Verteilung wirtschaftlicher Ressourcen – beides in der Regel finanziert über Staatseinnahmen (Zölle, Steuern, Gebühren, Abgaben etc.). Sie betrifft insofern die gesamte Staatstätigkeit auf unterschiedlichen Politikfeldern, darunter makroökonomische Steuerung, Sozial- und Wirtschaftspolitik, Arbeitsmarkts-, Bildungs-, Gesundheits- und Umweltpolitik sowie den Aufbau und Erhalt der öffentlichen Infrastruktur. Indikatoren für den Verlust oder den Mangel an staatlicher Steuerung können sein: anhaltende wirtschaftliche bzw. währungspolitische Krisen, kaum Steuer- oder Zolleinnahmen, hohe Außenverschuldung, wachsende Kluft zwischen Arm und Reich, hohe Arbeitslosigkeit bzw. geringe Erwerbsquote, hohe Analphabetenrate, hohe Kindersterblichkeit, Zusammenbruch bzw. Nicht-Existenz staatlicher sozialer Sicherungssysteme, Verschlechterung der Infrastruktur, des Bildungs- und Gesundheitswesens sowie massive ökologische Probleme.

(c) *Legitimitäts- und Rechtsstaatsfunktion*: Dieser Bereich umfaßt Formen der politischen Partizipation und der Entscheidungsprozeduren, die Stabilität politischer Institutionen sowie die Qualität des Rechtsstaates, des Justizwesens und der öffentlichen Verwaltung. Defizite von Staatlichkeit in dieser Funktion bemessen sich beispielsweise am Grad politischer Freiheiten, an den Möglichkeiten politischer Partizipation, an der Situation der Menschenrechte, an der Qualität von Justiz und Verwaltung sowie am Ausmaß von Korruption und Amtsmißbrauch. Unter dieser Perspektive wird deutlich, daß die Stabilität eines Regimes nicht gleichzusetzen ist mit der Stabilität des Staates. Im Gegenteil: Das Fortbestehen bestimmter Regime ist in vielen Fällen eher eine Gefahr für Staatlichkeit, da sie durch autoritäre, feudale oder klientelistische Strukturen, wie unter dem Stichwort *bad governance* beschrieben, die Grundlagen des Staates zusehends untergraben.

Auf der Basis der drei Staatsfunktionen läßt sich, wenn auch etwas holzschnittartig, eine Typologie fragiler Staaten entwickeln, die deutlich macht, daß das Problem fragiler Staatlichkeit weit über die spektakulären Fälle von Staatszerfall hinausgeht und charakteristisch für eine Reihe von Sub-Regionen in der Welt ist.

Typ 1: Schwache Staaten (weak states): Dieser Typ ist dadurch charakterisiert, daß das staatliche Gewaltmonopol noch weitgehend oder leidlich existiert, allerdings Defizite bei der Wohlfahrts- und/oder bei der Legitimitäts- und Rechtsstaatsfunktion bestehen. Beispiele sind Staaten in Sub-Sahara-Afrika (z. B. Eritrea, Kenia), in Lateinamerika (z. B. Peru, Venezuela), in Zentralasien und in Südosteuropa (z. B. Mazedonien, Albanien), die mit beiden Funktionen teilweise erhebliche Probleme haben. Diese Zuordnung gilt auch für die meisten arabischen bzw. islamischen Staaten wie Saudi-Arabien, Ägypten, Jordanien oder Iran. In dieser Kategorie befinden sich nicht wenige halbautoritäre und autoritäre Regime, die zumeist für eine gewisse Stabilität in Kombination mit der Erbringung bestimmter, elementarer Dienstleistungen sorgen, aber über eine schwache Legitimationsbasis verfügen und kaum rechtsstaatliche Strukturen besitzen.

Typ 2: Versagende bzw. verfallende Staaten (failing states): Bei diesem Typ handelt es sich um Staaten, bei denen das staatliche Gewaltmonopol und damit die Gewährleistung von Sicherheit stark beeinträchtigt ist, während sie in einer oder in beiden anderen Funktionen noch eine gewisse Steuerungsfähigkeit besitzen. Typische Beispiele wären Kolumbien, die Philippinen, Indonesien, Sudan oder Georgien. Die Regierungen dieser Staaten sind nicht in der Lage, ihr gesamtes Territorium und/oder ihre Außengrenzen zu kontrollieren, sie müssen sich zudem mit einer signifikanten Zahl nichtstaatlicher Gewaltakteure auseinandersetzen, oftmals separatistische Bewegungen, die einen Teil des Staates unter ihrer Kontrolle haben. Gleichwohl ist der Staat in anderen Bereichen noch einigermaßen handlungsfähig, gerade mit Blick auf staatliche Dienst- und Transferleistungen, die zumindest einem Teil der Bevölkerung zugute kommen.

Typ 3: Gescheiterte Staaten bzw. Staatskollaps (failed bzw. collapsed states): Bei diesem Typ ist keine der drei Funktionen mehr in nennenswerter Weise vorhanden, so daß man von einem völligen Zusammenbruch oder Kollaps von Staatlichkeit sprechen kann. Diese Situation ist allerdings nicht gleichbedeutend mit Chaos oder Anarchie. An die Stelle des Staates treten vielmehr andere, oftmals konkurrierende nichtstaatliche Akteure, die ihre Herrschaft zumeist auf Gewalt und Unterdrückung stützen. Beispiele sind Somalia (seit 1992), Afghanistan, DR Kongo (seit 1997), Liberia, Sierra Leone oder Irak (seit 2003 aufgrund der US-Intervention); zeitweise gehörten auch Angola (1975-2002), Bosnien (1992-95), Tadschikistan (1992-97) oder der Libanon (1975-92) in diese Kategorie.

Auf der Basis dieser Differenzierung stellt sich nun die Frage, ob und inwieweit welcher Typ von fragiler Staatlichkeit anfällig dafür ist, von transnationalen Terrornetzwerken für ihre operativen Aktivitäten und vor allem für den Aufbau und Erhalt ihrer Infrastruktur »genutzt« zu werden. In der Tat wurde die These vom Nexus Staatszerfall – Terrorismus nach 9/11 vielfach vertreten und fand Eingang in die sicherheitspolitische Debatte, wie der Blick in die *US National Security Strategy* (September 2002) und in die *Europäische Sicherheitsstrategie* (Dezember 2003) zeigt. In beiden Dokumenten werden »failing« und »failed states« als Bedrohung für die eigene Sicherheit verstanden, nicht zuletzt aufgrund der möglichen Verbindungen zum Terrorismus.[10] Gegen diese kausale Vermutung werden jedoch in der Literatur einige Einwände vorgebracht. Erstens wird darauf hingewiesen, daß

10 In der *US National Security Strategy* (2002: 1) heißt es wörtlich: »America is now threatened less by conquering states than we are by failing ones.« Die Europäische Sicherheitsstrategie (2003: 9-10) stellt fest: »Das Scheitern von Staaten kann auf offensichtliche Bedrohungen, wie organisierte Kriminalität oder Terrorismus, zurückzuführen sein und ist ein alarmierendes Phänomen, das die globale Politikgestaltung untergräbt und die regionale Instabilität vergrößert.«

transnational operierende Terroristen auch und gerade westliche Staaten als Rückzugs- und Vorbereitungsräume, zur Rekrutierung von Attentätern sowie zur Beschaffung und zum Transfer von Geldern benutzen. Nicht nur die Vorbereitung des 11. September in Deutschland und Spanien, sondern auch die zahlreichen Festnahmen seither können ebenfalls als Beleg dafür dienen, daß es Al-Qaida in der Tat gelungen ist, mittels gewaltbereiter islamistischer Kreise in Westeuropa und Nordamerika ein Netzwerk von Terrorzellen, Helfern und Unterstützern aufzubauen. Dieser Einwand macht deutlich, daß westliche, liberale Gesellschaften wie andere Gesellschaften auch für die Etablierung terroristischer Strukturen anfällig sind. Dabei wird allerdings übersehen, daß diese Strukturen im konkreten Fall von Al-Qaida Teil eines größeren Netzwerks sind, das wiederum nur existieren kann, weil es seinen Ursprung, sein Zentrum und seine Kommandostrukturen in jenen Teilen der Welt hat, die durch fragile Staatlichkeit charakterisiert sind. Wäre dies nicht der Fall, könnten auch, so die Gegenthese, die Terrorzellen und Handlanger in westlichen Staaten nicht oder zumindest nicht auf Dauer überleben.

Zweitens wird argumentiert, es gebe eine Reihe von Staaten, die zwar als gefährdet oder gescheitert gelten könnten, ohne aber bisher ein internationales Terrorismusproblem verursacht zu haben. Dies trifft vor allem auf afrikanische Staaten zu: Trotz extrem schwacher staatlicher Strukturen und zahlreicher Regionalkonflikte finden sich dort vergleichsweise selten Terrorgruppen, geschweige denn Ansätze für ein transnationales, »pan-afrikanisches« Terrornetzwerk. Dieser Einwand geht jedoch am Kern der Sache vorbei: Diese Staaten mögen zwar nicht direkt für das Entstehen von transnationalen Netzwerken verantwortlich sein, sie werden aber gleichwohl von solchen Netzwerken genutzt. Aktivitäten von Al-Qaida oder von Al-Qaida nahestehenden Gruppen lassen sich, wie in Kap. IV ausführlicher dargestellt, beispielsweise im Sudan, in Somalia, Dschibuti, Kenia oder Tansania nachweisen, vermutet werden auch vor allem geschäftliche Verbindungen nach West- und Zentralafrika. Insofern begünstigen auch die Zustände in diesen Länder, die eher durch Warlords bzw. organisierte Kriminalität denn durch Terrorismus gekennzeichnet sind, die Fortexistenz transnationaler Terrorstrukturen (vgl. Herbst/Mills 2003).

Schwerer wiegt hingegen, drittens, der Einwand, daß international operierende Terroristen gerade nicht in gescheiterten Staaten oder akuten Bürgerkriegsregionen ihre Basis haben, da sie dort auf den Schutz lokaler Gewaltakteure angewiesen wären und sich in einem sehr widrigen Umfeld bewegen müßten, in dem sich die Bedingungen für ihre eigene Sicherheit rasch ändern können (vgl. von Hippel 2002). Terroristen, insbesondere Mitglieder der Führungskader, würden daher in der Regel wohlhabendere Regionen oder Stadtviertel mit halbwegs funktionierender Infrastruktur als Unterschlupf bevorzugen. Für diese These sprechen beispielsweise die Festnahmen von Al-Qaida-Mitgliedern oder -Sympathisanten in pakistanischen oder saudischen Villenvierteln. Dieser Hinweis läßt allerdings unberücksichtigt, daß es nicht allein um den Aufenthaltsort von Topterroristen geht, sondern auch um andere infrastrukturelle und logistische Möglichkeiten, die für die Netzwerke von zentraler Bedeutung sind und bei denen, wie gezeigt, auch Kriegs- und Gewaltökonomien eine gewisse Rolle spielen.

Gleichwohl macht der Einwand deutlich, daß sich die Analyse, will man die Funktionsweise transnationaler Terrornetzwerke verstehen, nicht allein auf Kriegsgebiete oder gescheiterte Staaten (*failed states*) beschränken darf, sondern sich auf ein breiteres Verständnis fragiler Staatlichkeit stützen muß. Denn in der Tat: Für transnationale Terroristen vom Typ Al-Qaida sind in erster Linie jene Länder interessant, deren Staatlichkeit »auf der Kippe« steht, ohne daß jedoch ein völliger Zusammenbruch staatlicher Strukturen auf mittlere Sicht zu erwarten ist. Ihr Interesse finden daher vor allem schwache oder versagende Staaten, die zwar in manchen Bereichen erhebliche Kontroll- und Steuerungsdefizite aufweisen und in denen die diversen nichtstaatlichen Unterstützer für transnationale Terroristen relativ ungestört agieren können, die aber gleichwohl einen gewissen Ordnungsrahmen aufrechterhalten und über eine einigermaßen moderne Infrastruktur (z. B. Kommunikations- und Transportsysteme) verfügen, auf die die Netzwerke ebenfalls angewiesen sind. Gescheiterte Staaten bzw. akute Bürgerkriegsgebiete scheinen dagegen eher von sekundärem Interesse. Sie bieten lediglich Möglichkeiten zur Rekrutierung von Kämpfern, zum Transit und für den Zugang zu Ressourcen. Für andere Bereiche wie Unterschlupf, Schulung, Training, Kommunikation oder Finanzierungswege sind gescheiterte oder kollabierte Staaten offenbar nur begrenzt von Nutzen.

Ein Indikator dafür ist nicht zuletzt die Tatsache, daß Afghanistan für Bin Laden und Al-Qaida als Trainings- und Planungsraum erst dann (wieder) attraktiv wurde, als die Taliban im Begriff waren, das Land weitgehend unter ihre Kontrolle zu bringen und insofern eine, wenn auch prekäre, Herrschaftsordnung zu etablieren.

Läßt man nun jene Länder und Regionen Revue passieren, die für Al-Qaida, Jama'a Islamiyya und andere Terrornetzwerke offenbar besonders relevant sind, wird der Befund noch deutlicher. Danach bilden bis heute vor allem schwache bzw. versagende Staaten wie Algerien, Marokko, Tunesien, Ägypten, Saudi-Arabien, Syrien, Jemen, Kuwait, Pakistan, Philippinen, Malaysia und Indonesien das Rückgrat für die Infrastruktur terroristischer Dschihad-Netzwerke. Daneben sind noch Sudan und Afghanistan zu nennen, die in der Vergangenheit für Bin Laden und Al-Qaida eine Schlüsselstellung innehatten, aber deren Bedeutung seit Herbst 2001 stark gesunken sein dürfte, auch wenn es immer wieder Bemühungen von Al-Qaida-Kadern oder nahestehenden Gruppen gibt, in diesen Ländern Fuß zu fassen und bestehende Kontakte zu reaktivieren.

Die genannten Staaten sind nicht in allen Bereichen gleichermaßen relevant, sondern sie werden in unterschiedlicher Intensität vom jeweiligen Terrornetzwerk genutzt. Gleichwohl lassen sich grosso modo gemeinsame Merkmale erkennen, aus denen sich ein spezifisches Profil fragiler Staatlichkeit ergibt:

– Sie spielten in den achtziger und neunziger Jahren – teils aktiv, teils passiv – eine wichtige Rolle als »Entsendeländer«, aus denen Kämpfer sich dem »heiligen Krieg« in Afghanistan bzw. in lokalen Konflikten (z. B. Kaschmir, Bosnien, Tschetschenien, Mindanao) anschlossen. Sie konnten auf diese Weise interne Probleme und radikale Elemente, zumindest teilweise, exportieren.

– Sie haben erhebliche Schwierigkeiten, das staatliche Gewaltmonopol auf dem gesamten Territorium durchzusetzen und müssen in Sub-Regionen oder in städtischen Gebieten Macht und Einfluß nichtstaatlicher Gewaltakteure dulden (siehe z. B. Jemen, Pakistan, Algerien). In einigen Fällen handelt es sich auch um schwelende *low intensity conflicts*, bei denen sich der Staat durch eine oder mehrere Guerillabewegungen herausgefordert sieht (vor allem Philippinen, Indonesien). Insgesamt ist in den Ländern der Anteil derjenigen, die über Klein- und Leichtwaffen verfügen, relativ groß. Die Staaten sind ferner nicht in der Lage, ihre Außengrenzen effektiv zu kontrollieren, insbesondere dann nicht, wenn es sich um Berg-, Wüsten- oder Küstenregionen handelt.

– Sie weisen erhebliche Defizite im staatlichen Bildungssystem auf und überlassen dieses Feld weitgehend privaten, oftmals religiösen Anbietern (Koranschulen). Sie verfügen nur begrenzt über eine staatliche Sozial- und Gesundheitspolitik – eine Lücke, die vielerorts von karitativen, religiösen Einrichtungen geschlossen wird, die sich primär um die Bedürfnisse ärmerer Schichten oder von Flüchtlingen kümmern.

– Sie sind wirtschaftlich durch einen schwach regulierten Banken- und Finanzsektor, durch rentenökonomische Strukturen, durch schrumpfende Verteilungsspielräume und einen wachsenden informellen Sektor geprägt, der in einigen Fällen mit einem auswuchernden kriminellen Sektor verbunden ist, vor allem durch den illegalen Drogen-, Rohstoff- und Waffenhandel.

– Ihr politisches System ist entweder durch autoritäre Strukturen oder durch einen nicht abgeschlossenen bzw. blockierten Demokratisierungsprozeß geprägt. Ursächlich dafür ist in einigen Fällen nicht zuletzt die ambivalente Rolle des staatlichen Sicherheitsapparates (siehe Indonesien, Philippinen, Pakistan, Jemen). Unabhängig vom politischen System sind die meisten der genannten Staaten seit Jahrzehnten durch ein relativ hohes Maß an Korruption und Klientelismus bis in hohe Ämter hinein gekennzeichnet.[11]

– Sie verfügen (zumindest zeitweise) über eine relativ gut organisierte islamistische Opposition, die jedoch in der Regel nicht in das politische System integriert ist und sich staatlicher Verfolgung ausgesetzt sieht (Ausnahmen Jemen und Marokko). Die Repressionen, die zumeist nicht zwischen moderaten und radikalen, zwischen gewaltlosen und gewaltbereiten Kräften unterscheiden, schränken zwar in der Regel die Möglichkeiten der Islamisten ein, das entsprechende Regime zu stürzen oder in Gefahr zu bringen,

---

11 Als Anhaltspunkt mag hier der *Corruption Perception Index 2004* von Transparency International dienen: Danach liegen Indonesien (Platz 133), Pakistan (129), Jemen (112), die Philippinen (102) und Algerien (97) im unteren Drittel der 146 untersuchten Staaten, im mittleren Drittel befinden sich Marokko (77), Ägypten (77) und Saudi-Arabien (71), lediglich bei Kuwait (44), Malaysia (39) und Tunesien (39) sind die Werte vergleichbar mit denen einzelner westlicher Industrieländer (z. B. Italien). Siehe Transparency International (2005: 235-238).

sie fördert aber die Militanz einzelner Splittergruppen und damit das innerstaatliche Gewaltpotential.

– Und schließlich handelt es sich in nahezu allen Fällen, um Staaten, deren Regierungen, ob nun demokratisch legitimiert oder nicht, in unterschiedlicher Weise mit dem »Westen« kooperieren und damit den radikalen Islamisten seit Jahrzehnten eine ideologische Angriffsfläche bieten. Dies gilt insbesondere mit Blick auf die von den USA und Europa unterstützten autokratischen Regime (z. B. Ägypten, Saudi-Arabien, Tunesien, Pakistan), an dessen Beispielen islamistische Bewegungen zudem die »doppelten Standards« des »Westens« geißeln können.

Darüber hinaus spielen weitere Regionen eine gewisse Rolle, die für die Netzwerke zwar bestimmte Zwecke erfüllen, aber für das Spektrum der notwendigen Infrastruktur eher von untergeordneter Bedeutung zu sein scheinen. Dazu zählen der Iran, Zentralasien, der Kaukasus, das Horn von Afrika sowie Ost- und Westafrika, die primär eine Transitfunktion haben bzw. den Zugang zu Ressourcen, insbesondere zu Gewaltökonomien, eröffnen. Als Rückzugs-, Trainings- oder Rekrutierungsräume treten sie hingegen kaum in Erscheinung, von vereinzelten Anwerbeaktivitäten abgesehen (z. B. Tschetschenien, muslimische Diaspora in Ostafrika). Sie stellen gleichwohl wichtige »Ausweichoptionen« dar, falls in den arabischen oder südostasiatischen Ländern bestimmte Voraussetzungen, etwa aufgrund des staatlichen Verfolgungsdrucks, nicht mehr gegeben sind. Eine besondere Funktion erfüllt zudem seit Ende der US-Intervention (Mai 2003) der Irak: Er ist nicht nur zu einem prominenten Tummelplatz und Operationsgebiet für transnationale Terroristen geworden, sondern dient auch der Rekrutierung und Ausbildung neuer Kämpfer, zur Anbahnung von Kontakten zwischen verschiedenen Gruppen und zum Ausbau der Netzwerke. Ferner nutzten Bin Laden und andere Al-Qaida-Führer die amerikanische Besatzung in verschiedenen Erklärungen für Propagandazwecke, um im Sinne des globalen Dschihads in arabischen und islamischen Ländern – analog zur sowjetischen Besatzung in Afghanistan – neue Rekruten zu mobilisieren und neue Finanzierungsquellen zu erschließen.

Diese Einordnung kann nur eine Momentaufnahme sein und muß immer wieder überprüft werden, da Terrornetzwerke in der Lage sind, auf veränderte Gegebenheiten flexibel zu reagieren.

Die Netzwerke müssen nicht nur innovativ mit Blick auf ihre operativen Fähigkeiten sein, sondern auch bei der Suche nach neuen Opportunitäten und Methoden für die verschiedenen infrastrukturellen Bereiche. Generell gilt: Terrorgruppen, deren Potential zur Innovation eingeschränkt ist oder verlorengeht, haben auf lange Sicht keine Überlebenschance. Transnationale Terroristen stehen hier vor einer großen Herausforderung, da sie darauf angewiesen sind, sich immer wieder aufs neue anders gelagerten lokalen Kontexten anpassen zu müssen. Das begünstigende Umfeld, in der Regel verbunden mit Symptomen fragiler Staatlichkeit, ist insofern von zentraler Bedeutung, da es den Netzwerken die Adaption erleichtert und die notwendigen Rahmenbedingungen schafft, um eine terroristische Infrastruktur aufzubauen und zu erhalten. Für eine umfassende Strategie zur Terrorismusbekämpfung ist es daher eine *conditio sine qua non*, systematisch das begünstigende Umfeld in seiner Differenziertheit zu berücksichtigen, um nicht Gefahr zu laufen, durch einzelne Maßnahmen genau die beschriebenen Umfeldfaktoren – von der nichtstaatlichen Unterstützung bis hin zur fragilen Staatlichkeit – zu stärken und damit terroristischen Netzwerken neue Möglichkeiten und Ressourcen zu verschaffen.

VI. Bekämpfung

24. Neue Herausforderungen

Die Charakteristika, das Zerstörungspotential, die Infrastruktur und das begünstigende Umfeld des transnationalen Terrorismus stellen die Terrorismusbekämpfung – national wie auch international – vor eine Reihe von Herausforderungen, die im weiten Teilen jene Strategien und Erfahrungen in Frage stellen, die im Kampf gegen den Terrorismus der siebziger und achtziger Jahre relevant waren. Die wichtigsten Aspekte seien hier kurz rekapituliert:

Netzwerke statt Hierarchien: Die transnationale Netzwerkstruktur bedingt – fast schon systemisch – einen relativ hohen Grad an Robustheit und Resistenz gegenüber dem generellen Verfolgungsdruck bzw. gegenüber gezielten Angriffen von außen. In der Tendenz sind Netzwerkakteure wesentlich flexibler, anpassungsfähiger und innovativer als streng hierarchisch gegliederte Organisationen. Netzwerke können zumindest in Teilen fortbestehen, solange wichtige Knotenpunkte innerhalb des Netzes bzw. Schnittstellen zu anderen Terrorgruppen funktionsfähig bleiben und in der Lage sind, auftretende personelle Lücken oder materielle Engpässe rasch zu schließen. In der Tat ist es Al-Qaida seit Oktober 2001 immer wieder gelungen, Verluste zu kompensieren und neue Führungskader bzw. Operateure heranzuziehen. Doch selbst wenn das transnationale Netzwerk als ganzes mehr und mehr zerfallen würde, wären vermutlich bestimmte teilautonome Strukturen auf lokaler oder regionaler Ebene noch immer lebensfähig und könnten sich auf niedrigerem Niveau neu gruppieren. Es wird daher nicht wie bei konventionellen Terrorgruppen ausreichen, eine zentrale Kommandoebene auszuschalten oder – wie im Falle der Gruppe Carlos – einen einzelnen Topterroristen zu jagen. Die Fixierung auf Bin Laden und seine engsten Getreuen dürfte insofern dem Problem kaum gerecht werden. Ihre Festnahme wäre sicherlich ein wichtiger politischer und psychologischer Erfolg für die Terrorismusbekämpfung, aber sie würde das Gefahrenpotential von Al-Qaida, inklusive der befreundeten und alliierten Gruppierungen, nicht wirklich reduzieren. Im Falle ihrer Festnahme oder ihres »Märtyrertodes« muß man vermutlich zumindest kurzfristig eher mit Solidarisierungs-effekten und einer Serie von Attentaten rechnen, mit denen die Terroristen ihre fortdauernde Handlungsfähigkeit unterstreichen wollen.

Aus den Vorteilen können jedoch auch Nachteile erwachsen: Die Netzwerkstrukturen, zumal wenn sie über mehrere Staaten und Regionen hinweg agieren sollen, weisen, je stärker sie unter Verfolgungsdruck geraten, durchaus Schwachpunkte auf, die es bei der Terrorismusbekämpfung zu berücksichtigen gilt. Erstens gibt es, je amorpher und autonomer die Bestandteile des Netz-werkes werden, eine abnehmende Lern- und Innovationsfähig-keit solcher Systeme, da – trotz Internet – der wechselseitige Know-how-Transfer bzw. die Verbreitung von Informationen nur noch eingeschränkt möglich ist. Dadurch wird auch eine mehr oder minder systematische Auswertung von »Erfolgen« bzw. »Mißerfolgen« sowie von Gegenmaßnahmen erschwert, von einer »zentralen«, für alle zugänglichen Aufbereitung von In-formationen und Wissen ganz zu schweigen. Zum zweiten droht ein schleichender Kontrollverlust der Führung bzw. der einzel-nen Operateure. Damit ist in der Regel ein Verlust an ideolo-gischer und strategischer Orientierung sowie an Kohärenz ver-bunden, der die in der Netzwerkstruktur angelegte Heterogenität und möglichen Interessensgegensätze verstärkt. Das Ergebnis könnte eine nachlassende Folgebereitschaft bei einzelnen, stärker lokal verankerten Gruppen, Zellen oder Kommandos sein, die entweder auf eigene Faust agieren, abtauchen oder aber den Kampf (zumindest vorläufig) einstellen. Gefordert ist hier ein entsprechend differenzierter Ansatz bei der Terrorismusbekämp-fung, der solche Friktionen wahrnimmt und verstärkt.

Verändertes Täterprofil: Während bei herkömmlichen Terror-gruppen Attentäter und Hintermänner in der Regel der gleichen Nationalität bzw. ethnonationalen Gruppe angehören, handelt es sich beim transnationalen Terrorismus, wie in Kap. II darlegt, um ein multinationales Unterfangen, was sich in der Zusammenset-zung und Struktur der Terrorzellen und der Unterstützernetz-werke widerspiegelt. Transnationale Netzwerke bedienen sich zudem verschiedener Methoden und Pfade der Rekrutierung. Sie können anders als herkömmliche Terrorgruppen, die sich zumeist aus einem spezifischen Milieu reproduzieren, auf ein ungleich größeres Reservoir an potentiellen Mitstreitern zurückgreifen, da sie verschiedene lokale Milieus und Konflikte für ihre Zwecke nutzen. Auf diese Weise läßt sich der Nachschub an Kämpfern und Attentätern kaum stoppen, sondern allenfalls abschwächen, indem wichtige Ausbilder und Anwerber ausgeschaltet und verhaftet werden. Daneben ist der Täterkreis nicht auf ein spezifisches Sozial- und Bildungsprofil oder auf eine bestimmte Altersgruppe beschränkt: Unter den Al-Qaida-Kadern, den Operateuren und den Attentätern finden sich Studenten, Lehrer, Ärzte ebenso wie technische Intelligenz, aber auch Geistliche, Geschäftsleute, ehemalige Guerillakämpfer, Schmuggler, Paßfälscher und Kleinkriminelle.

Damit kommt im Prinzip ein sehr großer, letztlich nicht überschaubarer Personenkreis für eine potentielle Mitglied- und Täterschaft in Frage. Es ist unklar, nach welchen typischen, gemeinsamen Merkmalen man eigentlich suchen und fahnden soll, abgesehen vielleicht von einer islamistischen Einstellung und Aufenthalten in afghanischen oder anderen Trainingscamps. Vor diesem Hintergrund wirkt der Einsatz klassischer, polizeilicher Fandungsmethoden wie der Rasterfahndung geradezu grotesk; das Ergebnis nach dem 11. September war auch entsprechend dünn. Ähnliches gilt für verschärfte Einreise- und Visabestimmungen, die nur eine begrenzte Wirkung entfalten dürften, da sie erstens angesichts der multinationalen Mitgliedschaft Al-Qaidas für eine große Zahl von Herkunftsländern gelten müssen und sie zweitens – wie nicht zuletzt die Anschläge von Madrid und London unterstreichen – bestimmte Personengruppen nicht oder nur unzureichend erfassen: zum Islam konvertierte Staatsbürger; eingebürgerte Ausländer; im Land geborene Angehörige von Einwanderern (zweite und dritte Generation); Personen, die sich erst nach ihrer Einreise nach Europa bzw. Nordamerika radikalisieren und terroristischen Gruppierungen anschließen (siehe Hamburger Al-Qaida-Zelle); Personen, die in einem anderen EU-Mitgliedstaat über einen legalen Aufenthaltsstatus oder die jeweilige Staatsbürgerschaft verfügen sowie illegal eingeschleuste Personen. Ungeachtet der Begrenztheit dieser Mittel provoziert diese neue Situation in der Praxis geradezu eine enorme Ansammlung von Daten aller Art in den Polizei- und Geheimdienstcomputern. Wer nicht genau weiß, wonach er eigentlich suchen soll, muß letztlich jedes Detail für potentiell relevant halten. Die Entwicklungen seit 2001 haben diesen Mechanismus nur allzu deutlich gemacht: Mit jedem Anschlag nahm die Sammel- und Speichermanie der Sicherheitsbehörden zu. Allerdings wird angesichts der wachsenden Flut von verfügbaren Informationen (Personendaten, gespeicherte Telefon- und E-Mail-Verbindungen, etc.) die Auswertung nicht unbedingt erleichtert, da, kommunikationstheoretisch gesprochen, die Unterscheidung von *noise* (»Datenschrott«) und *signal* eher erschwert wird. Nicht selten kommt es daher zu Fahndungspannen, da zwar, wie sich im nachhinein herausstellt, Informationen über Attentäter im Prinzip vorlagen, diese jedoch nicht ausgewertet wurden oder deren Brisanz schlicht nicht erkannt wurde.

Verändertes Tatprofil: Ebenso wie das Täter- ist auch das Tatprofil deutlich unschärfer geworden. Spätestens mit dem 11. September ist im Prinzip jeder Plot, jede Art von Anschlag, vorstellbar geworden. Beschränkte sich früher das Spektrum internationaler Anschläge typischerweise auf Flugzeugentführungen, Auto- und LKW-Bomben, Botschaftsbesetzungen oder Geiselnahmen, scheint heute keine Idee mehr so absurd, als daß sie nicht von Terrorgruppen, die über die notwendige Bereitschaft und Fähigkeit verfügen, in die Tat umgesetzt werden könnte. Die Bandbreite möglicher Anschlagsziele ist erheblich größer geworden. Dies zeigen auch die diversen Terrorwarnungen oder Szenarien, die seit 9/11 von Experten in den USA und in Europa diskutiert werden: Sprengung von Brücken und Hochhäusern; Umbau von Schiffscontainern zu Bomben; Konstruktion »schmutziger Bomben«; Anschläge auf Energiesysteme, Ölraffinerien, Chemiefabriken oder Atomkraftwerke; Terrorattacken gegen öffentliche Transportsysteme, Handelsschiffe, Fähren und Öltanker; Verseuchung des Trinkwassers bzw. von Lebensmitteln; Anschläge durch mit ansteckenden Viren verseuchte »Selbstmordattentäter«; Cyberterrorismus etc. Das Dilemma besteht nun darin, daß sich kein Staat der Welt, selbst die USA nicht, auf sämtliche Szenarien und potentiellen Risiken gleichermaßen angemessen vorbereiten kann, sondern allein aus Kapazitätsgründen Prioritäten bei Aufklärung, Gefahrenabwehr und dem Schutz kritischer Infrastruktur setzen muß. Dies gilt um so mehr, je begrenzter die Ressourcen sind, die ein Staat dafür aufwenden kann. Gefragt ist hier ein einigermaßen realitätsnahes *risk assessment* und ein entsprechendes Risikomanagement. Dabei ist beispielsweise der vorstellbare *worst case* (z. B. Terroranschläge mit WMD) nicht notwendigerweise die wahrscheinlichste Anschlagsform, wenn auch möglicherweise die folgenschwerste. Die schwierige, aber zentrale Frage lautet daher: Welche Risiken ist eine Gesellschaft bereit, zu welchen Kosten abzudecken? Und welche Risiken nimmt man in Kauf?

Erhöhtes Zerstörungspotential: Grundsätzlich muß man den transnationalen Dschihad-Netzwerken eine erhöhte Bereitschaft zur Zerstörung und zu *mass casualty attacks* unterstellen. Dies sagt aber noch wenig über ihre operativen Fähigkeiten aus, diese sind von verschiedenen Gesichtspunkten abhängig, wie in Kap. III diskutiert. Gleichwohl verfügen Netzwerke in der Tendenz über mehr Optionen, Anschläge zu verüben; dies kann heute in Madrid, morgen in Istanbul und übermorgen in Riad sein. Hinzu kommt bei Al-Qaida die operative Fähigkeit, mehrere Anschläge parallel zu planen, dezentral vorzubereiten und zeitgleich auszuführen. Diese Methode erschwert die Geheimdienst- und Polizeiarbeit erheblich: Wird irgendwo auf der Welt eine Zelle enttarnt, bedeutet dies keineswegs, daß die Gefahr eines unmittelbaren Anschlags gebannt ist, da eventuell weitere Zellen andernorts am gleichen Plan arbeiten und auch in der Lage sind, diesen mit Modifikationen durchzuführen. Beim 11. September war beispielsweise offenbar durchaus die Entführung von mehr als vier Flugzeugen erwogen worden, die vorzeitige Festnahme eines mutmaßlichen Mittäters in den USA bzw. die gescheiterte Einreise einzelner Personen mag zwar den ursprünglichen Plan geändert haben, ohne aber letztlich das Gesamtvorhaben zu gefährden.

Verstärkung medialer Effekte: Die islamistischen Netzwerke, insbesondere Al-Qaida, haben die massenmediale Inszenierung ihrer Aktivitäten perfektioniert und erreichen eine globale Öffentlichkeit. Dies gilt einerseits für die medial verstärkte Verbreitung von Schrecken und Horror, auch dann, wenn es sich »nur« um einzelne, ausgewählte Opfer handelt, wie nicht zuletzt die Videoaufnahmen von Entführungen, Hinrichtungen und Enthauptungen aus dem Irak zeigen, die dem Zarqawi-Netzwerk zugerechnet werden. Denn: Das gezeigte Leid und die zur Schau gestellte Grausamkeit verfehlen ihre Wirkung auf das Publikum nicht. Andererseits werden die Medien geschickt als Plattform genutzt: In der Tat wird über jede Äußerung Bin Ladens oder anderer Al-Qaida-Führer weltweit berichtet, als ob es sich um Statements von führenden Politikern handelt, auf die andere wiederum reagieren müssen. Auf besonders groteske Weise wurde dieser Effekt deutlich, als Bin Laden in einem Videotape (April 2004) nach dem Anschlag von Madrid, den Europäern eine »Initiative zur Versöhnung« anbot, sofern sie bereit seien, ihre »Angriffe gegen Muslime« einzustellen bzw. »Einmischungen in deren Angelegenheiten« zu unterlassen. Die europäischen Regierungen hätten, so Bin Laden, drei Monate Zeit, dieses »Angebot« anzunehmen, ansonsten würden die Operationen gegen sie fortgesetzt.[1] In der Tat sahen sich die meisten Regierungen aufgrund von Mediennachfragen gezwungen, in irgendeiner Form auf diese Aufforderung zu reagieren, und sei es nur, um sie entrüstet zurückzuweisen oder um zu erklären, keinen offiziellen Kommentar abgeben zu wollen. Das Al-Qaida-Netzwerk ist insofern zumindest medial zum *global player* geworden, ungeachtet der objektiv zur Verfügung stehenden Ressourcen und Kapazitäten. Die psychologische »Kriegsführung« auf der Ebene der Propaganda ist nicht weniger wichtig als die eigentlichen Operationen, um bei Gegnern ebenso wie bei Sympathisanten als weltpolitisch relevanter Faktor wahrgenommen zu werden. Dies trägt bereits für sich genommen dazu bei, Bedrohungsängste zu schüren bzw. aufrechtzuerhalten und potentiell Gleichgesinnte zu mobilisieren.

Diversifizierung der Finanzierung: Eine weitere Schwierigkeit für die Ermittlungs- und Verfolgungsbehörden besteht darin, daß der transnationale Terrorismus auf mehrere Finanzquellen und Transferwege zurückgreifen kann, was ihm ein relativ hohes Maß an Unabhängigkeit beschert. Der Verlust einzelner Quellen kann durch andere kompensiert werden. Diese Diversifizierung erschwert die Eindämmung von Finanzströmen erheblich, wie aus allen UN-Expertenberichten seit 2002 zu diesem Thema hervorgeht. Zwar wurden in den ersten Monaten nach dem 11. September relativ rasch Gelder in Höhe von rund 112 Millionen US-Dollar eingefroren, die mit Al-Qaida oder mit verbündeten Gruppen

---

1 Eine englische Übersetzung des Textes findet sich unter: http://news.bbc.co.uk/1/hi/world/middle_east/3628069.stm.

in Verbindung gebracht werden (United Nations 2002 b: 3). Seither ist die Summe jedoch nur unwesentlich angestiegen – nach Schätzungen des US-Finanzministeriums bis Ende 2003 auf weltweit rund 136 Millionen US-Dollar (verteilt auf über 1400 Bankkonten), die größten Summen wurden in den USA, in der Schweiz, in Pakistan und in Saudi-Arabien gesperrt.[2] Diese Aktivitäten haben aber vermutlich eher dazu geführt, daß die Terroristen entweder stärker mit »Strohmännern« arbeiten oder aber auf die Nutzung des offiziellen Bankensystems verzichten und auf andere Kanäle ausweichen (United Nations 2005: 21). Insgesamt sind die Methoden, die typischerweise bei der Bekämpfung von Geldwäsche und organisierter Kriminalität angewandt werden, hier nur begrenzt hilfreich. Denn: Die größten Probleme bereiten die legalen Quellen (z. B. Fundraising, Erträge aus Wirtschaftsaktivitäten), der Bargeld-Schmuggel und die informellen Transfersysteme, die sich staatlichen Kontrollen bzw. verschärften Bankvorschriften weitgehend entziehen. Um den Mißbrauch solcher Transfersysteme einzudämmen, müßten zudem Sende- und Empfängerstaaten enger kooperieren, ähnliche rechtliche Standards verfolgen und entsprechende Informationen austauschen (vgl. United Nations 2005: 24-26).

Nichtstaatliche Unterstützung: Die Verlagerung von staatlicher auf nichtstaatliche Unterstützung wirft ähnliche Probleme für die Terrorismusbekämpfung auf. Im Unterschied zum staatlich geförderten Terrorismus reicht es nicht mehr aus, bestimmte Regierungen (z. B. Libyen, Sudan) mit politischen, wirtschaftlichen und, gegebenenfalls, militärischen Sanktionen international unter Druck zu setzen, um sie dazu zu bewegen, ihre Kooperation mit Terrorgruppen zu beenden. Die nichtstaatlichen Sponsoren entziehen sich oftmals der Kontrolle von Regierungen oder aber sie bewegen sich in einem legalen Rahmen. Zumeist ist ihnen eine Verbindung zum Terrorismus nur schwer nachzuweisen. Zwar wurden die Sanktionsmöglichkeiten gegenüber Individuen, die sich etwa auf den entsprechenden »Terrorlisten« der USA, der EU oder der UN wiederfinden, ausgeweitet (z. B. personenbezogene Reise- und Finanzsanktionen). Sie erweisen sich aber in der

2 Zitiert nach United Nations (2003 b: 12). Eine detaillierte, wenn auch nicht erschöpfende Aufschlüsselung nach Ländern findet sich in United Nations (2003 b: Appendix III; 2004 a: 23).

Umsetzung als überaus schwierig sowie fehler- und mißbrauchs-
anfällig (z. B. Verwechselung von Namen). Die Verfahren, wie
Personen auf diese Listen geraten, sind zudem wenig transparent;
in den meisten Fällen berufen sich die Staaten schlicht auf Ge-
heimdienst- oder Polizeiquellen. Betroffene haben damit keine
oder nur sehr eingeschränkte Möglichkeiten, sich juristisch gegen
eine Nennung zur Wehr zu setzen. In der Regel gelingt dies nur,
wenn sich der Heimatstaat diplomatisch für eine Streichung einsetzt (*delisting*).[3]

Die wohl größte Herausforderung liegt jedoch in der Art und
Weise der Terrorismusbekämpfung selbst: Sie kann nicht mehr allein innerhalb nationaler Grenzen erfolgen bzw. sich auf Formen
bilateraler Zusammenarbeit konzentrieren – wie dies in den siebziger und achtziger Jahren primär der Fall war. Notwendig ist
vielmehr eine kontinuierliche internationale, möglichst global
ausgerichtete Terrorismusbekämpfung. Dies setzt jedoch die Bereitschaft und Fähigkeit der Regierungen zur Kooperation und
zum Informationsaustausch, zur Koordination ihrer nationalen
Politiken, zur Verständigung auf möglichst einheitliche Standards
und Definitionen, zur Entwicklung gemeinsamer Strategien sowie zur Bildung von internationalen bzw. regionalen Regimen
voraus. Darüber hinaus wird es entscheidend darauf ankommen,
ob und inwieweit es gelingt, operative und strukturelle Maßnahmen zur Terrorismusbekämpfung miteinander zu verbinden.

25. Operative Terrorismusbekämpfung

Zu den operativen Maßnahmen gehören jene, bei denen es in erster Linie darum geht, gegen bestehende und manifeste terroristische Strukturen vorzugehen, einzelne Personen festzunehmen
bzw. auszuschalten sowie die Planung und Durchführung von
Anschlägen zu verhindern. An erster Stelle sind hier – innerstaat-
lich wie international – vor allem Polizei und Geheimdienste, spe-
zielle Anti-Terroreinheiten, das Militär, Strafverfolgungsbehörden und die Gerichte, Zivil- und Katastrophenschutz, Zoll und

3 Zur völkerrechtlichen Kritik an den »Terrorlisten« vgl. Schaller (2003: 143-
160), Heinz/Schlitt/Würth (2003: 14-15), Albin (2004).

Grenzschutz sowie Finanz- und Wirtschaftsbehörden gefragt. Dabei läßt sich seit 9/11 ein rapider Prozeß von *securitization* (»Versicherheitlichung«) beobachten, bei dem mehr und mehr Politikfelder wie etwa Migration/Einwanderung, Verkehr/Transport, Kommunikation oder Datenschutz primär unter dem Aspekt der nationalen Sicherheit betrachtet werden.[4] In Deutschland wurden in diesem Zusammenhang zwei »Sicherheitspakete« (Dezember 2001 und Januar 2002) verabschiedet, die zur Änderung einer Reihe von Gesetzen und Verordnungen führten.[5] Zu den typischen Maßnahmen, die nach dem 11. September in den meisten europäischen Staaten sowie in Nordamerika ergriffen wurden, gehören unter anderem:[6]

– verschärfte Sicherheitskontrollen auf öffentlichen Plätzen, Flughäfen, Bahnhöfen und Hafenanlagen; Ausbau von Videoüberwachungen im öffentlichen Raum; Schutz kritischer Infrastruktur (z. B. Energienetze, Wasserversorgung);

– Einführung bewaffneter »sky-marshals« in der zivilen Luftfahrt; stärkere Überwachung des Luftraums sowie des weltweiten Containerverkehrs (z. B. *Container Security Initiative* der US-Zollbehörde, seit Januar 2002);

– verstärkte Anstrengungen beim Zivil- und Katastrophenschutz sowie beim Schutz vor biologischen bzw. chemischen

4 Zum *securitization*-Konzept siehe grundlegend: Buzan/Waever/De Wilde (1997).
5 Darunter fallen u. a. die Abschaffung des »Religionsprivilegs«, das Verbot, eine kriminelle oder terroristische Vereinigung im Ausland zu unterstützen (neuer Paragraph 129b Strafgesetzbuch), verbesserte Möglichkeiten, Ausländervereine wegen extremistischer Aktivitäten zu verbieten, sowie erweiterte Befugnisse für die Sicherheitsbehörden. Zur deutschen Antiterrorpolitik vgl. Hein (2004).
6 Zu den gesetzlichen Grundlagen siehe z. B. *Großbritannien*: Terrorism Act 2000 (19. 2. 2001), Anti-Terrorism, Crime and Security Act (ATCSA) (12. 11. 2001), Prevention of Terror Act (22. 2. 2005), *Frankreich*: Loi relative à la sécurité quotidienne (no 2001-1062, 15. 11. 2001), Loi d'orientation et de programmation pour la sécurité intérieure (no 2002-1094, 30. 8. 2002), Loi pour la sécurité intérieure (no 2003-239, 18. 3. 2003), *Italien*: Legge n. 431 (»Eilmaßnahmen zur Abwehr und zum Kampf gegen die Finanzierung des internationalen Terrorismus«, 14. 12. 2001), Legge n. 438 (»Eilmaßnahmen zum Kampf gegen den internationalen Terrorismus«, 15. 12. 2001), *USA*: Patriot Act Uniting and Strengthening America by Providing Appropriate Tools required to Intercept and Obstruct Terrorism Act (US Patriot Act) (25. 10. 2001), Homeland Security Act (23. 1. 2002), Intelligence Reform and Terrorism Prevention Act (17. 12. 2004).

Waffen; Einführung von Terrorwarnstufen, um die Wachsamkeit der Bevölkerung zu erhöhen;

– verschärfte Visa- und Einreisebestimmungen; Einführung von fälschungssicheren Personaldokumenten (z. B. Aufnahme biometrischer Merkmale); Ausweisung, Abschiebung bzw. Auslieferung von verdächtigen Personen mit ausländischen Pässen;

– Verbot von Organisationen, die als potentielle Unterstützer oder Vorfeldorganisationen für Terrorgruppen dienen; Verbot zur Verbreitung entsprechender Propaganda; Strafverfolgung sowie, gegebenenfalls, Ausweisung und Abschiebung von radikalen Imamen (sogenannte »Haßprediger«);

– geheimdienstliche Aufklärung und Frühwarnung vor Tätern und möglichen Terroranschlägen; polizeiliche und staatsanwaltschaftliche Ermittlungen zur Ergreifung von mutmaßlichen Tätern, zur Aufdeckung geplanter Terrorakte und zur Aufklärung begangener Verbrechen; umfassende Razzien bei islamistischen Organisationen und Einrichtungen; Einsätze von Spezialkommandos und Anti-Terroreinheiten;

– Maßnahmen zur Austrocknung der Finanzquellen (z. B. Kontensperrung, Beschlagnahmung von Vermögen) und zur verbesserten Kontrolle von Finanztransfers;

– verbesserte Kontrollen des Internets sowie verstärkter Schutz von elektronischen Datensystemen vor dem sogenannten Cyberterrorismus;

– die Androhung und Durchführung von Sanktionen gegenüber Staaten, Gruppierungen bzw. Individuen, die der Unterstützung von Terrorgruppen verdächtigt werden (z. B. Sanktionslisten der USA, der EU und UN).

Um diese Maßnahmen durchzuführen zu können, galt es, in den meisten Staaten die Ressourcenausstattung und die Kooperation der unterschiedlichen Dienste im Inneren zu verbessern. Dies geschah insbesondere durch die Einrichtung von Datenbanken (z. B. Registrierung militanter Islamisten), Information Boards und Anti-Terrorzentren. Ein Beispiel dafür ist das im Juni 2003 gegründete *Joint Terrorism Analysis Center* (JTAC) in Großbritannien, das zwar dem Generaldirektor des Geheimdienstes MI 5 unterstellt ist, aber Experten von insgesamt elf verschiedenen Ministerien und Sicherheitsdiensten umfaßt.

In Berlin wurde im Dezember 2004 das neue *Gemeinsame Ter-*

rorabwehrzentrum (GTAZ) mit 180 Mitarbeitern eröffnet, das in zwei räumlich getrennte Einheiten unterteilt ist, um dem Trennungsgebot von Polizei und Geheimdiensten Rechnung zu tragen. Ein Bereich soll die Koordination von Bundeskriminalamt (BKA) und den Länderpolizeien verbessern (Polizeiliche Informations- und Analysestelle), ein anderer die Erkenntnisse der verschiedenen Nachrichtendienste (Bundes- und Landesämter für Verfassungsschutz sowie BND) aufbereiten (Nachrichtendienstliche Informations- und Analysestelle).[7] In den USA führten die Anschläge vom 11. September schließlich zu einer kompletten Neuordnung der internen Sicherheitsarchitektur: Die wichtigsten Schritte waren die Gründung des *U. S. Department of Homeland Security* (2002) mit insgesamt 180 000 Mitarbeitern und einem Jahresetat von über 40 Mrd. US-Dollar, unter dessen Dach eine Reihe von Aufgaben aus den Bereichen Katastrophen- und Zivilschutz, Schutz kritischer Infrastruktur, Transportsicherheit, Einwanderung, Zoll sowie Sicherung der Außengrenzen (inklusive Küstenschutz) zusammengefaßt wurden, die Einrichtung des interinstitutionellen *Terrorist Threat Integration Center* (TTIC, 2003), wo die den einzelnen Diensten vorliegenden Informationen über terroristische Bedrohungen und Kapazitäten zusammenlaufen und ausgewertet werden sollen, die Bildung eines übergeordneten *National Counterterrorism Centre* (NCTC, Dezember 2004), das primär zur Aufarbeitung und Analyse terroristischer Aktivitäten weltweit dient, sowie die Berufung eines *Director of National Intelligence* (DNI, April 2005), der als Mitglied des Kabinetts die Arbeit der insgesamt 15 verschiedenen US-Geheimdienste koordinieren soll.

Darüber hinaus wurden in der Regel die rechtlichen Befugnisse für die Sicherheitsbehörden erheblich erweitert. Polizei, Justiz und Nachrichtendienste verfügen beispielsweise über verbesserte Möglichkeiten zum Abhören verdächtiger Personen, zur längerfristigen Speicherung von Telefonaten, E-Mails, DNA-Daten,

---

7 Aufgrund der föderalen Gliederung gibt es in Deutschland insgesamt mindestens 39 verschiedene Behörden sowie diverse Innen- und Justizministerien, die an der operativen Terrorismusbekämpfung beteiligt sind: Dazu zählen das Bundesamt für den Verfassungsschutz plus die 16 Landesämter, das BKA plus die 16 Landeskriminalämter, der BND, der Militärische Abschirmdienst (MAD), der Bundesgrenzschutz (BGS), das Zollkriminalamt sowie die Bundesanwaltschaft.

Passagierdaten oder Videoaufzeichnungen sowie zur routinemäßigen Erhebung von Personendaten (z. B. Fingerabdrücke bei Asylbewerbern oder Visaantragstellern). Sie erhielten einen leichteren Zugriff auf Datenbestände anderer öffentlicher Einrichtungen (z. B. Finanzämter, Universitäten, Bibliotheken) sowie auf Kundendaten von Unternehmen, die verpflichtet wurden, diese für eine gewisse Zeit zu speichern (z. B. Banken, Telekommunikationsunternehmen, Internetprovider, Fluggesellschaften, Transportunternehmen). Insgesamt wurden, wenn auch in unterschiedlichem Maße, in nahezu allen westlichen Staaten Bestimmungen beim Datenschutz, zum Schutz der Privatsphäre und des Rechts auf informationelle Selbstbestimmung gelockert.[8]

Gravierende Eingriffe in persönliche Freiheitsrechte erlauben vor allem die neuen Gesetze in den USA (*US Patriot Act*) und Großbritannien (*Anti-Terrorism, Crime and Security Art, ATCSA*). In beiden Ländern besteht die Möglichkeit, Ausländer, die nach Auffassung der Innenministerien als Terrorverdächtige (»suspected international terrorists«) gelten und die nationale Sicherheit gefährden, auf unbestimmte Zeit ohne Anklage und Gerichtsverfahren festzusetzen, sofern die Person nicht ausgewiesen werden kann (vgl. Heinz/Schlitt/Würth 2003: 20-22).[8] Für die Betroffenen gilt nur ein eingeschränkter Rechtsschutz; so haben sie keinen sofortigen Zugang zu einem Rechtsbeistand. Ferner müssen die Gründe für die Inhaftierung aus Sicherheitsgründen, so die Argumentation, nicht öffentlich dargelegt werden. In Großbritannien tagt deshalb auch die Berufungskommission (*Special Immigration Appeals Commission*), vor der die Beschuldigten ihre Inhaftierung anfechten können, geheim. Diese Bestimmungen führen allerdings dazu, daß die Betroffenen (bzw. ihre Anwälte) kaum wissen, gegen welche konkreten Vorwürfe sie sich eigentlich verteidigen sollen. Für diese Regelung hat die britische Regierung – ungeachtet der Kritik von Menschenrechtsorganisationen – sogar Art. 5 (1) (Recht auf Freiheit und Sicherheit der Person) der Europäischen Menschenrechtskonvention

---

8 Bis Anfang 2004 wurden in Großbritannien 544 Personen auf der Basis des ATCSA verhaftet, davon saßen 14 ohne Anklage im Londoner Hochsicherheitsgefängnis Belmarsh. Zwei Inhaftierte wurden im März bzw. April 2004, zum Teil gegen Auflagen, aus der Haft entlassen; vgl. Heinz/Arend (2004: 44-45).

(EMRK) unter Berufung auf einen »öffentlichen Notstand« außer Kraft gesetzt.[9]

Ein weiterer, wichtiger Bereich operativer Terrorismusbekämpfung ist der Einsatz militärischer Mittel, wie dies nach dem 11. September im Kontext der von den USA angeführten *Operation Enduring Freedom* betrieben wird. Diese umfaßt (a) die Kontrolle von Hochseegewässern und Küstengebieten durch Marineverbände, um die Flucht- und Bewegungsmöglichkeiten von Terroristen einzuschränken, aber auch um Anschläge auf den zivilen Schiffsverkehr zu verhindern (Überwachung des Golfs von Aden, des Horns von Afrika sowie Teilen der Ostküste Afrikas),[10] (b) Einsätze von Special Forces zur Ergreifung von Terroristen sowie (c) der Krieg gegen das Taliban-Regime in Afghanistan, um die Infrastruktur Al-Qaidas zu zerschlagen. Darüber hinaus unterstützen die USA mit Logistik und Ausbildern Einsätze gegen Terror- und Guerillastrukturen der philippinischen Armee in Mindanao sowie der pakistanischen Armee im afghanisch-pakistanischen Grenzgebiet (siehe Anhang 2). Zudem kommen militärähnliche Praktiken zur Anwendung – wie etwa der Einsatz ferngesteuerter Drohnen (Jemen, November 2002), um aus der Luft gezielt mutmaßliche Terroristen zu töten. In der Tat können militärische, zumeist von Spezialkommandos durchgeführte Operationen im Einzelfall durchaus notwendig sein, insbesondere dann, wenn sich Terrororganisationen konzentriert in einem Landesteil aufhalten – wie dies im Osten Afghanistans der Fall war. Das Ergebnis war eine zerstörte Basis, die Festnahme und Tötung von Taliban- und Al-Qaida-Kämpfern sowie die Vertreibung der Führungskader Al-Qaidas, inklusive Bin Ladens. Militärisch besiegt war und ist das Al-Qaida-Netzwerk nicht. Es ist nach allen Erfahrungen auch nicht zu erwarten, daß militärische Mittel dazu in der Lage wären. Denn: Grundsätzlich muß man feststellen, daß der Terrorismus durch solche Maßnahmen zwar geschwächt, aber kaum bezwungen werden kann. Diese Er-

---

9 Die britische Regierung nahm damit Art. 15 (1) der EMRK in Anspruch, wonach in Kriegs- und Notfällen Rechte und Freiheiten suspendiert werden können.

10 Parallel dazu führte die NATO nach dem 11. September die Operation *Active Endeavour* zur Überwachung des Seeverkehrs im östlichen Mittelmeer durch. Im März 2003 wurde diese Mission durch die Operation *Strait of Gibraltar* ergänzt, die den Eingang in das westliche Mittelmeer kontrollieren soll.

kenntnis ist wahrlich nicht neu, sondern gilt im Prinzip für jede Form des Terrorismus, wie Beispiele aus Großbritannien (Nordirland), Israel (Palästina), den Philippinen (Mindanao), Sri Lanka (Tamilen) oder Rußland (Tschetschenien) zeigen, wo über Jahre mit massivem Einsatz der Armee gegen Terror- und Guerillagruppen vorgegangen wurde, ohne aber letztlich die terroristische Strategie durchbrechen zu können. Oftmals gewann im Gegenteil die Eskalationsspirale an Dynamik, bei der Terrorkommandos die Gewalt von der Peripherie in die jeweiligen Machtzentren – von London bis Moskau – trugen. Was für herkömmliche Terrorgruppen gilt, die lokal organisiert und konzentriert sind und insofern ein vergleichsweise leichtes Ziel darstellen, trifft um so mehr auf den transnationalen Terrorismus zu. Gegen amorphe, weltweit operierende Netzwerke, die primär von nichtstaatlichen Akteuren unterstützt werden, läßt sich kein Krieg im eigentlichen Sinne des Wortes führen.

Gleichwohl kann das Militär im Zusammenspiel mit polizeilichen und politischen Maßnahmen durchaus einen Beitrag zur operativen Terrorbekämpfung leisten. Es kann zwar die Terroristen nicht »besiegen«, aber möglicherweise ihren Aktionsradius eindämmen oder sie gar von Aktionen abschrecken. Als Mittel der Eindämmung fungieren beispielsweise die militärische Absicherung von Hochsee- und Küstengewässern, verstärkte Grenz- und Personenkontrollen, Einführung fälschungssicherer Dokumente und erhöhte Sicherheitsvorkehrungen. Ein besonders drastischer Fall ist in diesem Zusammenhang der sogenannte Sicherheitszaun, den die israelische Regierung zum Schutz gegen palästinensische Übergriffe baut. Während Maßnahmen zur Eindämmung weitgehend unilateral vollzogen werden können, funktioniert das Prinzip der Abschreckung nur, wenn die Gegenseite mitspielt, d. h. für sie müssen die Kosten des zu erwartenden militärischen Gegenschlages letztlich höher sein als der Nutzen eines Anschlages. Was bei den meisten Regierungen – auch bei Sponsorenstaaten – funktionieren mag, ist bei Terroristen jedoch nur schwer kalkulierbar, da ihre Kosten-Nutzen-Rechnungen gänzlich anderen Parametern folgen.[11] Ihnen paßt möglicherweise ein absehbarer Militärschlag im Sinne einer Eskalations-

---

11 Zu Möglichkeiten und Grenzen des Abschreckungskonzepts bei der Terrorismusbekämpfung siehe Freedman (2004: 127-130), Stevenson (2004: 98-102), Frey (2005: 27-36), Whiteneck (2005), Schwarz (2005: 24-28).

strategie besonders gut ins Kalkül. Insofern wäre eine militärische Drohung absolut kontraproduktiv und geradezu eine Aufforderung für Terroristen, den nächsten Anschlag zu planen. Aufgrund dieser Logik dürfte in der Tat Abschreckung im herkömmlichen Sinne oftmals kein taugliches Mittel sein. Auch Bin Laden und Al-Qaida lassen sich sicherlich nicht durch militärische Drohungen und Präsenz abschrecken – eher im Gegenteil. Allerdings muß dies nicht zwingend für alle Teile des erweiterten Netzwerkes gelten. Es mag durchaus lokale Gruppen und Milieus geben, die eine zu enge Allianz mit dem transnationalen Netzwerk eher fürchten, da sie sich dann massiven Gegenmaßnahmen ausgesetzt sehen, was wiederum ihre lokalen Anliegen gefährden würde. Darüber hinaus können abschreckende Maßnahmen im Kalkül von Terrorgruppen eine Rolle spielen, wenn der Gegenschlag zu einem für die Terroristen taktisch ungünstigen Zeitpunkt erfolgen würde, wenn die Gefahr bestünde, die Existenz der gesamten Organisation aufs Spiel zu setzen, oder wenn durch die Gegenmaßnahmen keinesfalls eine Mobilisierung von Sympathisanten zu erwarten wäre, sondern im Gegenteil ihre »Akzeptanz« beim Publikum erheblichen Schaden nehmen würde. Letzteres dürfte vor allem dann der Fall sein, wenn einflußreiche Kreise wie etwa führende Geistliche oder politische Aktivisten – angesichts der militärischen Drohung – deutlich machen, daß die Terroristen, sollten sie dennoch zuschlagen, mit sozialer Ächtung aus dem eigenen Lager zu rechnen hätten. Abschreckung funktioniert hier nur indirekt, abgeschreckt wird lediglich das Umfeld, das dann moderierend auf die terroristischen Hardliner einwirken muß. Abschreckung gegenüber Terroristen ist insofern eine Rechnung mit vielen Unbekannten, die gleichzeitig enorme Kosten für denjenigen verursacht, der die militärischen Kapazitäten glaubwürdig vorhalten muß. Hinzu kommt das grundlegende Problem, daß es letztlich kaum zu verifizieren ist, ob eine militärische Drohung wirkt oder nicht – nur das Scheitern einer solchen Strategie läßt sich eindeutig bestimmen.

Von überragender Bedeutung für die Bekämpfung transnationaler Terrornetzwerke ist und bleibt dagegen die internationale Zusammenarbeit von Polizei, Geheimdiensten, Justiz- und Finanzbehörden. Vor allem in Nordamerika, in Westeuropa und in Südostasien haben die Vereitelung von Anschlagsplänen und die

Enttarnung von Zellen seit 2001 gezeigt, daß Ermittlungs- und Fahndungserfolge in einem Land oftmals auf Erfolgen in anderem Staat basieren, da sich immer wieder Querverbindungen zwischen Zellen bzw. Einzelpersonen nachweisen lassen.[12] Einen politischen und völkerrechtlichen Rahmen für die internationale Terrorismusbekämpfung bieten allen voran die Vereinten Nationen. Zwar konnten sich die Mitgliedstaaten bisher auf keine verbindliche Terrorismusdefinition einigen,[13] gleichwohl stützt sich die Antiterrorpolitik auf insgesamt 12 Konventionen (siehe Anhang 3), die im wesentlichen konkrete terroristische Straftaten weltweit ächten. Unmittelbar nach 9/11 forcierte der UN-Sicherheitsrat die Bemühungen zur Terrorismusbekämpfung und erklärte Terrorismus ausdrücklich zu einer Bedrohung des Weltfriedens und der internationalen Sicherheit im Sinne der UN-Charta. In seiner Res. 1373 (28. 9. 2001) forderte der Sicherheitsrat verbindlich alle Staaten auf, terroristische Aktivitäten weder zu dulden noch zu unterstützen, sondern mit allen legalen Mitteln zu bekämpfen; sie sollten zudem zusammenarbeiten, um die Finanzierung des Terrorismus zu unterbinden und Anschläge im Vorfeld zu unterbinden. In jährlichen Berichten, die dem neu gebildeten *UN Counter-Terrorism Committee* (CTC) vorgelegt werden müssen, sollen die Staaten über Fortschritte bei der Umsetzung der Res. 1373 Auskunft geben. Das CTC, bestehend aus den Mitgliedern des Sicherheitsrates, soll auf dieser Basis den Mitgliedstaaten bei der Entwicklung von gesetzlichen Maßnahmen zur Bekämpfung von Terrorismus und illegalem Waffenhandel,

---

12 Über die Zahl der Festnahmen in Europa seit dem 11. September gibt es keine gesicherten Angaben: Nach einer Statistik des britischen Innenministeriums wurden bis Dezember 2004 in den EU-Staaten insgesamt mehr als 1000 Verhaftungen im Zusammenhang mit Terrorismus vorgenommen, davon allein 700 in Großbritannien. Siehe dazu: www.homeoffice.gov.uk/doc3/tatc_arrest_stats.html.

13 Seit Jahrzehnten wird über eine Definition im Rahmen einer geplanten *Comprehensive UN Convention against Terrorism* verhandelt. Den jüngsten Vorschlag zu dieser Debatte hat im Dezember 2004 das von Generalsekretär Kofi Annan eingesetzte hochrangige Expertenpanel zur UN-Reform unterbreitet. Danach sollte unter Terrorismus jede Handlung verstanden werden, »that is intended to cause death or serious bodily harm to civilians or non-combatants, when the purpose of such act, by its nature or context, is to intimidate a population, or to compel a Government or an international organization to do or to abstain from doing any act« (United Nations 2004b: 52).

zum Finanz- und Zollwesen sowie zur Auslieferung von Personen helfen (vgl. Williams 2002). In der Praxis wurde jedoch die Berichtspflicht keineswegs von allen Staaten erfüllt, zudem entsprachen viele Berichte in der Vergangenheit nicht den Erwartungen des CTC, und die Zusammenarbeit erwies sich eher als schleppend.

Signifikante Fortschritte sind daher eher in der Zusammenarbeit auf regionaler und subregionaler Ebene zu erwarten, dies gilt insbesondere für die Kooperation innerhalb Europas sowie im transatlantischen Verhältnis. Im Rahmen der Europäischen Union wurden, nicht zuletzt verstärkt durch die Anschläge von Madrid und London, diverse Schritte unternommen, um die Zusammenarbeit der Mitgliedstaaten im Bereich Justiz und Inneres zu verbessern und die grenzüberschreitende Bekämpfung des Terrorismus zu erleichtern. Dazu zählen:

– die Einigung auf eine gemeinsame Terrorismusdefinition,[14] auf Mindeststrafen für Mitglieder terroristischer Gruppen[15] und auf eine einheitliche Liste mit Terrorgruppen;

– die Einführung des europäischen Haftbefehls, der auf insgesamt 32 Deliktgruppen Anwendung finden kann (u. a. Terrorismus, Geldwäsche, illegaler Waffenhandel, Schleuserkriminalität, Flugzeug- und Schiffsentführung, Fälschung von und Handel mit Dokumenten, Produktpiraterie, illegaler Handel mit radioaktiven und nuklearen Substanzen);[16]

14 Als terroristische Straftaten gelten danach Aktivitäten, die mit dem Ziel begangen werden, »die Bevölkerung auf schwer wiegende Weise einzuschüchtern oder die öffentlichen Stellen oder eine internationale Organisation rechtswidrig zu einem Tun oder Unterlassen zu zwingen oder die politischen, verfassungsrechtlichen, wirtschaftlichen und sozialen Strukturen eines Landes oder einer internationalen Organisation ernsthaft zu destabilisieren oder zu zerstören«. Bei dieser Definition handelt es sich allerdings um eine politische Vereinbarung, deren Umsetzung der nationalen Gesetzgebung vorbehalten bleibt. Siehe: Rahmenbeschluß 2002/475/JI des Rates vom 13. 6. 2002 zur Terrorismusbekämpfung (ABl. L 164 vom 22. 6. 2002), 4.

15 Danach gilt als »terroristische Vereinigung« ein »auf längere Dauer angelegter organisierter Zusammenschluß von mehr als zwei Personen, die zusammenwirken, um terroristische Straftaten zu begehen«. Wer eine solche Vereinigung anführt, sollte in jedem EU-Staat mit mindestens 15 Jahren, wer sie unterstützt, sollte mit mindestens acht Jahren Haft bestraft werden, sofern keine mildernden Umstände geltend gemacht werden können. Rahmenbeschluß 2002/475/JI des Rates vom 13. 6. 2002 zur Terrorismusbekämpfung (ABl. L 164 vom 22. 6. 2002), 4-5.

16 Siehe: Rahmenbeschluß 2002/584/JI des Rates vom 13. 6. 2002 über den

– der Stärkung der Polizeibehörde Europol, die Bildung von Eurojust (ab Juni 2002) zur Koordinierung der Arbeit der nationalen Staatsanwaltschaften sowie die Gründung einer Europäischen Grenzschutzagentur (ab Mai 2005);

– die Möglichkeit im Bedarfsfall, gemeinsame, multinational zusammengesetzte Ermittlungsteams einzurichten (unter Beteiligung von Europol);[17]

– die Verabschiedung eines EU-Aktionsplanes zur Terrorismusbekämpfung durch den Europäischen Rat (21.9.2001). Er soll gemeinsame Standards zwischen den Mitgliedstaaten und die Umsetzung von EU-Beschlüssen gewährleisten und umfaßt über 150 Einzelmaßnahmen in folgenden Bereichen: internationale Zusammenarbeit (vor allem mit UN und USA); Bekämpfung der Terrorfinanzierung; Stärkung der EU- und mitgliedstaatlichen Kapazitäten zur Aufdeckung, Verfolgung und Vorbeugung terroristischer Anschläge; Sicherung der Transportwege und der Außengrenzen; Umgang mit den Konsequenzen von Terroranschlägen; Bekämpfung von Faktoren, die zur Unterstützung und Rekrutierung von Terroristen führen; Unterstützung für Drittstaaten bei der Terrorismusbekämpfung;[18]

– Verabschiedung des »Haager Programms« durch die Innen- und Justizminister (Oktober 2004), wonach bis 2010 die grenzüberschreitende Kooperation und der Informationsaustausch von Polizei, Grenzschutz und Justiz deutlich verbessert werden soll.[19]

Ferner wurden eine Reihe von Koordinationsgremien eingerichtet, darunter die *Task Force der Polizeichefs* aller Mitgliedstaaten (seit Oktober 2000) sowie die von ihr organisierten Sitzungen der Chefs der nationalen Anti-Terrorismus-Einsatzgruppen, die *Terrorism Working Group*, in der sich Vertreter der Innenministerien beraten (3. Säule der EU) sowie die *CFSP Working Group on Terrorism*, mit deren Hilfe sich die Außenministerien im Rahmen der Gemeinsamen Außen- und Sicherheitspolitik abstimmen

Europäischen Haftbefehl und die Übergabeverfahren zwischen den Mitgliedstaaten (ABl. L 190 vom 18.7.2002).

17 Siehe: Rahmenbeschluß 2002/465/JI des Rates vom 13.6.2002 über Gemeinsame Ermittlungsteams (ABl. L 162 vom 20.6.2002).

18 Siehe: EU Plan of Action on Combating Terrorism – Update (Stand: 10.6.2005), http://ue.euint/uedocs/cmsUpload/newWEBre01.en05.pdf.

19 Siehe: Haager Programm zur Stärkung von Freiheit, Sicherheit und Recht in der Europäischen Union (ABl. C 53 vom 3.3.2005), 1-14.

(2. Säule der EU). Hinzu kommt seit 2004 der *EU Counter-Ter-rorism Coordinator*, der im Zuständigkeitsbereich des Hohen Repräsentanten für Außen- und Sicherheitspolitik, Javier Solana, angesiedelt ist.[20] Er besitzt allerdings kaum eigene Befugnisse, sondern kann lediglich an die Mitgliedstaaten appellieren, die in Brüssel getroffenen Beschlüsse möglichst rasch politisch und rechtlich umzusetzen. Hier liegt in der Tat ein notorisches Problem, da die Regierungen fast regelmäßig die Zeitpläne, die sie selbst beschlossen haben, nicht einhalten.[21] Ein Beispiel dafür ist der europäische Haftbefehl, dessen Übernahme in nationales Recht sich nicht nur länger hinzog als geplant, sondern in einigen Fällen – wie in Deutschland – auch auf erhebliche verfassungs- und strafrechtliche Probleme stieß, insbesondere mit Blick auf die Auslieferung eigener Staatsbürger an andere EU-Staaten.[22] Letztlich bleibt die Innen- und Justizpolitik eine Domäne der Mitgliedstaaten. Beschlüsse müssen im Konsens gefaßt werden, und ihre Umsetzung ist Sache der Regierungen. Die EU-Institutionen besitzen hier weder Kontroll- noch Sanktionsmöglichkeiten, sondern beschränken sich primär auf Koordinationsaufgaben und Hilfestellung bei der Umsetzung.

Unterhalb der EU-Ebene existieren daher noch diverse bi- und multilaterale Kooperationen zur Terrorismusbekämpfung, die teilweise über die Brüsseler Beschlußlage hinausgehen.[23] Zu nen-

---

20 Dieser Posten wurde nach den Anschlägen von Madrid eingerichtet, Solana ernannte den Niederländer Gijs de Vries zum Koordinator.

21 Dem Aktionsplan läßt sich entnehmen, daß bis Ende 2004 von relevanten 12 legislativen Akten der EU aus den Jahren 2000 bis 2003 lediglich ein einziger vorbehaltlos in allen Mitgliedstaaten umgesetzt wurde. Verschleppt wurde damit u. a. die operative Stärkung von Europol, da die entsprechenden Protokolle von 2002 und 2003 nur von einigen Mitgliedstaaten umgesetzt wurden. Siehe: EU Plan of Action on Combating Terrorism, Annex I, 47-50.

22 Der Haftbefehl sollte laut Beschluß des Rates ursprünglich bis Ende 2003 europaweit gelten. In Italien dauerte beispielsweise die Umsetzung jedoch bis April 2005. In Deutschland erklärte das Bundesverfassungsgericht im Juli 2005 schließlich die Umsetzung des Haftbefehls für verfassungswidrig, weshalb ein unter Terrorverdacht stehender Deutsch-Syrer nicht an die spanische Justiz, die gegen ihn wegen Mitgliedschaft in einer Al-Qaida-Zelle ermittelt, ausgeliefert werden konnte und wieder auf freien Fuß gesetzt werden mußte. In anderen Ländern (z. B. Österreich) existieren Sonderregelungen, um die Auslieferung eigener Staatsbürger zu verhindern.

23 Im Januar 2003 führten beispielsweise 14 EU-Staaten (plus Norwegen und Island) das European Automated Fingerprints Identification System

nen sind hier neben der seit längerem bestehenden operativen Zusammenarbeit zwischen britischen und irischen bzw. spanischen und französischen Behörden, die ihren Ursprung in der Bekämpfung des IRA- bzw. ETA-Terrorismus haben, vor allem die Bemühungen innerhalb der »G 5« (Großbritannien, Deutschland, Frankreich, Spanien und Italien). Ferner beschlossen sieben EU-Staaten (Frankreich, Spanien, Deutschland, Österreich und die Benelux-Länder) im Mai 2005 eine engere Polizeikooperation bei der Bekämpfung von Terrorismus, organisierter Kriminalität und illegaler Migration (Vertrag von Prüm, auch »Schengen III« genannt); dabei geht es in erster Linie um einen vereinfachten Datenaustausch (u. a. DNA-Daten, Fingerabdrücke, Fahrzeugregister) unter den nationalen Polizeibehörden.[24]

Im transatlantischen Verhältnis gibt es ebenfalls diverse Formen der Kooperation zwischen amerikanischen und europäischen Dienststellen – dies reicht von Auslieferungs- und Rechtshilfeabkommen (2003) über die Beteiligung von US-Vertretern an EU-Gremien bis hin zur operativen Zusammenarbeit von Polizei-, Zoll- und Hafenbehörden (vgl. Monar 2004: 157-160).[25] Im Mai 2004 hat die EU zudem – trotz Bedenken von Datenschützern und des Europäischen Parlaments – ein Abkommen mit den USA geschlossen, wonach Fluggesellschaften der EU-Mitgliedstaaten verpflichtet wurden, seit 2005 bei transatlantischen Flügen eine Fülle von Passagierdaten den US-Behörden zu melden.[26]

In anderen Weltregionen läßt sich auch ein wachsender Wille zur Zusammenarbeit feststellen. Fast jede Regionalorganisation und jedes multilaterale Forum (z. B. G 8) hat entsprechende Absichtserklärungen und Aktionspläne verabschiedet. Von größerer

(kurz: Eurodac) ein, um die Fingerabdrücke von Asylbewerbern und illegalen Einwanderern zentral zu speichern, vgl. Stevenson (2004: 30).

24 Andere Beispiele sind die Vereinbarungen zur verbesserten Anti-Terror-Kooperation zwischen den Ostsee-Anrainer-Staaten sowie innerhalb der »Salzburg-Gruppe« (Österreich, Slowenien, Slowakei, Tschechien, Polen).

25 Siehe: EU-U. S. Declaration on Combating Terrorism (26. 6. 2004) (http://europa.eu.int/comm/external_ relations/us/sum06_04/decl_terr.pdf.

26 Insgesamt sollen 34 verschiedene Daten pro Passagier übermittelt werden, darunter Name, Geburtsort, Geburtsdatum, Telefonnummern, Kreditkartennummern, Bonus-Meilen, Daten der Hin- und Rückreise, Sitzplatznummer und Zahl der Gepäckstücke. Diese Daten sollen mindestens dreieinhalb Jahre gespeichert werden. Daten, für die sich die Ermittler besonders interessieren, können bis zu acht Jahren aufbewahrt werden; vgl. Heinz/Arend (2004: 18), Stevenson (2004: 28-29).

praktischer Bedeutung sind jedoch wiederum die vielfältigen bi- und multilateralen Arrangements: Ein Beispiel ist das *Agreement on Information Exchange and Establishment of Communication Procedures* vom Mai 2002, in dem sich Indonesien, Malaysia und die Philippinen (später erweitert um Thailand und Kambodscha) dazu verpflichten, Geheimdienstinformation auszutauschen sowie gemeinsame Anti-Terrorübungen und Operationen durchzuführen (Stevenson 2004: 60). Australien schloß bilaterale Abkommen mit Thailand, den Philippinen und Indonesien, die australischen Experten die Teilnahme an Anti-Terrormaßnahmen in diesen Ländern erleichtern. Zudem finanziert die australische Regierung in Indonesien das *Jakarta Centre for Law Enforcement Cooperation*, das die Aufklärung von Terroranschlägen in der Region verbessern soll. Die US-Regierung vereinbarte bilaterale Arbeitsgruppen zur Terrorismusbekämpfung mit Rußland, Indien, Pakistan und China, sie finanziert zudem das *Southeast Asia Regional Centre for Counter-Terrorism* in Kuala Lumpur sowie die *International Law Enforcement Academy* in Bangkok. Darüber hinaus unterstützen die USA Training und Kapazitäten für Anti-Terroroperationen in zahlreichen Ländern, etwa in Ostafrika (*East Africa Counterterrorism Initiative*) sowie in der Sahel-Region (*Pan-Sahel Initiative*) (siehe Anhang 2).

Ebenfalls erhebliche internationale Anstrengungen erfordert die Bekämpfung der Terrorfinanzierung. Eine wesentliche Rolle spielen dafür die internationalen Finanzinstitutionen, die UN, die Regionalorganisationen, die G7/G8 sowie die von der OECD getragene *Financial Action Task Force* zur Bekämpfung der Geldwäsche (FATF). Letztere hat nach dem 11. September eine Reihe von Empfehlungen abgegeben, wie Regierungen Finanzquellen und Transfers kontrollieren sollten. Vorgeschlagen werden u. a. die Registrierung und Lizenzierung alternativer Transfersysteme, die Regulierung von NGOs und Maßnahmen zur unzweifelhaften Identifizierung von Bankkunden.[27] Daneben bemühen sich internationale Foren von Privatbanken (z. B. *Wolfsberg Group*) um Selbstverpflichtungen und einen Verhaltenskodex für ihre

---

27 Siehe: FATF, Eight Special Recommendations on Terrorist Financing (31. 10. 2001), FATF, Guidance for Financial Institutions in Detecting Terrorist Finance (24. 4. 2002) (www1.oecd.org/fatf/TerFinance_en.htm). Zu den internationalen Instrumenten bei der Bekämpfung der Terrorismusfinanzierung siehe auch IMF (2003).

Mitgliedsbanken, der sie anhalten soll, künftig die Identität von Kunden (*Know your Customer*-Politik) bzw. ungewöhnliche oder verdächtige Transaktionen genauer zu überprüfen.[28] Entscheidend ist allerdings, ob diese Standards im jeweiligen nationalen Banken- und Finanzwesen gesetzlich verankert werden. Hier stehen die meisten dieser Initiativen noch am Anfang: In manchen Weltregionen war Geldwäsche beispielsweise bis vor kurzem noch kein kriminelles Vergehen. Auch bei anderen Aspekten – etwa die Regulierung informeller Transfersysteme – agieren eine Reihe von Regierungen, nicht zuletzt in der arabischen Region, eher zögerlich.[29]

Dieser skizzenhafte Überblick macht die Schwierigkeiten und Grenzen der internationalen Zusammenarbeit bei der operativen Terrorismusbekämpfung deutlich: Erstens bestehen – auch innerhalb der Europäischen Union – erhebliche Unterschiede in der Rechtstradition und Rechtspraxis; dies gilt insbesondere bei der Definition von Tatbeständen, bei den Strafrechtsnormen, beim Strafmaß, im Ausländer-, Asyl- und Visarecht, bei der Auslieferungs- und Abschiebepraxis oder beim Datenschutz. Hinzu kommen von Land zu Land variierende operative Befugnisse von Polizei, Militär, Inlandsgeheimdiensten und Staatsanwaltschaften (z. B. Abhör- und Verhörmethoden), was dazu führen kann, daß Beweismaterial, das in einem Land X erstellt wurde, in einem Land Y vor Gericht nicht verwendet werden darf. Im transatlantischen Verhältnis machen sich diese Unterschiede nicht zuletzt an der Todesstrafe fest: Die EU-Staaten bestanden gegenüber den US-Behörden darauf, daß von ihnen ausgelieferte Personen nicht mit der Todesstrafe bestraft werden; auch die von ihnen gelieferten Informationen bei Prozessen gegen Terrorverdächtige dürfen nicht dazu genutzt werden, einen Angeklagten zum Tode zu verurteilen. Was bereits innerhalb der EU bzw. zwischen Europa und den USA gilt, ist um so problematischer mit Blick auf die

28 Siehe z. B. Prinzipien der *Wolfsberg Group* (5. 10. 2001) zur Bekämpfung der Terrorfinanzierung; vgl. United Nations (2002b: 31-34).
29 Im Mai 2002 befaßte sich in den Vereinten Arabischen Emiraten eine internationale Konferenz, bei der 58 Länder mit Zoll- und Finanzexperten vertreten waren, mit dem Problem informeller und bargeldloser Transfers. UN-Experten registrieren dort jedoch eine große Zurückhaltung bei einer Reihe von Teilnehmern, solche Systeme zu regulieren; vgl. United Nations (2002b: 14-15).

polizeiliche und strafrechtliche Kooperation mit anderen Weltregionen.

Zweitens kollidieren nicht selten Beschlüsse zur Terrorismusbekämpfung auf internationaler Ebene mit rechtlichen Standards und politischen Mechanismen auf nationaler Ebene (vgl. Heinz/Arend 2004: 12-21). Dies zeigte sich im Rahmen der EU am Beispiel des europäischen Haftbefehl und der Frage, ob und unter welchen Bedingungen ein Staat einen Staatsbürger an einen Drittstaat ausliefern kann. Auch der grenzüberschreitende Datenaustausch, die internationalen Sanktionslisten sowie der Umgang mit Beweismaterial und Geheimdienstinformationen können in einem Spannungsverhältnis mit nationalem Recht stehen. Betroffen sind hierbei nicht nur verfassungsmäßig garantierte Menschenrechtsnormen und Freiheitsrechte, Bestimmungen zum Datenschutz oder die verbrieften Rechte von Beschuldigten, sondern auch die parlamentarische und richterliche Kontrolle, die durch internationale (bzw. europäische) Beschlüsse in Frage gestellt werden könnten.

Drittens fehlt es in weiten Teilen der Welt an geeigneten Kapazitäten bei Polizei, Grenzbehörden, Zoll, Finanzbehörden und Justiz zur Ermittlung und strafrechtlichen Verfolgung von Terroristen bzw. von Unterstützern. Eine Reihe von Staaten sind daher nicht der Lage, ihre internationalen Verpflichtungen – etwa aus der Res. 1373 des Sicherheitsrates – zu erfüllen. Dies betrifft selbst arabische oder südostasiatische Staaten, die über einen umfangreichen Polizei- und Militärapparat verfügen. Dieser ist jedoch nur selten in der Lage, differenziert gegen militante Gruppierungen vorzugehen. Ein Beleg dafür ist die Tatsache, daß typischerweise in diesen Ländern nach Anschlägen relativ rasch mehrere hundert Personen auf Verdacht verhaftet und über längere Zeit festgesetzt werden. Dies ist jedoch kein Ausdruck moderner, effizienter Ermittlungsarbeit, sondern eher ein Symptom für gravierende Mängel im Justizsystem.[30]

Viertens setzt eine dauerhafte Kooperation, insbesondere beim Austausch von sensiblen Informationen und Daten, wechselseitiges Vertrauen und ein Mindestmaß an Transparenz voraus. Selbst

---

30 In Ägypten wurden beispielsweise nach den Anschlägen von Taba/Ras Schitan (2004) über 2500 Personen von den Sicherheitsbehörden verhaftet, in Pakistan wurde in Presseberichten die Zahl der vorläufig Inhaftierten nach den Anschlägen in London (2005) auf über 800 geschätzt.

innerhalb der EU bestehen, entgegen allen Beteuerungen und Beschlüssen, traditionell Vorbehalte zwischen den nationalen Sicherheits- und Strafverfolgungsbehörden.[31] Besonders notorisch tritt das Problem bei den Geheimdiensten auf, deren »Geschäft« nun gerade auf Intransparenz und Mißtrauen beruht. Die Dienste konkurrieren nicht nur um Kontakte und Informationen, sondern sie müssen auch den Schutz ihrer Quellen und Informanten gewährleisten, da sie ansonsten kaum handlungsfähig wären. Dies schränkt jedoch den Austausch von Informationen prinzipiell ein. Sie dürfen nur dann weitergegeben werden, wenn sie keinen Verweis auf die Quelle zulassen, weshalb sich für den Empfänger die Qualität der Informationen nur schwer einschätzen läßt. Auch der Status der jeweiligen Information bleibt oftmals im unklaren: Handelt es sich um »Rohdaten«, um eine singuläre Quelle oder um bereits aufgearbeitetes, mehrfach geprüftes Material? Das grundlegende Problem, aus der Vielzahl bruchstückhafter Informationen die richtigen Puzzleteile herauszufiltern, um den Ermittlern konkrete Warnungen und Hinweise liefern zu können, wird damit nicht erleichtert.

Fünftens hängt die Umsetzung von internationalen Vereinbarungen sowie von bi- und multilateralen Abkommen nicht zuletzt von der Kooperationsbereitschaft der Regierungen und damit von politischen Opportunitäten ab. Es ergeben sich zwar bei Konventionen und Verträgen völkerrechtliche Verpflichtungen, doch sind de facto – ungeachtet der Res. 1373 – die Sanktionsmöglichkeiten gegenüber jenen begrenzt, die diesen nicht oder nur selektiv von Fall zu Fall nachkommen. Wenn sich beispielsweise eine Regierung weigert, einen Terrorverdächtigen an einen Drittstaat auszuliefern, bestimmte Konten zu sperren, Geheimdienstinformationen weiterzuleiten oder in einem Prozeß Beweismaterial zur Verfügung zu stellen, dürfte dies zwar nicht ohne Folgen für die Beziehungen zu anderen Staaten bleiben, aber kaum ernsthafte Sanktionen nach sich ziehen. Lediglich bei groben und dauerhaften Verstößen gegen internationale Normen

31 Der Aspekt des gegenseitigen Vertrauens und der Vertrauensbildung wird daher im Haager Programm der EU ausdrücklich erwählt. Mit Hilfe von Austauschprogrammen sowie der Vernetzung von Justizbehörden und Gerichtshöfen soll diese Vertrauensbasis geschaffen werden. Siehe dazu: Haager Programm zur Stärkung von Freiheit, Sicherheit und Recht in der Europäischen Union (ABl. C 53 vom 3. 3. 2005), 11-12.

müssen Staaten mit wirtschaftlichen, diplomatischen und, im Extremfall, auch mit militärischen Sanktionen rechnen. Unterhalb dieser Schwelle bleibt jedoch ausreichend Spielraum für Regierungen, sich internationalem Druck zu entziehen und die Terrorismusbekämpfung anderen politischen Gesichtspunkten unterzuordnen.

26. Strukturelle Terrorismusbekämpfung

Strukturelle Terrorismusbekämpfung umfaßt diplomatische, sicherheits-, entwicklungs-, wirtschafts- und finanz- sowie kulturpolitische Maßnahmen, die darauf abzielen, die Entstehungs- und Existenzbedingungen des Terrorismus, sprich seine Ursachen bzw. sein begünstigendes Umfeld, zu bekämpfen. Es geht darum, terroristischen Gruppierungen und Netzwerken den sozialen und ideologischen Nähr- und Resonanzboden zu entziehen und auf diese Weise die Zahl ihrer Unterstützer und Sympathisanten zu reduzieren bzw. nicht weiter ansteigen zu lassen. Es gilt, die Verbreitung der Dschihad-Ideologie sowie die Vernetzung von Gruppierungen und Milieus zu stoppen, den Zustrom an Rekruten und potentiellen Attentätern zu reduzieren, den infrastrukturellen Unterbau der Netzwerke zu kappen, die Resistenz von Gesellschaften gegen Infiltration und Propaganda von außen zu stärken und damit den »harten« Kern von Aktivisten politisch zu isolieren.

Strukturelle Terrorismusbekämpfung ist daher im wesentlichen »Umfeldbekämpfung«, sie erfordert eine langfristige, über Jahrzehnte andauernde Perspektive und – ebenso wie im operativen Bereich – erhebliche Anstrengungen auf nationaler und internationaler Ebene. Einige der Maßnahmen sind zwar auch unabhängig vom Terrorismus sinnvoll und notwendig, sie erhalten aber durch den transnationalen Terrorismus eine zusätzliche Dimension und Dringlichkeit. Insgesamt müssen sie Antworten auf die in Kap. V behandelten Umfeldfaktoren geben, die den Netzwerken den Aufbau und Erhalt ihrer Infrastruktur erst ermöglichen. Dabei geht es in erster Linie um folgende, miteinander verbundene Themenkomplexe:

Befriedung von Bürgerkriegen und Regionalkonflikten: Eine der zentralen Lehren des 11. September sollte sein, daß lokale und regionale Konflikte nicht ignoriert werden dürfen – wo auch immer sie stattfinden. Aus einst lokalen Konfliktlagen können, wie das Beispiel Afghanistan gezeigt hat, globale Gefährdungen erwachsen. Solche Konflikte begünstigen nicht nur die Entstehung lokaler, manifester Gewaltstrukturen, sondern auch transnationale Terrornetzwerke, die Bürgerkriegsregionen als Unterschlupf, als Transit oder als mögliche Quelle für Ressourcen nutzen. Noch gewichtiger ist jedoch im Falle von Al-Qaida und verwandten Gruppierungen das ideologische Element: Lokale Konflikte mit muslimischer Beteiligung sind danach eine wesentliche Inspiration für den globalen Dschihad, sie sorgen für Mobilisierungen, Kampf- und Gewalterfahrungen, sie stehen für das Aufbegehren muslimischer Bevölkerungen gegen (»westliche« oder vom Westen tolerierte) Unterdrückung und Fremdbestimmung. Gerade aus dieser Perspektive ist es notwendig, das internationale Engagement bei der Suche nach fairen politischen Lösungen für diese, zum Teil seit Jahrzehnten andauernden Konflikte mit Nachdruck fortzusetzen. Dies gilt zu allererst für den israelisch-palästinensischen Konflikt, der immer wieder als Projektionsfläche genutzt wird, um in der islamischen Welt um Unterstützung für Terrorismus (verstanden als »Befreiungskampf«) und für antiwestliche bzw. antiamerikanische Parolen zu werben. Gleichzeitig wird der Konflikt von den arabischen Regimen instrumentalisiert, um notwendige interne Reformen aufzuschieben oder zu verweigern (vgl. UNDP 2003). Die Liste der neuralgischen Gewaltkonflikte umfaßt zudem Kaschmir, den Nord-Kaukasus (vor allem Tschetschenien), Süd-Philippinen, Süd-Thailand und Indonesien (Molukken, Aceh). Noch entscheidender für die Zukunft der Dschihad-Netzwerke dürfte jedoch die weitere Entwicklung in Afghanistan (post-Taliban) und im Irak (post-Saddam) sein; beide Fälle gelten als besonders gravierende Belege für die westliche Dominanz und Ignoranz und daher als offenkundige Bestätigung der Al-Qaida-Ideologie. Wenn dort die Stabilisierung, der politische wie ökonomische Wiederaufbau und die sukzessive Entwaffnung von Gewaltakteuren mißlingen, dürfte dies dem transnationalen Terrorismus und seinen Protagonisten weiteren Auftrieb verschaffen. In allen genannten Fällen wird es eine politische Lösung nicht ohne die Einbindung und Einhegung von nichtstaatlichen Gewaltakteuren geben, da diese zwar militärisch geschwächt, aber kaum »besiegt«

werden können. Gleichwohl ist eine Lösung dieser Konflikte nicht gleichbedeutend mit dem Ende des Terrorismus, schon gar nicht des Al-Qaida-Terrorismus. Möglicherweise führt eine sich abzeichnende Konfliktregelung sogar kurzfristig zu einem Anstieg von Gewalt, um eine solche Lösung zu verhindern oder zu unterlaufen. Denn: Anders als lokale Terroristen oder Guerillakämpfer, die sich je nach Art der Konfliktregelung durchaus auf einen politischen Prozeß einlassen, kann der transnationale Terrorist kein Interesse am Versiegen seiner materiellen und ideologischen Quellen haben.

Beseitigung lokaler Gewaltökonomien und Eindämmung der »Schattenglobalisierung«: Um den Zugang zu Ressourcen, die Möglichkeiten für Transit- und Versorgungswege sowie zur Finanzierung für Terrornetzwerke zu limitieren, müssen international erhebliche Anstrengungen unternommen werden mit dem Ziel, lokale Gewaltökonomien zu beseitigen und Phänomene der »Schattenglobalisierung« einzudämmen. Darunter fällt die Entmachtung von nichtstaatlichen Gewaltakteuren und die Zerschlagung parastaatlicher Strukturen in bestimmten Regionen, die Bekämpfung der transnationalen organisierten Kriminalität, die Eindämmung des illegalen Handels mit gefälschten Dokumenten, Edelsteinen, Rohstoffen, Leicht- und Kleinwaffen, Sprengstoff oder Nuklearmaterial, die Bekämpfung von Korruption und Amtsmißbrauch, Geldwäsche und Wirtschaftskriminalität, die Regulierung von Absatzmärkten, Umschlagplätzen und Finanztransfers, die Verbesserung von Grenz- und Zollregimen sowie die Zurückdrängung des informellen Sektors in zahlreichen Gesellschaften. Diese umfassende Agenda bedarf nicht nur lokaler Ansätze und Lösungen, sondern auch der zwischenstaatlichen Kooperation (z. B. Bekämpfung des Drogen- oder Diamantenhandels) und der internationalen Regimebildung (z. B. Regime zur Nichtverbreitung von Klein- und Leichtwaffen, weltweite Registrierung von gelagertem Sprengstoff). Gefragt ist zudem eine Kombination von repressiven, polizeilichen Maßnahmen, von sozial-, wirtschafts- und entwicklungspolitischen Programmen und von veränderten Anreizstrukturen, da die meisten Akteure in diesem Gebiet ökonomisch motiviert sind. Die internationale Politik – etwa im Rahmen von UN, Regionalorganisationen und multilateralen Foren – steht jedoch noch am Anfang der Problemwahrnehmung und der Entwicklung von Instrumenten zur Bewältigung der vielfältigen Problemlagen.

Sozioökonomische und gesellschaftliche Modernisierung: In zahlreichen Ländern, insbesondere in der arabischen Welt, sind mittelfristig sozioökonomische und gesellschaftspolitische Reformen notwendig, um das über Jahre aufgestaute Protest- und Frustrationspotential weiter Teile der Bevölkerung abzubauen und ihre Anfälligkeit für »Verheißungen« des islamischen Fundamentalismus zu reduzieren. Letzteres gilt insbesondere für jene, deren soziale Aufwärtsmobilität – ob intendiert oder nicht – aus verschiedenen Gründen blockiert ist und deren Lebensperspektiven damit eingeschränkt sind. Dies betrifft in erster Linie die vom sozialen Abstieg bedrohten (unteren) Mittelschichten sowie eine wachsende Zahl an Jugendlichen, die auf den Ausbildungs- und Arbeitsmarkt drängen, deren Bedürfnisse jedoch kaum befriedigt werden. Die Reformen müssen daher auf eine verstärkte Teilhabe breiterer Schichten an den ökonomischen Ressourcen und am erwirtschafteten Wohlstand abzielen, daneben sind verstärkte Anstrengungen im Bildungsbereich und in der Sozialpolitik unabdingbar. Die von der internationalen Gebergemeinschaft geforderten und unterstützten Strategien zur Armutsbekämpfung gehören ebenfalls in diesen Kontext, wenngleich Armut – wie vielfach empirisch belegt – nicht zwingend zu Extremismus führt. Armut und Elend sind jedoch häufig Objekte von Identifikation und Solidarisierung von islamistischen Intellektuellen und ihrer Gefolgschaft, die darin – nicht zu Unrecht – ein Symptom für die »moralische Verkommenheit« der herrschenden Eliten sehen. Die Antwort darauf kann aber – unter modernisierten Vorzeichen – nicht die Rückkehr zu vermeintlich ursprünglichen Werten sein, sondern eher eine (vorsichtige) Hinwendung hin zur Moderne, d. h. zu marktwirtschaftlichen Prinzipien und zur Liberalisierung der Gesellschaft (z. B. Rolle der Frau), um brachliegende Wachstums- und Innovationspotentiale zu erschließen. Dies setzt eine schrittweise Abkehr von rentenökonomischen Mechanismen, von traditionalen (z. B. feudalistischen, paternalistischen, religiösen) Regeln und Beschränkungen, klientelistischen Praktiken sowie von Korruption und Mißwirtschaft voraus.

Ausweitung von politischer Partizipation: Quasi komplementär zum letztgenannten Aspekt verhalten sich Reformen, die dazu dienen, für breitere Schichten der Bevölkerung bzw. für bis dato ausgegrenzte (muslimische) Minderheiten die Möglichkeiten zur politischen Beteiligung und Mitsprache zu erhöhen, und somit einen evolutionären Prozeß der Demokratisierung in Gang setzen. In unterschiedlichem Maße sehen sich in den Ländern Nordafrikas, der arabischen Halbinsel, Zentralasiens, Süd- und Südostasiens Teile der Bevölkerung kaum oder gar nicht politisch repräsentiert, statt dessen läßt sich vielerorts eine wachsende Kluft zwischen Regierenden und Regierten konstatieren. Die Folgen sind – je nach Lage – Proteste und Rebellion oder Apathie und Indifferenz. Beide Varianten sind anfällig für das Geschäft von in- und ausländischen Extremisten, die die offenkundigen Legitimitätsdefizite der politischen Führung für ihre Zwecke nutzen. Ziel muß daher nicht nur die Aktivierung der Bevölkerung, insbesondere der städtischen, bürgerlichen Schichten, sein, sondern auch die Etablierung von Institutionen zur Regelung von Konflikten und die Entwicklung einer robusten Kultur des gewaltfreien Konfliktaustrags. Dies kann jedoch nur gelingen, wenn sich wesentliche Elemente der Bevölkerung sowie ethnische oder religiöse Minderheiten mit ihren Anliegen im politischen und öffentlichen Leben wiederfinden. Zu den Reformschritten, die in einigen Ländern (beispielsweise Kuwait, Bahrain, Katar, Libanon, Marokko und Algerien) vorsichtig eingeleitet wurden, gehören nicht nur die Gewährleistung von Freiheitsrechten wie Meinungs-, Informations- und Pressefreiheit, Versammlungs- und Vereinigungsfreiheit, sondern auch die Entwicklung einer pluralistischen Öffentlichkeit, der Aufbau eines Parteiensystems, die Legalisierung von regimekritischen Kräften und die Institutionalisierung von Opposition als wesentlichem Bestandteil des politischen Systems. Daneben bedarf es intermediärer, zivilgesellschaftlicher Strukturen wie NGOs, Gewerkschaften oder Verbände, die wesentliche Interessen artikulieren und in die Lösung innergesellschaftlicher Probleme und Konflikte einbezogen werden.

Demokratisierung per se führt allerdings keinesfalls zwingend zu einem Ende terroristischer Gewalt (vgl. Gause 2005). Die Transition Spaniens in den siebziger Jahren von einer Autokratie zu einer Demokratie beseitigte beispielsweise nicht den ETA-

Terrorismus, der sich zunächst gegen das Franco-Regime und dann gegen das demokratische System richtete. Denn: Für die ETA bestand und besteht das Ziel ihrer Aktivitäten nicht in einer Demokratisierung Spaniens, sondern in einer Unabhängigkeit des Baskenlandes. Mit Blick auf den transnationalen Terrorismus darf man eine ähnliche Reaktionsweise erwarten: Zum einen lösen Demokratisierungsprozesse stets eine gewisse Instabilität aus, sie verstärken möglicherweise latente innergesellschaftliche Konfliktlagen und führen – systematisch verschärft durch Wahlkämpfe – zu Polarisierungen, die wiederum von Extremisten genutzt werden können. Zum anderen ist das Konzept der Demokratie in den Augen transnational agierender, islamistischer Terroristen keine Option, sondern eine »westliche« Erfindung, die im Zweifel genauso bekämpft werden muß wie autoritäre, arabische Regime, weshalb im Zuge von Demokratisierungsprozessen neue Wellen der Gewalt nicht auszuschließen sind. Dennoch dürften, sofern solche Prozesse nicht versanden, positive Effekte für die gesamtgesellschaftliche Entwicklung überwiegen, so daß mittel- bis langfristig die Anfälligkeit für extremistische Agitation sinkt.

Angesichts der genannten Ambivalenzen ist bei der Förderung solcher Prozesse von außen ein behutsames Vorgehen gefordert. Beispiele externer Demokratieförderung sind etwa die Euro-Mediterrane Partnerschaft (»Barcelona-Prozeß«, seit 1995) und die von den G8-Staaten, auf Vorschlag der USA, beschlossene »Broader Middle East and North Africa Initiative« (Juni 2004). Allerdings ist hierbei jeder missionarische Eifer, wie er zumindest in der Rhetorik der Regierung Bush (»global campaign of freedom«) zum Ausdruck kommt, kontraproduktiv. Nicht nur werden damit Erwartungen geweckt, die kaum zu erfüllen sind, sondern man erleichtert jenen die Arbeit, die Demokratisierung als »westliches« und damit »neoimperiales« Projekt geißeln. Angesichts durchaus populärer antiwestlicher – und insbesondere antiamerikanischer – Einstellungen kann ein solcher Vorwurf moderate, liberale Reformkräfte in den betroffenen Gesellschaften schwächen.

Umgang mit moderaten Islamisten: Ein besonderer Aspekt im Kontext allgemeiner Demokratisierungsbestrebungen ist der Umgang mit moderaten islamistischen Strömungen. Eine zentrale Herausforderung besteht darin, in arabischen und islamischen Ländern die Bewegungen und Parteien gemäßigter Islamisten zu stärken, um zum einen diese gegen externe Einflüsse zu »immunisieren« und um zum anderen systematisch radikal-islamistische Milieus zu spalten und zu schwächen. Mit dem Attribut moderat sind allerdings weniger die vertretenen politischen Inhalte als vielmehr die Wahl der Mittel bei der Erreichung der Ziele gemeint. Daher lassen sich unter moderaten Kräften jene verstehen, die den Einsatz von Gewalt und von Terrorismus ablehnen und auf politische Weise für ihre gesellschaftlichen Vorstellungen eintreten. Darunter können im Einzelfall durchaus auch Gruppierungen fallen, die früher Gewalt angewandt, mittlerweile aber glaubwürdig und öffentlich diesem Weg abgeschworen haben. Ihr Ziel mag zwar noch immer eine Islamisierung der Gesellschaft oder die Einführung eines »Gottesstaates« sein, aber sie sind gewillt, dafür Mehrheiten zu finden und sich an die geltenden Spielregeln und Gesetze zu halten. Dazu müssen allerdings die entsprechenden politischen Voraussetzungen geschaffen werden, da in zahlreichen Staaten diese Gruppen Repressionen und Verfolgung ausgesetzt sind (z. B. Ägypten, Tunesien, Algerien, Syrien, Usbekistan), was kaum zu ihrer Moderierung beitragen dürfte. Teilweise wurden in der Vergangenheit aus machtpolitischen Erwägungen gerade radikale Kräfte unterstützt (z. B. Pakistan, Jemen, Indonesien), um beispielsweise die moderate und potentiell »gefährlichere« Konkurrenz für die herrschenden, säkularen Eliten unter Druck zu setzen. Oftmals wechseln sich je nach politischer Lage Phasen der Repression und Phasen der subtilen Förderung radikaler Elemente ab (z. B. Saudi-Arabien). Statt solcher ambivalenter und widersprüchlicher Praktiken ist es notwendig, die gemäßigten Kräfte in das politische System zu integrieren – beispielsweise Zulassung als politische Parteien, Teilnahme an Wahlen, Vertretungen im Parlament, Zugang zu staatlichen Ressourcen, Einbindung in Entscheidungsprozesse. Diese Maßnahmen müssen entsprechend den lokalen Bedingungen gestaltet werden, gleichwohl sollten sie im Kern der Grundregel folgen, wonach die moderaten Kräfte gegenüber ihren radikalen Mitkonkurrenten strukturell gestärkt und für ihr kooperatives Verhalten »belohnt« werden – gemäß der aus der Konfliktforschung entlehnten Maxime »making moderation pay«. Im Gegenzug werden moderate Islamisten gezwungen, sich bei ihrem »Marsch durch die Institutionen« nach und nach auf politische Kompromisse und auf (Mit-)Verantwortung auch für unpopuläre Maßnahmen einzulassen. Auch bei diesem Prozeß ist kaum damit zu rechnen, daß terroristische Netzwerke ohne weiteres ihre Bestrebungen einstellen, aber sie dürften weniger in der Lage sein, signifikante Sympathisantenkreise zu erreichen.[32]

Intensivierung des interkulturellen Dialogs: Die Al-Qaida-Ideologie beschwört einen »Krieg der Kulturen«, eine globale Auseinandersetzung zwischen dem »Westen« und dem (richtig verstandenen) Islam. Bei beiden »Seiten« handelt es sich um extrem wirkmächtige soziale Konstruktionen, um Feind- und Zerrbilder, die – wie bei jeder Ideologie – letztlich die Komplexität von Realität reduzieren sollen. Je stärker man sich auf diese Dichotomisierung, die letztlich in die Kategorien von »Gut« und »Böse« mündet, einläßt, desto größer der ideologische Erfolg der Terroristen. Um solchen Tendenzen entgegenzuwirken, sollte der interkulturelle Austausch und Dialog auf allen Ebenen verstärkt werden, insbesondere auch mit islamistischen Kräften. Gerade um den in zahlreichen Ländern weitverbreiteten Eindruck zu korrigieren, (westlich dominierte) Anti-Terrorpolitik richte sich gegen den Islam per se, muß von seiten Europas und Nordamerikas in entsprechende Bildungs-, Medien- und Kulturprogramme investiert werden. Dabei kann es nicht allein darum gehen, im Sinne von »public diplomacy« und »soft power« ein positives Image des »Westens« zu verbreiten, möglichst noch unterstützt durch die Finanzierung prowestlicher Medien, wie etwa die von der US-Regierung finanzierten arabischsprachigen Fernseh- und Radiosender (*Al-Hurra, Al-Iraqija, Radio Sawa*).[33] Der Dialog muß

---

32 Ein Beleg dafür sind die öffentlichen Reaktionen auf die Anschläge in Marokko (2003), wo moderate Islamisten relativ frei agieren können. Die legale islamistische Partei (»Partei für Gerechtigkeit und Entwicklung«) verurteilte die Attacken, sie rief ihre Unterstützer dazu auf, öffentlich gegen den Terrorismus zu protestieren, und unterstützte die Regierung bei der Verabschiedung schärferer Anti-Terrorgesetze; auch andere gewaltfreie islamistische Bewegungen und ihre Führer distanzierten sich von Anschlägen (z. B. die »Bewegung für Gerechtigkeit und Wohlfahrt« oder die »Bewegung für Erneuerung und Information über den Islam«); vgl. Kalpakian (2004).

33 *Al-Hurra* (»der Freie«) hat seinen Hauptsitz in der Nähe von Washington D. C. und ist seit Februar 2004 in mehr als 20 Ländern zu empfangen, im

vielmehr dazu beitragen, den »Westen« zu dekonstruieren, d. h. nicht nur gemeinsame Werte und Traditionen, sondern auch die Pluralität, die historischen Brüche und Diskontinuitäten sowie die Widersprüchlichkeiten westlicher Länder zu vermitteln (vgl. Senghaas 1998: 197-221). Das gleiche gilt umgekehrt mit Blick auf die Wahrnehmung des Islam und seine vielfältigen, teilweise auch gegenläufigen Strömungen. Denn letztlich handelt es sich eher um innerislamische Auseinandersetzungen zwischen liberalen Reformern, Traditionalisten, Fundamentalisten und gewaltbereiten Extremisten, bei denen der »Westen« lediglich als Projektionsfläche dient. Diese Aufklärungsarbeit ist nicht nur in Europa oder in den USA, inklusive der dort lebenden muslimischen Diaspora, notwendig, sondern auch in den islamisch geprägten Ländern selbst, um den Zerrbildern, die die pan-islamistische Dschihad-Ideologie von der eigenen Religion zeichnet, entgegenzutreten. Ein interkultureller Dialog, der die Pluralität der jeweils eigenen Entwicklungsgeschichte in den Mittelpunkt und zur Diskussion stellt, könnte insofern auch seinen Teil zur Bewältigung der innerislamischen Auseinandersetzungen beitragen.

Stärkung internationaler Normen und Regimes: Will man den transnationalen Terrorismus und seine Unterstützung weltweit ächten und bekämpfen, bedarf es zudem der Stärkung und der Beachtung internationaler Normen und Regimes, was sowohl eine entsprechende Weiterentwicklung des Völkerrechts als auch eine prominentere Rolle von internationalen Organisationen bei der Terrorismusbekämpfung impliziert. Dies betrifft zum ersten jene Normen und Regime, die sich unmittelbar auf die Ächtung terroristischer Taten, die Bekämpfung des Terrorismus (z. B. Sanktionsregime) und die dazu erforderliche internationale Kooperation beziehen (z. B. UN-Konventionen, UN-Res. 1373, Empfehlungen der OECD/FATF zur Terrorfinanzierung). Zum zweiten geht es um Normen und Regime, die eher indirekt zur Terrorismusbekämpfung beitragen, indem sie das begünstigende

---

ersten Jahr wurde der Sender mit über 60 Millionen US-Dollar aus dem Staatshaushalt finanziert. Der Fernsehkanal *Al-Iraqija* wurde für den Irak im Auftrag des US-Verteidigungsministeriums aufgebaut und ist seit Mai 2003 auf Sendung. *Radio Sawa* wird seit März 2002 ausgestrahlt und wendet sich in erster Linie an junge Erwachsene in der arabischen Welt; vgl. Clarke et. al. (2005: 134-140).

Umfeld adressieren: Dazu zählen vor allem die Nicht-Verbreitungsregime im Bereich von nuklearen, biologischen und chemischen Waffen, inklusive der Bekämpfung nichtstaatlicher Proliferationsrisiken, wie in der Res. 1530 (2004) des UN-Sicherheitsrates gefordert,[34] die Regime zur Eindämmung von Leicht- und Kleinwaffen sowie von tragbaren Boden-Luft-Raketen (ManPads), die Ansätze zur Bekämpfung der organisierten Kriminalität, des Drogenhandels, der Geldwäsche und der Korruption.[35] Hinzu kommen sozial-, wirtschafts- und entwicklungspolitische Regime wie beispielsweise die im Jahr 2000 im Rahmen der UN verabschiedeten *Millenium Development Goals* (MDGs), die nicht nur die Armutsbekämpfung, sondern auch den Ausbau von Gesundheits- und Bildungssystemen zum zentralen Anliegen internationaler Politik machen. Zum dritten müssen auch Normen und Regime beachtet und eingehalten werden, die Standards und Maßstäbe für die Terrorismusbekämpfung selbst formulieren. Zentral sind hier die Menschenrechts- und Minderheitschutzregime der UN und der Regionalorganisationen, das Anti-Folter-Regime, das Flüchtlingsregime des UNHCR, diverse Anti-Diskriminierungsnormen (z. B. Durban-Agenda zur Anti-Diskriminierung) sowie das humanitäre Völkerrecht.[36] Dieser Aspekt ist von besonderer Bedeutung. Denn eine Anti-Terrorpolitik, die den Katalog internationaler Normen und erreichter Standards nur selektiv wahrnimmt oder in Frage stellt, untergräbt nicht nur ihre eigene moralische Autorität, sondern auch die Bausteine einer globalen Ordnungs- und Strukturpolitik, die aber dringend benötigt werden, um langfristig Ursachen von Terrorismus und Gewalt zu bekämpfen.

34 In diesen Kontext gehört auch die G 8-Initiative *Global Partnership Against the Spread of Weapons and Materials of Mass Destruction* (Januar 2002), bei der rund 20 Mrd. US-Dollar ausgegeben werden, um vor allem Rußland, die Ukraine, Usbekistan und Kasachstan dabei zu unterstützen, ihre WMD-Bestände aus sowjetischen Zeiten zu sichern bzw. verschrotten.
35 Erste Schritte sind hier beispielsweise die UN-Konvention zur Bekämpfung transnationaler organisierter Kriminalität (15. 11. 2000), die UN-Anti-Korruptionskonvention (31. 10. 2003), die Initiativen zur Bekämpfung der Geldwäsche im Rahmen der OECD/FATF sowie die Anti-Korruptionsprogramme von Weltbank und anderen Gebern.
36 Zur Rolle der Menschenrechte bei der Terrorismusbekämpfung siehe u. a. Bericht der UN-Hochkommissarin für Menschenrechte an die UN-Menschenrechtskommission vom Februar 2002 (UNDOC E/CN.4/2002/18), abgedruckt in: Heinz/Schlitt/Würth (2003: 51-62).

Nachhaltige Stärkung staatlicher Strukturen (state-building): Die meisten der genannten Tätigkeitsfelder sind jedoch ohne eine Stärkung staatlicher Strukturen vor Ort kaum zu erreichen. Ohne einen entsprechenden staatlichen Rahmen sind weder die Lösung von Konflikten, die Eindämmung von Gewaltökonomien und der »Schattenglobalisierung« noch wirtschaftliche und politische Reformen, noch die Einhaltung von internationalen Verpflichtungen und Normen denkbar. In der Tat liegt in der (Wieder-) Herstellung staatlicher Kontroll- und Steuerungskapazitäten in zahlreichen Ländern ein Schlüssel für die strukturelle Terrorismusbekämpfung. Dazu ist es notwendig, die Legitimität staatlichen Handelns gegenüber jenen Akteuren zu stärken, die faktisch – in Ermangelung staatlicher Strukturen – quasiöffentliche Aufgaben und Güter erbringen, dies reicht vom Sozial- und Bildungsbereich (z. B. islamische NGOs, Clan- und Stammesstrukturen) bis hin zur Gewährleistung von Sicherheit (durch Warlords, Drogenbarone, etc.). Die dazu erforderlichen Maßnahmen lassen sich unter dem Begriff *state-building* subsumieren (vgl. Schneckener 2004b, 2004c). State-building ist dabei nicht identisch mit *nation-building*; letzteres nimmt die gesellschaftliche Entwicklung als Ganzes in den Blick und zielt primär auf die Bildung einer nationalen Identität (vgl. Hippler 2003). *State-building* konzentriert sich hingegen auf die Strukturen und Institutionen des Staates, sprich auf den öffentlich administrierten, regulierten und finanzierten Bereich, und verfolgt das Ziel, die Erosion staatlicher Kapazitäten zu stoppen. Im Zentrum steht insofern die langfristige Stabilität eines politischen Gemeinwesens und nicht die kurzfristige Unterstützung eines Regimes. Dabei kann es sich (a) um eine bloße Stabilisierung bestehender Strukturen, (b) um eine Reform und Transformation derselben oder (c) um den kompletten (Wieder-)Aufbau staatlicher Strukturen handeln; dies betrifft zumeist Nachkriegsgesellschaften und kollabierte Staaten (z. B. Afghanistan, Irak, Somalia).

Wirft man einen Blick auf jene fragilen Staaten, die sich als besonders anfällig für die Aktivitäten transnationaler Terrornetzwerke erwiesen haben (siehe Kap. V), wird deutlich, daß es in den meisten Fällen gleichzeitig sowohl um die Stabilisierung als auch um zum Teil tiefgreifende Reformen staatlicher Strukturen geht. Dabei besteht eine inhärente Spannung zwischen diesen Zielsetzungen: Einerseits dürfen Maßnahmen zur Stabilisierung von

Strukturen wie etwa Finanz- und Wirtschaftshilfen oder Unterstützung bei der Ausbildung der Sicherheitskräfte nicht dazu führen, daß jene Kräfte in Staat und Gesellschaft gestärkt werden, die kein oder wenig Interesse an umfassenden Reformen haben, weil sie vom Status quo profitieren. Andererseits dürfen notwendige Veränderungen (z. B. Verfassungs- und Verwaltungsreformen), die in der Regel in die Besitzstände der herrschenden Eliten eingreifen, das jeweilige Land nicht zusätzlich destabilisieren und damit unter Umständen den Erosionsprozeß verschärfen. Es kommt daher entscheidend auf die Fähigkeit externer Akteure und Geberinstitutionen an, Hilfen zur Stabilisierung in bestimmten Bereichen (z. B. im Sicherheitssektor) an konkrete Reformprozesse auf anderen Politikfeldern (z. B. Verbesserung des Rechtsstaates) zu knüpfen. Aus der Perspektive struktureller Terrorismusbekämpfung sollten sich *state-building*-Maßnahmen auf folgende Bereiche konzentrieren:

– Stärkung des staatlichen Gewaltmonopols und Reformen im Sicherheitssektor, um den staatlichen Sicherheitsapparat in die Lage zu versetzen, eine effektivere Kontrolle über das Staatsgebiet und die Außengrenzen ausüben zu können. Die Maßnahmen müssen allerdings deutlich über die bereits etablierten, größtenteils von den USA finanzierten Ausbildungs-, Trainings- und Ausrüstungsprogramme für Polizei, Armee und Spezialeinheiten zur Terrorismusbekämpfung hinausgehen, die eher operativen Zwecken dienen.[37] Gefordert sind hingegen strukturelle Reformen im Sicherheitssektor, dazu zählt in zahlreichen Ländern auch eine Entpolitisierung und Professionalisierung von Polizei- und Sicherheitskräften, die Bekämpfung von Korruption bei den Sicherheitsorganen, die Beendigung von kommerziellen Aktivitäten des Militärs (z. B. Pakistan, Indonesien), die zivile Kontrolle über das Militär sowie eine an rechtsstaatlichen und menschenrechtlichen Standards orientierte Ausbildung.

– Reformen in der Steuer-, Zoll-, Budget und Finanzverwaltung, um den Staat in die Lage zu versetzen, seine Einnahmeseite

---

37 Zum *Antiterrorism Assistance Program* (ATA), siehe U. S. Department of State (2004: 161-163). Seit dem 11. September nahmen an diesem Programm u. a. folgende Staaten teil: Algerien, Armenien, Aserbaidschan, Bangladesch, Dschibuti, Ägypten, Georgien, Indien, Indonesien, Jordanien, Jemen, Kasachstan, Kenia, Kirgistan, Malaysia, Marokko, Oman und Usbekistan.

zu verbessern, die Transparenz und Rechenschaft gegenüber der Bevölkerung bei Ein- und Ausgaben zu erhöhen sowie Mißbräuche bzw. Kriminalität zu bekämpfen. In diesen Bereich fällt auch die oftmals notwendige Regulierung des öffentlichen und privaten Banken- und Finanzsektors, um eine bessere Kontrolle über Finanzbewegungen zu gewinnen.

– Stärkung von Investitionen in öffentliche Güter, um langfristig Entwicklungsblockaden zu überwinden, Chancengleichheit zu gewährleisten und soziale Aufstiegsmöglichkeiten zu eröffnen und somit insgesamt die *out-put*-Legitimität des Staates zu verbessern. Zentral sind dabei neben Investitionen in die öffentliche Infrastruktur (z. B. Energie- und Wasserversorgung) vor allem erhöhte Ausgaben im Bildungs-, Gesundheits- und Sozialbereich. Gleichzeitig gilt es, die Aufsicht über nichtstaatliche, oftmals religiöse Anbieter auf diesen Feldern zu verbessern, um allgemein verbindliche Standards durchzusetzen. Insbesondere Staaten, die den Bildungsetat erhöhen und nachweislich breiteren Schichten der Bevölkerung den Zugang zu Bildung öffnen, sollten international entsprechend belohnt und gefördert werden.

– Stärkung von Justiz und Rechtsstaat, um einen besseren Schutz des einzelnen vor politisch motivierter Willkür zu bieten und gleichzeitig die Rechtsdurchsetzung zu gewährleisten, um etwa gegen gewaltverherrlichende bzw. gewaltbereite Kräfte konsequent, aber in angemessener Weise vorzugehen. Im Mittelpunkt steht dabei die Unabhängigkeit der Gerichte und der Strafverfolgungsbehörden, die jedoch in zahlreichen Staaten nicht gegeben ist. Daneben gilt es, Korruption innerhalb der Justiz zu bekämpfen, Folter und ähnliche Praktiken unter Strafe zu stellen, rechtsstaatliche Verfahren und die Rechte von Angeklagten zu garantieren sowie den Strafvollzug und die Führung von Gefängnissen zu reformieren.

Diese ambitionierte Agenda struktureller Maßnahmen zur Terrorismusbekämpfung bedarf des langen Atems, basierend auf dem Eingeständnis, daß – entgegen manch forscher Ankündigungen von Politikern – rasche Erfolge bei der Verfolgung transnationaler Netzwerke nicht zu erwarten sind. Zudem ist eine solche Politik nicht ohne Zielkonflikte und Ambivalenzen zu haben, was angesichts der vielfältig tangierten Interessen und Besitzstände lokaler Akteure kaum verwundern kann. Stets sind daher sorgfältige Abwägungen notwendig, ob und zu welchem Zeitpunkt welche Maßnahmen in einem Land X durchgeführt werden sollten. Dies läßt sich an einer Reihe von Punkten illustrieren: Die Eindämmung von Gewaltökonomien mag die Befriedung von Konflikten erschweren oder neue Konflikte auslösen; wirtschaftliche und gesellschaftliche Modernisierung können die innerislamischen Spannungen verschärfen und die Stabilität des Gemeinwesens gefährden; die Erhöhung von politischen Partizipationschancen birgt das Risiko, daß diese von radikalen Kräften genutzt werden, um auf legalem Wege ihre Ziele zu verwirklichen; die Stärkung des Gewaltmonopols und des Sicherheitsapparates könnte die Vorherrschaft von Eliten stabilisieren, die kein Interesse an demokratischen Reformen haben; die Förderung gemäßigter Islamisten könnte notwendige gesellschaftspolitische Reformen (z. B. Meinungsfreiheit, Frauenrechte) blockieren; die Intensivierung interkultureller Austauschbeziehungen oder die Durchsetzung von internationalen Normen könnte auf entsprechende Gegenreaktionen bei den radikalen, gewalttätigen Gruppen stoßen und als Formen »westlicher« Hegemonie denunziert werden.

Noch gravierender sind jedoch die Ziel- und Mittelkonflikte zwischen struktureller und operativer Terrorismusbekämpfung. Auf der einen Seite kann man auf operative, repressive Maßnahmen nicht verzichten und abwarten, bis strukturelle Ansätze erste Erfolge bringen, wenn damit auf absehbare Zeit eine terroristische Gefährdung der öffentlichen und internationalen Sicherheit verbunden ist. Auf der anderen Seite haben operative Maßnahmen wie Militär- oder Polizeieinsätze, insbesondere dann, wenn sie unverhältnismäßig ausfallen, nicht selten kontraproduktive Effekte, die die Umsetzung einer strukturell orientieren Terrorismusbekämpfung erschweren. Die Folgen sind Solidarisierungen und Radikalisierungen. Operative Maßnahmen erleichtern den Anwerbern damit das Geschäft und verstärken den Zulauf zu terroristischen Gruppierungen. Kurzfristige Erfolge bei der Terrorismusbekämpfung wie Festnahmen von Terrorverdächtigen oder die Zerstörung von Trainingscamps werden auf diese Weise durch langfristige Wirkungen zunichte gemacht.

Es ist daher von zentraler Bedeutung, die Balance zwischen kurz- und langfristigen Maßnahmen zu behalten und keinen der beiden Bereiche prioritär oder zu Lasten des anderen zu behan-

deln, da weder operative noch strukturelle Ansätze allein ausreichen, um den transnationalen Terrorismus wirksam zu bekämpfen. Der von der Regierung Bush nach dem 11. September
ausgerufene *Global War on Terror*, inklusive des Irakkriegs, hat
jedoch die Kluft und die Zielkonflikte zwischen beiden Ansätzen
deutlich verschärft – und zwar zu Lasten der beschriebenen
Agenda einer strukturellen Terrorismusbekämpfung, deren Rea-
lisierungschancen angesichts der fatalen Folgen des *Global War
on Terror* erheblichen Schaden genommen hat.

27. Der »Global War on Terror« und die Folgen

Der *Global War on Terror* dürfte zum zentralen Paradigma der
Bush-Administration geworden sein – und zwar außen- wie in-
nenpolitisch.[38] Der Nexus zu Fragen der Terrorismusbekämpfung und zur nationalen Sicherheit gilt als Leitmotiv für diverse
Politikfelder. Rhetorik und Praxis des »Anti-Terrorkrieges«
durchziehen nicht nur die Außen-, Verteidigungs- und Entwick-
lungspolitik der USA, sondern betreffen auch die innere Sicherheit, die Einwanderungs- und Justizpolitik sowie in Teilen die
Wirtschafts- und Finanzpolitik. Seit 9/11 hat die amerikanische
Regierung in einer Reihe von Strategiepapieren die Parameter ihrer Anti-Terrorpolitik abgesteckt.[39] Grundlegend für den *Global
War on Terror* sind vor allem zwei Dokumente – die *National
Security Strategy* (September 2002) und die *National Strategy for
Combating Terrorism* (Februar 2003) – sowie eine Reihe von pro-
grammatischen Reden des Präsidenten. Darin wird zwar zumeist

38 Zur außenpolitischen Strategie der Regierung Bush nach 9/11 siehe Rudolf
(2003, 2005), Jervis (2005), Miller (2005), Crawford (2004), Daase (2002),
O'Hanlon/Rice/Steinberg (2002), Walt (2001/02), Posen (2001/02). Zur
Kritik an der Anti-Terrorstrategie siehe insbesondere die Analysen von
Richard A. Clarke, ehemals hochrangiger Terrorismusexperte im Nationalen Sicherheitsrat, und von Michael Scheuer, früherer Terrorismusexperte
der CIA; vgl. Clarke (2004), Scheuer (2004).
39 Dazu zählen u. a. folgende Dokumente, die für die Bekämpfung des Terro-
rismus von direkter oder indirekter Bedeutung sind: *National Drug Con-
trol Strategy* (Februar 2002), *National Strategy for Homeland Security*
(Juli 2002), *National Strategy to Combat Weapons of Mass Destruction*
(Dezember 2002), *National Strategy to Secure Cyberspace* (Februar 2003),
*National Strategy for the Physical Protection of Critical Infrastructures and
Key Assets* (Februar 2003).

betont, daß Terrorismusbekämpfung mehrere Dimensionen und Instrumente umfassen muß, insbesondere dann, wenn man die tieferliegenden Ursachen beseitigen will. Gleichwohl setzte die Regierung Prioritäten, die einer global ausgerichteten, operativen Terrorismusbekämpfung den Vorrang einräumten.[40] Legt man die genannten Dokumente zugrunde, besteht die *Global War on Terror*-Doktrin im wesentlichen aus acht Aspekten, die für die Prioritätensetzung und die damit verbundene Ressourcenverteilung verantwortlich sind.

(1) *Militanter Islam als existentielle Bedrohung*: Die Herausforderung durch den globalen Dschihad-Terrorismus wird in mehreren Äußerungen von Regierungsmitgliedern als Kampf des »Guten« gegen das »Böse« wahrgenommen. Al-Qaida und seine Verbündeten strebten danach, die westliche Lebensweise zu vernichten, es handele sich daher um eine existentielle Bedrohung des Westens, seiner Freiheit und seiner Werte. Der Al-Qaida-Terrorismus verkörpere, so die neokonservative Lesart, »the great evil of our time« (Frum/Perle 2004: 6-7), das es mit allen verfügbaren Mitteln zu bekämpfen gelte. Dabei wird oftmals eine Analogie zum Faschismus und Kommunismus hergestellt, nicht zuletzt um der Öffentlichkeit die historische Dimension und das Ausmaß der Auseinandersetzung deutlich zu machen.[41] Der militante Islam mit dem Dschihad-Terrorismus an der Spitze ist insofern als »neuer Totalitarismus« an die Stelle dieser Bedrohungen getreten – eine Sichtweise, die im übrigen auch von euro-

---

40 In der *National Strategy for Combating Terrorism* werden beispielsweise vier, relativ allgemeine, Leitlinien bei der Terrorbekämpfung genannt (sogenannte 4D-Strategie), bei denen operative Aspekte im Vordergrund stehen: »(a) *defeat* terrorist organizations of global reach; (b) *deny* further state sponsorship, support and sanctuary to terrorists; (c) *diminish* the underlying conditions that terrorists seek to exploit; (d) *defend* the U. S., our citizens, and our interests at home and abroad.«

41 In zugespitzter Form wird diese Position von den ehemaligen Regierungsberatern David Frum und Richard Perle vertreten, die die US-Strategie maßgeblich mitprägten: »Since 1940, American democracy has faced three great ideological enemies: first Nazism, then communism, now militant Islam« (2004: 248). An anderer Stelle heißt es: Die Amerikaner hätten die Wahl zwischen »victory or holocaust«, es gelte den Terrorismus zu besiegen, »before it kills again and on a genocidal scale« (2004: 7). Andere einflußreiche neokonservative Autoren sprechen daher von einem 4. Weltkrieg, in dem sich die USA befänden. Siehe dazu den Überblick bei Miller (2005).

päischen Politikern vertreten wird.[42] Präsident Bush ist von der historischen Mission des *Global War on Terror* überzeugt: »And the civilized world knows very well that other fanatics in history, from Hitler to Stalin to Pol Pot, consumed whole nations in war and genocide before leaving the stage of history. Evil men, obsessed with ambition and unburdened by conscience, must be taken very seriously – and we must stop them before their crimes can multiply.« Und weiter: »Like the ideology of communism, our new enemy pursues totalitarian aims.«[43] Dabei werden nur wenig Unterschiede zwischen Al-Qaida und anderen militanten, islamistischen Gruppierungen, ob sunnitischer oder schiitischer Prägung (z. B. Hizbullah), gemacht, da sich – ungeachtet von lokalen Differenzen – deren Aktivitäten letztlich stets gegen den Westen und insbesondere gegen die USA richteten, sie sich aus den gleichen, totalitär-ideologischen Quellen speisten und derselben Vorstellung vom globalen Dschihad folgten.

(2) *Terrorismus und Terrorismusbekämpfung als Formen des Krieges*: Basierend auf der Bedrohungsanalyse ist die Wahl der Begrifflichkeit keinesfalls zufällig erfolgt: Der »neue« Terrorismus wird als eine Form des Krieges und nicht allein als krimineller Akt verstanden, die auch entsprechend beantwortet werden muß. Die USA befänden sich daher in einem »Krieg«, wie immer wieder betont wird. Aus dieser Perspektive gewinnen militärische Mittel und damit das Verteidigungsministerium eine größere Bedeutung als in der Vergangenheit, als Terrorismus administrativ und strategisch eher unter Aspekten der Verbrechensbekämpfung betrachtet wurde und die Federführung primär beim Außen- bzw. Justizministerium lag.[44] Denn: Wenn es sich bei Terrorismus

---

42 Besonders prominente Vertreter dieser These sind u. a. der britische Premierminister Tony Blair und der frühere deutsche Außenminister Joschka Fischer. Letzterer sprach explizit vom islamistischen Terrorismus und der Dschihad-Ideologie als dem »neuen Totalitarismus«, ohne allerdings aus dieser Prämisse die gleichen Schlußfolgerungen wie die US-Regierung zu ziehen. Siehe z. B. Rede von Außenminister Fischer, »Europa und die Zukunft der transatlantischen Beziehungen«, Princeton University, 19. 11. 2003.

43 Rede von Präsident George W. Bush, National Endowment for Democracy, Washington, D. C., 6. 10. 2005.

44 Bereits 1986 hatte die *Task Force on Combating Terrorism* unter Vorsitz des damaligen Vizepräsidenten George Bush einen Strategiewechsel und die Bekämpfung des Terrorismus mit militärischen Mitteln gefordert, um

um eine Form des Krieges handelt, dann müssen auch die Gegenmaßnahmen der Logik des Krieges folgen; innenpolitische oder
internationale Restriktionen, die für die polizeilich betriebene
Verbrechensbekämpfung gelten, sind damit obsolet. Dieser Sichtweise hat sich auch der UN-Sicherheitsrat angeschlossen, indem
er in der Res. 1368 (12.9.2001) den USA gemäß Art. 51 UN-
Charta das Recht auf Selbstverteidigung zuerkannte, worunter
allgemein das Recht verstanden wird, sich gegen einen bewaffneten Angriff von außen zu verteidigen. In diesem Punkt wurde das
Völkerrecht weiterentwickelt, bis dato waren militärische, grenzüberschreitende Anti-Terrormaßnahmen, wie sie beispielsweise
von den USA (gegen Libyen), von Israel (gegen palästinensische
Terroristen in Nachbarstaaten) oder der Türkei (gegen PKK-Stel-
lungen im Nordirak) praktiziert wurden, nicht durch Art. 51 gedeckt (Daase 2002: 136).[45] Bereits während der Clinton-Regie-
rung deutete sich dieser Perspektivwechsel an, als in Reaktion auf
die Botschaftsattentate von 1998 militärische Vergeltungsschläge
gegen den Sudan (vermeintliche Chemiefabrik) und Afghanistan
(Al-Qaida-Lager) durchgeführt wurden. Seit dem 11. September
läßt sich der Stellenwert militärischer Mittel beim *Global War on
Terror* an einem US-Verteidigungshaushalt von über 400 Mrd.
US-Dollar sowie an diversen Einsätzen ablesen: Zu Buche schlagen vor allem der Afghanistan- und der Irakkrieg (*Operation
Enduring Freedom* bzw. *Operation Iraqi Freedom*) sowie in beiden Fällen die Stationierung von Truppen und Spezialkräften zur
Terrorismusbekämpfung, hinzu kommt die militärische Unterstützung für andere Staaten beim Umgang mit lokalen Terror-
oder Guerillagruppen. Der Fokus liegt hierbei primär auf der Stationierung von Soldaten, auf geheimen Kommandooperationen
sowie auf Militärhilfe und Ausbildung – die Aktivitäten reichen
vom Jemen und Ostafrika über Georgien und Zentralasien bis hin
zu den Philippinen (siehe Anhang 2).

Terroranschlägen »vorzugreifen, auf sie zu reagieren und sie zu vergelten«;
vgl. Daase (2002: 123).

45 Der damalige US-Außenminister George P. Schultz forderte 1986 eine entsprechende Erweiterung des Rechts auf Selbstverteidigung: »It is absurd to
argue that international law prohibits us from capturing terrorists in international waters or airspace; from attacking them on the soil of other nations, even for the purpose of rescuing hostages; or from using force against
states that support, train, and harbor terrorists or guerillas« (zitiert nach
Byers 2003: 10).

(3) *Nexus von Terrorismus und Massenvernichtungswaffen*: Im Zentrum der Strategie steht die Gefahr von *catastrophic terrorism*, der Kombination aus Terrorismus mit Massenvernichtungswaffen (WMD), von Präsident Bush im Vorwort zur *National Security Strategy* als Verbindung aus »radicalism and technology« bezeichnet. Dort heißt es: »Our enemies have openly declared that they are seeking weapons of mass destruction, and evidence indicates that they are doing so with determination« (NSS 2002: ii). Schon seit Mitte der neunziger Jahre hatten Sicherheitsexperten vor einem drohenden WMD-Terrorismus gewarnt; ihre Analysen schlugen sich während der Clinton-Ära in einer Reihe von Expertenberichten nieder, ohne allerdings die Agenda der Regierung nachhaltig zu beeinflussen.[46] Dies hat sich mit 9/11 schlagartig geändert, da in der Tat die Bereitschaft und die Fähigkeit zum Einsatz unkonventioneller Mittel bei Terroristen vom Typ Al-Qaida deutlich höher einzuschätzen ist als bei eher lokal agierenden Terrorgruppen (siehe Kap. III). Aus Sicht der Bush-Administration handelt es sich dabei um einen Wettlauf mit der Zeit, bei dem man nicht auf die Wirkung der etablierten internationalen Regimes zur Nichtverbreitung von nuklearen, radiologischen, chemischen und biologischen Waffen vertrauen kann, sondern im Zweifelsfall jene aktiv bekämpfen muß, die potentiell als Proliferateure in Frage kommen.

(4) *Nexus von Terrorismus und »Schurkenstaaten«*: Der *Global War on Terror* ist vom Paradigma des staatlich geförderten Terrorismus geprägt und richtet sich daher primär gegen Staaten, die Terroristen beherbergen, aktiv fördern oder in Zukunft unterstützen könnten. Wiederholt wurde von höchsten Regierungsstellen die – gleichwohl nie belegte – Vermutung geäußert, daß Al-Qaida die Anschläge vom 11. September nicht ohne die Hilfe bestimmter Regimes hätte bewerkstelligen können.[47] Diese These

---

46 Siehe vor allem die Berichte der *Gilmore Commission* (Advisory Panel to Assess Domestic Response Capabilities for Terrorism Involving Weapons of Mass Destruction, 1999-2003), *U. S. Commission on National Security/21th Century* (»Hart-Rudman Commission«, 1999-2001), *National Commission on Terrorism* (»Countering the Changing Threat of International Terrorism«, 2000).

47 In den Worten von Frum/Perle (2004: 245): »Al Qaeda could never have achieved its murderous effectiveness if the governments of the Middle East had all been hostile to it [...] The nexus between the terror groups and the terror states is a dangerous reality.«

war im Prinzip nicht neu, da auch nach dem Anschlag von 1993 auf das World Trade Center in der amerikanischen Öffentlichkeit über einen staatlichen Sponsor spekuliert worden war.[48] Damals wie nach 9/11 konzentrierte sich der Verdacht relativ rasch auf das Regime von Saddam Hussein, dem im Vorfeld des Irakkrieges auf der Basis zweifelhafter Indizien eine direkte Verbindung zu Al-Qaida unterstellt wurde.[49] Das eigentliche Schreckensszenario besteht aber in der Möglichkeit, daß »rogue states«, die ebenfalls den USA feindlich gegenüberstehen, das entscheidende Bindeglied zwischen Terroristen und Massenvernichtungswaffen darstellen könnten. In seiner ersten Rede zur Lage der Nation (29. 1. 2002) stellte US-Präsident Bush diesen Zusammenhang her, indem er davor warnte, daß Staaten wie der Irak, Iran oder Nordkorea (»Achse des Bösen«) Komponenten für Massenvernichtungswaffen an Terroristen weitergeben könnten, um damit die USA bzw. ihre Verbündeten zu bedrohen. In der *National Strategy to Combat Weapons of Mass Destruction* (2002: 1) wird diese Sorge auf den Punkt gebracht: »We will not permit the world's most dangerous regimes and terrorists to threaten us with the world's most destructive weapons.« Dabei ist es unerheblich, ob sich faktisch eine Kooperation zwischen Terroristen und »Schurkenstaaten« nachweisen läßt, allein die potentielle Verbindung rechtfertige geeignete Gegenmaßnahmen. Beide Akteure seien gewissermaßen »Verbündete im Geiste« und müßten daher gleichermaßen bekämpft werden. Oder in Worten von Bush (26. 9. 2002): Saddams Irak und Al-Qaida seien »both equally bad, and equally as evil, and equally as destructive.« Laut NSS stellen »Schurkenstaaten« und Terroristen eine Gefährdung für den Weltfrieden dar, da sie unberechenbar seien, sich nicht zu ei-

48 Davon zeigte sich beispielsweise der stellvertretende Verteidigungsminister Paul Wolfowitz überzeugt, der vor dem 11. September von Clarke (2004: 231-232) wie folgt zitiert wird: »You give bin Laden too much credit. He could not do all these things like the 1993 attack on New York, not without a state sponsor. Just because the FBI and CIA have failed to find the linkages does not mean they don't exist.«
49 Diese These stieß auf erhebliche Zustimmung in der Öffentlichkeit: Im August 2002 waren nach einer Gallup-Umfrage 86 % der befragten US-Bürger der Ansicht, daß Saddam Hussein terroristische Gruppen unterstützt, die die USA attackieren wollen; für 53 % war er persönlich in die Anschläge des 11. September involviert, im Oktober 2002 stieg dieser Wert auf 66 % (Pew poll). Zur vermeintlichen Saddam-Al-Qaida-Verbindung siehe Schneckener (2003a).

ner Kooperation bewegen ließen und beide gleichermaßen den Besitz von Massenvernichtungswaffen anstrebten. Für sie seien diese Waffen nicht mehr – gemäß der klassischen Abschreckungsdoktrin – »weapons of last resort«, sondern »weapons of choice«: »Rogue states and terrorists do not seek to attack us using conventional means. [...] Instead, they rely on acts of terror, and, potentially, the use of weapons of mass destruction – weapons that can be easily concealed, delivered covertly, and used without warning« (NSS 2002: 15). Aus dieser Perspektive verlagert sich der Fokus von der Jagd nach Terroristen zwangsläufig auf die Bekämpfung von »rogue states«, bei denen der politische Wille und das technologische Potential zur Entwicklung von Massenvernichtungswaffen vermutet werden kann. Die Auseinandersetzung mit diesen Regimen ist insofern für die US-Regierung – im Unterschied zu den meisten europäischen Regierungen – ein integraler Bestandteil des *Global War on Terror*, wobei aus Sicht Washingtons das Problem deutlich über den Fall Irak hinausgeht. Denn: Prinzipiell läßt sich die gleiche Argumentationskette auf andere anwenden, denen ebenfalls Ambitionen bei der Entwicklung von WMD nachgesagt werden – wie etwa dem Iran, Syrien, Nordkorea oder gar Kuba.

(5) *Notwendigkeit präventiver und offensiver Gewaltanwendung*: Die potentielle Verbindung von Terrorismus, »Schurkenstaaten« und Massenvernichtungswaffen liefert die Begründung für den Paradigmenwechsel von einer primär defensiven, reaktiven zu einer offensiven, präventiv ausgerichteten Strategie bei der Anwendung militärischer Gewalt. Vor 9/11 konzentrierte sich die US-Politik in erster Linie auf der Reduzierung von Verwundbarkeit von Bürgern im Ausland, auf Abschreckung und Eindämmung sowie auf gezielte Vergeltungsschläge. Aufgrund der neuen Bedrohungslage gelten solche Ansätze nicht mehr als angemessen, wie Präsident Bush in einer Rede vor der Militärakademie in West Point (1.6.2002) erläuterte: »The war on terror will not be won on the defensive. [...] Our security will require all Americans to be forward-looking and resolute, to be ready for preemptive action when necessary to defend our liberty and defend our lives. [...] Deterrence [...] means nothing against shadowy terrorist networks with no nation or citizens to defend. Containment is not possible when unbalanced dictators with weapons of mass destruction can deliver them [...] to terrorist allies. [...] We

must take the battle to the enemy, disrupt his plans, and confront the worst threats before they emerge.« Um den Ernstfall zu verhindern, müsse man möglichst frühzeitig militärisch eingreifen. Angesichts der katastrophalen Auswirkungen könne man nicht das Risiko eingehen, abzuwarten, bis sich tatsächlich jene verbündeten, die den USA feindlich gesinnt seien. Auch solche Maßnahmen sehen die USA vom in der UN-Charta verbrieften Recht auf Selbstverteidigung gedeckt.[50] Folgerichtig heißt es in der NSS (2002: 15): »The greater the threat, the greater the risk of inaction – and the more compelling the case for taking *anticipatory action to defend ourselves* [Hervorheb. U.S.], even if uncertainty remains as to the time and place of the enemy's attack.« Sowohl Bush als auch die NSS stellen das traditionelle, völkerrechtliche Verständnis von Präemption in Frage und weiten das Konzept im Sinne einer Präventivstrategie erheblich aus.[51] Unter Präemption wird jedoch gemeinhin die Abwehr einer unmittelbar drohenden Gefahr verstanden, etwa der bevorstehende Angriff eines Aggressors. Es handelt sich insofern um eine Variante des Selbstverteidigungsrechts, da niemand ernsthaft verpflichtet ist, einen Angriff erst abzuwarten, ehe er sich dagegen zur Wehr setzen darf. Die Logik der Präventivstrategie zielt hingegen auf eine eher abstrakte Gefahrenlage, sie bezieht sich auf potentielle, künftige Bedrohungen, denen es – antizipierend – vorzubeugen gelte, bevor sie zu einem realen Problem werden. Um den Unterschied an einem häufig zitierten Beispiel zu verdeutlichen: Während der israelische Angriff auf die ägyptische Luftwaffe im Juni 1967 (Sechs-Tage-Krieg) als präemptiver Militärschlag und damit als legitime Form der Selbstverteidigung gilt, wurde der israelische Angriff auf den irakischen Forschungsreaktor Osirak (1981) vom UN-Sicherheitsrat als illegitime Maßnahme verurteilt (Res. 487

---

50 In den Worten von US-Verteidigungsminister Donald H. Rumsfeld (ABC-Interview, 28. 10 2001): »Therefore, the only way to deal with the terrorist network is to take the battle to them. That is in fact what we're doing. That is in effect self-defense of a preemptive nature« (zitiert nach Crawford 2003: 30).

51 In der NSS heißt es wörtlich: »For centuries, international law recognized that nations need not suffer an attack before they can lawfully take action to defend themselves against forces that present an imminent danger of attack. [...] We must adapt the concept of imminent threat to the capabilities and objectives of today's adversaries« (2002: 15).

vom 19. 6. 1981).[52] Aus militärstrategischer Sicht bietet das präventive Vorgehen durchaus Vorteile: Der Gegner wird zu einem Zeitpunkt attackiert, an dem er noch klar unterlegen ist, er wird »ausgeschaltet«, ehe er wirklich gefährlich wird. Präventivkriege versprechen aus dieser Sicht relativ rasche Siege mit vergleichsweise geringen Opferzahlen für die eigene Seite. Im klassischen Fall von Präemption verfügt der Gegner hingegen bereits über ein erhebliches Militärpotential, was die Gefahr eines dauerhaften Krieges mit hohen Opferzahlen für beide Seiten erhöht (vgl. Freedman 2003: 106-108).

(6) *Notwendigkeit unilateraler Maßnahmen*: Die skizzierte Bedrohungsanalyse und die daraus abgeleitete Präventivstrategie bedingen, daß die Regierung bereit ist, im Zweifelsfall auch unilateral zu handeln, wenn sich kein internationaler Konsens finden läßt. Die Argumentation lautet: Wenn eine Bedrohung so gravierend ist, daß man präventive Maßnahmen nicht ausschließen kann, dann kann man, will man handlungsfähig bleiben, weder darauf vertrauen noch darauf warten, daß andere diese Aktionen mittragen. In der NSS heißt es dazu: »[W]e will not hesitate to act alone, if necessary, to exercise our right of self-defense by acting preemptively against such terrorists, to prevent them from doing harm against our people and our country« (2002: 6). Bush machte die Alternative unmißverständlich deutlich: »You are either with us or you are against us in the fight against terror.«[53] Anders formuliert: Internationale Unterstützung ist zwar willkommen, aber nicht notwendig, um Maßnahmen gegen Terroristen oder »Schurkenstaaten« zu ergreifen. Verteidigungsminister Donald H. Rumsfeld plädierte für »flexible Koalitionen« je nach Aufgabe und verpackte diese Botschaft in das Bonmot: »[T]he mission determines the coalition, the coalition must not determine the mission«.[54] Soll heißen: Es gibt keine Allianz, in der gemeinsam entschieden wird, welche Schritte einzuleiten sind, sondern je nach

52 Zur Unterscheidung von *Präemption* und *Prävention* siehe Brown (2003), Betts (2003), Freedman (2003).
53 Pressekonferenz mit dem französischen Präsidenten Chirac, White House, Washington, D. C., 6. 11. 2001 (www.whitehouse.gov/news/releases/2001/11/20011106-4.html).
54 Siehe Rede von US-Verteidigungsminister Rumsfeld, Center for Security Policy, Washington, D. C., 6. 11. 2001 (www.defenselink.mil/speeches/2001/s20011106-secdef.html).

Aufgabe suchen sich die USA eine »Koalition der Willigen« oder handeln auf eigene Rechnung.[55] Dieser »selektive Multilateralismus« (auch »Multilateralismus à la carte« genannt) wird auch mit Blick auf internationale Organisationen, Regime und Normen praktiziert: Erweisen sie sich als nützlich, um der Bedrohung entgegenzutreten, werden sie unterstützt, gelten sie als hinderlich, werden sie ignoriert. Die Regierung reklamiert damit einen »Sonderstatus«, der anderen nicht zustehe, da die USA als globale Führungsmacht einer besonderen Bedrohung ausgesetzt seien, die besondere Maßnahmen erfordere.

(7) *Verbreitung von Demokratie und Freiheit*: Als strategische Antwort auf den islamistischen Terrorismus setzt die amerikanische Außenpolitik, anknüpfend an die Tradition Woodrow Wilsons, auf die Förderung von Demokratie und Freiheit – vor allem in der arabischen Welt.[56] Der »global campaign of fear« der Terroristen gelte es, so Präsident Bush, eine »global campaign of freedom« entgegenzuhalten.[57] Die Prämisse lautet: Wenn sich demokratische Prinzipien und freiheitliche Werte mehr und mehr durchsetzen, wird auf mittlere Sicht den Terroristen (und den mit ihnen verbündeten Tyrannen) der Nährboden entzogen. In seiner *State of the Union Address* für das Jahr 2005 erklärte er: »If whole regions of the world remain in despair and grow in hatred, they will be the recruiting grounds for terror [...] The only force powerful enough to stop the rise of tyranny and terror, and replace hatred with hope, is the force of human freedom. (...) And we've declared our own intention: America will stand with the allies of freedom to support democratic movements in the Middle East and beyond, with the ultimate goal of ending tyranny in our world.«[58] Diese Argumentation untermauerte nicht zuletzt auch die öffentliche Rechtfertigung für den Irakkrieg: Ein vom Diktator befreiter, demokratisierter Irak sollte als Beispiel für die arabische Welt dienen, damit den Druck auf andere autoritäre Regime

---

55 In ihrer Streitschrift bringen Frum/Perle die Sache auf den Punkt: »We cannot permit the weakness of others to govern us« (2004: 234).
56 Zur amerikanischen Politik der Demokratieförderung vgl. Carothers (2003), Ottaway (2003), Rudolf (2005: 26-31), Dalacoura (2005), Gause (2005).
57 Rede von Präsident George W. Bush, National Endowment for Democracy, Washington, D. C., 6. 10. 2005.
58 State of the Union Address von Präsident George W. Bush, The United States Capitol, Washington D. C., 2. 2. 2005.

erhöhen und nach der in neokonservativen Kreisen verbreiteten »Dominotheorie« Nachahmer motivieren. Aus dieser Perspektive gelten die Wahlen im Libanon nach Abzug der syrischen Truppen (2005) sowie Reformschritte in einzelnen Golfstaaten als Belege für die Stichhaltigkeit dieser »Theorie«. Die amerikanische Demokratieförderung schlägt sich zudem in der seit Dezember 2002 vom Außenministerium entwickelten *Middle East Partnership Intiative* (MEPI),[59] in Plänen für eine Freihandelszone bis zum Jahr 2013 (*Middle East Free Trade Area*) sowie in der auf dem G8-Gipfel im Juni 2004 beschlossenen *Broader Middle East and North Africa Initiative* nieder.

(8) *Terrorverdächtige als »unlawful enemy combatants«*: Ein wesentliches Element des *Global War on Terror* ist auch der besondere Status und die Behandlung von Terrorverdächtigen, die außerhalb des Staatsgebietes gefangengehalten und verhört werden – wie etwa auf dem US-Stützpunkt *Guantánamo Bay* (Kuba), auf den US-Basen in *Bagram* und *Kandahar* (Afghanistan), auf der britischen Militärbasis *Diego Garcia* oder im *Camp Bucca* in Umm Qasr (Irak).[60] Laut Amnesty International (2005: 4-5) sollen weltweit, inklusive der Gefangenenlager im Irak, bis zu 70 000 Personen von dieser Politik betroffen sein. Diesem Personenkreis werden sowohl rechtsstaatliche Prinzipien (wie etwa Anklageerhebung, ordentliches Gerichtsverfahren, Zugang zu Verteidigern, Akteneinsicht) als auch internationale Standards verweigert. Sie gelten nach einer Anordnung des Präsidenten (7. 2. 2002) nicht als »Kriegsgefangene« gemäß den Genfer Konventionen, sondern als »ungesetzliche feindliche Kämpfer«.[61] Damit könnten sie auch

---

59 Im Rahmen von MEPI werden Projekte in vier Bereichen (wirtschaftliche, politische, bildungs- und frauenpolitische Aspekte) gefördert. Für diese Initiative standen von 2002 bis 2005 rund 293 Millionen USD zur Verfügung; vgl. Dalacoura (2005: 966).

60 In Guantánamo sollen sich rund 550 Inhaftierte befinden (Stand: 2005), die Zahl der Gefangenen in Bagram wird auf 300 bis 400, in Kandahar auf 250 geschätzt. Darüber hinaus steht eine Reihe von afghanischen Gefängnissen unter US-Kontrolle, die Menschenrechtsorganisation *Human Rights First* (2004) geht von mindestens 23 Haftorten aus, darunter auch Verhörzentren der U. S. Special Forces in Khost und Gardez sowie ein eigenes Verhörzentrum der CIA in Bagram; vgl. Heinz/Arend (2004: 55), Amnesty International (2005: 4-5).

61 Für sie wurden im Juli 2004 sogenannte *Combatant Status Review Tribunals*, bestehend aus drei US-Offizieren, eingerichtet, die den Status einzel-

anders behandelt werden, beispielsweise gelte für sie nicht der Schutz vor »Zwangsverhören« oder vor bestimmten Verhörmethoden.[62] Auch diese Maßnahme ist aus Sicht der Regierung angesichts der neuartigen Bedrohung gerechtfertigt: Zum ersten müsse man, um weitere Anschläge zu verhindern, diese Personen auf unbestimmte Zeit in Haft behalten. Dies gelte auch dann, wenn belastbare Beweise für ihre Zugehörigkeit zum Al-Qaida-Netzwerk nur schwer zu erbringen seien, da dennoch eine Gefährdung nicht ausgeschlossen werden könne. Zum zweiten benötigten Geheimdienste und Verhörspezialisten direkten und ungehinderten Zugang zu den Gefangenen, um Informationen zu erhalten, die über die Arbeitsweise der Netzwerke Auskunft geben bzw. gegebenenfalls dazu beitragen, geplante Attentate zu vereiteln oder weitere Personen festzunehmen. Um jedoch solche Informationen möglichst rasch zu beschaffen, die im Zweifelsfall Menschenleben retten können, hält die Regierung Bush auch Verhörmethoden für angemessen und erforderlich, die für Menschenrechtsexperten unter den Begriff der Folter gemäß UN-Antifolterkonvention fallen. Bereits 2002 wurden regierungsintern diverse Rechtsgutachten erstellt, in denen konstruiert wurde, daß der US-Präsident in seiner Eigenschaft als Oberkommandierender der Streitkräfte nicht durch internationale Regelungen gebunden sei, wenn sie seine Handlungsfähigkeit einschränkten. Zudem wurde der Folterbegriff extrem eng ausgelegt. Bestimmte Formen »grausamer, unmenschlicher oder erniedrigender Behandlung« lägen daher unterhalb der Schwelle der Folter. Sie könnten gegenüber Ausländern praktiziert werden, die nicht in den USA leben und damit nicht unter den Schutz der Verfassung stehen, die in ihrem 8. Zusatz »grausame und ungewöhnliche Strafen« verbietet.[63] Auf dieser Basis genehmigte Verteidigungs-

---

ner Gefangener überprüfen sollen, ohne daß sich diese allerdings auf einen Rechtsbeistand stützen können; vgl. Amnesty International (2005: 2).

62 Laut Art. 17 des Genfer Abkommen über die Behandlung von Kriegsgefangenen (1949) ist es untersagt, Kriegsgefangene durch Folter oder andere Zwangsmaßnahmen zu Auskünften zu zwingen.

63 Wesentlich für diese Argumentationslinie waren das *Gonzalez-Memorandum* (Januar 2002), verfaßt vom damaligen Rechtsberater des Präsidenten und späteren Justizminister, Alberto Gonzalez, sowie das *Bybee-Memorandum* (August 2002), benannt nach einem Rechtsberater im Justizministerium. Danach gelten als Folter nur Methoden, bei denen beabsichtigt wird, dem Betroffenen sehr starke physische Schmerzen (vergleichbar z. B.

minister Rumsfeld ab Dezember 2002 verschiedene Praktiken (*counter-resistance techniques*), die Inhaftierte in Guantánamo, in Afghanistan oder andernorts dazu bringen sollten, wahrheitsgemäße Aussagen zu machen, nachdem die bis dato geltenden Spielregeln, basierend auf dem *Army Field Manual 34-52* (*Intelligence Interrogation*) von 1992, nicht die gewünschten Resultate erbracht hatten und daher als nicht adäquat für den *Global War on Terror* erachtet wurden. Zu den neuen Techniken gehörten u. a.: Isolationshaft (bis zu 30 Tage); Entzug von Licht; rascher Temperaturwechsel; Wegnahme von Kleidung; Schlaf- und Nahrungsentzug; Versuche der Demütigung, um den Stolz des Häftlings zu brechen; Erzeugung von Angst (z. B. Einsatz von Hunden); Langzeitverhöre (bis zu 20 Stunden); erzwungenes Verharren in unbequemer Körperhaltung (Knien, Stehen).[64] Diese Methoden wurden, zum Teil importiert von den gleichen Befehlshabern und Verhörexperten, die sie bereits in Guantánamo bzw. Afghanistan angewandt hatten, auch in den im Irak unter US-Kontrolle stehenden Gefängnissen, darunter *Abu Ghraib* in Bagdad mit über 3000 Häftlingen, erlaubt, um Informationen über die lokalen Terror- und Guerillaorganisationen zu erhalten.[65] Darüber hinaus griff die CIA, die ein geheimes Netz von Haftorten unterhält, zu einer anderen Maßnahme, genannt *extraordinary rendition* (»außerordentliche Übergabe«), um Informationen aus Gefangenen

mit Organversagen) oder aber langfristige psychische Schäden zuzufügen; vgl. Heinz/Arend (2004: 58-59), Thimm (2005).

64 Bei einigen Methoden – wie etwa Isolationshaft – bedarf es einer Genehmigung von Fall zu Fall durch das Verteidigungsministerium, andere Methoden sollen auf besonders hochrangige Terroristen beschränkt werden. Im April 2003 wurde die Liste vom US-Verteidigungsministerium überarbeitet und auf 24 Techniken beschränkt. Die CIA verwendet bei ihren geheimen Haftorten ähnliche Methoden (u. a. auch simuliertes Ertränken), wie sie im Juni 2004 bestätigte. Siehe dazu: Heinz/Arend (2004: 53-66), Amnesty International (2005: 23-25) sowie »CIA interrogation tactics draw fire«, *International Herald Tribune*, 14. 5. 2004, 2. »Die stille, dunkle Karriere der Folterknechte«, *Die Zeit*, 27. 5. 2004, 8. »Täuschen, strafen, demütigen«, *Süddeutsche Zeitung*, 24. 6. 2004, 8. »Die Vereinigten Staaten und ihre Verhörmethoden«, *Neue Zürcher Zeitung*, 24. 6. 2004, 1-2.

65 Laut *Human Rights Watch* (2004) kontrollieren die US-Militärs im Irak mindestens zehn größere Gefangenenlager mit insgesamt fast 9000 Häftlingen (Stand: Januar 2004) sowie einige kleinere Anlagen auf den Militärstützpunkten; vgl. Heinz/Arend (2004: 58).

herauszubekommen:[66] Von der CIA aufgespürte Terrorverdächtige werden in Länder wie Ägypten, Jordanien oder Syrien gebracht, die für ihre Menschenrechtsverletzungen und für die Anwendung von Folter bekannt sind; sie werden dort interniert und von CIA-Spezialisten befragt – von Kritikern wird diese Methode schlicht *outsourcing torture* genannt. In der Praxis führte diese wiederholt zu regelrechten Entführungsfällen, wonach – auch in Europa – Verdächtige von CIA-Agenten festgesetzt und an unbekannte Orte zu Verhörzwecken verschleppt wurden.[67] Auch das Verteidigungsministerium bediente sich offenbar dieser Methode, in dem es insgesamt über 60 Gefangene aus Guantánamo zur weiteren Inhaftierung und Befragung an Pakistan, Marokko, Saudi-Arabien und Kuwait auslieferte.

Im Ergebnis verfolgt die US-Regierung – zumindest auf dem Papier – eine in sich konsistente Doktrin, die vor allem darauf setzt, die Gefahr weiterer Anschläge zu reduzieren, indem man die Terroristen und ihre Unterstützer unter starken, nicht zuletzt militärischen Druck setzt. Oder wie es Präsident Bush formulierte: »When terrorists spend their days struggling to avoid death or capture, they are less capable of arming and training to commit new attacks. We will keep the terrorists on the run, until they have nowhere left to hide«.[68] Jeder einzelne Aspekt der US-Strategie ist jedoch aus Sicht der Terrorismusbekämpfung überaus problematisch und vielfach kontraproduktiv.

66 Bereits in den neunziger Jahren nutzte die CIA vereinzelt diese Möglichkeit, seit dem 11. September wurde die Methode jedoch erheblich ausgeweitet. Siehe dazu: »Outsourcing Torture«, *The New Yorker*, 14. 2. 2005. »Imperiale Anmaßung«, *Süddeutsche Zeitung*, 16. 2. 2005, 13. »Rule Change Lets C. I. A. Freely Send Suspects Abroad to Jails«, *The New York Times*, 6. 3. 2005.

67 Im Juni 2005 stellte beispielsweise die italienische Justiz Haftbefehle gegen 13 CIA-Agenten aus, die im Februar 2005 einen islamistischen Prediger in Mailand nach Ägypten entführt haben sollen. Bei anderen Fällen, die in den westlichen Medien Aufsehen erregten, handelte es sich um einen Deutschen libanesischer Herkunft, der im Dezember 2003 nach Afghanistan verschleppt wurde, sowie um einen Kanadier syrischer Herkunft, der im September 2002 nach Syrien gebracht wurde. In beiden Fällen wurden die Betroffenen nach mehrmonatiger Haft ohne jede Beschuldigung entlassen.

68 Rede von US-Präsident Bush, National Defense University, 8. 3. 2005 (www.whitehouse.gov/news/releases/2005/03/print/20050308-3.html).

Dies beginnt bei der Bedrohungsperzeption: Die dichotomische Interpretation der ideologischen und realen Auseinandersetzung (»Gut« versus »Böse«) läßt wenig Raum für differenzierte Analysen. Zwar handelt es sich bei der von Al-Qaida geprägten Dschihad-Ideologie in der Tat um eine globale Herausforderung, die in ihrem Kern totalitäre Züge trägt, dennoch läßt sich die Auseinandersetzung sowohl mit Blick auf das Bedrohungspotential als auch auf die Realgeschichte weder mit dem Krieg gegen das nationalsozialistische Deutschland noch mit dem »Kalten Krieg« sinnvoll vergleichen. Noch gravierender als falsche Analogien ist allerdings die spiegelbildliche Übernahme der Feindbildkonstruktion, der Kriegs- und Kulturkampfrhetorik, die die Al-Qaida-Terroristen dem Westen aufzwingen wollen. Die Schablone des »Totalitarismus« blendet zudem Differenzen innerhalb des militanten Islams aus, an denen auch Bin Laden und Al-Qaida kein Interesse haben. Die Heterogenität der Netzwerke, Gruppierungen und diversen Milieus wird ebensowenig wahrgenommen wie ideologische Inkonsistenzen innerhalb des islamistischen Lagers. Zwar dürfte der dort verbreitete »Haß gegen den Westen« für diese Kräfte ein Bindeglied sein, doch schon bei der Frage nach der konkreten Ausgestaltung einer islamischen Gesellschaft oder des ersehnten Kalifats finden sich nur vage Andeutungen bzw. durchaus kontroverse Vorstellungen. Will man die Netzwerke spalten bzw. die Vernetzung von transnationalen und lokalen Akteuren stoppen, muß man diese latenten Spannungen und Interessenkonflikte verstärken und nicht dazu beitragen, daß die Ambitionen von Bin Laden und anderen, die radikal-islamistischen Bewegungen unter einem Dach zu vereinen, an Potential gewinnen.

Diese Bedrohungsperzeption ist verbunden mit der Konzentration auf *worst case*-Szenarien in Form eines staatlich geförderten WMD-Terrorismus, deren Eintrittswahrscheinlichkeit zwar vergleichsweise gering ist, deren Folgen aber so verheerend wären, daß der Risikofaktor hoch bleibt und nahezu alle Gegenmaßnahmen gerechtfertigt scheinen. Dabei wird jedoch übersehen, daß der transnationale Terrorismus – wie gezeigt – primär auf nichtstaatlichen Sponsoren basiert. Darüber hinaus muß man kritisch fragen, ob und unter welchen Bedingungen »Schurkenstaaten« bereit sind, transnationale Dschihad-Terroristen zu unterstützen, geschweige denn mit WMD-fähigem Material auszustatten. Eine solche Verbindung kann zwar nicht gänzlich ausgeschlossen werden. Allerdings dürfte es für autoritäre Regime, die primär am Machterhalt interessiert sind, wenig attraktiv sein, eine amorphe Gruppierung, deren Aktivitäten sie nicht kontrollieren können, mit derartigen Waffen oder sensiblen Stoffen zu versorgen und damit – sollte dies bekannt werden – ihre Existenz aufs Spiel zu setzen.

Aus diesem Szenario folgt die vorrangige Betonung militärischer Stärke, die im Widerspruch zu allen Erfahrungen im Kampf gegen Terroristen steht, gekoppelt an eine Auslegung des Rechts auf Selbstverteidigung, inklusive präventiver und, falls notwendig, unilateraler Militärschläge, die weit über die völkerrechtliche Praxis hinausgeht. Die Regierung Bush nimmt mit dieser Präventivstrategie nicht unerhebliche Risiken für die internationale Sicherheit in Kauf: Erstens kann diese Strategie das zwischenstaatliche Sicherheitsdilemma verstärken und entsprechende Rüstungsdynamiken provozieren, wenn diejenigen, die sich davon bedroht sehen, ihre Verteidigungsbemühungen im konventionellen, aber auch im nichtkonventionellen Bereich verstärken, um für die Gegenseite die Kosten für einen Präventivschlag in die Höhe zu treiben. Zweitens besteht die Gefahr einer sich selbst erfüllenden Prophezeiung: In dem Maße, wie sich bestimmte »Schurkenstaaten« von einem Angriff bedroht sehen, mag den Regimen, die nichts mehr zu verlieren haben, die Zusammenarbeit mit Terror- und Guerillagruppen erst attraktiv erscheinen. Drittens verschafft der Verweis auf die US-Strategie anderen Staaten in Regionalkonflikten eine Legitimation, ihrem Gegner mit »präventiven Schritten« zu drohen. Beispielhaft sind hier die indisch-pakistanischen bzw. chinesisch-taiwanesischen Spannungen sowie entsprechende Drohungen von russischer Seite gegenüber Georgien wegen der angeblichen Unterstützung tschetschenischer Terroristen. Und viertens untergraben unilaterale Präventivschläge die Autorität des UN-Sicherheitsrates und dessen – in der UN-Charta verankertes – Monopol zur Legitimierung von Gewalt.[69]

---

69 Diese Befürchtung äußerte UN-Generalsekretär Kofi Annan bei seiner Rede vor der Generalversammlung (September 2003): »This logic represents a fundamental challenge to the principles on which, however imperfectly, world peace and stability have rested for the last fifty-eight years.[I]t could set precedents that resulted in a proliferation of the unilateral and lawless use of force, with or without justification« (zitiert nach Crawford 2004: 696).

Darüber hinaus fördert der *Global War on Terror* die Erosion weiterer internationaler Normen und Regimes, wie sich insbesondere an den verdeckten CIA-Operationen sowie an der umstrittenen Haft- und Verhörpraxis gegenüber Terrorverdächtigen rund um den Globus zeigt. Ein solches Vorgehen dürfte kaum hilfreich sein, wenn man bei anderen die Einhaltung von Menschenrechts- und Anti-Folter-Normen anmahnen oder gar Demokratie und Freiheit fördern will. Anspruch und Wirklichkeit klaffen hier erheblich auseinander. Der *Global War on Terror* wird vielmehr auf regionaler Ebene von zahlreichen, zumeist autoritären Regierungen für eigene Zwecke instrumentalisiert, um Gegner als »Terroristen« zu diffamieren, um unter Verweis auf die Terrorismusbekämpfung Reformen (z.B. Presse- und Meinungsfreiheit) zu unterlassen oder zurückzunehmen oder um vom Westen regelrechte »Terrorrenten« einzufordern, um Militär, Polizei oder Geheimdienste aufrüsten zu können – nach dem Motto: »The new game in town is to call your enemy a terrorist and hope that America will destroy him for you« (Dempsey 2002: 13). In diesem Kontext erwies sich die von den USA bereitgestellte militärische Unterstützung für bestimmte Staaten als zumindest ambivalent: Es wurden damit primär aus sicherheitspolitischen Erwägungen nicht nur autoritäre Regime unterstützt (z.B. Ägypten, Tunesien, Usbekistan), sondern auch lokale Konflikte – zumindest kurzzeitig – verschärft, da einzelne Regierungen glaubten, nicht mehr auf Verhandlungslösungen, sondern auf militärischen Sieg setzen zu können (siehe z.B. Jemen, Philippinen). Gleichzeitig konterkarieren solche Maßnahmen das deklaratorische Ziel zur Förderung der Demokratie, die Folge sind doppelte Standards, enttäuschte Erwartungen und ein erheblicher Verlust an Glaubwürdigkeit (vgl. Ottaway 2003).

Das eigentliche Desaster des *Global War on Terror* manifestiert sich jedoch in der Intervention im Irak und den Bildern von Mißhandlungen aus *Abu Ghraib*, die wie Konjunkturprogramme für die islamistischen Dschihad-Netzwerke gewirkt haben. Die Konsequenzen sind verheerend: Erstens wurde die weitverbreitete Wahrnehmung in der arabischen Welt befördert, beim *Global War on Terror*, inklusive der Verbreitung von Demokratie und Freiheit, handele es sich letztlich um ein Instrument amerikanischer Hegemonialpolitik, was weder die Kooperationsbereitschaft vor Ort im Kampf gegen den transnationalen Terrorismus verbessern noch die Popularität vermeintlich »westlicher« Werte erhöhen dürfte. Zweitens nutzten Al-Qaida und nahestehende Gruppierungen die Ereignisse in ihrer Propaganda, um Sympathisanten und Gelder zu mobilisieren, um Rekruten zu gewinnen und um neue Netzwerke zu knüpfen. Drittens wirkt der Irak wie ein »zweites Afghanistan« als Anziehungspunkt für Dschihad-Kämpfer aus anderen Teilen der Welt, auch aus Europa. Diese dürften mittelfristig ein erhebliches Problem darstellen, wenn sie mit dem erworbenen Know-how in ihre Herkunftsländer (primär Saudi-Arabien, Syrien und Kuwait) zurückkehren. Viertens setzte der Irakkrieg die von den Terroristen gewünschte Aktion-Reaktions-Spirale in Gang, die es ihnen erlaubt, sich selbst als »Opfer« zu stilisieren und gegenüber dem Publikum ihre Anschläge – etwa in Madrid oder London – als »Vergeltungsaktionen« zu legitimieren.

Nach vier Jahren *Global War on Terror* lautet die ernüchternde Bilanz: Die Strategie der Regierung Bush bietet keine angemessene Reaktion auf die Herausforderungen durch den transnationalen Terrorismus. Doktrin und Praxis des *Global War on Terror* haben sich im Gegenteil in mehrfacher Hinsicht als kostspieliger Irrweg erwiesen, der nicht nur globale und regionale »Kollateralschäden« zur Folge hatte, sondern von Al-Qaida und Bin Laden als Bestätigung ihrer Eskalationsstrategie verstanden und entsprechend gepriesen wird.[70]

---

70 Belege dafür sind diverse Ton- und Videobotschaften der Al-Qaida-Führer seit 9/11. Al-Zawahiri kommentierte beispielsweise im September 2003 die Lage wie folgt: »We thank God for appeasing us with the dilemmas in Iraq and Afghanistan. The americans are facing a delicate situation in both countries. If they withdraw they will lose everything and if they stay, they will continue to bleed to death« (zitiert nach Scheuer 2004: xxi).

Ausblick: Wie weiter?

»Gewinnen oder verlieren wir den globalen Krieg gegen den Terror?« Die Frage, die sich US-Verteidigungsminister Rumsfeld in einem Memo (Oktober 2003) stellte, ist symptomatisch für die Philosophie des *Global War on Terror*. Die Kategorien von »Sieg« und »Niederlage« sind jedoch als Erfolgskriterien bei der Bekämpfung des Terrorismus wenig hilfreich und verkennen die spezifischen Charakteristika der terroristischen Strategie, die von Akteuren nicht zuletzt deshalb genutzt wird, um sich – anders als bei einer konventionellen militärischen Konfrontation – einer klaren Entscheidung über »Sieger« und »Besiegte« zu entziehen. Statt dessen suchen Terroristen die Zuflucht in einem jahrelangen, zermürbenden »Kleinkrieg«, der allein mit militärischen Mitteln nicht zu gewinnen ist.

Im engeren Sinne des Wortes läßt sich Terrorismus nicht »besiegen«. Man kann ihn bekämpfen und seinen Aktionsradius einschränken, man kann sein Gefährdungspotential reduzieren, seine Infrastruktur zerstören, den Zufluß von Ressourcen und den Zulauf von Sympathisanten bzw. Rekruten stoppen etc. Dennoch wird sich diese Form der Gewaltanwendung nicht aus der Welt schaffen lassen, es wird immer wieder Gruppen und Personen geben, die glauben, nur auf diese Weise ihre Ziele verfolgen zu können. Es kommt daher darauf an, das Risiko mit polizeilichen, geheimdienstlichen, strafrechtlichen und, im Einzelfall, auch militärischen Mitteln zu minimieren und gleichzeitig mit Hilfe politischer Maßnahmen zu managen. Statt »Sieg« und »Niederlage« muß man daher vorsichtiger von »Erfolgen« und »Mißerfolgen« sprechen, wobei jeder »Mißerfolg«, also jeder gelungene Anschlag, aufgrund der hinterlassenen Spuren in der Regel wiederum zu »Erfolgen« für die Ermittlungsbehörden führt, d. h. zur Festnahme von Tätern und Hintermännern, zu neuen Informationen über die Vorgehensweise der Terroristen und über die Struktur der Netzwerke.

Für den nachhaltigen Erfolg solcher operativer Maßnahmen ist es allerdings von zentraler Bedeutung, daß sie möglichst zielgenau, gebunden an rechtsstaatliche und völkerrechtliche Normen, durchgeführt werden, um der Gefahr einer politischen Instrumentalisierung vorzubeugen. Dazu gilt es, zwischen Terrorgruppen und anderen nichtstaatlichen Gewaltakteuren einerseits sowie zwischen Terroristen und Sympathisanten- bzw. Unterstützerkreisen andererseits zu unterscheiden, da – wie alle Erfahrungen belegen – jedes unverhältnismäßige und undifferenzierte Vorgehen auf mittlere Sicht kontraproduktiv wirkt, im Extremfall Eskalationen fördert und letztlich den Terroristen in die Hände spielt. Gefragt ist statt dessen eine ausgewogene Strategie, bei der operative und strukturelle Aspekte der Terrorismusbekämpfung einigermaßen im Einklang miteinander stehen und die sich bewußt unterschiedlicher Strategien im Umgang mit Terroristen und ihrem Umfeld bedient. Grundlage dafür ist die kontinuierliche Beobachtung und Analyse der Netzwerkstrukturen und ihrer inhärenten Schwachstellen, die durchaus Ansatzpunkte für Gegenmaßnahmen eröffnen. Denn wie gezeigt, bieten die teilweise heterogenen Netzwerke den transnational operierenden Terroristen nicht nur operative Vorteile, sondern stellen sie auch vor erhebliche Schwierigkeiten: Ungeachtet der autonomen, flexiblen und amorphen Strukturen gilt es, den notwendigen Erwerb und Transfer von Know-how, die Lern- und Innovationsfähigkeit, den Zugang zu lokalen Milieus, die Kommunikation über Staaten und Regionen hinweg, den infrastrukturellen Unterbau, die Kontrolle über und Steuerung von wesentlichen Operationen sowie die ideologische Kohärenz zu gewährleisten. Das sind keine geringen Aufgaben und Anforderungen – zumal angesichts latenter Interessenkonflikte zwischen transnationalen und lokalen Akteuren sowie zwischen Terroristen und Sponsoren. Genau an diesen Punkten muß die Terrorismusbekämpfung ansetzen, indem die Verbindungen zwischen »Nervenzentren«, Knotenpunkten und Terrorzellen in den Netzwerken gestört, politische Friktionen und Spaltungen gefördert, »Aktivisten« von ihrem Umfeld isoliert sowie lokale Gruppierungen und Milieus gegen Infiltration von außen immunisiert werden.

Um diesen Zielen näher zu kommen, bedarf es eines breiten Ansatzes, der die unterschiedlichen Fähigkeiten und Interessenlagen von Terroristen sowie ihrer Sponsoren reflektiert und sich nicht auf bestimmte Optionen verengt. Analog zur Auseinandersetzung mit anderen Gewaltakteuren bieten sich unterschiedliche Strategien an, die in der Realität miteinander kombiniert und jeweils daraufhin überprüft werden müssen, ob man es mit den

Führungskadern des Netzwerkes, mit bestimmten Operateuren, mit einzelnen Zellen oder Kommandos, mit lokalen Ablegern, mit nahestehenden oder unterwanderten Terror- und Guerillagruppen, mit sympathisierenden Milieus, mit profitorientierten oder ideologisch überzeugten Unterstützern zu tun hat. Dazu zählen neben dem notwendigen Verfolgungsdruck durch den Einsatz von *polizeilichen, strafrechtlichen und militärischen Zwangsmaßnahmen*:

– *materielle und immaterielle Anreize* (»Bestechung«, »Belohnung«), um einzelne Personen oder lokale Gruppierungen aus dem Netzwerk herauszulösen bzw. von einer Unterstützung desselben abzuhalten. Dabei kann es sich sowohl um politische als auch um ökonomische Anreize (z. B. Zugang zu Ämtern und Ressourcen, direkte Finanztransfers), aber auch um formale oder informelle Formen von Anerkennung (z. B. Zulassung als politischer Akteur) handeln. Eine weitere Variante ist das Angebot von Amnestielösungen für ehemalige Dschihad-Kämpfer, um diese in ihre Herkunftsgesellschaft zu integrieren.

– *Überzeugungsarbeit*, die mit inhaltlichen Gegenargumenten darauf abzielt, potentiell anfällige Personen, Gruppierungen oder Milieus davon abzuhalten, extremistischen Ideologien zu folgen, indem etwa auf religiöse Tabus, auf Inkonsistenzen der Ideologie oder auf die in vielen Bereichen des öffentlichen Lebens fehlende Programmatik der Dschihad-Netzwerke hingewiesen wird.

– *Prozesse der Sozialisierung*, die dazu führen, das Verhalten, die politischen Ziele und, gegebenenfalls, die Identität von Akteuren über Zeit zu verändern, um auf diese Weise ihre Resistenz gegen extremistische Ideologien zu verstärken. Eine solche Strategie wendet sich wiederum in erster Linie an lokale, bis dato ausgegrenzte Milieus und Gruppierungen, die institutionell in das politische System eingebunden werden müssen, um sukzessive die gewünschte Moderierung zu erreichen.

– *Maßnahmen zur Eindämmung und Marginalisierung* mit dem Ziel, gewaltbereite Extremisten in Gesellschaften bzw. Subkulturen zu isolieren und mittelfristig unschädlich zu machen. Dazu gehört die öffentliche und unmißverständliche Ächtung von terroristischen Gewalttaten durch politische und religiöse Autoritäten sowie von anderen einflußreichen, gesellschaftlichen Gruppen. Gleichzeitig bedarf es einer breiten Solidarisierung mit den Opfern und eines Konsenses innerhalb der politischen Eliten, die Aktivitäten der Terroristen nicht für eigene Zwecke zu instrumentalisieren.

– *Verhandlungen* mit militanten Gruppierungen, um eine politische Lösung für lokale und regionale Konflikte zu finden, die eine Grundlage für den Verzicht auf Gewalt und, zumeist schrittweise, für die Entwaffnung der Gewaltakteure bieten können. Solche Verhandlungen können in Form offizieller Gespräche oder informeller, von beiden Seiten geheimgehaltener Kontakte stattfinden. Dieser Ansatz gilt ebenfalls in erster Linie für lokale Terror- und Guerillagruppen, für lokale Ableger transnationaler Netzwerke bzw. für Unterstützerkreise. Dagegen dürften Gespräche oder gar Verhandlungen mit führenden Al-Qaida-Kadern angesichts ihrer hochgradigen Ideologisierung, der fortschreitenden Radikalisierung ihrer Forderungen und des weitgehend enthemmten Gewalteinsatzes kaum erfolgversprechend sein, zumal nicht erkennbar ist, wo hier Raum für Kompromisse oder Zugeständnisse existieren könnte.

Die meisten dieser Ansätze werden von seiten der Regierung bzw. der internationalen Gemeinschaft häufig kategorisch abgelehnt, da man die entsprechenden Gruppierungen, die man als »Kriminelle« begreift, nicht politisch aufwerten und damit den Einsatz von terroristischer Gewalt »belohnen« will. Dies mag aus normativen Gründen nachvollziehbar sein, wenngleich in regionalen Konflikten diese Haltung nicht selten genutzt wird, um sich einer Debatte um alternative Ansätze zu entziehen und statt dessen weiterhin auf einen militärischen »Sieg« zu setzen. Insbesondere die letztgenannte Option wird regelmäßig mit dem Satz »Mit Terroristen kann man nicht verhandeln« zurückgewiesen. Die Aussage ist so alt wie der Terrorismus selbst, sie hält allerdings oftmals der Realität nicht stand – wie Beispiele aus zahlreichen Konflikten von Nordirland bis nach Sri Lanka belegen, wo trotz jahrzehntelanger operativer Terrorismusbekämpfung von den Regierungen gegenüber den Terrorgruppen (z. B. IRA bzw. LTTE) letztlich doch ein Verhandlungsansatz praktiziert wurde, um zu einer politischen Lösung zu kommen. Solche Ansätze verlangen eine langfristige Perspektive, sie benötigen zumeist mehrere Anläufe, sie können scheitern, sie bergen nicht unerhebliche Risiken, sie bedeuten politische Gratwanderungen und normative Dilemmata, die von einer Regierung bzw. einer Gesellschaft ausgehalten werden müssen. Gleichwohl: Dem vielschichtigen Phänomen des transnationalen Terrorismus kann man nicht mit einer einzigen Antwort und einer einzigen Doktrin – etwa dem *Global War on Terror* – begegnen, sondern es bedarf einer analytischen De- und Rekonstruktion der Netzwerke, ihrer Bestandteile, ihrer Charakteristika und ihrer Infrastruktur, um flexible, situations- und akteursadäquate Gegenstrategien zu entwickeln.

Anhang 1

Wesentliche Anschläge von Al-Qaida bzw.
nahestehenden Gruppierungen seit 9/11 (ohne Irak)

22. 12. 2001	Versuchter Anschlag auf den American-Airline-Flug 63 von Paris nach Miami durch den »Schuhbomber« Richard Reid
23. 01. 2002	Entführung des US-Journalisten Daniel Pearl (Wall Street Journal) in Karatschi (Pakistan), später ermordet (21. 2. 2002)
11. 04. 2002	Selbstmordanschlag auf die Ghriba Synagoge in Djerba (Tunesien), 15 tote Touristen (darunter 11 Deutsche, 1 Franzose und 3 Tunesier), mindestens 15 Verletzte
08. 05. 2002	Selbstmordanschlag mit einer Autobombe auf einen Marine-Bus in Karatschi (Pakistan), 11 getötete französische Militärtechniker und 3 getötete Pakistaner, 19 Verletzte
14. 06. 2002	Ferngezündete Autobombe vor dem US-Konsulat in Karatschi (Pakistan), 12 Tote (ausschließlich Pakistaner), mindestens 26 Verletzte
06. 10. 2002	Anschlag auf den französischen Öltanker Limburg vor der jemenitischen Küste mit einem Boot, beladen mit Sprengstoff, 1 Toter und 4 Verletzte
12. 10. 2002	Parallel durchgeführte Bombenanschläge auf Touristen-zentren in Kuta Beach, Bali (Indonesien), 202 Tote und mindestens 300 Verletzte (hauptsächlich Touristen); fast zeitgleich Bombenanschläge vor dem US-Konsulat in Denpasar (Bali/Indonesien) sowie auf ein philippinisches Konsulat in Manado (Sulawesi/Indonesien), in beiden Fällen Sachschaden
28. 11. 2002	Selbstmord-Anschlag mit einer Autobombe auf das Paradise Hotel in Mombasa (Kenia), 13 Tote, darunter 3 israelische Touristen, rund 80 Verletzte; zeitgleich gescheiterter Anschlag auf eine israelische Passagier-maschine auf dem Flug von Mombasa nach Tel Aviv mit zwei SA-7 Strela Boden-Luft-Raketen

12.05.2003	Simultane Selbstmordanschläge mit drei Autobomben in Riad (Saudi-Arabien) auf einen Wohnkomplex von Ausländern, 35 Tote (darunter 7 Amerikaner, 7 Saudis, 9 Attentäter und weitere) und rund 200 Verletzte
16.05.2003	Simultane Selbstmordanschläge in Casablanca (Marokko) auf ein jüdisches Gemeindezentrum, auf ein Restaurant, auf das Hotel Farah sowie den spanischen Club »Casa de Espana«, insgesamt 14 Attentäter (davon 13 getötet), 28 Tote (inklusive der Attentäter), über 100 Verletzte
07.06.2003	Selbstmordattentat auf einen Bus der ISAF in Kabul/ Afghanistan, 4 tote deutsche Soldaten und 29 Ver-letzte
05.08.2003	Selbstmordattentat mit einer Autobombe auf das Marriott-Hotel in Jakarta (Indonesien), 14 Tote, rund 150 Verletzte
08.11.2003	Selbstmordattentat auf eine von ausländischen Arbeit-nehmern bewohnte Anlage (Al-Muhadscha) in Riad (Saudi-Arabien), mindestens 17 Tote, mehr als 120 Ver-letzte
15.11.2003	Zeitgleiche Selbstmordanschläge auf zwei Synagogen (Neve-Shalom-Synagoge und Beit-Israel-Synagoge) in Istanbul (Türkei), 25 Tote und über 300 Verletzte
20.11.2003	Simultane Anschläge mit Autobomben auf ein Büro-gebäude der britischen Bank HSBC und auf das britische Konsulat in Istanbul (Türkei), 27 Tote und rund 450 Ver-letzte
11.03.2004	Zeitgleicher Anschlag auf vier Vorort-Züge in Madrid, mittels zehn ferngezündeter Bomben, 191 Tote, über 600 Verletze
21.04.2004	Selbstmordanschlag auf das Ministerium für Öffent-liche Sicherheit in Riad (Saudi-Arabien), 5 Tote, über 140 Verletzte

29.05.2004	Bewaffneter Überfall auf Wohnkomplexe ausländischer Ölfirmen sowie die Geiselnahme von Beschäftigten in Al-Khobar (Saudi-Arabien), 22 Tote (darunter 8 Inder), Erstürmung durch saudische Sicherheitskräfte (30.05.2004), Befreiung von rund 50 Geiseln
09.09.2004	Selbstmordanschlag mit einer Autobombe auf die australische Botschaft in Jakarta (Indonesien), 11 Tote, über 100 Verletzte
07.10.2004	Drei nahezu simultane Anschläge mit Autobomben auf Ferienzentren auf dem Sinai (Ägypten): Anschlag auf das Hilton-Hotel in Taba, Anschlag in Ras al-Scheitani, sowie Anschlag in Nuweiba, insgesamt 34 Tote, über 150 Verletzte
06.12.2004	Anschlag auf das US-Konsulat in Jeddah (Saudi-Arabien) mit Sprengstoff und Schußwaffen, 5 Tote, 9 Verletzte
07.07.2005	Zeitgleiche Selbstmordattentate auf drei U-Bahnzüge (King's Cross, Aldgate, Edgware Road) sowie einen Bus in London, 56 Tote, über 700 Verletzte
21.07.2005	Versuchte Anschläge auf drei U-Bahnstationen (Warren Street, Shepherd's Bush, Oval) sowie einen Bus (Bethnal Green) in London, kleinere Explosionen, Sachschaden, keine Verletzten oder Toten
23.7.2005	Drei Anschläge mit Autobomben in Scharm al-Scheich (Ägypten), 88 Tote, rund 200 Verletzte
19.08.2005	Angriff mit drei Katjuscha-Raketen auf zwei Kriegsschiffe der US-Marine (*U.S.S. Ashland* und *U.S.S. Kearsarge*) im Hafen von Akaba (Jordanien) sowie auf den israelischen Hafen von Eilat, ein Toter
01.10.2005	Simultane Selbstmordattentate auf drei Hotels bzw. Restaurants in Kuta und Jimbaran auf Bali (Indonesien), 22 Tote, über 120 Verletzte
09.11.2005	Simultane Selbstmordanschläge auf die Hotels Grand Hyatt, Radisson SAS und Days Inn in Amman (Jordanien), 57 Tote, rund 300 Verletzte

Anhang 2

US-Militär- und Kommando-Operationen seit 9/11

Staat/Region	Art der Operation

I. Afghanistan Seit 7. 10. 2001	– *Operation Enduring Freedom* (rund 7000-10 000 US-Soldaten)
	– Massive Bombenangriffe auf Talibanstellungen, militärische Aufklärung zur Unterstützung der Nordallianz, Einsatz von bis zu 4000 US-Soldaten im Bodenkrieg
	– Diverse Kommandooperationen mit Special Forces (SEAL, Delta Force, Spezialeinheiten aus Australien, Dänemark, Deutschland, Großbritannien, Kanada, Neuseeland, Norwegen)
	– Besonders umfangreiche Kommandooperationen:
	  – *Anaconda* (1.-17. 3. 2002)
	  – *Snipe* (2.-13. 5. 2002)
	  – *Mountain Lion* (15. 4. 2002)
	  – *Mountain Sweep* (18.-26. 8. 2002)
	  – *Valiant Strike* (März 2003)
	  – *Mountain Viper* (September 2003)
	  – *Mountain Blizzard* (Januar bis März 2004)
	  – *Mountain Storm* (März 2004)
	– Personelle, materielle und finanzielle Unterstützung beim Aufbau von Streitkräften und Polizei (Ausbildung von 1600 afghanischen Soldaten im Jahr 2002)
	– Unterstützung der ISAF-Truppe

II. Georgien Seit Mai 2002	– Stationierung von 150 Militärberatern zur Schulung von 3 Bataillonen im Anti-Terrorkampf – Militärhilfe, Lieferung von Helikoptern, Fahrzeugen und Waffen (*Georgia Train and Equip Program* in Höhe von 64 Mio. US-$) – *Georgia Sustainment and Stability Operations Program* (2005-06, 60 Mio. US-$), Ausbildung des Militärs zur Unterstützung der US-Truppen im Irak

Staat/Region	Art der Operation
III. Indonesien Seit August 2002	– Aufbau einer Counter-terrorism-Einheit der Polizei (16 Mio. US-$) – Training und Ausbildung für die Polizei (31 Mio. US-$) – Finanzielle Unterstützung der indonesischen Armee (3 Mio. US-$) – Wiederaufbau militärischer Kontakte im Rahmen des *International Military Education and Training Program* (IMET)
IV. Jemen Seit März 2002	– Counter-terrorism-Training für Armee und Sicherheitskräfte durch US-Spezialkräfte (rund 100) – Militärhilfe, technische Unterstützung (z. B. Helikopter, Funkausrüstungen) – Kommandooperation (CIA-Raketenangriff auf sechs *al-Qaida*-Mitglieder, 3. 11. 2002)
V. Pakistan Seit Oktober 2001	– militärische Kommandooperationen im afghanisch-pakistanischen Grenzgebiet, Verfolgung von flüchtigen Taliban- und al-Qaida-Kämpfern auf pakistanischem Gebiet (seit Anfang 2003 offiziell nicht mehr möglich) – US-Militärberater bei Grenztruppen – Unterstützung des FBI bei Festnahmen
VI. Philippinen Seit Oktober 2001	– Unterstützung philippinischer Militäroperationen gegen Abu Sayyaf durch Planung, Kommunikation, Aufklärung, Transport etc. – Stationierung von US-Soldaten als Ausbilder und Militärberater (160 Mann) – Gemeinsame Anti-Terror-Übung »Balikatan 02-1« (Feb. bis Juli 2002) (bis zu 1000 Soldaten beteiligt) – Aufbau von Logistikeinrichtungen und anderen militärischen Infrastrukturmaßnahmen durch US Soldaten (z. B. Flugplätze) (500-600 Mann) – Finanzielle Unterstützung (30 Mio. US-$)

Staat/Region	Art der Operation
VI. Philippinen Seit Oktober 2001	– Materielle Unterstützung (Hubschrauber, Transportflugzeug, Schnellboote, Lastwagen, technisches Equipment, Waffen, Munition, im Gesamtwert von ca. 70 Mio. US-$) – Kooperation zwischen CIA/FBI und philippinischen Nachrichtendiensten
VII. Horn von Afrika/Ostafrika Seit Anfang 2002	– *Operation Enduring Freedom* (primär Luft- und Seeüberwachung zur Kontrolle von möglichen Flucht- und Transitwegen von Terroristen) – **Dschibuti:** Nutzung von See- und Flughäfen, Koordinationsstelle zur Überwachung des Golfs von Aden und des Horns von Afrika, Aktivitäten von US Special Forces (rund 800 Soldaten) mit Blick auf Jemen und Horn von Afrika – **Kenia:** Nutzung von Infrastruktur für Luft- und Seeüberwachung – *East Africa Counterterrorism Initiative* (rd. 100 Mio. US-$), seit Juni 2003: Teilnehmer: Kenia, Uganda, Tansania, Dschibuti, Eritrea and Äthiopien, militärische Ausbildung und Unterstützung bei Kontrolle der Grenzen und Küsten, Unterstützung von Polizei und Justiz bei Anti-Terrormaßnahmen
VIII. Nordafrika/ Sahel-Region Seit November 2002	– **Tschad, Mali, Niger** und **Mauretanien:** *Pan Sahel Initiative* (*PSI*) im Rahmen des US State Department Security Assistance Program, Unterstützung bei Grenzsicherung, Training und Ausstattung für Anti-Terrormaßnahmen – *Trans-Sahara Counter Terrorism Initiative* (*TSCTI*), seit 2004 (rd. 100 Mio. US-$ über 5 Jahre), löst PSI ab, erweitert um **Algerien, Marokko, Tunesien, Senegal, Ghana** und **Nigeria,** Training durch US-Spezialkräfte (Exercise Flintlock, Juni 2005) – **Tschad:** Logistische Unterstützung bei Anti-Terroperationen gegen die algerische Gruppe GSPC (März 2004).

Staat/Region	Art der Operation
VIII. Nordafrika/ Sahel-Region Seit November 2002	– **Algerien**: Unterstützung für Anti-Terrormaß-nahmen (z. B. Ausrüstung)
IX. Golf von Guinea Seit April 2003	– *African Coastal Security Program* für die Anrainerstaaten am Golf von Guinea (vor allem **Nigeria**), Unterstützung beim Schutz der Küstengebiete und der Ölförderung vor Terro-rismus und Piraterie
X. Zentralasien Seit Oktober 2001	– *Operation Enduring Freedom* (Nutzung von Militärbasen und Überflugrechte) – Train- und Equip-Programme, Schulung von Grenztruppen, Transfer von Know-how und Ausrüstung – **Tadschikistan**: Nutzung des Flughafens Kuljab – **Kirgistan**: Nutzung des Flughafens Manas, Stationierung von US-Kampfflugzeugen, ins-gesamt 2500-3500 Soldaten der Anti-Terror-Allianz – **Usbekistan**: Nutzung der Militärbasis Karshi-Chanabad, Stationierung von rund 1500 Sol-daten der Anti-Terror-Allianz

Quellen: http://www.globalsecurity.org sowie diverse Presseberichte

Anhang 3

UN-Konventionen zur Bekämpfung des Terrorismus

Datum	Titel der Konvention	Ratifiziert von
14.09.1963	Übereinkommen über strafbare und bestimmte andere an Bord von Luftfahrzeugen begangene Handlungen	178 Staaten
16.12.1970	Übereinkommen über die Bekämpfung der widerrechtlichen Inbesitznahme von Luftfahrzeugen	178
23.09.1971	Übereinkommen zur Bekämpfung widerrechtlicher Handlungen gegen die Sicherheit der Zivilluftfahrt	180
14.12.1973	Übereinkommen über die Verhütung, Verfolgung und Bestrafung von Straftaten gegen völkerrechtlich geschützte Personen, einschließlich Diplomaten	152
17.12.1979	Internationales Übereinkommen gegen Geiselnahmen	144
03.03.1980	Übereinkommen über den physischen Schutz von Kernmaterial	105
24.02.1988	Protokoll zur Bekämpfung widerrechtlicher gewalttätiger Handlungen auf Flughäfen, die der internationalen Zivilluftfahrt dienen	148
10.03.1988	Übereinkommen zur Bekämpfung widerrechtlicher Handlungen gegen die Sicherheit der Seeschiffahrt	113
10.03.1988	Protokoll zur Bekämpfung widerrechtlicher Handlungen gegen die Sicherheit fester Plattformen, die sich auf dem Festlandssockel befinden	102

Datum	Titel der Konvention	Ratifiziert von
01.03.1991	Übereinkommen über die Markierung von Plastiksprengstoffen zum Zweck des Aufspürens	113
15.12.1997	Übereinkommen zur Bekämpfung terroristischer Bombenanschläge	132
09.12.1999	Übereinkommen zur Bekämpfung der Finanzierung des Terrorismus	132

Quelle: United Nations, 2005: Second Report of the Analytical Support and Sanctions Monitoring Team appointed pursuant to resolution 1526 (2004) concerning Al-Qaida and the Taliban and associated individuals and entities, UNDOC S/2005/83 (February 2005), 62-67 [Stand: November 2004].

Literaturverzeichnis

Abuza, Zachary, 2002: Tentacles of Terror: Al Qaeda's Southeast Asian Network, in: Contemporary Southeast Asia, 24:3, 450-459.

Ackerman, Gary A./Moran, Kevin S., 2004: Bioterrorism and Threat Assessment, Stockholm: The Weapons of Mass Destruction Commission, Paper no. 22.

Albin, Silke, 2004: Rechtsschutzlücken bei der Terrorbekämpfung im Völkerrecht, in: Zeitschrift für Rechtspolitik, 37:3, 71-73.

Albright, David/Hinderstein, Corey, 2005: Unravelling the A. Q. Khan and Future Proliferation Networks, in: Washington Quarterly, 28:2, 111-128.

Alexander, Yonah/Swetnam, Michael S., 2001: Usama bin Laden's al-Qaida: Profile of a Terrorist Network, Ardsley: Transnational Publishers.

Altvater, Elmar/Mahnkopf, Birgit, 2002: Globalisierung der Unsicherheit. Arbeit im Schatten, schmutziges Geld und informelle Politik, Münster: Westfälisches Dampfboot.

Arquilla, John/Ronfeldt, David, 2000: Swarming & The Future of Conflict, St. Monica, CA: RAND.

Arquilla, John/Ronfeldt, David (ed.), 2001: Networks and Netwars: The Future of Terror, Crime, and Militancy, Santa Monica (Cal.): RAND.

Atran, Scott, 2003: Genesis of Suicide Terrorism, in: Science, 299 (7. 3. 2003), 1534-1539.

Atran, Scott, 2004: Mishandling Suicide Terrorism, in: Washington Quarterly, 27:3, 67-90.

Azzellini, Dario N./Kanzleiter, Boris (Hg.), 2003: Das Unternehmen Krieg: Paramilitärs, Warlords und Privatarmeen als Akteure der neuen Kriegsordnung, Berlin: Assoziation A.

Bale, Jeffrey et. al., 2003: Ricin Found in London: An al-Qa'ida Connection? Monterey, CA: Center for Non-Proliferation Studies, CNS Reports. http://www.cns.miis.edu/pubs/reports/ricin.htm.

Benjamin, Daniel/Simon, Steve, 2002: The Age of Sacred Terror, New York: Random House Trade.

Berdal, Mats/Malone, David M. (ed.), 2000: Greed and Grievance. Economic Agendas in Civil Wars, Boulder (Col.): Lynne Rienner.

Bergen, Peter L., 2001: Heiliger Krieg Inc. Osama bin Ladens Terrornetz, Berlin: Siedler.

Bertelsmann Stiftung (Hg.), 2004: Bertelsmann Transformation Index 2003, Gütersloh: Verlag Bertelsmann Stiftung.

Betts, Richard K., 2003: Striking First: A History of Thankfully Lost Opportunities, in: Ethics and International Affairs, 17:1, 17-24.

Blanford, Nicholas, 2003: USA focuses on Hizbullah in post-war environment, in: Jane's Intelligence Review, 15:8, August 2003, 18-19.

Bloom, Mia, 2005: Dying to Kill. The Allure of Suicide Terror, New York: Columbia University Press.

Bolte, Patrick/Möller, Kay/Rzyttka, Osman, 2003: Politischer Islam, Separatismus und Terrorismus in Südostasien, Berlin: Stiftung Wissenschaft und Politik, S 12, März 2003.

Brown, Chris, 2003: Self-Defense in an Imperfect World, in: Ethics and International Affairs, 17:1, 2-9.

Buzan, Barry/Waever, Ole/De Wilde, Jaap 1997: Security: A New Framework for Analysis, Boulder: Lynne Rienner.

Byers, Michael, 2003: Letting the Exception Prove the Rule, in: Ethics and International Affairs, 17:1, 9-16.

Byman, Daniel L. et. al., 2001: Trends in Outside Support for Insurgent Movements, Santa Monica (Cal.): RAND.

Carothers, Thomas, 2003: Promoting Democracy and Fighting Terror, in: Foreign Affairs, 82:1, 84-97.

Carter, Ashton B./Deutch, John M./Zelikow, Phillip D., 1998: Catastrophic Terrorism: Tackling the New Danger, in: Foreign Affairs, 77:6, 80-94.

Cilluffo, Frank J./Marks, Ronald A./Salmoiraghi, George C., 2001: The Use und Limits of U. S. Intelligence, in: Washington Quarterly, 25:1, 61-74.

Clarke, Richard A., 2004: Against All Enemies. Inside America's War on Terror, London: Simon & Schuster.

Clarke, Richard A. et. al., 2005: Gegen die Krieger des Dschihad. Der Aktionsplan, Hamburg: Hoffmann und Campe.

Cohen, Stephen Philip, 2003: The Jihadist Threat to Pakistan, in: The Washington Quarterly, 26:3, 7-25.

Cooley, John K., 1999: Unholy Wars: Afghanistan, America and International Terrorism, London: Pluto Press.

Corbin, Jane, 2002: Al-Qaeda. The Terror Networks that Threatens the World, New York: Nation Books.

Cordesman, Anthony H./Obaid, Nawaf, 2005: Saudi Counter Terrorism Efforts: The Changing Paramilitary and Domestic Security Apparatus, February 2005. »http://www.csis.org/burke/saudi21/050202_SaudiCounter terrorism.pdf«

Cragin, Kim/Daly, Sara A., 2004: The Dynamic Terrorist Threat. An Assessment of Group Motivations and Capabilities in a Changing World, St. Monica, Cal.: RAND.

Crawford, Neta C., 2003: The Slippery Slope to Preventive War, in: Ethics and International Affairs, 17:1, 30-36.

Crawford, Neta C., 2004: The Road to Global Empire: The Logic of U. S. Foreign Policy After 9/11, in: Orbis, 48:4, 685-703.

Croddy, Eric/Osborne, Matthew/McCloud, Kimberly, 2002: Chemical Terrorist Plot in Rome? Monterey, CA: Center for Non-Proliferation Studies, CNS Reports (»http://www.cns.miis.edu/pubs/week/020311.htm«).

Croitoru, Joseph, 2003: Der Märtyrer als Waffe. Die historischen Wurzeln des Selbstmordattentats, München: Carl Hanser.

Cronin, Audrey Kurth, 2003: Terrorists and Suicide Attacks, Washington D. C.: The Library of Congress, CRS Report for Congress (28. 8. 2003).

Cronin, Audrey Kurth, 2004: Terrorist Motivations for Chemical and Biological Weapons Use: Placing the Threat in Context, in: Defense & Security, 20:4, 313-320.

Daase, Christopher, 1999: Kleine Kriege, große Wirkung, Baden-Baden: Nomos.

Daase, Christopher, 2001: Terrorismus – Begriffe, Theorien und Gegenstrategien. Ergebnisse und Probleme der sozialwissenschaftlichen Forschung, in: Die Friedens-Warte, 76:1, 55-79.

Daase, Christopher 2002: Terrorismus: Der Wandel von einer reaktiven zu einer proaktiven Sicherheitspolitik der USA nach dem 11. September 2001, in: Daase, Christopher/Feske, Susanne/Peters, Ingo (Hg.): Internationale Risikopolitik. Der Umgang mit neuen Herausforderungen in den internationalen Beziehungen, Baden-Baden: Nomos, 113-141.

Dalacoura, Katerina, 2005: US democracy promotion in the Arab Middle East since 11 September 2001: a critique, in: International Affairs, 81:5, 963-979.

Danner, Mark, 2004: Abu Ghraib: The Hidden Story, in: The New York Review of Books, 51:15, 7. 10. 2004, 44-50.

Davis, Anthony, 2002: Attention Shifts to Moro Islamic Liberation Front, in: Jane's Intelligence Review, 14:4, April 2002, 20-23.

Davis, Anthony, 2003: Southeast Asia Fears New Terrorist Attacks, in: Jane's Intelligence Review, 15:11, November 2003, 15-19.

Davis, Anthony, 2004: Thailand confronts separatist violence in its Muslim south, in: Jane's Intelligence Review, 16:3, March 2004, 20-25.

Dekmejian, Hrair, 1995: Islam in Revolution, New York: Syracuse University Press.

Dempsey, Gary T. 2002: Old Folly in a New Disguise. Nation Building to Combat Terrorism, Washington, D. C.: Cato Institute, Policy Analysis no. 429, 21.3.2002.

Dorronsoro, Gilles, 1999: Afghanistan: von Solidaritätsnetzwerken zu regionalen Räumen, in: Jean/Rufin (1999: 143-146).

Duffield, Mark 2002: Global Governance and the New Wars, London: Zed Books.

El Qorchi, Mohammed/Maimbo, Samuel/Wilson, John F., 2003: Informal Funds Transfer Systems, Washington: International Monetary Fund, IMF Occasional Paper No. 222, August 2003.

Elwert, Georg, 2001: Rational und lernfähig, in: Der Überblick, (2001) 3, I-VIII.

Epstein, Matthew/Kohlmann, Evan, 2003: Arabian Gulf Financial Sponsorship of Al-Qaida via U. S.-Based Banks, Corporations and Charities, Testimony before the House Committee on Financial Services Subcommittee on Oversight and Investigations, 11.3.2003.

Erdmann, Gero, 2003: Apokalyptische Staatlichkeit: Staatsversagen, Staatsverfall und Staatszerfall in Afrika, in: Petra Bendel/Aurel Croissant/Friedbert Rüb (Hg.), Demokratie und Staatlichkeit. Systemwechsel zwischen Staatsreform und Staatskollaps, Opladen: Leske + Budrich, 267-292.

Eriksson, Mikael/Wallensteen, Peter, 2004: Armed Conflicts, 1989-2003, in: Journal of Peace Research, 41:5, 625-636.

Esposito, John L., 2002: Unholy War. Terror in the name of Islam, Oxford: OUP.

Fair, C. Christine, 2004: Militant Recruitment in Pakistan: Implications for Al Qaeda and Other Organizations, in: Studies in Conflict & Terrorism, 27, 489-504.

Faist, Thomas, 2000: The Volume and Dynamics of International Migration and Transnational Social Spaces, Oxford: Oxford University Press.

Falkenrath, Richard A., 1998: Confronting Nuclear, Biological and Chemical Terrorism, in: Survival, 40:3, 43-65.

Falkenrath, Richard A./Newman, Robert D./Thayer, Bradley A., 1998: America's Achilles' Heel: Nuclear, Biological, and Chemical Terrorism and Covert Attack, Cambridge, (Mas): MIT Press.

Fielding, Nick/Fouda, Yosri, 2003: Masterminds of Terror, Hamburg: Europa-Verlag.

Frank, Horst/Hirschmann, Kai (Hg.), 2002: Die weltweite Gefahr. Terrorismus als internationale Herausforderung, Berlin: Berlin Verlag.

Freedman, Lawrence, 2003: Prevention, Not Preemption, in: The Washington Quarterly, 26:2, 105-114.

Freedman, Lawrence, 2004: Deterrence, Cambridge: Polity Press.

Frey, Bruno S., 2004: Dealing with Terrorism – Stick or Carrot?, Cheltenham: Edward Elgar.

Frum, David/Perle, Richard, 2004: An End to Evil: How to Win the War on Terror, New York: Ballantine Books.

Gause, Gregory F., 2005: Can Democray Stop Terrorism? In: Foreign Affairs, 84:5, 62-76.

Geiger, Gebhard, 2004: Radiologische Sicherheit. Sicherheitspolitische Gefährdungspotentiale radioaktiver Materialien, Berlin: Stiftung Wissenschaft und Politik, S 24, Juni 2004.

Glosemeyer, Iris, 2003: Jemen: Mehr als ein Rückzugsgebiet für al-Qa'ida, Hamburg: Deutsches Orient-Institut, April 2003 (DOI-Focus Nr. 10).

Greenberg, Maurice R. (et. al.), 2002: Terrorist Financing. Report of an Independent Task Force, New York, NY: Council on Foreign Relations.

Guelke, Adrian, 1995: The age of terrorism and the international political system, London: Tauris.

Gunaratna, Rohan, 1998: International and Regional Implications of the Sri Lankan Tamil Insurgency, Herzliya: The Institute for Counter-Terrorism, December 1998.

Gunaratna, Rohan, 2000: Suicide Terrorism: A Global Threat, in: Jane's Intelligence Review, 12:4, April 2000, 52-55.

Gunaratna, Rohan, 2002: Inside Al Qaeda. Global Network of Terror, London: Hurst.

Gunaratna, Rohan, 2004: Al Qaeda adapts to disruption, in: Jane's Intelligence Review, 16:2, February 2004, 20-22.

Gunaratna, Rohan, 2005: Responding to the Post 9/11 Structural and Operational Challenges of Global Jihad, in: Connections. The Quarterly Journal, Spring 2005 [ed. by Partnership for Peace Consortium of Defense Academies and Security Studies Institutes], 9-42.

Gurr, Nadine/Cole, Benjamin, 2000: The New Faces of Terrorism: Threats from Weapons of Mass Destruction, London: I. B. Tauris.

Hafez, Mohammed M., 2003: Why Muslims Rebel. Repression and Resistance in the Islamic World, Boulder: Lynne Rienner.

Halbach, Uwe, 2004: Gewalt in Tschetschenien. Ein gemiedenes Problem internationaler Politik, Berlin: Stiftung Wissenschaft und Politik, S 4, Februar 2004.

Hassel, Florian, 2003: Der zweite Tschetschenienkrieg, in: Hassel, Florian (Hg.): Krieg im Schatten. Rußland und Tschetschenien, Frankfurt a. M.: Suhrkamp, 31-98.

Hein, Kirstin, 2004: Die Anti-Terrorpolitik der rot-grünen Bundesregierung, in: Harnisch, Sebastian/Katsioulis, Christos/Overhaus, Marco (Hg.): Deutsche Sicherheitspolitik. Eine Bilanz der Regierung Schröder, Baden-Baden: Nomos, 145-171.

Heinz, Wolfgang S./Schlitt, Stephanie/Würth, Anna, 2003: Internationale Terrorismusbekämpfung und Menschenrechte (Oktober 2001-April 2003), Berlin: Deutsches Institut für Menschenrechte (Juni 2003).

Heinz, Wolfgang S./Arend, Jan-Michael, 2004: Internationale Terrorismusbekämpfung und Menschenrechte. Entwicklungen 2003/2004, Berlin: Deutsches Institut für Menschenrechte (August 2004).

Herbst, Jeffrey/Mills, Greg, Africa and the War on Terror, in: South African Journal of International Affairs, vol. 10, no. 2, Winter/Spring 2003, S. 29-39.

Heupel, Monika/Zangl, Bernhard, 2004: Von »alten« und »neuen« Kriegen – Zum Gestaltwandel kriegerischer Gewalt, in: Politische Vierteljahresschrift, 45:3, 346-369.

Hills, Alice, 2002: Responding to Catastrophic Terrorism, in: Studies in Conflict & Terrorism, 25:4, 245-261.

Hippler, Jochen (Hg.), 2003: Nation-Building. Ein Schlüsselkonzept für friedliche Konfliktbearbeitung? Bonn: Dietz.

Hoffman, Bruce, 1995: Holy Terror: The Implications of Terrorism Motivated by a Religious Imperative, in: Studies in Conflict & Terrorism, 18:4, 271-284.

Hoffman, Bruce, 1999: Terrorism Trends and Prospects, in: Lesser (1999: 10-28).

Hoffman, Bruce, 2001: Terrorismus. Der unerklärte Krieg, Frankfurt a. M.: Fischer.

Hoffman, Bruce/McCormick, Gordon H. 2004: Terrorism, Signaling, and Suicide Attack, in: Studies in Conflict & Terrorism, 27, 243-281.

Hoge, James F./Rose, Gidon (ed.), How Did This Happen? Terrorism and the New War, New York: Public Affairs.

Holsti, Kalevi J., 1996: The State, War, and the State of War, Cambridge: Cambridge University Press.

Jackson, Brian A. (et. al.) 2005 a: Aptitude for Destruction, Vol. 1: Organizational Learning in Terrorist Groups and Its Implications for Combating Terrorism, St. Monica, CA: RAND.

Jackson, Brian A. (et.al.), 2005 b: Aptitude for Destruction, Vol. 2: Case Studies of Organizational Learning in Five Terrorist Groups, St. Monica, CA: RAND.

Jasparro, Christopher, 2004: Madrid attacks point to sustained Al-Qaeda direction, in: Jane's Intelligence Review, 16:8, August 2004, 30-33.

Jean, François/Rufin, Jean-Christophe (Hg.), 1999: Ökonomie der Bürgerkriege, Hamburg: Hamburger Edition.

Jenkins, Brian M., 1975: International Terrorism: A New Mode of Conflict, in: Carlton, David/Schaerf, Carlo (Ed.), 1975: International Terrorism and World Security, London: Croom Helm, 13-49.

Jenkins, Brian M., 2002: Countering al Qaeda: An Appreciation of the Situation and Suggestions for Strategy, Santa Monica (Cal.): RAND.

Jervis, Robert, 2005: American Foreign Policy in a New Era, London: Routledge.

Jones, David Martin/Smith, Michael L. R./Wedding, Mark, 2003: Looking for the Pattern: Al Qaeda in Southeast Asia – The Genealogy of a Terror Network, in: Studies in Conflict & Terrorism, 26:6, 443-458.

Jordan, Javier/Horsburgh, Nicola, 2005: Mapping Jihadist Terrorism in Spain, in: Studies in Conflict & Terrorism, 28, 169-191.

Juergensmeyer, Mark, 2001: Terror in the Mind of God. The Global Rise of Religious Violence, Berkeley: University of California Press.

Kahl, Martin/Teusch, Ulrich, 2004: Sind die »neuen Kriege« wirklich neu?, in: Leviathan, 32:3, 382-401.

Kaiser, Karl, 1969: Transnationale Politik, in: Czempiel, Ernst-Otto (Hg.): Die anachronistische Souveränität, Opladen: Westdeutscher Verlag, 80-109.

Kaldor, Mary, 2000: Neue und alte Kriege, Frankfurt a. M.: Suhrkamp.

Kalpakian, Jack, 2005: Building the Human Bomb: The Case of the 16 May 2003 Attacks in Casablanca, in: Studies in Conflict & Terrorism, 28, 113-127.

Kalyvas, Stahis, 2001: »New« and »Old« Civil Wars: A Valid Distinction? In: World Politics, 54:1, 99-118.

Karmon, Ely, 2002: Hizballah and the War on Terror, August 2002. http://www.ict.org. il/articles/articledet.cfm?articleid=444

Karmon, Ely, 2003: »Fight on all Fronts«: Hizballah, the War on Terror and the War in Iraq, Washington D. C.: The Washington Institute, Policy Focus, no. 46, December 2003.

Katzman, Kenneth, 2001: Terrorism: Near Eastern Groups and State Sponsors, CRS Report for Congress (10. 9. 2001).

Keohane, Robert O./Nye, Joseph S., 1971: Transnational Relations and World Politics: Introduction, in: International Organization, 25:3, 329-349.

Kepel, Gilles, 2001: Das Schwarzbuch des Dschihad. Aufstieg und Niedergang des Islamismus, München: Piper.

Khashan, Hilal, 2003: Collective Palestinian frustration and suicide bombings, in: Third World Quarterly, 24:6, 1049-1067.

Krelle, Alexander/Schaper, Annette, 2001: Bio- und Nuklearterrorismus, Frankfurt a. M.: Hessische Stiftung Friedens- und Konfliktforschung (HSFK-Report 10/2001).

Kurtenbach, Sabine/Lock, Peter (Hg.), 2004: Kriege als (Über)Lebenswelten, Bonn: Dietz.

Labrousse, Alain, 1999: Territorien und Netzwerke: das Drogengeschäft, in: Jean/Rufin (1999: 379-400).

Laqueur, Walter, 2001: Die globale Bedrohung. Neue Gefahren des Terrorismus, München: Econ.

Larziellière, Pénélope 2003: Palästinensische »Märtyrer«: eine vergleichende Analyse über Selbstmordattentäter, in: Journal für Konflikt- und Gewaltforschung, 2/2003, 121-142.

Leader, Stefan/Wiencek, David, 2000: Drug Money: The Fuel for Global Terrorism, in: Jane's Intelligence Review, 12:2, February 2000, 49-54.

Leitenberg, Milton, 2000: The Experience of the Japanese Aum Shinrikyo Group and Biological Agents, in: Roberts (2000: 159-170).

Lesser, Ian O. et. al. (Ed.), 1999: Countering the New Terrorism, Santa Monica (Cal.): RAND.

Levitt, Matthew, 2004: USA ties terrorist attacks in Iraq to extensive Zarqawi network, in: Jane's Intelligence Review, 16:4, April 2004, 26-28.

Library of Congress, 2003: Terrorist and Organized Crime Groups in the Tri-Border Area (TBA) of South America, Report by the Federal Research Division, July 2003.

Lock, Peter, 2003: Kriegsökonomien und Schattenglobalisierung, in: Ruf, Werner (Hg.): Politische Ökonomie der Gewalt, Opladen: Leske & Budrich, 93-123.

Lock, Peter, 2004: Gewalt als Regulation: Zur Logik der Schattenglobalisierung, in: Kurtenbach/Lock (2004: 40-61).

Mair, Stefan, 2002: Die Globalisierung privater Gewalt, Berlin: Stiftung Wissenschaft und Politik, S 10, April 2002.

Mandel, Robert, 2002: Armies without states: the privatization of security, Boulder (Col.): Lynne Rienner.

McGregor, Andrew, 2002: Yemen and the »War against Terror«, in: The World Today, 58:12, 8-9.

Miller, Derek B., 2003: Demand, Stockpiles and Social Controls: Small Arms in Yemen, Genf: Small Arms Survey, Mai 2003, (Occasional Paper No. 9).

Miller, Steven E., 2005: Terrifying Thoughts: Power, Order, and Terror after 9/11, in: Global Governance, 11, 247-271.

Milliken, Jennifer (ed.), 2003: State Failure, Collapse & Reconstruction, London: Blackwell.

Moghadam, Assaf, 2003: Palestinian Suicide Terrorism in the Second Intifada: Motivations and Organizational Aspects, in: Studies in Conflict & Terrorism, 26, 65-92.

Monar, Jörg, 2004: Die EU und die Herausforderungen des internationalen Terrorismus. Handlungsgrundlagen, Fortschritte und Defizite, in: Weidenfeld, Werner (Hg.): Herausforderung Terrorismus. Die Zukunft der Sicherheit, Wiesbaden: VS-Verlag, 136-172.

Montoya, Mario Daniel, 2001: War on Terrorism Reaches Paraguay's Triple Border, in: Jane's Intelligence Review, 13:12, December 2001, 12-15.

Moor, Marianne, 2004: Die »Entführungsindustrie«: Öl ins Feuer interner Konflikte, in: Kurtenbach/Lock (2004: 142-154).

Münkler, Herfried, 1992: Gewalt und Ordnung, Frankfurt a. M.: Fischer.

Münkler, Herfried, 2002: Die neuen Kriege, Hamburg: Rowohlt.

Napoleoni, Loretta, 2003: Modern Jihad. Tracing the Dollars Behind the Terror Networks, London: Pluto Press.

Nissen, Astrid/Radtke, Katrin, 2002: Warlords als neue Akteure in den internationalen Beziehungen, in: Albrecht, Ulrich et. al. (Hg.): Das Kosovo Dilemma – Schwache Staaten und Neue Kriege als Herausforderung des 21. Jahrhunderts, Münster: Westfälisches Dampfboot, 141-155.

O'Hanlon, Michael E./Rice, Susan E./Steinberg, James B., 2002: The New National Security Strategy and Preemption, Washington, D.C.: The Brookings Institution, Policy Brief no. 113, December 2002.

Ottaway, Marina, 2003: Promoting Democracy in the Middle East: The Problem of U.S. Credibility, Working Paper no. 35 (March 2003), Washington D.C.: Carnegie Endowment for International Peace.

Pape, Robert A., 2005: Dying to Win. The Strategic Logic of Suicide Terrorism, New York: Random House.

Parachini, John, 2001: Combating Terrorism: Assessing the Threat of Biological Terrorism, Washington D.C.: RAND Testimony (October 2001).

Parachini, John, 2003: Putting WMD Terrorism into Perspective, in: The Washington Quarterly, 26:4, 37-50.

Perthes, Volker (Hg.), 2002: Elitenwandel in der arabischen Welt und Iran, Berlin: Stiftung Wissenschaft und Politik, S 41, Dezember 2002.

Pillar, Paul R., 2004: Counterterrorism after Al Qaeda, in: Washington Quarterly, 27:3, 101-113.

Pohly, Michael/Khalid, Durán, 2001: Osama bin Laden und der internationale Terrorismus, München: Ullstein.

Posen, Barry R., 2001/02: The Struggle against Terrorism, in: International Security, vol. 26, no. 3 (Winter 2001/02), 39-55.

Pugh, Michael C./Cooper, Neil, 2004: War economies in a regional context: challenges of transformation, Boulder, (Col.): Rienner.

Quillen, Chris, 2003: Mass Casualty Bombings Chronology, in: Studies in Conflict & Terrorism, 25:5, 293-302.

Raab, Jörg/Milward, H. Brinton, 2003: Dark Networks as Problems, in: Journal of Public Administration Research and Theory, 13:4, 413-439.

Rabehl, Thomas/Schreiber, Wolfgang (Hg.), 2001: Das Kriegsgeschehen 2000. Daten und Tendenzen bewaffneter Konflikte, Opladen: Leske & Budrich.

Rapoport, David C., 1984: Fear and Trembling: Terrorism in Three Religious Traditions, in: American Political Science Review, 78:3, 658-677.

Rashid, Ahmed, 2001: Taliban. Afghanistans Gotteskrieger und der Dschihad, München: Droemer.

Reeve, Simon, 1999: The New Jackals. Ramzi Yousef, Osama bin Laden and the Future of Terrorism, London: André Deutsch.

Reissner, Johannes, 2002: Vom Umgang mit Islam und Muslimen, Berlin: Stiftung Wissenschaft und Politik, S 4, Februar 2002.

Reno, William, 1998: Warlord politics and African states, Boulder (Col.): Lynne Rienner.

Risse-Kappen, Thomas (Hg.), 1995: Bringing Transnational Relations Back In, Cambridge: CUP.

Roberts, Brad (ed.), 2000: Hype or Reality: The »New Terrorism« and Mass Casualty Attacks, Alexandria, VA: Chemical and Biological Arms Control Institute.

Rotberg, Robert (ed.), 2003: State Failure and State Weakness in a Time of Terror, Washington, D. C.: Brookings Institution Press.

Rotberg, Robert (ed.), 2004: When States Fail. Causes and Consequences, Princeton: Princeton University Press.

Rothenberg, Richard, 2002: From whole cloth: Making up the terrorist network, in: Connection, 24:3, 36-42.

Rudolf, Peter, 2003: Der 11. September, die Neuorientierung amerikanischer Außenpolitik und der Krieg gegen den Irak, in: Zeitschrift für Politik, 50:3, 257-280.

Rudolf, Peter, 2005: George W. Bushs außenpolitische Strategie, Berlin: Stiftung Wissenschaft und Politik, S 25, September 2005.

Saad-Ghorayeb, Amal, 2002: Hizbu'llah. Politics & Religion, London: Pluto Press.

Sageman, Marc, 2004: Understanding terror networks, Philadelphia: University of Pennsylvania Press.

Schaller, Christian, 2003: Internationales Sanktionsmanagement im Rahmen von Artikel 41 UN-Charta, Baden-Baden: Nomos.

Scheuer, Michael [Anonymous], 2004: Imperial Hubris. Why the West is Losing the War on Terror, Dulles, VA: Potomac Books.

Schneckener, Ulrich, 2002: Netzwerke des Terrors. Charakter und Strukturen des transnationalen Terrorismus, Berlin: Stiftung Wissenschaft und Politik, S 42, Dezember 2002.

Schneckener Ulrich, 2003a: Irak und Terrorismus. Was verbindet »Schurkenstaaten« mit Terroristen? Berlin: Stiftung Wissenschaft und Politik, SWP-Aktuell 5, Februar 2003.

Schneckener, Ulrich, 2003b: Selbstmordanschläge als Mittel asymmetrischer Kriegsführung, Berlin: Stiftung Wissenschaft und Politik, SWP-Aktuell 27, Juli 2003.

Schneckener, Ulrich, 2003c: Warum manche den Frieden nicht wollen? Eine Soziologie der »Störenfriede«, in: Calließ, Jörg (Hg.): Zivile Konfliktbearbeitung im Schatten des Terrors, Rehburg-Loccum, Loccumer Protokolle 58/02, 61-80.

Schneckener, Ulrich, 2004a: Transnationale Terroristen als Profiteure fragiler Staatlichkeit, Berlin: Stiftung Wissenschaft und Politik, S 18, Mai 2004.

Schneckener, Ulrich (Hg.), 2004b: States at Risk – Fragile Staatlichkeit als Sicherheits- und Entwicklungsproblem, Berlin: Stiftung Wissenschaft und Politik, S 43, November 2004.

Schneckener, Ulrich, 2004c: Fragile Staaten als Problem der internationalen Politik, in: Nord-Süd Aktuell, 18:3, 510-524.

Schneider, Friedrich, 2002: Money Supply for Terrorism – The Hidden Financial Flows of Islamic Terrorist Organisations, Paper prepared for the workshop »The Economic Consequences of Global Terrorism«, DIW, Berlin, 14.-15.6. 2002.

Schröm, Oliver, 2002: Im Schatten des Schakals. Carlos und die Wegbereiter des internationalen Terrorismus, Berlin: Ch. Links.

Schröm, Oliver, 2003: Al-Qaida. Akteure, Strukturen, Attentate, Berlin: Ch. Links.

Schwarz, Klaus, 2005: Die Zukunft der Abschreckung, Berlin: Stiftung Wissenschaft und Politik, S 13, Juni 2005.

Schweitzer, Yoram, 2000: Suicide Terrorism: Development & Characteristics, Herzliya: The Institute for Counter-Terrorism, April 2000.

Schweitzer, Yoram, 2002: Suicide Terrorism and the September 11 Attacks, Herzliya: The Institute for Counter-Terrorism, October 2002.

Senghaas, Dieter, 1998: Zivilisierung wider Willen. Der Konflikt der Kulturen mit sich selbst, Frankfurt a. M.: Suhrkamp.

Serauky, Eberhard, 2000: Im Namen Allahs. Der Terrorismus im Nahen Osten, Berlin: Dietz.

Shatz, Adam, 2004: In Search of Hezbollah, in: The New York Review of Books, 51 (29. 4. 2004), 7, 41-44.

Singer, Peter W. et. al., 2003: Corporate warriors: the rise of the privatized military industry, Ithaca: Cornell University Press.

Sprinzak, Ehud, 2000: Outsmarting suicide terrorists, in: Christian Science Monitor, 24. 10. 2000.

Steinberg, Guido, 2005: Der neue Bin Laden? in: Internationale Politik, Februar 2005, 78-85.

Stern, Jessica, 1999: The Ultimate Terrorists, Cambridge, Mass.: Harvard University Press.

Stevenson, Jonathan, 2004: Counter-terrorism: Containment and Beyond, London: International Institute for Strategic Studies, IISS, Adelphi Paper 367.

Szayna, Thomas S./Oliker, Olga (Ed.), 2003: Faultlines of Conflict in Central Asia and the South Caucasus, Santa Monica (Cal.): RAND.

Takeyh, Ray/Gvosdev, Nikolas, 2002: Do Terrorist Networks Need a Home?, in: Washington Quarterly, 25:3, 97-108.

Thimm, Johannes, 2005: Abschied vom Folterverbot?, Berlin: Stiftung Wissenschaft und Politik, SWP-Aktuell 11, Februar 2005.

Thränert, Oliver, 2002: Terror mit chemischen und biologischen Waffen, Berlin: Stiftung Wissenschaft und Politik, S 14, April 2002.

Townshend, Charles, 2002: Terrorism: A very short introduction. Oxford: OUP.

Tucker, Jonathan B. (ed.), 2000: Toxic Terror: Assessing Terrorist Use of Chemical and Biological Weapons, Cambridge, Mass.: MIT Press.

United States Institute of Peace (Hg.), 2004: Terrorism in the Horn of Africa, Washington, D. C., Januar 2004 (Special Report 113).

Van Crefeld, Martin, 1998: Die Zukunft des Krieges, München: Gerling Akademie Verlag.

Vermaat, Emerson, 2002: Bin Laden's Terror Networks in Europe, Toronto: The Mackenzie Institute, Occasional Paper, May 2002.

Von Hippel, Karin, 2002: The Roots of Terrorism: Probing the Myths, in: Freedman, Lawrence (ed.), Superterrorism, London: Blackwell, 25-39.

Wagner, Christian, 2004: Terroristische Bedrohungen in den Demokratien Südasiens, Berlin: Stiftung Wissenschaft und Politik, S 27, Juli 2004.

Waldmann, Peter, 1998: Terrorismus. Provokation der Macht, München: Gerling Akademie Verlag.

Walt, Stephen M., 2001/02: Beyond Bin Laden. Reshaping U.S. Foreign Policy, in: International Security, 26:3 (Winter 2001/02), 56-78.

Wayland, Sarah, 2004: Ethnonationalist networks and transnational opportunities: the Sri Lankan Tamil diaspora, in: Review of International Studies, 30, 405-426.

Wechsler, William F., 2001: Strangling the Hydra. Targeting Al Qaeda's Finances, in: Hoge/Rose (2001: 130-133).

Weintraub, Sidney, 2001: Disrupting the Financing of Terrorism, in: Washington Quarterly, 25:1, 53-60.

Whiteneck, Daniel, 2005: Deterring Terrorists: Thoughts on a Framework, in: Washington Quarterly, 28:3, 187-199.

Wiktorowicz, Quintan, 2001: The New Global Threat: Transnational Salafis and Jihad, in: Middle East Policy, 8:4, 18-38.

Wiktorowicz, Quintan, 2005: A Genealogy of Radical Islam, in: Studies in Conflict & Terrorism, 28, 75-97.

Wiktorowicz, Quintan/Kaltner, John, 2003: Killing in the Name of Islam: Al-Qaeda's Justification for September 11, in: Middle East Policy, 10:2, 76-92.

Wilke, Boris, 2000: Die Gewaltordnungen Karachis, in: Leviathan. Zeitschrift für Sozialwissenschaft, 28:2, 235-253.

Wilke, Boris, 2003: Pakistan: Der fragile Frontstaat, Berlin: Stiftung Wissenschaft und Politik, S 47, Dezember 2003.

Williams, Ian, 2002: Abbringen, Verweigerung, Zusammenarbeit. Der Ausschuß des Sicherheitsrates zur Bekämpfung des Terrorismus, in: Vereinte Nationen, 6, 213-216.

Zanini, Michele/Edwards, Sean J. A., 2001: The Networking of Terror in the Information Age, in: Arquilla/Ronfeldt (2001, 29-60).

Quellen- und Dokumentenverzeichnis

Amnesty International, 2005: USA: Guantánamo and beyond: The continuing pursuit of unchecked executive power, Executive Summary, AMR 51/083/2005, 13. 5. 2005.

Europäische Sicherheitsstrategie, 2003: Ein sicheres Europa in einer besseren Welt, Paris: Institut für Sicherheitsstudien der Europäischen Union, Dezember 2003.

Global Witness, 2003: For a Few Dollars More. How al-Qaeda Moved into the Diamond Trade, April 2003. http://www.globalwitness.org/reports/show.php/en.00041.html«

Human Rights First, 2004: Ending Secret Detention, Washington D. C. (http://www.humanrightsfirst org/us_law/PDF/EndingSecretDetentions_web.pdf)

Human Rights Watch, 2004: Iraq. Background on U. S. Detention Facilities in Iraq, New York (http://www.hrw.org/english/docs/2004/05/07/iraq8560.htm)

International Crisis Group [ICG], 2002 a: Pakistan: Madrasas, Extremism and the Military, Islamabad/Brussels, July 2002, (Asia Report, No. 36).

International Crisis Group [ICG], 2002 b: Al-Qaeda in Southeast Asia: The Case of the »Ngruki Network« in Indonesia, Jakarta/Brussels, August 2002, (Asia Briefing, No. 20).

International Crisis Group [ICG], 2002 c: Indonesia Backgrounder: How the Jemaah Islamiyah Terrorist Network Operates, Jakarta/Brussels, Dezember 2002, (Asia Report, No. 43).

International Crisis Group [ICG], 2003 a: Yemen: Coping with Terrorism and Violence in a Fragile State, Amman/Brussels, Januar 2003, (ICG Middle East Report, No. 8).

International Crisis Group [ICG], 2003 b: Hizbollah: Rebel without a Cause?, Amman/Brussels, Juli 2003, (Middle East Briefing, No. 7).

International Crisis Group [ICG], 2003 c: Jemaah Islamiyah in South East Asia: Damaged but Still Dangerous, Jakarta/Brussels, August 2003, (Asia Report, No. 63).

International Monetary Fund [IMF] (2003): Suppressing the Financing of Terrorism. A Handbook for Legislative Drafting, Washington D. C.: IMF Publication Services.

Library of Congress, 2003: Terrorist and Organized Crime Groups in the Tri-Border Area (TBA) of South America, Report by the Federal Research Division, July 2003.

National Security Strategy of the United States of America [NSS], 2002, Washington, D. C.: White House, 20. 9. 2002 (www.whitehouse.gov/nsc/nss.pdf).

National Strategy to Combat Weapons of Mass Destruction, 2002, Washington, D. C.: White House, December 2002.

National Strategy for Combating Terrorism, 2003, Washington D. C.: White House, February 2003.

The 9/11 Commission Report (The National Commission on Terrorist Attacks Upon the United States), 2004: Final Report, August 2004.

Transparency International (Hg.), 2005: Global Corruption Report 2005, Berlin.

United Nations, 2001: Report of the Panel of Experts to the United Nations in Sierra Leone, New York: United Nations, 2001.

United Nations, 2002a: First Report of the Monitoring Group on Afghanistan, established pursuant to Security Council resolution 1363 (2001), UNDOC S/2002/65 (January 2002).

United Nations, 2002b: Second Report of the Monitoring Group established pursuant to Security Council resolution 1363 (2001) and extended by resolution 1390 (2002), UNDOC S/2002/1050 (September 2002).

United Nations, 2002c: Third Report of the Monitoring Group established pursuant to Security Council resolution 1363 (2001) and extended by resolution 1390 (2002), UNDOC S/2002/1338 (December 2002).

United Nations, 2003a: Report of the Monitoring Group established pursuant to Security Council resolution 1363 (2001) and extended by resolutions 1390 (2002) and 1455 (2003), UNDOC S/2003/669 (July 2003).

United Nations, 2003b: Second Report of the Monitoring Group, pursuant to resolution 1363 (2001) and as extended by resolutions 1390 (2002) and 1455 (2003) on Sanctions against al-Qaida and the Taliban and their associates and associated entities, UNDOC S/2003/1070 (December 2003).

United Nations, 2003c: Report of the Panel of Experts on Somalia Pursuant to Security Council Resolution 1474 (2003), S/2003/1035 (November 2003).

United Nations, 2004a: First Report of the Analytical Support and Sanctions Monitoring Team appointed pursuant to resolution 1526 (2004) concerning Al-Qaida and the Taliban and associated individuals and entities, UNDOC S/2004/679 (August 2004).

United Nations, 2004b: Report of the High-level Panel on Threats, Challenges and Change, »A more secure world: Our shared responsibility«, New York: United Nations, December 2004.

United Nations, 2005: Second Report of the Analytical Support and Sanctions Monitoring Team appointed pursuant to resolution 1526 (2004) concerning Al-Qaida and the Taliban and associated individuals and entities, UNDOC S/2005/83 (February 2005).

United Nations Development Programme [UNDP], 2003: Arab Human Development Report 2002. Creating Opportunities for Future Generations, New York: United Nations Publications.

United Nations Development Programme [UNDP], 2004: Arab Human Development Report 2003. Building a Knowledge Society, New York: United Nations Publications.

United Nations Development Programme [UNDP], 2005: Arab Human Development Report 2004. Towards Freedom in the Arab World, New York: United Nations Publications.

U.S. Department of State, 2004: Patterns of Global Terrorism 2003, Washington, D.C., April 2004.

edition suhrkamp
»Kultur und Konflikt«

Unter dem Titel »Kultur und Konflikt« ist 1994 eine Publikationsreihe dieses Forschungsschwerpunktes in der *edition suhrkamp* eröffnet worden, die von Wilhelm Heitmeyer, Günter Albrecht, Otto Backes und Rainer Dollase herausgegeben wird.

Die bedrängte Toleranz. Ethnisch-kulturelle Konflikte, religiöse Differenzen und die Gefahren politisierter Gewalt. Herausgegeben von Wilhelm Heitmeyer und Rainer Dollase in Zusammenarbeit mit Johannes Vossen. es 1979. 507 Seiten

Deutsche Zustände. Herausgegeben von Wilhelm Heitmeyer
- Deutsche Zustände. Folge 1. es 2290. 304 Seiten
- Deutsche Zustände. Folge 2. es 2332. 320 Seiten
- Deutsche Zustände. Folge 3. es 2388. 300 Seiten
- Deutsche Zustände. Folge 4. es 2454. 320 Seiten
- Deutsche Zustände. Folge 5. es 2484. 300 Seiten

Gewalt. Herausgegeben von Wilhelm Heitmeyer.
es 2246. 560 Seiten

Die Krise der Städte. Analysen zu den Folgen desintegrativer Stadtentwicklungen für das ethnisch-kulturelle Zusammenleben. Herausgegeben von Wilhelm Heitmeyer, Rainer Dollase und Otto Backes. es 2036. 470 Seiten

Schattenseiten der Globalisierung. Rechtsradikalismus, Rechtspopulismus und separatistischer Regionalismus in westlichen Demokratien. Herausgegeben von Dietmar Loch und Wilhelm Heitmeyer. es 2093. 544 Seiten

Geschichte und Politik
in der edition suhrkamp
Eine Auswahl

Hannah Arendt revisited. »Eichmann in Jerusalem« und die Folgen. Herausgegeben von Gary Smith. es 2135. 320 Seiten

Stephen Bronner. Augenblicke der Entscheidung. Übersetzt von Petra Willim. es 1981. 247 Seiten

Marie-Janine Calic. Der Krieg in Bosnien-Hercegovina. Ursachen – Konfliktstrukturen – Internationale Lösungsversuche. es 1943. 256 Seiten

Lorraine Daston. Vom Nutzen und Nachteil der Historie für die Wissenschaften. es 2199. 80 Seiten

Kurt Eisner. Zwischen Kapitalismus und Kommunismus. Herausgegeben und mit einer biographischen Einführung versehen von Freya Eisner. Mit Abbildungen. es 1982. 311 Seiten

Europa im Krieg. Die Debatte über den Krieg im ehemaligen Jugoslawien. es 1809. 157 Seiten

Richard J. Evans. Im Schatten Hitlers? Historikerstreit und Vergangenheitsbewältigung in der Bundesrepublik. Übersetzt von Jürgen Blasius. es 1637. 283 Seiten

Fluchtpunkt Europa. Migration und Multikultur. Herausgegeben von Martina Fischer. es 2062. 248 Seiten

Juan Goytisolo
- Ein algerisches Tagebuch. Übersetzt von Thomas Brovot. Mit Abbidungen. es 1941. 120 Seiten
- Landschaften eines Krieges: Tschetschenien. Übersetzt von Thomas Brovot. es 1768. 110 Seiten
- Notizen aus Sarajewo. Mit zahlreichen Abbildungen. Übersetzt von Maralde Meyer-Minnemann. es 1899. 140 Seiten
- Weder Krieg noch Frieden. Palästina und Israel heute. Übersetzt von Thomas Brovot. Mit Fotos. es 1966. 108 Seiten

Ludolf Herbst. Das nationalsozialistische Deutschland. Herausgegeben von Hans-Ulrich Wehler. 1933-1945. Die Entfesselung der Gewalt: Rassismus und Krieg. NHB. es 1285. 495 Seiten

Alfred Herzka. Kuba. Abschied vom Kommandanten? es 2061. 258 Seiten

Die Hexen der Neuzeit. Studien zur Sozialgeschichte eines kulturellen Deutungsmusters. Herausgegeben von Claudia Honegger. Mit 15 Abbildungen. es 743. 393 Seiten

Wolfgang Hoffmann-Riem
- Kriminalpolitik ist Gesellschaftspolitik, es 2154. 240 Seiten
- Modernisierung von Recht und Justiz. Eine Herausforderung des Gewährleistungsstaates. es 2188. 368 Seiten

Dick Howard. Die Grundlegung der amerikanischen Demokratie. Übersetzt von Ulrich Rödel. es 2148. 450 Seiten

Konrad H. Jarausch. Die unverhoffte Einheit. 1989-1990. es 1877. 416 Seiten

NF 315/2/11.00

NF 315/4/11.00

Von der Risikogesellschaft zur Chancengesellschaft. Herausgegeben von Erwin Teufel. es 2209. 300 Seiten

Was hält die moderne Gesellschaft zusammen? Herausgegeben von Erwin Teufel. es 1977. 340 Seiten

Der Zusammenbruch der DDR. Soziologische Analysen. Herausgegeben von Hans Joas und Martin Kohli. es 1777. 325 Seiten

Eine kleine Geschichte …

Eine kleine Geschichte Brasiliens. Von Walther L. Bernecker, Horst Pietschmann und Rüdiger Zoller. es 2150. 368 Seiten

Kleine Geschichte Haitis. Von Walther L. Bernecker. Unter Mitarbeit von Sören Brinkmann und Patrick Ernst. Mit Abbildungen. es 1994. 220 Seiten

Eine kleine Geschichte Polens. Von Rudolf Jaworski, Christian Lübke. Michael G. Müller. es 2179. 384 Seiten

Eine kleine Geschichte der Schweiz. Der Bundesstaat und seine Traditionen. Von Manfred Hettling, Mario König, Martin Schaffner, Andreas Suter, Jakob Tanner. es 2079. 322 Seiten

Eine kleine Geschichte Ungarns. Von Holger Fischer und Konrad Gündisch. es 2114. 302 Seiten

NF 315/5/11.00

Juan Goytisolo
im Suhrkamp Verlag
Eine Auswahl

Essays und Reportagen

Gläserne Grenzen
Einwände und Anstöße
Aus dem Spanischen von Thomas Brovot
und Christian Hansen
es 2375. 192 Seiten

»Wem an einer demokratischen Globalisierung gelegen
ist, einer differenzierten Analyse der komplexen Beziehungen zwischen der Welt des Islam und Europa, sei die
Lektüre von *Gläserne Grenzen* wärmstens empfohlen.«
Deutschlandfunk

Landschaften eines Krieges: Tschetschenien
Aus dem Spanischen von Thomas Brovot
es 1768. 110 Seiten

»Als Ergebnis eines Tschetschenien-Aufenthalts beschreibt Goytisolo die Vorgeschichte des Konfliktes, die
russischen Interessen sowie den aus Religion und Clan-
denken resultierenden Widerstandsgeist der Tschetschenen, um in den eindrucksvollsten Passagen Augenzeugen
die Greuel des Krieges schildern zu lassen.« *Die Welt*

Notizen aus Sarajewo
Aus dem Spanischen von Maralde Meyer-Minnemann
es 1899. 140 Seiten

Juan Goytisolo verbrachte einige Zeit in dem von serbischen Truppen eingeschlossenen Sarajewo und berichtet hier vom täglichen Terror und der Verzweiflung der Bewohner, die sich vom restlichen Europa und den Vereinten Nationen im Stich gelassen fühlen. Seine *Notizen aus Sarajewo* sind ein Aufruf an die Welt, sich ihrer Verantwortung bewußt zu werden, sie sind »ein Akt persönlicher Zeugenschaft angesichts eines kollektiven Verbrechens in der Mitte Europas«, so die *Frankfurter Rundschau.*

Weder Krieg noch Frieden
Palästina und Israel heute
Aus dem Spanischen von Thomas Brovot
Mit Fotos
es 1966. 108 Seiten

Nach einem mehr als 60 Jahre dauernden Konflikt mit Kriegen und Terroranschlägen zwischen Israelis und Palästinensern hat im Jahre 1993 mit den Osloer Vereinbarungen und den Washingtoner Absichtserklärungen ein »Friedensprozeß« in Palästina begonnen. Goytisolo erkundete Anfang des Jahres 1995 die Situation in diesen autonomen Gebieten. Durch seine genauen Beobachtungen erreicht er bei der Bestandsaufnahme eines immer noch aktuellen Konflikts eine Authentizität, die den bildergesättigten Fernsehzuschauern vorenthalten bleibt.

28 oben : Zweifel ... nicht geschuldet

29 veig. endividet

113 Wesen ' Anmerkts